BEN JONSON

SOUS PRESSE :

BEN JONSON
(2ᵉ SÉRIE)

A paraître successivement :

MASSINGER — BEAUMONT et FLETCHER

Ouvrages parus :

DANTE, PÉTRARQUE, MICHEL-ANGE, TASSE
Sonnets choisis traduits en vers par ERNEST et EDMOND LAFOND.

POÈMES ET SONNETS DE SHAKSPEARE
Traduits en vers par ERNEST LAFOND.

ÉTUDE SUR LOPE DE VEGA, par ERNEST LAFOND.

PARIS. — IMPRIMERIE DE J. CLAYE, RUE SAINT-BENOIT, 7.

CONTEMPORAINS DE SHAKSPEARE

BEN JONSON

TRADUIT PAR

ERNEST LAFOND

PRÉCÉDÉ

D'UNE NOTICE SUR LA VIE ET LES ŒUVRES

DE BEN JONSON

PARIS

J. HETZEL, LIBRAIRE-ÉDITEUR

18, RUE JACOB, 18

1863

NOTICE

SUR

LA VIE ET LES OEUVRES

DE BEN JONSON

Il s'est fait, depuis quelques années, beaucoup de bruit autour de Shakspeare; après avoir relevé sa statue et réhabilité sa mémoire, on a retrouvé, lu, étudié ses prédécesseurs et ses contemporains; d'éminents écrivains ont entretenu le public de leurs noms et de leurs œuvres; nous-même, sans nous comparer aux maîtres de la critique moderne, nous avons été des premiers à leur consacrer une étude [1]. On sait maintenant que Shakspeare n'a pas été un phénomène isolé, et que, lorsqu'il arriva de Stratford, il trouva à Londres une civilisation littéraire, et devait y rencontrer des modèles, des émules et des rivaux.

Le goût des spectacles était général à la ville comme à la cour; le peuple accourait en foule pour entendre les chroniques de son histoire découpées en scènes dramatiques. Dans les premières années de Shakspeare, six théâtres étaient debout; le nombre devait en monter à dix ou douze dans le courant de sa carrière au théâtre. Il fallait bien des poëtes pour subvenir à une telle avidité de représentations scéniques, et certes il n'en manqua pas.

Ils sont tout à la fois acteurs et écrivains; et, grâce à la collaboration, les recrues arrivent en grand nombre. C'est une entre-

---

1. *Revue européenne*, 1er mai, 15 mai, 1er avril 1859.

prise publique de drames et de comédies ; on travaille en commun : l'un apporte une scène, l'autre un acte, un troisième corrige son propre rôle, jusqu'à ce que, de cette communauté de talents, le génie se dégage et s'individualise.

La gloire de Shakspeare ne souffre pas de ce voisinage, son génie universel domine tous ses rivaux ; mais ceux-ci ont encore droit à notre admiration ; aujourd'hui leurs noms sont sortis de l'oubli ; il restait à faire connaître leurs œuvres elles-mêmes ; il nous a semblé qu'après avoir été éveillée par les jugements de la critique moderne, la curiosité du public irait au delà des fragments qui ont été cités, et c'est pour la satisfaire, dans la mesure de nos forces, que nous lui offrons cette traduction.

Nous choisirons les principaux de ces grands poëtes : Lilly, le *fantaisiste*, Marlowe, « au vers puissant, » qui ont écrit immédiatement avant Shakspeare, Massinger dont le génie a la grandeur espagnole, Beaumont et Fletcher qui sont les plus près de Shakspeare par l'imagination et la poésie, enfin Ben Jonson qui les surpasse tous dans la comédie.

Nous consacrerons à ceux que nous ne traduirons pas, à Green, qui fut en même temps un piquant pamphlétaire, à Lodge, qui était un humoriste, à Nash, caustique et railleur, à Munday, à Chettle, à Ford, à Webster, à Middleton, Chapman, Rowlay, etc., etc., une étude qui trouvera sa place dans un autre volume.

Si nous commençons par Ben Jonson, c'est que d'abord il est le plus grand après Shakspeare et qu'il nous a paru intéressant de les mettre tous les deux face à face.

Il ne s'agit plus d'un rival, mais d'un antagoniste littéraire ; c'est un classique au milieu de tous ces poëtes indépendants qui ne reconnaissent aucun joug ; c'est un représentant du passé parmi ces révolutionnaires. Nourri des œuvres que nous a laissées l'antiquité, son goût se choque du style ampoulé, des invraisemblances, des exagérations de toutes sortes. Il se pose en législateur, mais sans succès, car il n'a aucune influence ni sur les poëtes, ni sur le public. Ses tragédies, latines par le sujet et par l'imitation de Cicéron, de Lucain et d'autres, sont mal accueillies. Rien ne prouve mieux combien la nation anglaise était complice de ses auteurs favoris ; la même âme faisait battre le cœur des spectateurs et celui des comédiens. Si Ben Jonson réussit sur la scène comique, c'est grâce à la satire et aux personnalités ; ce n'est pas parce qu'il imite les anciens, on le lui reprochera assez, ce n'est pas parce qu'il conserve les unités d'action et de temps, c'est parce qu'il s'attaque aux vices et aux ridicules de l'époque, et plus encore à ceux-ci ; car il ne s'élève pas à la comédie de caractère, excepté dans *Volpone*, et se contente de peindre ce qu'il appelle *les humeurs* de ses contemporains. Il a cependant créé des types excellents, et composé une galerie d'originaux qu'il est intéressant et amusant de parcourir.

C'est le courtisan, coquet, futile, prétentieux, inventant chaque jour des jurons nouveaux, et parlant le langage inventé par Lilly [1].

C'est le jeune provincial qui vient d'hériter, et accourt à Londres pour échanger ses domaines contre des habits de soie et de velours [2].

C'est l'enfant terrible, le bretteur en herbe qui enfle sa voix et donne des démentis à tort et à travers.

C'est le soldat, estropié, mendiant, vantard et poltron, souvenir du *miles gloriosus* de Plaute, mais bien supérieur au modèle, et qui fait rayonner les noms fameux de Tucca, de Shift et de Bobadill.

C'est monsieur et madame Otter, Deliro et sa femme Fallace ; deux ménages de la cité, finement touchés, qui n'ont point, eux, de modèle dans l'antiquité, mais qu'on peut retrouver dans les temps modernes.

C'est Macilente, l'envieux impitoyable, Mammon, le voluptueux cupide, les humoristes Puntarvolo et Morose, et Carlo Buffone, l'aïeul de Figaro.

Si vous voulez un prédécesseur aux Sganarelles de Molière, vous aurez Kitely, le jaloux beau diseur.

Nous vous recommandons Chloé, charmante petite niaise qui, trouvant les poëtes Ovide et Tibulle fort à son goût, demande si l'empereur, qui peut tout, ne pourrait pas aussi faire de son mari un poëte.

Lady Haughty, lady Centaure ont établi, dans leur maison, un bureau d'esprit, ou plutôt de sottise, d'impertinence et de

---

1. Fastidious Brisk, sir John Daw, sir Lafoole, etc.
2. Fungoso, Sogliardo.

mœurs douteuses ; elles nous annoncent les précieuses ridicules.

Les puritains sont l'objet fréquent des satires de Ben Jonson. Il les attaque dans beaucoup de ses comédies ; il semble vouloir les châtier d'avance de leur prochaine victoire qui balayera tous les théâtres.

Enfin nous avons réservé pour les derniers ceux que vous allez rencontrer aux premières pages de ce livre, Volpone, Mosca, Voltore, Corvino et Corbaccio ; leurs noms disent ce qu'ils sont, et ce sont les types éternels de la cupidité, de la convoitise et de l'avarice.

Aurons-nous réussi à reproduire le style puissant, énergique et pittoresque de notre auteur ? Nous n'osons le garantir ; nous avons voulu être exact dans notre traduction ; aussi demandons-nous d'avance pardon de la nécessité qui nous a fait rappeler de l'exil certains mots bannis depuis Molière ; il était impossible de les supprimer ou de les remplacer, sans ôter à notre auteur la franche allure de son style. Quant au sens, nous avons eu un excellent guide dans M. Gifford, le célèbre commentateur de Ben Jonson et de Massinger ; c'est également à la Vie qu'il a donnée de Ben Jonson, que nous allons avoir recours pour en donner un abrégé à nos lecteurs.

Ben Jonson, c'est ainsi que lui-même écrit son nom, est né dans le commencement de l'année 1574. Son père était mort depuis un mois, lorsqu'il vint au monde. Après deux ans de veuvage, sa mère s'était remariée à un maître maçon ; un ami de sa famille, lorsque l'âge de l'éducation sérieuse arriva, le retira de la petite école où son beau-père l'avait mis, et le plaça à ses frais à l'école de Westminster, et plus tard à Cambridge, dans le collège de Saint-John ; mais, tout à coup, la pension de l'étudiant cessa, et ses parents le retirèrent de l'Université pour l'initier au métier de maçon. Mais manier la truelle de cette main qui venait de feuilleter Homère et Horace ne pouvait convenir à l'étudiant de Cambridge, aussi le voyons-nous prendre un parti désespéré. Il se sauva sur le continent, et entra comme volontaire dans l'armée des Flandres ; il avait dix-huit ans. Son séjour dans les Pays-Bas ne dura que le temps d'une campagne ; il eut pourtant l'occasion d'y signaler son courage.

Lui-même raconte qu'en présence des deux armées il eut une rencontre avec un soldat ennemi, le tua et emporta ses dépouilles. Cet exploit lui laissa un souvenir dont il était fier.

Ben Jonson ne rapporta de la Flandre que sa réputation de bravoure, quelques mots d'allemand, et une bourse vide. Décidé à ne pas rentrer en apprentissage chez son beau-père, il fit comme la plupart des poëtes ses contemporains, il se rendit au théâtre. Là il y avait toujours de la place pour les nouveaux venus. On se faisait acteur, on jouait tant bien que mal, on collaborait, et, le génie aidant, on devenait Shakspeare ou Ben Jonson.

Les débuts de notre auteur sont entourés d'obscurité; on sait seulement qu'un événement sérieux interrompit brusquement sa carrière théâtrale. Il eut une querelle avec un de ses camarades, un acteur sans doute. Il n'était pas d'humeur à décliner un duel, et tua son adversaire, bien que, dit-on, par une indigne tricherie, celui-ci eût apporté une épée plus longue que la sienne de quelques pouces. Il eut cependant peu de profit de sa victoire: blessé lui-même au bras, jeté en prison, accusé de meurtre, il courut, dit-il, grand risque d'être pendu. C'est dans cette prison que, recevant les instructions d'un prêtre catholique prisonnier comme lui, il quitta la religion protestante dans laquelle il était né, pour adopter la foi romaine.

Plus tard il devait renoncer à celle-ci, pour redevenir protestant. De pareils exemples étaient si fréquents à cette époque de troubles, et de persécutions religieuses, que les biographes de Ben Jonson ne donnent aucun détail sur cette double conversion. On ne sait pas davantage à quelle circonstance il dut sa mise en liberté; mais le premier usage qu'il en fit, fut de se marier à une jeune fille, catholique comme lui. Elle partagea sa misère avec courage, et, passant inaperçue dans sa vie, mourut en 1618, après lui avoir donné un fils en 1596 dont on croit que Shakspeare fut le parrain, et qui ne survécut pas à son père.

C'est cette même année de la naissance de son fils, qu'après des collaborations auxquelles il n'a pas attaché son nom, Ben Jonson produisit, seul cette fois, sa comédie d'*Every man in his humour*, *Chaque homme à son humeur*[1]. Il avait vingt et un ans; on trouve, dans des notes laissées par Henlowe, *l'impre-*

---

[1]. Cette comédie fait partie de la seconde série, *sous presse*.

sario des principaux théâtres du temps, qu'il avait avancé à l'auteur, sur sa comédie, cinq shellings, ce qui ne nous donne pas une haute idée de sa fortune à ce moment. Mais il se préoccupait moins de ce que lui rapporterait sa pièce que d'un plan qu'il s'était tracé et qu'il devait suivre toute sa vie.

« Bien que le besoin de vivre, fait-il dire au prologue, fasse le plus grand nombre de poëtes, même ceux que l'art et la nature n'ont pas créés pour l'être; cependant *le nôtre*, malgré la même nécessité, n'a pas tant aimé se faire jouer, qu'il ait osé maintenir les mauvaises coutumes du théâtre, et consenti à payer vos applaudissements, en sacrifiant sa répugnance à mettre sous vos yeux un enfant enveloppé de langes, qui devient homme, et atteint la soixantaine et plus avec la même barbe et les mêmes vêtements, ni à ressusciter, au moyen de trois épées rouillées et de quelques mots longs d'un demi-pied ou d'un pied, les nombreuses querelles d'York et de Lancastre... Il préfère vous prier de bien accueillir aujourd'hui une pièce telle, selon lui, que les autres devraient être... »

Ben Jonson fut toujours fidèle à ce plan. Sa comédie est écrite dans le goût de Plaute et de Térence, il y gardait la règle des unités; mais de plus, il se posait en censeur, et raillait les auteurs en renom qui avaient la faveur du public. On l'accusa et on l'accuse encore d'avoir été l'ennemi de Shakspeare, tandis qu'il est évident qu'il s'attaquait à tous et ne distinguait personne.

Dans une lettre qui précède *l'Alchimiste*, il dit encore : « Je ne nie pas que ces gens qui cherchent toujours à faire plus qu'assez, rencontrent quelquefois de bonnes choses, même de grandes, mais très-rarement, et quand cela arrive, c'est loin de compenser ce qu'ils font de détestable. »

Ainsi, dans son début et dans tout le cours de sa carrière théâtrale, Ben Jonson a lutté contre son siècle.

Mais il ne se tient jamais pour battu; il a même, vis-à-vis de son public, plus que de l'audace, il y joint une certaine arrogance.

En 1599, il écrivit sa comédie [1] *Every man out of his hu-*

---

1. 2ᵉ série, *sous presse*.

mour, Chaque homme hors de son humeur. Il y dit dans le prologue :

« Judicieux amis, ne vous méprenez pas sur mon compte ; je ne viens pas ici mendier votre patience, ni vous flatter servilement pour avoir vos suffrages comme un cerveau fêlé qui désespère de son mérite. Qu'un front sévère me censure! Accusez-moi franchement si je manque de jugement et d'art. Que les critiques pleins d'envie ouvrent, grands, leurs deux yeux, et me traversent de part en part, je ne demande pas de faveur. »

Dans la pièce dont nous parlons, comme dans celle qui suivit, sous le titre des *Divertissements de Cinthie,* Ben Jonson s'était, pour obéir à son humeur caustique et batailleuse, livré aux personnalités. Derrière chaque ridicule, il y avait un nom qui circulait parmi les auditeurs : il s'en défend, mais on ne le croit pas. Deux poëtes dramatiques, dont nous aurons à reparler, Marston et Decker, se reconnurent et se préparaient à attaquer Ben Jonson dans une comédie; mais notre poëte les devance, et fait jouer sa pièce du *Poetaster,* le méchant poëte [1]. « Trois ans, dit-il dans l'épilogue, ils m'ont provoqué sur tous les théâtres, avec leur style pétulant; et, à la fin, contraint dans ma volonté, mais fatigué, je l'avoue, de tant d'attaques, j'ai voulu éprouver si la honte aurait quelque effet sur eux. »

Marston et Decker ripostèrent par la pièce de *Satiromastix.* Elle est pleine d'injures, avec infiniment moins de talent. On peut dire que la victoire resta à Ben Jonson.

Nous lisons dans le même épilogue : « Puisque la muse comique m'a été si fatale, je vais essayer si la tragédie m'offrira une chance plus heureuse... »

Il fit représenter *Séjan,* tragédie dans laquelle Shakspeare joua un rôle; nous avons dit déjà qu'elle n'eut qu'un succès fort contesté. Celle de *Catilina* ne fut guère plus heureuse. Il fallait à ces Anglo-Saxons des batailles, des *alarums;* ils préféraient des noms connus de l'histoire contemporaine à ceux d'une époque dont plusieurs siècles les séparaient, et applaudissaient de bien meilleur cœur à la guerre civile qui venait de se déclarer entre les poëtes qu'ils voyaient tous les jours.

Ben Jonson prit sa revanche de cet insuccès par son chef-

---

1. 2ᵉ série.

d'œuvre, *Volpone ou le Renard*, paru en 1605. Bien que ses contemporains voulussent encore y trouver des allusions à des personnages connus, on voit bien que l'auteur n'y a pas songé : il s'élève à la haute comédie, et dépasse tous ses prédécesseurs de Rome et d'Athènes, aussi bien que ses contemporains.

A cette époque de sa vie, Ben Jonson, s'il avait des ennemis, avait cependant l'estime et l'amitié des hommes les plus honorables de l'Angleterre. Il avait, outre la réputation d'être l'homme le plus lettré des trois royaumes, celle d'être un bon, joyeux et spirituel convive. Dans le club de la Sirène, créé par le célèbre sir Walter Raleigh, se réunissaient tous les grands esprits du temps : Shakspeare, Beaumont, Fletcher, Selden, Cotton, Carew. Ben Jonson en était l'oracle ; entre Shakspeare et lui, il y avait assaut d'esprit, de fines plaisanteries et de bons mots, sans doute quelques discussions sur l'art dramatique, dans lesquelles on ne se convainquait pas mutuellement, mais qui mettaient en perspective les évolutions du gros *galion espagnol* et du *vaisseau de guerre anglais* [1]. Beaumont, dans une épître à notre poëte, s'écrie : « Que de choses nous avons vues et faites au club de la Sirène ! quel échange de propos vifs et pleins d'une flamme subtile ! Il semblait que chacun des interlocuteurs prodiguât tous les trésors de son esprit dans ces badinages. »

L'avénement de Jacques fut favorable à la fortune de Ben Jonson : c'est lui qui composa le plus grand nombre de ces masques ou divertissements qui égayèrent si longtemps la cour d'Angleterre. Ben Jonson y excellait, et s'y montre poëte aussi élégant, aussi gracieux qu'il est rude et quelquefois violent dans ses pièces de théâtre. Dans un de ces *masques*, on est surpris de voir joint à son nom celui de Decker, avec lequel il avait échangé de si terribles coups de lance littéraires. C'est une preuve que, s'il avait de la vivacité dans l'attaque, il n'avait pas de rancune dans le souvenir.

---

1. « Je les considérais tous deux, l'un comme un grand galion espagnol et l'autre comme un vaisseau de guerre anglais ; Jonson était le galion solide, mais lourd dans ses évolutions ; Shakspeare, le vaisseau anglais, plus léger, virait de bord soudainement, et profitait de tous les vents par la vivacité de son esprit et de son imagination. » (*Fuller's Worthies*.)

Marston s'était également réconcilié avec l'auteur du *Poetaster;* il avait fait, en collaboration avec Chapman et Ben Jonson, une comédie appelée *Eastward Hoe,* dans laquelle un passage qui concernait les Écossais éveilla la susceptibilité de Jacques, qui donna l'ordre d'arrêter les auteurs. Ben Jonson n'étant pas en nom, Marston et Chapman furent seuls arrêtés; mais le collaborateur ignoré revendiqua sa part du châtiment, et accompagna volontairement ses deux amis dans leur prison. Le bruit courut qu'on devait les condamner à avoir les narines et les oreilles fendues; cependant il n'en fut rien, sans doute parce que le désir qu'eut le roi de pardonner à son poëte favori entraîna le pardon de tous les coupables. Rendu à la liberté, notre poëte réunit ses amis à sa table, et on raconte que sa vieille mère, lui portant un toast, montra un papier contenant un poison violent qu'elle voulait mêler, dit-elle, au vin qu'elle lui aurait servi, si la sentence avait dû être exécutée. On s'étonne moins du caractère indomptable du fils, en lui voyant une telle mère.

En 1609, parut *Épicène ou la Femme silencieuse,* comédie où le gros sel est un peu prodigué, mais où il règne une vive gaieté; il y a telle scène qui ne déparerait pas le *sac où Scapin s'enveloppe.*

En 1610, il fit paraître *l'Alchimiste,* l'effort le plus prodigieux de l'esprit humain, a dit son commentateur : la vivacité du dialogue y est admirable, la trame en est habilement tissée ; et si elle eut le résultat que lui prête M. Gifford, d'avoir corrigé son public, c'est un compliment que les poëtes ne méritent pas souvent de recevoir.

Les autres comédies de Ben Jonson ont paru sans date; moindres de mérite que ses précédentes, elles se lisent cependant avec curiosité et plaisir. C'est toujours une vive peinture des mœurs et des *humeurs* du temps, et elles nous font vivre avec l'auteur soit à la cour d'Angleterre, soit dans les boutiques de la Cité, à l'*Exchange* et dans cette nef de Saint-Paul, rendez-vous des oisifs, des chercheurs de dupes et même des courtisanes. *the Devil's an ass, le diable est un âne,* a pour base une donnée assez spirituelle : Satan envoie un de ses démons à Londres pour y faire des recrues. Ce pauvre diable est tellement distancé, dans tous les vieux vices et dans toutes les vieilles ruses de l'enfer, par les usuriers modernes, par les ruffians, par les escrocs de haut et bas étage, qu'il ne s'y reconnaît plus, se laisse lui-même duper et retourne au sombre empire honni, bafoué par tout le monde.

En 1618, Jonson fit à pied le voyage d'Écosse et y passa plusieurs mois, s'arrêtant de château en château dans les environs d'Édimbourg. Sa dernière visite fut chez William Drummond, le poëte d'Hawthornden qui le garda un mois. Son hôte a laissé une relation de cette visite qu'il est curieux de consulter ; mais en se méfiant, nous dit M. Gifford, de l'esprit envieux qui l'a dictée. Voici le portrait qu'il fait de son ami : « Ben Jonson s'aimait et se louangeait lui-même, méprisant et dédaignant les autres ; il eût plus volontiers perdu un ami qu'un jeu de mots, et se montrait jaloux de tout ce qui se disait ou se faisait autour de lui, surtout après le vin qui était l'élément ordinaire de sa vie. Il faisait peu de cas des qualités qu'il possédait, et se vantait de celles qu'il n'avait pas ; il ne trouvait rien de bon que ce que lui ou ses amis avaient fait. C'était toujours avec passion qu'il était obligeant ou colère ; insouciant à gagner comme à garder, et vindicatif, à moins qu'on ne lui répondît vertement, il interprétait au pire tout ce qui se dit et se fait. Indifférent en matière de religion, il en a changé deux fois. »

Ce portrait peu flatté renferme évidemment quelques vérités. Il est clair pour nous que Ben Jonson avait une nature violente dans un corps robuste et athlétique ; son portrait nous le montre avec une énorme face, une vigoureuse mâchoire, des yeux profonds et durs, un cou de taureau. Sa peau avait été, de bonne heure, couturée par le scorbut ; et lui-même dit quelque part qu'il eut, dans le milieu de sa vie, une montagne pour ventre et un dandinement disgracieux pour démarche. Tous ses traits fortement accentués, anguleux ou carrés, dénoncent l'énergie, l'orgueil et l'amour des luttes de toute nature. Il aimait la bonne chère et le vin ; sa prédilection pour le vin des Canaries avait, disait-il, pour excuse la nécessité de sa constitution scorbutique. Il avait l'esprit semblable au corps ; malgré ses études classiques, il était loin d'être un Athénien, c'était un Anglo-Saxon enté sur un Romain de la décadence. Généreux, libéral, prodigue, il tint toujours table ouverte, même lorsque la misère était devenue l'hôte de son foyer.

Elle y était arrivée, en effet, bien vite. Le règne de Jacques lui avait donné quelques années heureuses; mais, dès le commencement de celui de Charles Ier, la pauvreté et la maladie avaient fait invasion dans son logis; la paralysie le tenait cloué dans sa chambre; on ne le vit plus nulle part : cependant le découragement avait peine à s'emparer de son esprit. Une de ses dernières pièces, *the New Inn, la Nouvelle Auberge,* parue en 1630, fut mal reçue au théâtre; les ennemis du poëte lui donnaient le coup de pied de l'âne. Pour vivre il fut obligé d'avoir recours aux poëmes mendiants; il en adressa un à Charles Ier, qui lui fit une pension de cent livres avec le don annuel d'un tierçon de vin des Canaries; le même don était assuré à ses successeurs à la condition d'en boire le premier verre à la santé du poëte.

Deux pièces parurent encore au théâtre : *the Magnetic lady* (*la Grande dame magnétique*), et *the Tale of a tub* (*le Conte d'un tonneau*); mais elles se ressentent, surtout la dernière, de l'affaiblissement de ses facultés physiques.

Cependant un éclair sortit encore de cette chambre de paralytique, c'est un drame pastoral, *the Sad shepherd* (*le Berger mélancolique*), dans lequel on retrouve toute la verve et l'élégance de sa jeunesse. La moitié en a été perdue dans la confusion qui suivit sa mort.

C'est le 6 août 1637 qu'elle arriva. Il fut enterré dans l'abbaye de Westminster, dans l'aile nord; une simple pierre couvrit sa tombe; l'on fit une souscription pour ériger à sa mémoire un monument digne de lui. Les troubles politiques et religieux la désorganisèrent, et, plus tard, un sir John Young, passant dans l'abbaye, fut choqué de voir, sans inscription, la pierre qui recouvrait les restes de ce grand homme, et donna à un manœuvre, qui travaillait dans l'église, dix-huit pences pour y graver ces mots : O RARE BEN JONSON!

VOLPONE

ou

LE RENARD (VOLPONE OR THE FOX)

Cette comédie fut représentée pour la première fois au théâtre du Globe en 1605, imprimée *in-quarto* en 1607, après avoir été jouée devant les deux universités avec un grand succès. Jonson la publia une seconde fois en 1616, sans altération ni addition, avec ce vers d'Horace pour épigraphe :

> Simul et jucunda et idonea dicere vitæ.

Cette pièce resta au répertoire jusqu'à la dispersion finale des comédiens et la fermeture des théâtres pendant la Révolution, et fut une des premières que l'on reprit après la Restauration. Elle eut pendant un siècle la faveur du public, et cessa d'être représentée. Son apparition plus récente au théâtre d'Hay-Market n'eut aucun succès.

Nous ne dirons rien du grand mérite de cette comédie; bien que M. Gifford, le célèbre commentateur, lui préfère *l'Alchimiste* qu'il appelle le plus prodigieux effort de l'esprit humain, nous regardons le *Volpone* comme le chef-d'œuvre de Ben Jonson et comme la meilleure comédie du théâtre anglais.

Jamais la cupidité et l'avarice n'ont été peintes plus magistralement. Il y a dans certaines scènes une brutalité violente qui heurte notre goût raffiné, et blesserait aujourd'hui nos oreilles plus chastes que notre cœur. Heureusement la lecture nous reste pour pouvoir apprécier ces chefs-d'œuvre que nous ne pourrions plus entendre à la scène que mutilés et déshonorés.

PERSONNAGES.

VOLPONE, magnifico.
MOSCA, son parasite.
VOLTORE, avocat.
CORBACCIO, un vieux bourgeois.
CORVINO, un marchand.
BONARIO, fils de Corbaccio.
SIR POLITICK WOULD-BE.
PÉRÉGRINE, un voyageur.
NANO, un nain.
CASTRONE, un eunuque.
ANDROGYNO, un hermaphrodite.
LADY WOULD-BE, femme de sir Politick.
CÉLIA, femme de Corvino.
COMMANDADORI, officiers de justice.
TROIS MARCHANDS.
QUATRE MAGISTRATS.
UN NOTAIRE.
SERVITEURS.
DEUX FEMMES DE CHAMBRE.

La scène est à Venise.

VOLPONE

ou

LE RENARD (VOLPONE OR THE FOX)

PROLOGUE.

Avec l'aide de la fortune, il nous faudra peu d'efforts pour faire réussir notre pièce. Pour s'accommoder aux circonstances présentes, voici des vers... dans lesquels le bon sens ne manque pas. Là-dessus, nous devons en croire notre poëte dont le véritable but, si vous voulez le savoir, a toujours été de mêler l'utile au plaisir, ne ressemblant pas en cela à ceux dont les gosiers desséchés par l'envie s'enrouent à crier que tout ce qu'il écrit est un tissu d'invectives, et qui, lorsque paraît une de ses pièces, s'imaginent en faire la satire en disant qu'il a mis un an à la composer. Quant à celle-ci, il n'est pas besoin de mentir, c'est un enfant qui n'était pas même conçu il y a deux mois; et, bien que son père ose donner à ses ennemis cinq existences pour la corriger, il est notoire qu'en cinq semaines il l'a composée, écrite de sa propre main, sans coadjuteur, sans apprenti, manœuvre ni patron. Je puis pourtant vous dire, en témoignage du mérite de son œuvre, qu'on n'y brise pas des œufs et qu'on n'y mord pas à belles dents des gâteaux à la crème [1], circonstances qui ravissent une multitude d'entre vous. Il n'y introduit pas un imbécile qui récite de vieilles redites pour boucher les trous de son poëme vide de sens, et il ne fait pas jouer ces machines monstrueuses qui seraient capables de mettre Bedlam en insurrection; il n'a pas bourré sa pièce avec les jeux de mots dérobés aux tables d'hôte, mais il en fait de tout exprès dans le sens de son sujet. Cette comédie se présente donc telle que les meilleurs critiques désirent que soit une comédie; les lois du temps, du lieu et de l'action sont observées. L'auteur ne s'est écarté d'aucune des règles indispensables. Il a secoué de sa plume toute espèce de fiel et d'écume, et n'a gardé qu'un peu de sel. Puisse ce sel faire rougir votre figure à force de rire! vos couleurs en resteront fraîches, une semaine encore après cette représentation.

1. Dans les représentations burlesques de la cité, un immense gâteau à la crème jouait un grand rôle et donnait lieu à une foule de plaisanteries; sans doute quelque écrivain avait transporté sur la scène ce divertissement bouffon qui avait eu un grand succès.

ACTE PREMIER.

SCÈNE PREMIÈRE.

Une chambre dans la maison de Volpone.

VOLPONE et MOSCA entrent.

VOLPONE.

Bonjour, soleil; et maintenant, mon or! — ouvre ce sanctuaire, que je puisse voir mon saint. (Mosca tire le rideau et laisse voir de l'argenterie, des bijoux et des piles d'or.) Salut, âme du monde et la mienne! la terre féconde, quand elle voit le soleil longtemps désiré paraître entre les cornes du bélier céleste, est moins heureuse que moi lorsque j'admire ta splendeur qui fait pâlir la sienne. Là, au milieu de ces autres richesses, tu apparais comme la flamme dans la nuit, ou comme le jour, lorsque, sortant du chaos, il précipita les ténèbres au centre du monde. O toi, fils du soleil, mais plus brillant que ton père, permets qu'en t'adorant je t'embrasse, toi et chaque relique du sacré trésor que renferme cette chambre bénie! Les sages poëtes firent bien qui donnèrent ton nom glorieux à l'âge qu'ils ont cru le plus beau; tu es la meilleure des choses créées, et tu donnes plus de joie que les enfants, la famille, les amis et tous les autres rêves que l'homme fait éveillé. Quand tu brillais dans les regards de Vénus, tu aurais dû la rendre mère de vingt mille Cupidons. Telles sont tes beautés! tel est notre amour! Cher saint, dieu muet, tu fais parler tous les hommes; tu n'agis pas, mais tu les fais agir tous. Tu es le prix des âmes; l'enfer lui-même, avec toi pour but, vaut le ciel; tu es la vertu, la renommée, l'honneur, tu es tout. Celui qui te possède sera noble, vaillant, honnête, sage[1]...

MOSCA.

Et tout ce qu'il voudra, monsieur. La richesse est dans la vie un bien plus grand que la sagesse.

VOLPONE.

C'est vrai, mon bien-aimé Mosca; cependant je me glorifie plus de l'habileté qui m'a valu ces trésors que de leur tranquille possession, car je n'emploie pas de moyens vulgaires; je ne dois rien au commerce ni au hasard; je ne fends pas la terre avec le soc des charrues; je n'engraisse pas de bétail pour remplir les boucheries; je n'ai ni usines pour le fer, ni moulins à broyer l'olive, ni manœuvres pour réduire mes blés en farine; je ne souffle pas le verre subtil; je n'expose pas des vaisseaux aux périls des mers tumultueuses; je ne fais pas valoir mon argent dans les banques publiques ni dans l'usure privée.

MOSCA.

Non, monsieur, et vous ne dévorez pas le patrimoine des honnêtes gens prodigues. Il en est qui avalent un héritier fondant, aussi facilement qu'un

---

1. Omnis enim res,
Virtus, fama, decus, divina humanaque pulchris
Divitiis parent : quas qui construxerit, ille
Clarus erit, fortis, justus. — Sapiensne? — Etiam! et rex,
Et quidquid volet.   (HORACE, lib. II, Sat. III.)

Hollandais des pilules de beurre, et sans jamais se purger; il y en a d'autres qui arrachent de leurs lits les pères de famille indigents pour les ensevelir vivants dans quelque aimable prison bien close, d'où leurs os ne pourront sortir que lorsque la chair sera pourrie; mais votre douce nature abhorre ces façons d'agir; vous répugnez à l'idée de voir la veuve et l'orphelin laver de leurs pleurs le pavé de votre palais, ou faire retentir vos toits de leurs sanglots pitoyables, et l'air de leurs cris de vengeance.

VOLPONE.

C'est vrai, Mosca, cela me répugne.

MOSCA.

Et en outre, monsieur, vous n'êtes pas semblable[1] au batteur en grange, qui, appuyé sur son lourd fléau, surveille le tas de ses blés, et, bien qu'affamé, n'ose pas en goûter un grain, mais se nourrit de mauve et d'herbes amères; vous ne ressemblez pas au marchand qui, après avoir rempli ses caves avec les vins généreux de la Romagne et de Candie, ne boit pourtant que la lie du vinaigre lombard; vous ne vous couchez pas sur la paille tandis que les mites et les vers rongent vos somptueuses tentures et vos lits moelleux : vous savez jouir de vos richesses, et vous savez en donner une part à moi, votre pauvre intendant, ou à votre nain, ou à votre hermaphrodite, ou à votre eunuque, ou au moindre des serviteurs que votre bon plaisir daigne entretenir autour de vous.

VOLPONE.

Assez, Mosca; reçois ceci de ma main. (Il lui donne de

---

1. Imitation d'Horace.

l'argent.) Tu as frappé juste dans tout ce que tu as dit; ce sont des envieux qui t'appellent parasite; fais venir ici mon nain, mon eunuque et mon fou, et dis-leur de me divertir. (Mosca sort.) Qu'ai-je de mieux à faire que de caresser les caprices de mon génie et de m'abandonner librement à toutes les délices que la fortune peut créer pour moi? Je n'ai ni femme, ni parents, ni enfant, ni allié à qui je doive un jour donner ma substance; mon héritier sera celui que je choisirai; c'est là ce qui fait que l'on m'observe; c'est là ce qui attire dans ma maison, chaque jour, de nouveaux clients, des hommes, des femmes, des gens de tout sexe et de tout âge qui m'apportent des présents, m'envoient de l'argenterie, des lingots, des pierres précieuses, dans l'espoir que, lorsqu'arrivera ma mort que leur cupidité attend à chaque minute, tout leur reviendra centuplé; et il en est quelques-uns, plus avares encore que le reste, qui cherchent à m'accaparer tout entier, et à se contre-miner les uns les autres dans leurs efforts, luttant de cadeaux comme s'ils luttaient d'affection. Je les tolère près de moi, je me joue de leurs espérances, et me réjouis de battre monnaie avec leur cupidité; je pèse leur tendresse, et plus je reçois d'eux, plus je les apprécie; je les tiens dans ma main et ne laisse la cerise frapper contre leurs lèvres que pour la retirer soudain. Qu'est-ce?

(Mosca rentre avec Nano, Androgyno et Castrone.)

NANO.

Place pour de nouveaux bateleurs qui ne vous apportent ni pièce de théâtre, ni représentation de l'Université, et vous prient, par conséquent, quel que soit leur récit, de ne pas être trop difficile sur l'allure du vers. Si vous vous étonnez de cela, vous allez vous étonner bien plus encore. Sachez donc que dans le corps d'Androgyno est enfermée l'âme elle-même de Pythagore, ce jongleur divin; nous vous en dirons l'histoire. Cette âme, monsieur, libre et flottante, vint d'abord d'Apollon et fut soufflée dans Æthalides, fils de Mercure, avec le don de se rappeler tout le passé. De là, elle s'enfuit, et fit sa demeure chez Euphorbus, aux cheveux d'or, qui fut galamment tué, au siége de Troie, par le cocu de Sparte; Hermotinus fut ensuite son hôte, je le lis dans ce mémoire, puis un Pyrrhus de Delos qui lui apprit la pêche à la ligne; enfin, elle vint loger chez le sophiste de Grèce, et ne quitta Pythagore que pour le beau corps d'Aspasie la courtisane, qui la renvoya comme une balle au corps d'une autre catin; elle devint un philosophe avec Cratès le Cynique, comme elle-même le raconte. Depuis, on la vit chez des rois, des chevaliers, des mendiants, des gredins, des grands seigneurs et des fous, sans compter ses séjours chez des bœufs, des ânes, des mules, des chèvres et des blaireaux, et partout elle fut aussi bavarde que le coq du savetier [1]. Mais je ne viens pas discourir ici sur cette matière ni sur les nombres un, deux, trois, ni sur son grand serment *par quatre,* ni sur ses harmonies, son triangle, sa cuisse d'or, ni sur la façon dont les éléments voyagent [2]; je veux seulement savoir de toi, Androgyno, comment s'est passée ta dernière métamorphose, et si tu as changé d'habit dans ces jours de réformation.

ANDROGYNO.

J'ai pris celui d'un réformé, d'un fou comme on en voit, regardant toute vieille doctrine comme une hérésie [3].

NANO.

Mais tu ne t'es pas risqué à enfreindre la loi des mets défendus par ton maître?

ANDROGYNO.

J'ai mangé du poisson quand je fus l'hôte d'un chartreux.

1. Dialogue de Lucien.
2. L'auteur cite confusément les doctrines de Pythagore.
3. Ben Jonson écrivit ce drame lorsqu'il était catholique. Voir sa *Vie.*

NANO.

Mais tu as renoncé à ton silence dogmatique?

ANDROGYNO.

Un avocat braillard en est cause.

NANO.

O changement merveilleux! Quand cet avocat t'a-t-il congédié? En souvenir de Pythagore, quel corps as-tu pris?

ANDROGYNO.

Celui d'une bonne lourde mule.

NANO.

Bah! mais alors il te fut permis de manger des fèves?

ANDROGYNO.

Oui.

NANO.

Et de la mule où passas-tu?

ANDROGYNO.

Au corps d'une bête étrange que certains écrivains appellent un âne, mais d'autres, un frère illuminé, un puritain, de ceux qui mangent de la viande et se mangent quelquefois les uns les autres, de ceux qui laissent tomber un libelle ou un saint mensonge, entre chaque bouchée de ces pâtés qui se font à Noël [1].

NANO.

Hâte-toi, au nom du ciel, de quitter cette nation profane, et dis-nous gentiment quel fut ensuite ton séjour.

ANDROGYNO.

Celui que j'habite encore.

NANO.

Une délicieuse créature; plus encore qu'un fou, un hermaphrodite! Maintenant, douce âme, dans toutes ces transmigrations diverses, quel corps choisirais-tu de préférence pour demeure?

ANDROGYNO.

En vérité, celui où je suis; j'y voudrais même rester.

1. *Christmas Pie* est l'expression usuelle; les Puritains disaient *Nativity Pie,* par horreur du mot messe.

NANO.

Parce que tu peux y trouver les plaisirs de chaque sexe.

ANDROGYNO.

Hélas! ces plaisirs sont usés et abandonnés : non; je me félicite d'être l'âme d'un fou, la seule créature qu'on puisse appeler bénie; sous toutes les autres formes, je n'ai eu que du malheur.

NANO.

Bien dit! c'est parler comme si tu étais encore en Pythagore. Célébrons cette opinion savante, eunuque, mon ami, comme il nous convient, avec art et talent, afin de la glorifier en membres spéciaux de la fraternité.

VOLPONE.

Allons! très-joli! très-joli! Mosca, c'est de ton invention?

MOSCA.

Si cela peut vous être agréable.

VOLPONE.

Cela me plaît, bon Mosca.

MOSCA.

Alors, l'invention est de moi.

NANO ET CASTRONE chantent.

Les fous sont la seule nation, digne du respect et de l'envie des hommes; libres de soucis, ils ignorent le chagrin, et s'égayent en égayant les autres; tout ce qu'ils font et disent est un lingot d'or pur; le fou est le mignon bien-aimé de nos grands hommes, l'amusement et la joie de nos grandes dames; sa langue est son trésor, sa figure seule éveille le rire, et il dit la vérité sans crainte d'être tué; il est la grâce de chaque festin, et quelquefois le principal convive; il a son tabouret, il a son assiette à table, le fou qui a l'esprit pour serviteur; oh! qui ne voudrait être lui! lui! lui! (On frappe derrière la scène.)

VOLPONE.

Qui vient? Sortez. (Nano et Castrone sortent.) Regarde, Mosca. (A Androgyno qui sort.) Fou, va-t'en.

MOSCA.

C'est M. Voltore, l'avocat, je le reconnais à la façon dont il frappe.

VOLPONE.

Va me chercher ma robe de chambre, mes fourrures et mon bonnet de nuit; dis que je change de lit, et laisse-le s'amuser un peu dans la galerie. (Mosca sort.) Ha! ha! mes clients commencent leurs visites : vautour, milan, corbeau, épervier, tous mes oiseaux de proie qui croient flairer une charogne et qui accourent! Elle n'est pas encore pour eux. (Mosca rentre avec la robe, les fourrures, etc.) Hé bien! les nouvelles?

MOSCA.

Une pièce d'argenterie, monsieur.

VOLPONE.

De quelle grandeur?

MOSCA.

Énorme, massive, antique, avec votre nom et vos armes.

VOLPONE.

Bien, et l'on n'y a pas gravé un renard étendu sur ses pattes, l'œil plein de finesses et de ruses, se moquant du corbeau qui bâille? Hein, Mosca [1]!

---

1.   Plerumque recoctus
  Scriba ex quinqueviro corvum deludet hiantem.
                                    (HORACE).

MOSCA.

La phrase est piquante, monsieur.

VOLPONE.

Donne-moi mes fourrures. (Il revêt sa robe de malade.) Pourquoi ris-tu, homme?

MOSCA.

Je ne puis m'en empêcher, monsieur, en songeant à ce qu'il doit penser, là dehors, en se promenant; il espère que c'est le dernier présent qu'il aura à vous faire; celui-ci doit lui gagner votre cœur; si vous mouriez aujourd'hui en lui léguant tout, que serait-il demain? Quelle large récompense de toutes ses avances! Combien il deviendrait honoré, respecté! Il paraderait à cheval avec des fourrures et de riches caparaçons, suivi d'une foule de clients et de dupes. On ferait, sur le pavé, place à sa mule aussi lettrée désormais que lui-même. — Il serait appelé le grand, le savant avocat! Puis il conclut : il n'y a vraiment rien d'impossible.

VOLPONE.

Il y a bien quelque chose d'impossible à lui, c'est d'être savant.

MOSCA.

Non, être riche implique tout. Couvrez un âne d'une pourpre vénérable, ayez soin de cacher ses oreilles ambitieuses, et il passera pour un honorable docteur.

VOLPONE.

Mon bonnet, mon bonnet, bon Mosca, et va chercher notre homme.

MOSCA.

Attendez, monsieur; votre onguent pour les yeux.

VOLPONE.

C'est vrai! dépêche-toi, dépêche-toi, je brûle de prendre possession de ce nouveau présent.

MOSCA.

J'espère vous en voir bientôt maître, ainsi que de beaucoup d'autres...

VOLPONE.

Merci, mon bon.

MOSCA, continuant.

Après que mon corps sera en cendre, et que cent autres tels que moi m'auront succédé.

VOLPONE.

Oh! Mosca, non, ce serait trop.

MOSCA.

Vous vivrez, vous vivrez toujours pour duper ces harpies.

VOLPONE.

Gracieux Mosca! c'est bien, donne encore le coussin, et fais-le entrer. (Mosca sort.) Maintenant, à mon secours, toux feinte, consomption, goutte, apoplexie, paralysie et catarrhe, à mon secours avec vos apparences moribondes sur ce lit de douleur, vous qui m'avez aidé, depuis trois ans, à traire leurs espérances! — Il vient, je l'entends — uh! (Toussant.) Uh! uh! uh!

(Mosca entre et introduit Voltore; il porte la pièce d'argenterie.)

MOSCA, à Voltore.

Vous êtes toujours au même point, monsieur. Seulement, vous êtes de tous les autres celui qu'il tient le plus haut dans ses affections; et vous faites sagement de les entretenir par des visites matinales, et par ces tendres marques de votre bon vouloir pour lui. Je le sais, il ne peut manquer de vous être on ne peut plus reconnaissant. (S'adressant à Volpone.) Patron, voici le signor Voltore.

VOLPONE, d'une voix faible.

Que dites-vous?

MOSCA.

Monsieur, c'est M. Voltore qui vient vous voir.

VOLPONE.

Je le remercie.

MOSCA.

Il vous apporte une pièce d'argenterie ancienne qu'il a achetée à Saint-Marc[1], et qu'il vous offre.

VOLPONE.

Il est le bienvenu. Prie-le de venir plus souvent.

MOSCA.

Oui.

VOLTORE.

Qu'est-ce qu'il dit?

MOSCA.

Il vous remercie et vous prie de revenir souvent.

VOLPONE.

Mosca?

MOSCA.

Mon patron.

VOLPONE.

Amène-le près de moi. Où est-il? Je désire lui toucher la main.

MOSCA.

Voici la pièce d'argenterie.

VOLTORE, près du lit.

Comment allez-vous, monsieur?

---

1. La place Saint-Marc où les orfèvres ont leurs boutiques.

VOLPONE.

Je vous remercie, signor Voltore. Où est le plat d'argent? J'ai de si mauvais yeux.

VOLTORE, le lui mettant dans les mains.

Je suis fâché de vous voir aussi affaibli.

MOSCA, à part.

Et que vous ne le soyez pas davantage.

VOLPONE.

Vous êtes trop généreux.

VOLTORE.

Non, monsieur. Plût au ciel qu'il me fût permis de vous donner la santé comme je vous donne ce plat!

VOLPONE.

Vous donnez, monsieur, ce que vous pouvez; je vous remercie. Votre amitié se reconnaît dans ce présent, et mérite qu'on y réponde : venez souvent me voir.

VOLTORE.

Je n'y manquerai pas, monsieur.

VOLPONE.

Ne vous éloignez pas de moi.

MOSCA, à Voltore.

Entendez-vous, monsieur?

VOLPONE.

Écoutez-moi encore; cela vous concerne.

MOSCA, à Voltore.

Vous êtes un heureux homme, monsieur; appréciez votre bonheur.

VOLPONE.

Je ne puis vivre encore longtemps...

MOSCA, à l'oreille de Voltore.

Vous êtes son héritier.

VOLTORE, à Mosca.

Le suis-je?

VOLPONE.

Je sens que je m'en vais; uh! uh! uh! Je fais voile pour le port; uh! uh! uh! uh! et je serai heureux d'aborder enfin.

MOSCA,

Hélas! bien cher patron, nous devons tous partir.

VOLTORE.

Mais, Mosca...

MOSCA.

L'âge fait valoir ses droits.

VOLTORE, à l'oreille de Mosca.

Je t'en prie, écoute-moi. Est-il certain qu'il m'ait inscrit comme son héritier?

MOSCA.

Vous, parbleu! Je vous supplie, monsieur, de daigner me prendre à votre service. Je fonde sur vous toutes mes espérances; je suis perdu si le soleil levant ne laisse pas descendre sur moi un de ses rayons.

VOLTORE.

Il t'éclairera et te réchauffera, Mosca.

MOSCA.

Monsieur, tel que je suis je ne vous aurai pas rendu les moindres services. Je porte vos clefs; j'ai soin que vos coffres et vos cassettes soient fermés; je tiens le pauvre inventaire de vos bijoux, de votre argenterie et de vos fonds; je suis votre intendant, monsieur, et je gouverne ici votre fortune.

VOLTORE.

Mais suis-je le seul héritier?

MOSCA.

Sans un seul copartageant, monsieur. Ce matin même la chose s'est confirmée; la cire est encore chaude, et l'encre est à peine sèche sur le parchemin.

VOLTORE.

Heureux, heureux que je suis! Mais par quelle bonne chance, cher Mosca?

MOSCA.

Votre mérite, monsieur. Je ne vois pas d'autre raison.

VOLTORE.

C'est par modestie que tu dis cela. Bien, bien, nous te récompenserons.

MOSCA, montrant Volpone.

Il a toujours aimé votre caractère; c'est ce qui l'a d'abord séduit. Je lui ai souvent entendu dire combien il admirait les hommes de votre belle profession, qui savent parler en faveur de toutes les causes et sur les sujets les plus opposés jusqu'à s'enrouer, mais sans heurter la loi; les hommes qui, comme vous, changent d'opinion avec une merveilleuse agilité, font des nœuds qu'ils dénouent ensuite, savent donner des conseils fourchus, prennent des deux mains l'or qu'on leur offre pour les tenter, et l'empochent; ces hommes, il le sait bien, réussissent à tout avec leur souplesse, et, quant à lui, disait-il, il se regarderait comme béni du ciel, s'il pouvait avoir pour héritier un de ces esprits souples et tolérants, si sages, si graves, dont la langue est si embrouillée et si retentissante, et qui pourtant ne profèrent ni un mot ni même un mensonge sans honoraires; on le comprend, puisque chaque parole que votre seigneurie laisse tomber est un sequin. (On entend frapper dehors.) Qu'est-ce? on frappe. Je ne voudrais pas que l'on vous vît, monsieur. Pourtant... Prétendez que vous êtes venu en passant et que vous êtes pressé de partir; je trouverai une excuse... Cher monsieur, quand vous viendrez à nager dans la graisse de l'or, quand vous plongerez jusqu'au col dans le miel, quand vous roidirez le menton contre le flux de cet océan de richesses, pensez à votre esclave, et souvenez-vous de moi : je n'ai pas été le pire de vos clients.

VOLTORE.

Mosca!

MOSCA.

Quand voulez-vous avoir votre inventaire, monsieur, ou voir une copie du testament? — Bientôt? — Je vous les apporterai, monsieur. Allons, partez! Mettez sur votre figure un air d'homme affairé. (Voltore sort.)

VOLPONE, se levant.

Excellent Mosca! Viens ici que je t'embrasse.

MOSCA.

Tenez-vous tranquille, monsieur, voici Corbaccio.

VOLPONE.

Emporte le plat; le vautour est parti, et le vieux corbeau arrive.

MOSCA.

Reprenez votre silence et votre sommeil. (Il met le plat avec les autres trésors.) Reste-là, et multiplie. — Maintenant nous allons voir un misérable qui est en vérité plus impotent que celui-ci ne feint de l'être, et qui pourtant espère danser sur son tombeau. (Corbaccio entre.) Seigneur Corbaccio! vous êtes le bienvenu, monsieur.

CORBACCIO.

Comment va ton patron?

MOSCA.

Comme hier, monsieur, pas de mieux.

CORBACCIO[1].

Quoi! du mieux?

MOSCA, plus haut.

Non, monsieur; il est plutôt pire.

CORBACCIO.

C'est bien. Où est-il?

MOSCA.

Sur son lit, monsieur, il s'est endormi depuis un moment.

CORBACCIO.

Est-ce qu'il dort bien?

MOSCA.

Pas le moins du monde, ni cette nuit, ni hier; il ne fait que sommeiller.

CORBACCIO.

Bon! Il devrait prendre le conseil de quelque médecin; je lui ai apporté ici un opiat que le mien m'a donné.

MOSCA.

Il ne veut pas entendre parler de drogues.

CORBACCIO.

Pourquoi? J'étais là quand il a été composé, j'en ai vu tous les ingrédients; et je sais qu'il ne peut avoir qu'un excellent effet; j'en jure sur ma vie, cela le ferait dormir.

---

1. Corbaccio est très-sourd.

MOSCA, à part.

Oui, son dernier sommeil, s'il le prenait. (Haut.) Monsieur, il n'a aucune confiance dans la médecine.

CORBACCIO.

Que dis-tu, que dis-tu?

MOSCA.

Qu'il n'a aucune foi dans la médecine; il croit que vos docteurs, pour la plupart, sont le plus grand danger que l'homme puisse courir, et la maladie la plus difficile à guérir : je l'ai entendu souvent protester que jamais il ne ferait d'un médecin son héritier.

CORBACCIO.

Que moi je ne serais pas son héritier?

MOSCA, plus haut.

Non, non, votre docteur!

CORBACCIO.

Oh! lui, non, non, non; je le pense bien.

MOSCA.

Ce sont surtout leurs mémoires qu'il ne peut pas digérer; il dit qu'ils écorchent vif un homme avant de le tuer.

CORBACCIO.

Il a raison; je te comprends.

MOSCA.

Oh! ils font sur nous leurs expériences. Non-seulement la loi les absout, mais elle leur donne encore de grandes récompenses; ma foi! il répugne à leur payer d'avance sa mort.

CORBACCIO.

C'est vrai; ils ont des licences pour tuer, comme un juge.

MOSCA.

Celui-ci ne tue que lorsque la loi condamne, et les autres peuvent tuer le juge lui-même.

CORBACCIO.

Le juge, moi, et bien d'autres. — Comment va son apoplexie? Agit-elle?

MOSCA.

Très-violemment : sa parole est saccadée, ses yeux sont tournés, sa face est tirée plus que de coutume.

CORBACCIO.

Comment! comment! il va s'en tirer?

MOSCA, plus haut.

Mais non; sa face est tirée plus que de coutume.

CORBACCIO.

Ah! bien.

MOSCA.

Sa bouche reste toujours ouverte, et ses paupières pendent.

CORBACCIO.

Bien.

MOSCA.

Un engourdissement glacial roidit toutes ses jointures, et donne à sa chair la couleur du plomb.

CORBACCIO.

Bien.

MOSCA.

Son pouls est dur et bat lentement.

CORBACCIO.

Encore un bon symptôme.

MOSCA.

Et de son front...

CORBACCIO.

Je te comprends.

MOSCA.

Coule une sueur froide, avec un écoulement continuel aux coins des yeux.

CORBACCIO.

Est-ce possible? J'ai une meilleure santé, moi! Ha! ha! Et le vertige qu'il a dans la tête dure-t-il encore?

MOSCA.

Oh! il est passé; maintenant il a perdu tout sentiment et a cessé de ronfler; vous vous apercevriez à peine qu'il respire.

CORBACCIO.

Excellent! excellent! il est sûr que je vivrai plus que lui; cela me rend plus jeune de vingt ans.

MOSCA.

J'allais aller vous voir, monsieur.

CORBACCIO.

A-t-il fait son testament? Que m'a-t-il donné?

MOSCA.

Non, monsieur.

CORBACCIO.

Rien, dis-tu? ah!

MOSCA.

Je dis qu'il n'a pas fait son testament.

CORBACCIO.

Oh! oh! oh! Qu'a donc fait ici Voltore, l'avocat?

MOSCA.

Il a flairé un cadavre, monsieur, aussitôt qu'il a appris que mon maître pensait à faire ses dispositions, selon le conseil que je lui en donnais pour votre bien.

CORBACCIO.

Et il est venu le voir, n'est-ce pas? Je m'en doutais.

MOSCA.

Oui, et il lui a fait cadeau d'un plat d'argent.

CORBACCIO.

Pour être son héritier?

MOSCA.

Je ne sais pas, monsieur.

CORBACCIO.

Moi! je le sais bien.

MOSCA, à part.

En le jugeant d'après vous-même.

CORBACCIO.

Hé bien, je l'empêcherai de l'être. Vois, Mosca, regarde. J'ai apporté ce sac de sequins brillants qui pèse plus que son plat.

MOSCA, prenant le sac.

Ma foi oui, monsieur. Voilà un vrai médicament; voilà la médecine sacrée! Ne me parlez pas de vos opiats auprès de ce grand élixir.

CORBACCIO.

C'est de l'or palpable, s'il n'est pas potable.

MOSCA.

On le lui administrera dans sa tasse.

CORBACCIO.

Oui; fais-le, fais-le, fais-le.

MOSCA.

O cordial trois fois béni, tu lui rendras la santé!

CORBACCIO.

Fais-le, fais-le, fais-le.

MOSCA.

Je crois que ce ne serait pas le meilleur, monsieur.

CORBACCIO.

Quoi?

MOSCA.

De lui rendre la santé.

CORBACCIO.

Non, non, non, d'aucune façon.

MOSCA.

Peut-être cela lui produira un certain effet, seulement de le toucher.

CORBACCIO.

C'est vrai; prenons garde, j'en courrai la chance, rends-moi le sac.

MOSCA.

Du tout; excusez-moi. Ne vous faites pas ce tort à vous-même, monsieur. Je dois vous en donner avis : vous aurez tout.

CORBACCIO.

Comment?

MOSCA.

Tout, monsieur. C'est votre droit, tout est à vous. Personne n'en aura la moindre part; c'est à vous seul; c'est sûr comme un décret du destin.

CORBACCIO.

Comment cela, bon Mosca, comment cela?

MOSCA.

Je vais vous le dire, monsieur : il va revenir de cette crise.

CORBACCIO.

Je te comprends.

MOSCA.

En profitant du premier moment où il aura repris ses sens, je vais l'importuner de nouveau pour faire son testament, et lui montrer ce sac.

CORBACCIO.

Bien, bien.

MOSCA.

C'est mieux encore, si vous voulez m'écouter.

CORBACCIO.

J'écoute de tout mon cœur.

MOSCA.

Je vous conseillerais maintenant de retourner chez vous sur-le-champ, de formuler un testament sur lequel vous inscririez mon maître comme votre seul héritier.

CORBACCIO.

Mais ce serait déshériter mon fils!

MOSCA.

Hé! monsieur, tant mieux. C'est un vernis qui rendra la chose bien plus intéressante.

CORBACCIO.

Oh! seulement un vernis?

MOSCA.

Ce testament, monsieur, vous me l'enverrez à moi. Alors, lorsque j'énumérerai, en les exagérant, vos soins, vos veilles, vos nombreuses prières, vos dons plus nombreux encore, votre présent d'aujourd'hui, et lorsque enfin je produirai votre testament, dans lequel, sans réflexion, sans le moindre souci de votre propre sang, de ce fils si brave et d'un si haut mérite, l'entraînement torrentiel de votre affection vous a précipité vers mon maître pour le faire votre héritier, il ne peut être assez stupide, assez pétrifié pour que, par conscience, par simple gratitude...

CORBACCIO.

Il ne me fasse le sien.

MOSCA.

Voilà.

CORBACCIO.

J'avais bien songé à ce plan.

MOSCA.

Je le crois.

CORBACCIO.

Tu ne le crois pas?

MOSCA.

Si, monsieur.

CORBACCIO.

C'est mon projet à moi.

MOSCA.

Et quand il l'aura mis à exécution...

CORBACCIO.

C'est-à-dire quand il m'aura déclaré son héritier.

MOSCA.

Vous, si certain de lui survivre!

CORBACCIO.

Oui bien.

MOSCA.

Étant un homme si vigoureux!

CORBACCIO.

C'est vrai.

MOSCA.

Oui, monsieur.

CORBACCIO.

J'ai pensé à cela aussi. Voyez, ce Mosca, comme il est le véritable interprète de mes pensées!

MOSCA.

Vous ne faites pas seulement du bien à vous-même...

CORBACCIO.

Mais encore à mon fils.

MOSCA.

C'est vrai, monsieur.

CORBACCIO.

C'est encore moi qui ai trouvé cela.

MOSCA.

Ah! monsieur! le ciel sait que toute mon étude et tous mes soins (mes cheveux en sont devenus gris) ont été d'arranger les choses de façon...

CORBACCIO.

Je te comprends, mon bon Mosca.

MOSCA.

Vous êtes celui pour qui je travaille ici.

CORBACCIO.

Continue, continue, continue. Je vais faire ce dont nous sommes convenus. (S'en allant.)

MOSCA, bas.

Va-t'en, corbeau; va te faire plumer.

CORBACCIO.

Je te sais honnête.

MOSCA, bas.

Et vous mentez, monsieur.

CORBACCIO.

Et...

MOSCA, bas.

Et votre intelligence ne vaut pas mieux que vos oreilles, monsieur.

CORBACCIO.

Je n'hésiterai pas à être un père pour toi.

MOSCA, bas.

Ni moi à duper le frère que tu me donnes.

CORBACCIO.

Je puis encore retrouver la jeunesse; pourquoi pas?

MOSCA, bas.

Votre seigneurie est un âne précieux.

CORBACCIO.

Que dis-tu?

MOSCA, haut.

Je désire que votre seigneurie se hâte.

CORBACCIO.

C'est fait, c'est fait. Je pars. (Il sort.)

VOLPONE, sautant de son lit.

Oh! j'en crèverai. Mes côtes! mes côtes!

MOSCA.

Retenez ce flux de rire, monsieur. Vous savez qu'une pareille espérance est une amorce qui couvre peut-être un hameçon.

VOLPONE.

Oh! mais ton habileté à la placer, cette amorce. Je n'y puis tenir. Bonne canaille, laisse-moi t'embrasser. Je ne t'ai jamais vu une si rare humeur.

MOSCA.

Hélas! monsieur, je fais ce que l'on m'ordonne. Je suis vos graves instructions : je donne à ces gens-là des paroles; je verse de l'huile dans leurs oreilles, et ensuite je les renvoie.

VOLPONE.

C'est vrai, c'est vrai. Quel rare châtiment l'avarice trouve en elle-même!

MOSCA.

Nous y aidons un peu, monsieur.

VOLPONE.

Ils ont tous les soucis, les maladies sans nombre, les perpétuelles terreurs qui accompagnent la vieillesse. Ils appellent mille fois la mort, car c'est le souhait ordinaire de ces hommes. Leurs membres sont mous, leurs sens sont obtus; leur vue, leur ouïe, leur tact sont morts avant eux; leurs dents même, ces instruments de la vie, sont tombées, et ils croient vivre encore. En voilà un qui retourne chez lui et qui désire végéter encore longtemps. Il ne sent ni sa goutte ni sa paralysie; il se feint plus jeune de quelques vingtaines d'années. L'âge a beau raisonner, il lui donne un démenti formel. Il espère, comme Éson, retrouver la jeunesse à force d'incantations, et il se vautre dans ces pensées, comme si le destin devait être aussi facilement dupé qu'il se dupe lui-même, et autant en emporte le vent. (On frappe au dedans.) Qu'est-ce que c'est, maintenant? Un troisième?

MOSCA.

Chut! retournez vous coucher; j'entends sa voix; c'est Corvino, notre beau marchand.

VOLPONE, se couche comme précédemment.

Faisons le mort.

MOSCA.

Encore un peu d'opiat pour vos yeux. (Il lui graisse les yeux.) — Qui est là? — (Signor Corvino entre.) Corvino, arrivez, je souhaitais fort de vous voir; comme vous seriez heureux, si vous saviez...

CORVINO.

Pourquoi? qu'y a-t-il? qu'est-ce?

MOSCA.

L'heure tardive a enfin sonné, monsieur.

CORVINO.

Il n'est pas mort?

MOSCA.

Mort! non, mais il n'en vaut pas mieux. Il ne reconnaît plus personne.

CORVINO.

Que dois-je faire alors?

MOSCA.

Quel était votre projet?

CORVINO.

Je lui avais apporté cette perle.

MOSCA.

Peut-être a-t-il encore assez de mémoire pour vous reconnaître, vous, monsieur; il vous nomme encore; il n'a que votre nom à la bouche; votre perle est-elle fine, monsieur?

CORVINO.

Venise n'a jamais vu sa pareille.

VOLPONE, d'une voix faible.

Signor Corvino.

MOSCA.

Écoutez.

VOLPONE.

Signor Corvino.

MOSCA.

Il vous appelle; allez et donnez-lui la perle. (En criant, à Volpone.) Il est ici, et il vous apporte une perle magnifique.

CORVINO, à Volpone.

Comment allez-vous, monsieur? (A Mosca.) Dis-lui qu'elle pèse vingt-quatre carats.

MOSCA.

Monsieur, il n'entend plus rien; il est sourd; cependant, cela lui fait du bien de vous voir.

CORVINO.

Ajoute que j'ai aussi un diamant pour lui.

MOSCA.

Vous ferez mieux de le lui montrer ; mettez-le-lui dans la main ; ce n'est plus que par les doigs qu'il comprend quelque chose ; il lui reste le tact ; voyez comme il le serre.

CORVINO.

Hélas ! le pauvre homme ! cela fait pitié de le voir.

MOSCA.

Fi donc, ne vous en donnez pas la peine ; les pleurs d'un héritier sont des rires sous le masque.

CORVINO.

Suis-je donc son héritier?

MOSCA.

Monsieur, j'ai promis sous serment de ne pas montrer le testament qu'il ne soit mort ; sachez que Corbaccio est venu le voir, Voltore aussi, et tant d'autres que je ne puis les nommer tous, tous baillant pour avoir des legs ; mais moi, me prévalant de ce qu'il vous nommait tout haut : *signor Corvino, signor Corvino*, j'ai pris, plume, papier et encre, et je lui demandai qui il choisissait pour son héritier. *Corvino*. — Qui il voulait pour exécuteur testamentaire. *Corvino*. — Et sur toutes les questions auxquelles il ne répondait mot, j'interprétai les mouvements qu'il faisait avec la tête, comme des signes de consentement ; c'est ainsi que j'ai congédié les autres sans leur rien laisser, en legs, que des pleurs et des malédictions.

CORVINO.

Oh ! mon cher Mosca. (Ils s'embrassent.) Mais ne nous voit-il pas ?

MOSCA.

Pas plus qu'un joueur de harpe aveugle. Il ne

reconnaît plus personne, pas même ses amis; il ne sait plus le nom du serviteur qui lui a donné son dernier repas ou sa dernière tisane. Il ne se rappelle plus ceux qu'il a engendrés ou élevés.

CORVINO.

Est-ce qu'il a des enfants?

MOSCA.

Des bâtards, une douzaine, ou plus, qu'il a eus de mendiantes, de bohémiennes, de juives, de négresses, quand il était ivre. Ne le saviez-vous pas, monsieur? C'est la fable de tout le monde. Le nain, le fou, l'eunuque, sont ses enfants. Il est le père de tous ceux qui le servent, excepté moi; — ma foi, il ne leur a rien laissé.

CORVINO.

C'est bien, ah! c'est bien. Mais es-tu sûr qu'il ne nous entend pas?

MOSCA.

Sûr, monsieur! jugez-en vous-même! (Il crie à l'oreille de Volpone.) Plaise à la vérole de se compliquer avec vos autres maux, si elle doit vous envoyer plus tôt au diable, monsieur, en châtiment de votre incontinence, car elle l'a mérité, oui monsieur, elle l'a mérité, tout à fait, tout à fait; et la peste par-dessus le marché. — (A Corvino.) Approchez donc, monsieur. — Que ne pouvez-vous enfin fermer vos sales yeux qui, par leur liqueur visqueuse, ressemblent à une grenouillère! Quand ne verrons-nous plus ces joues pendantes que recouvre un vieux cuir au lieu de peau, (A Corvino.) aidez-moi donc, monsieur; — et qui ressemblent à de vieux torchons gelés?...

CORVINO, haut.

Ou à un vieux mur enfumé, sur lequel l'eau, en tombant, a fait des sillons.

MOSCA.

Excellent, monsieur, continuez; vous pouvez bien parler encore plus haut; une coulevrine, qu'on lui déchargerait aux oreilles, ne les traverserait pas.

CORVINO.

Son nez est comme l'égout public; il coule toujours.

MOSCA.

C'est bon; et sa bouche?

CORVINO.

Un cloaque.

MOSCA.

Oh! bouchez ce trou.

CORVINO.

Ma foi, non.

MOSCA.

Je vous en prie, laissez-moi faire; en vérité, je pourrais l'étouffer avec un oreiller, aussi bien qu'une vieille garde-malade.

CORVINO.

Fais ce que tu voudras, mais en mon absence.

MOSCA.

Soit. C'est votre présence qui le fait durer si longtemps.

CORVINO.

Je t'en prie, n'use pas de violence.

MOSCA.

Pourquoi donc? pourquoi seriez-vous si scrupuleux, monsieur?

CORVINO.

Hé bien, à ta discrétion.

MOSCA.

Alors, cher monsieur, allez-vous-en.

CORVINO.

Je ne veux pas l'inquiéter maintenant en reprenant ma perle.

MOSCA.

Pouh! ni votre diamant non plus; quelle inquiétude montrez-vous donc là?. tout n'est-il pas à vous ici? Ne suis-je pas là, moi dont vous avez fait votre créature, et qui vous dois mon existence?

CORVINO.

Reconnaissant Mosca, tu es mon ami, mon camarade, mon compagnon, mon associé, et tu auras ta part dans toutes mes fortunes.

MOSCA.

Une exceptée.

CORVINO.

Laquelle?

MOSCA.

Votre charmante femme, monsieur. (Corvino part précipitamment.) Le voilà parti. Nous n'avions pas d'autre moyen de le déraciner d'ici.

VOLPONE.

Mon divin Mosca, tu t'es surpassé ce matin. (On frappe.) Qu'est-ce encore? Je ne veux plus être ennuyé aujourd'hui. Prépare-moi de la musique, des danses, des banquets, tous les plaisirs; le Turc n'est pas plus sensuel dans ses voluptés que ne le sera Volpone. (Mosca sort.) Voyons, une perle, un diamant, une pièce d'argenterie, des sequins! La matinée est bonne; hé bien! Cela ne vaut-il pas mieux que de piller des églises ou de s'engraisser en dévorant un homme par mois? (Mosca rentre.) Qui est-ce?

MOSCA.

La belle lady Would-be, monsieur, femme du chevalier anglais, sir Politick Would-be (tel est, monsieur, le style de la dépêche), envoie savoir comment vous avez dormi cette nuit et si vous pourrez la recevoir.

VOLPONE.

Pas maintenant, dans trois heures environ.

MOSCA.

Je l'ai déjà dit à l'écuyer.

VOLPONE.

Lorsque je me serai grisé de gaieté et de vin, alors, alors... Par le ciel, je m'étonne de la témérité de ces vaillants Anglais, qui laissent aller leurs femmes, la bride sur le cou, au-devant de toutes les rencontres.

MOSCA.

Monsieur, le chevalier ne porte pas son nom pour rien, c'est un *politique* ; il sait que, bien que sa femme affecte des airs étranges, elle n'a pourtant pas une figure à être déshonnête; mais, si elle avait celle de la femme du signor Corvino...

VOLPONE.

Est-elle donc si belle?

MOSCA.

Oh! monsieur, la merveille, l'étoile flamboyante de l'Italie; un tendron au printemps de l'année, une beauté mûre comme la moisson, dont la peau est plus blanche que l'aile du cygne, l'argent, la neige ou les lis; une lèvre moelleuse qui vous inviterait à un seul mais éternel baiser; une chair que le sang teint en rose au moindre contact; brillante comme votre or; aimable comme votre or!

VOLPONE.

Pourquoi n'ai-je pas su cela plus tôt?

MOSCA.

Hélas! monsieur, je ne l'ai découvert moi-même qu'hier.

VOLPONE.

Comment pourrais-je la voir?

MOSCA.

Oh! ce n'est pas possible; elle est gardée aussi soigneusement que votre or, jamais ne sort, jamais ne prend l'air que par une fenêtre; ses regards sont doux comme les premiers raisins ou les premières cerises, et surveillés d'aussi près.

VOLPONE.

Je veux la voir.

MOSCA.

Monsieur, une garde d'espions l'entoure, elle est composée de tous les serviteurs de la maison, dont chacun est aussi l'espion de son camarade; que l'on sorte ou que l'on rentre, c'est un interrogatoire minutieux et un examen général.

VOLPONE.

Je veux la voir, quand ce ne serait qu'à sa fenêtre.

MOSCA.

Alors sous quelque déguisement?

VOLPONE.

C'est là le moyen; il faut toujours que je déguise ma véritable forme; allons réfléchir. (Ils sortent.)

ACTE II.

SCÈNE PREMIÈRE.

La place Saint-Marc, un coin retiré devant la maison de Corvino.

SIR POLITICK WOULD-BE et PÉRÉGRINE.

SIR POLITICK.

Monsieur, pour un homme sage, la patrie, c'est le monde. Ce n'est ni la France, ni l'Italie, ni même l'Europe qui m'arrêteront si mes destinées m'appellent ailleurs. Cependant, je proteste que ce n'est pas l'ardente curiosité de visiter de nouvelles contrées, ni un changement de religion, ni une désaffection du pays où je suis né et auquel je dois rapporter mes conceptions les plus précieuses, qui m'amènent sur le sol étranger; c'est encore moins le dessein frivole, antique, usé, le dessein *grisonnant* de connaître les mœurs et les coutumes des hommes ainsi que l'avait Ulysse, mais un goût particulier de ma femme pour cette terre de Venise, dont elle veut observer, apprendre, analyser le langage, et le reste... Je pense que vous voyagez, monsieur, avec une permission?

PÉRÉGRINE.

Oui.

SIR POLITICK.

J'ose vous parler alors avec d'autant plus de sécurité. Depuis combien de temps avez-vous quitté l'Angleterre?

PÉRÉGRINE.

Depuis sept semaines.

SIR POLITICK.

Ah! depuis si peu de temps! N'avez-vous pas été chez mylord ambassadeur?

PÉRÉGRINE.

Pas encore.

SIR POLITICK.

Dites-moi, monsieur, quelles nouvelles débite-t-on dans notre pays? J'entendis, l'autre soir, une chose fort étrange rapportée par une des personnes attachées à l'ambassade, et je brûle de savoir s'il y a d'autres nouvelles encore.

PÉRÉGRINE.

Qu'était-ce donc, monsieur?

SIR POLITICK.

Hé bien, monsieur, on parlait d'un corbeau qui aurait construit son nid dans un des vaisseaux du roi.

PÉRÉGRINE à part.

Ce monsieur se moque-t-il de moi ou s'est-on moqué de lui? (Haut.) Votre nom, monsieur?

SIR POLITICK.

Mon nom est sir Politick Would-be.

PÉRÉGRINE, à part.

Son nom le peint. (Haut.) Un chevalier, monsieur?

SIR POLITICK.

Un pauvre chevalier.

PÉRÉGRINE.

Votre femme est ici à Venise pour s'instruire des coiffures, des modes et des mœurs chez les courtisanes? la belle lady Would-be?

SIR POLITICK.

Oui, monsieur, l'araignée et l'abeille souvent sucent la même fleur.

PÉRÉGRINE.

Bon sir Politick, je vous demande pardon; j'ai beaucoup entendu parler de vous. L'histoire de votre corbeau est vraie, monsieur.

SIR POLITICK.

A votre connaissance?

PÉRÉGRINE.

Et celle de la lionne qui a fait ses petits dans la tour de Londres[1].

SIR POLITICK.

Une seconde portée?

PÉRÉGRINE.

Une seconde.

SIR POLITICK.

O ciel! quels prodiges se multiplient! des feux à Berwick! et une étoile nouvelle! Cette concordance de faits étranges est pleine de présages. — Avez-vous vu ces météores?

PÉRÉGRINE.

Je les ai vus.

SIR POLITICK.

Terrible chose! Je vous en prie, confirmez-moi, s'il est vrai, comme on le dit, que trois marsouins ont été vus au-dessus du pont[2]?

---

1. Stow, un vieil auteur du temps, est cité par M. Gifford : « Dimanche, 5 août 1604, une lionne, nommée Élisabeth, a mis bas un lionceau qui ne vécut qu'un jour, et, le 26 février 1606, elle eut une seconde portée. »

2. Le fait est également constaté par le même auteur, ainsi que l'apparition de la baleine à Woolwich.

PÉRÉGRINE.

Six, monsieur, et un esturgeon.

SIR POLITICK.

J'en suis surpris.

PÉRÉGRINE.

Ne le soyez pas, je vais vous raconter un prodige plus grand encore que ceux-là.

SIR POLITICK.

Mon Dieu, qu'est-ce que tout cela présage?

PÉRÉGRINE.

Le jour même, laissez-moi me rappeler, oui, le jour même que je quittai Londres, on découvrit dans le fleuve, à la hauteur de Woolwich, une baleine qui avait attendu là, peu de gens savent combien de mois, la destruction de la flotte de Stode.

SIR POLITICK.

Est-ce possible! Croyez qu'elle avait été envoyée par l'Espagne ou par les archiducs. C'était la baleine de Spinola, sur ma vie, sur mon honneur! N'abandonneront-ils pas leurs projets? Digne monsieur, avez-vous quelque autre nouvelle?

PÉRÉGRINE.

Ma foi, Stone le bouffon[1] est mort, et on sent généralement le besoin d'un bouffon de taverne.

SIR POLITICK.

Stone est mort?

PÉRÉGRINE.

Il est mort; eh bien, le croyiez-vous donc immortel? (A part.) Ce chevalier, s'il était bien connu, serait un personnage qui conviendrait fort à notre théâtre an-

---

1. Un bouffon célèbre du temps.

glais; celui qui le peindrait au naturel serait accusé d'exagération ou au moins de malice.

SIR POLITICK.

Stone mort!

PÉRÉGRINE.

Mort. — Seigneur! comme cela vous impressionne! Était-il votre cousin, par hasard?

SIR POLITICK.

Non, que je sache. Je le connaissais comme l'une des plus dangereuses têtes du pays; je le tenais pour un habile homme.

PÉRÉGRINE.

En vérité, monsieur?

SIR POLITICK.

Oui, tant qu'il a vécu; il recevait, à ma connaissance, chaque semaine, et renfermées dans des choux[1], certaines lettres qui venaient des Pays-Bas, et de tous les États de l'Europe; il les distribuait ensuite aux ambassadeurs, dans des oranges, des melons, des abricots, des limons, des grenades et autres fruits; quelquefois dans des huîtres de Colchester et dans des coquillages de Selsey.

PÉRÉGRINE.

Vous m'étonnez.

SIR POLITICK.

Monsieur, c'est comme je vous le dis : tenez, je l'ai vu dans nos auberges publiques prendre ses renseignements auprès d'un voyageur, homme d'État déguisé, dans un gigot de mouton, et à l'instant,

---

1. Les choux, qu'on ne cultivait pas alors en Angleterre, étaient importés de Hollande.

avant que le repas ne fût fini, rendre réponse dans un cure-dent.

PÉRÉGRINE.

C'est étrange! Comment cela peut-il se faire?

SIR POLITICK.

La viande était coupée en lettres disposées de façon qu'il pût lire aisément.

PÉRÉGRINE.

J'avais entendu dire, monsieur, qu'il ne savait pas lire.

SIR POLITICK.

C'est un bruit qui avait été habilement répandu par ceux qui l'employaient : mais il savait lire, et connaissait les langues; ajoutez qu'il avait une tête excellente.

PÉRÉGRINE.

On m'a dit aussi qu'on se servait de singes pour faire le métier d'espions, et qu'ils formaient une espèce de peuple subtil près de la Chine.

SIR POLITICK.

Ah! ah! les mamaluchi. En vérité, ils ont mis la main dans un ou deux complots français. Mais ils étaient si passionnés pour les femmes, qu'elles découvrirent tout. Cependant j'eus encore de leurs nouvelles mercredi dernier; j'appris de l'un d'eux qu'ils étaient retournés là-bas, et avaient fait leurs rapports comme c'est l'usage; ils attendent qu'on les emploie de nouveau.

PÉRÉGRINE, à part.

Ma foi, ce sir Pol est un homme bien informé. (Haut.) Il me semble monsieur, que vous savez tout.

SIR POLITICK.

Non, monsieur, pas tout; j'ai seulement quelques

notions générales. J'aime à observer et à noter. Bien que je vive en dehors du torrent actif, cependant j'en ai étudié les courants et les détours pour mon usage particulier, et je connais les flux et les reflux de la politique.

PÉRÉGRINE.

Croyez, monsieur, que je n'ai pas une petite reconnaissance à la fortune de m'avoir si heureusement amené sur vos pas; votre savoir, si votre bonté l'égale, peut m'être d'un grand secours pour m'instruire et pour former mon caractère qui est encore rude et grossier.

SIR POLITICK.

Quoi! êtes-vous parti sans connaître les préceptes de voyage?

PÉRÉGRINE.

En vérité je n'en connaissais que les plus vulgaires, de simples éléments grammaticaux que m'a enseignés celui qui m'apprit l'italien.

SIR POLITICK.

C'est là justement ce qui gâte nos meilleures têtes; on confie l'éducation de nos gentilshommes à des pédants qui n'ont que le dehors, rien que l'écorce; vous paraissez un gentleman, de condition libre; — je n'en fais pas profession; mais ma destinée veut que, partout où je passe, j'aie été consulté sur cette haute matière, l'éducation de nos fils de famille.

PÉRÉGRINE, l'interrompant.

Qui vient là, monsieur? (Entrent Mosca et Nano déguisés, suivis par des ouvriers portant les matériaux nécessaires à l'érection d'un théâtre.)

MOSCA.

Ce sera sous cette fenêtre. Oui, celle-ci.

SIR POLITICK.

Ce sont des bateleurs! votre fameux professeur de langues ne vous a-t-il jamais parlé des saltimbanques italiens?

PÉRÉGRINE.

Si, monsieur.

SIR POLITICK.

Hé bien! vous allez en voir un échantillon.

PÉRÉGRINE.

Ce sont des charlatans qui vendent des huiles et des drogues.

SIR POLITICK.

Est-ce là l'opinion qu'il vous a donnée d'eux?

PÉRÉGRINE.

Autant qu'il m'en souvienne.

SIR POLITICK.

Son ignorance fait pitié. Ce sont les seuls hommes instruits de l'Europe, des savants universels, d'excellents médecins, des hommes d'état renommés! Ce sont les favoris en titre, les conseillers intimes des plus grands princes, les seuls hommes qui connaissent bien les langues dans le monde entier!

PÉRÉGRINE.

Moi, j'ai entendu dire qu'ils ne sont que d'ignorants imposteurs, des gens de sac et de corde, qui surfont les faveurs des grands comme leurs viles médecines; ils vous les vantent au moyen de serments monstrueux, vous laissant au départ, pour deux sols, ce dont ils demandaient, avec de grands cris, douze francs au début.

SIR POLITICK.

Monsieur, on ne répond aux calomnies que par le

silence. Vous-même serez juge. — (S'adressant à Mosca.) Qui est-ce qui joue, aujourd'hui, mes amis ?

MOSCA.

Scoto de Mantoue, monsieur.

SIR POLITICK.

Est-ce lui ? alors je puis vous promettre hardiment que vous allez voir un homme bien différent de tous ceux que vous vous imaginez ; je m'étonne seulement que ce soit ici, dans ce coin, qu'il établisse ses tréteaux ; il les disposait ordinairement en face des portiques. — Ah ! le voici. (Volpone entre, déguisé en docteur charlatan, et suivi par la foule.)

VOLPONE, à Nano.

Monte, bouffon.

LA POPULACE.

Suivons-le, suivons-le.

SIR POLITICK.

Voyez comme la foule le suit ! c'est un homme qui pourrait tirer dix mille écus sur la banque de Venise ; regardez sa démarche ; j'admire toujours avec quelle dignité il monte. (Volpone monte sur le théâtre.)

PÉRÉGRINE.

Il mérite votre admiration, monsieur.

VOLPONE, au public.

Nobles gentilhommes, dignes et vénérés patrons, il doit sembler extraordinaire que moi, votre Scoto de Mantoue, qui avais l'habitude d'élever mon théâtre en face des portiques, sous le couvert du porche des Procuraties, je vienne, après une absence de huit mois loin de cette illustre ville de Venise, me retirer humblement dans un coin obscur de la place.

SIR POLITICK.

N'avais-je pas fait l'objection?

PÉRÉGRINE.

Silence, monsieur.

VOLPONE.

Laissez-moi parler; je n'ai pas froid à la plante des pieds, comme dit notre proverbe lombard; et je ne suis pas disposé à vendre mes denrées à un prix moindre que de coutume; ne vous y attendez pas; ne croyez pas non plus que les calomnies de cet impudent détracteur, la honte de notre profession, (je parle d'Alessandro Buttone, qui a osé dire en public que j'étais condamné aux galères pour avoir empoisonné le cardinal Bembo, c'est-à-dire son cuisinier,) ne croyez pas que ces calomnies m'aient occupé, encore moins inquiété et découragé. Non, non, dignes gentilshommes; à vous parler franchement, je ne puis tolérer la vue de ces canailles, de ces charlatans terre à terre qui étendent leurs manteaux sur le pavé sous le prétexte de faire des prodiges de souplesse, et qui, véritables impotents, vous récitent leurs contes moisis empruntés à Boccace, comme le vieux Tabarin le fabuliste [1]. Que dirai-je de ces coquins qui racontent leurs voyages, et leur fastidieuse captivité dans les galères turques, qui ne sont autres, s'ils disaient la vérité, que des galères toutes chrétiennes, où ils ont mangé du pain sec et bu de l'eau, saine pénitence qui leur fut imposée par leurs confesseurs à cause de leurs friponneries?

1. Ben Jonson fait beaucoup d'honneur, en l'appelant fabuliste, à notre Tabarin, le bouffon de la troupe de Mondor, dont le théâtre était place Dauphine, et dont les lazzis ont été plusieurs fois imprimés.

SIR POLITICK.

Observez son geste, et quel mépris il montre pour ces gens là.

VOLPONE.

Ces gredins grossiers, obscènes, sans cervelle, à large face, pouilleux, puants et pleins de vents, avec un centime d'antimoine brut bien enveloppé dans des cornets de papier, sont vraiment capables de tuer leurs vingt hommes par semaine et d'en rire ; et cependant ces pauvres diables, maigres, affamés, qui ont étouffé les organes de leur intelligence par des obstructions charnelles, ne manquent pas de clients parmi vos artisans, mangeurs de salade, qui sont enchantés d'avoir, pour deux sous, une médecine, qui ne les purge que dans l'autre monde ; mais il n'importe pas.

SIR POLITICK.

Excellent ! avez-vous jamais entendu un meilleur langage, monsieur ?

VOLPONE.

Hé bien ! laissez-les faire ; et vous, messieurs, honorables messieurs, sachez que notre théâtre, étant ainsi éloigné des clameurs de la canaille, va être une scène de plaisirs et de délices, car je n'ai rien à vendre, rien, ou peu de chose.

SIR POLITICK.

Je vous avais dit, monsieur, comment il finirait.

PÉRÉGRINE.

C'est vrai, monsieur.

VOLPONE.

Je proteste, nous protestons, moi et mes serviteurs, que nous ne saurions suffire à composer notre précieuse liqueur non-seulement pour les seigneurs de cette ville qui viennent en foule chez moi, mais pour les étrangers de la terre ferme, les honorables marchands, et aussi les sénateurs, qui, depuis mon arrivée, m'ont retenu et accaparé par leurs splendides libéralités ; et ils ont eu raison ; car que sert à vos plus riches citoyens d'avoir leurs magasins remplis de vin muscat et autres précieux jus de la grappe savoureuse, quand leur médecin leur prescrit, sous peine de mort, de ne boire que de l'eau infusée d'anis? O santé, santé, bénédiction du riche, richesse du pauvre! qui donc t'achèterait trop cher, puisque le monde n'a pas de jouissances sans toi? Ne soyez donc pas chiches de votre bourse, honorables seigneurs, au point d'abréger le cours naturel de votre vie.

PÉRÉGRINE.

Vous voyez où il veut en venir?

SIR POLITICK.

N'est-ce pas excellent?

VOLPONE.

Lorsqu'une fluxion humide ou un catarrhe, par un changement de temps, tombe ou sur une épaule ou sur un bras ou quelque autre part, prenez un ducat ou un sequin d'or, et appliquez-le à l'endroit malade; voyez quel effet il pourra produire. Rien, rien. C'est cet onguent béni, ce rare extrait qui a le pouvoir de chasser toutes les humeurs malignes qui sont mises en mouvement par le chaud, le froid, l'humide, etc., etc.

PÉRÉGRINE.

J'aurais voulu qu'il y ajoutât le sec.

SIR POLITICK.

Écoutez, je vous prie.

VOLPONE.

Pour fortifier l'estomac le plus cru, le plus rebelle aux digestions, quand bien même, par son extrême faiblesse, il vomirait du sang, faites-lui une friction avec mon huile et appliquez des serviettes chaudes. Pour le vertige dans la tête, versez-en une goutte dans les narines et derrière les oreilles. C'est aussi un remède souverain et reconnu pour le mal caduc, les crampes, les convulsions, les paralysies, les épilepsies, les palpitations, les contractions des nerfs, les vapeurs du spleen, les obstructions du foie, la pierre, la rétention d'urine, la hernie venteuse, les coliques de miséréré ! Mon huile arrête immédiatement une dyssenterie, calme les douleurs intestinales, et guérit l'hypocondrie, pourvu qu'elle soit employée en friction ou en boisson, suivant l'instruction que voici imprimée. (Il montre alternativement la fiole et l'instruction.) Voici le médecin, et voici la médecine ; voici l'ordonnance, et voici la cure : ceci donne le moyen, ceci produit le résultat. En somme, ces deux objets peuvent être appelés la théorie et la pratique de l'art d'Esculape, et ils vous coûteront huit couronnes. Maintenant, bouffon Fritada, chante-moi, je te prie, un couplet en leur honneur.

SIR POLITICK.

Hé bien, monsieur, qu'en dites-vous ?

PÉRÉGRINE.

C'est extraordinaire, monsieur.

SIR POLITICK.

Son style n'est-il pas admirable ?

PÉRÉGRINE.

C'est de la pure alchimie ; je n'ai encore entendu

rien de pareil, à moins des livres de Broughton[1].

NANO chante.

Si le vieux Hippocrate et Galien, qui ont mis tant de médecines dans leur livres, avaient connu ce secret, ils n'auraient point, ce dont ils seront toujours coupables, meurtri tant de feuilles de papier ni usé tant d'innocentes chandelles. On n'aurait jamais tant vanté ni les drogues de l'Inde, ni le tabac, sans mentionner le bois de gaïac, ni le grand élixir de Raymond Lulle[2]; on n'aurait jamais connu le Danois Gonswart, ni Paracelse avec sa longue épée[3].

PÉRÉGRINE.

Tout cela ne peut aller! Huit couronnes, c'est cher.

VOLPONE, aux musiciens.

Assez. — Messieurs, si j'avais le temps de vous énumérer les miraculeux effets de mon huile, surnommée l'huile de Scoto, je vous montrerais les nombreux catalogues de tous les clients que j'ai guéris des maladies susdites et de beaucoup d'autres, les certificats et priviléges de tous les princes et de toutes les républiques de la chrétienté, ou seulement les dépositions de ceux qui ont paru pour moi devant les membres du bureau de santé, et devant les plus savantes facultés de médecine, lesquelles, après avoir reconnu les admirables vertus de mes médicaments et ma propre excellence en matière de secrets rares et inconnus, m'ont

---

1. Broughton, un savant sachant l'hébreu et beaucoup d'autres choses, mais extravagant, grossier, inintelligible. Ben Jonson en parle encore dans sa pièce de *l'Alchimiste*.

2. Le fameux Lulle sur lequel on fit ce distique :

> Qui Lulli lapidem quærit, quem quærere nulli
> Profuit; haud Lullus, sed mihi nullus erit.

3. Paracelse logeait un démon familier dans la poignée de cette célèbre épée.

autorisé à les répandre publiquement, non-seulement dans cette illustre cité, mais encore dans tous les territoires qui ont le bonheur d'être sous le gouvernement des saints et magnifiques États de l'Italie. Quelque honnête garçon pourra vous dire qu'il y en a d'autres qui prétendent avoir des recettes aussi bonnes, aussi privilégiées que les miennes. En effet, beaucoup ont essayé d'imiter, comme des singes, la composition de cette huile dont le secret n'est qu'à moi. Ils ont fait de grandes dépenses en fourneaux, en alambics, en instruments, en combustibles, en ingrédients de toutes sortes (il y entre plus de six cents espèces de simples, outre une certaine quantité de graisse humaine pour la liaison, que nous achetons aux anatomistes). Mais lorsque les plagiaires arrivent à la dernière décoction, souffle, souffle, pouf, pouf, tout s'en va en fumée. Ha! ha! ha! Pauvres diables! Je prends en pitié leur folie et leur absence de jugement plus que leur perte d'argent et de temps, car celle-ci peut se recouvrer par l'industrie; mais la folie est une maladie incurable. Quant à moi, j'ai, depuis ma jeunesse, voué ma vie à la découverte des plus rares secrets, que j'utilise soit pour les échanger, soit pour les vendre. Je n'ai jamais épargné ni argent ni travail là où je trouvais quelque chose digne d'être appris. Messieurs, mes nobles seigneurs, je pourrais, par la vertu de la chimie, extraire de l'honorable chapeau de l'un de vous les quatre éléments, c'est-à-dire le feu, l'air, l'eau et la terre, et vous le rendre ensuite sans qu'il soit ou mouillé, ou brûlé, ou gâté. Car tandis que les autres jouent au ballon, je reste avec mes livres; et maintenant j'ai gravi les pentes escarpées de l'étude, et je suis arrivé aux plaines fleuries de l'honneur et de la renommée.

SIR POLITICK.

Je vous assure que c'était là son vrai but.

VOLPONE.

Quant à notre prix...

PÉRÉGRINE.

Et celui-ci plus encore.

VOLPONE.

Vous savez tous, honorables messieurs, que je n'ai jamais estimé cette ampoule ou flacon moins de huit couronnes. Mais aujourd'hui je me contente de six. Six couronnes, voilà le prix; et je sais que vous ne pouvez pas honnêtement m'en offrir moins; cependant prenez ou laissez, nous n'en serons pas moins, mes fioles et moi, à votre service. Je ne vous demande pas six couronnes comme la valeur de la chose, car je vous en demanderais alors mille, comme les cardinaux Montalto et Farnèse, le grand-duc de Toscane, mon compère, et divers autres princes me les ont données, mais je méprise l'argent. C'est pour vous montrer mon affection, honorables seigneurs et messieurs, à vous et à votre illustre patrie, que j'ai négligé les invitations de ces grands personnages, quitté mon cabinet de travail, et dirigé mes pas ici pour vous présenter le fruit de mes travaux; — enfants, accordez vos voix à vos instruments et donnez quelque récréation à cette noble assemblée.

PÉRÉGRINE.

Quel monstrueux et pénible effort pour gagner

trois ou quatre gazettas[1] ou six sous pour le tout. Car cela ne montera pas plus haut.

NANO chante.

Vous qui voulez vivre longtemps, écoutez ma chanson, ne faites plus de bruit, mais achetez cette huile. Voulez-vous être toujours jeune et beau, avoir les dents solides et la langue bien pendue ; le palais frais, l'oreille fine, la vue longue, la narine claire, la main moite, le pied léger ; ou bien, pour tout dire en un mot, voulez-vous être à l'abri de toutes les maladies, servir votre maîtresse comme elle le désire, et mettre en fuite toutes les douleurs rhumatismales : voici la médecine universelle.

(Célia, la femme de Corvino, apparaît à sa fenêtre.)

VOLPONE.

Bah ! je suis en humeur aujourd'hui de faire cadeau de la petite quantité de fioles que renferment encore mes coffres ; aux riches par courtoisie, aux pauvres pour l'amour de Dieu ; écoutez donc : je vous demandais six couronnes, et c'est le prix que vous m'avez payé autrefois. Vous ne me donnerez pas six couronnes, ni cinq, ni quatre, ni trois, ni deux, ni une ; ni la moitié d'un ducat, ni même un môcinigo[2]. Cela vous coûtera six pence ou six cents livres, — n'attendez pas un prix plus bas, car, par l'étendard qui flotte au-dessus de ma tête, je ne rabattrai pas d'un *bagatine*[3]. Ce que je veux avoir, c'est un gage de votre affection ; je veux emporter quelque chose de vous, comme preuve que vous ne me dédaignez pas. C'est pourquoi, maintenant secouez, secouez gaiement vos

---

1. Monnaie vénitienne de la valeur d'un sou et demi, qui a donné le nom aux feuilles manuscrites qui circulaient à Venise, et contenaient les nouvelles du jour.

2. Le môcinigo, petite monnaie de Venise, valant près d'un franc.

3. Bagatine, monnaie d'Italie qui ne valait pas le tiers d'un sou.

mouchoirs; mais écoutez encore : la première personne héroïque qui daignera me gratifier d'un mouchoir, je lui donnerai un petit souvenir qui lui plaira plus que si je le lui présentais à la bouche d'un pistolet.

PÉRÉGRINE.

Sir Pol, serez-vous cet héroïque individu? Ah! voyez, on vous a devancé du haut de cette fenêtre.
(Célia jette son mouchoir.)

VOLPONE.

Madame, j'envoie mille baisers à votre bonté; et, en retour de cette grâce que vous venez de faire à votre pauvre Scoto de Mantoue, je vous donne, en outre de cette huile merveilleuse, un secret d'une nature inestimable, qui doit vous faire adorer dans la même minute où votre œil daignera se fixer sur un être bien inférieur à vous, mais, cependant, digne d'être aimé : voyez cette poudre enfermée dans ce papier; si j'en voulais dire la valeur et le mérite, neuf mille volumes seraient comme une seule page, cette page comme une ligne, cette ligne comme un mot; si court est le pèlerinage de l'homme qu'on appelle la vie! Parlerai-je du prix? Tout le globe ne serait qu'un empire, cet empire une province, cette province une banque, cette banque une bourse particulière, rien ne la payerait. Je veux seulement vous dire que cette poudre fit de Vénus une déesse, et lui avait été donnée par Apollon; c'est cette poudre qui la rendit éternellement jeune, qui écarta de son front les rides, qui affermit ses gencives, tendit sa peau, dora sa chevelure; Vénus donna cette poudre à Hélène; et malheureusement elle se perdit au sac de Troie, jusqu'à nos jours où un studieux antiquaire la retrouva, dans certaines ruines, en Asie. Il en envoya une moitié à la cour de France, mais falsifiée; c'est celle dont les dames à présent se colorent les cheveux; le reste est dans mes mains, réduit en quintessence; tout ce que cette poudre touche de jeune, elle le maintient jeune perpétuellement, elle rend à la vieillesse le teint de l'enfance, consolide les dents quand elles seraient aussi mobiles que les touches d'un *virginal*, et en fait un mur inébranlable. Elle rend blanches comme l'ivoire celles qui sont noires comme l'ébène.

CORVINO, entrant et s'adressant à Volpone.

Esprit du diable, descendez, descendez, vous dis-je! — N'avez-vous pas d'autre maison que la mienne pour y jouer vos parades? signor Flaminio! Voulez-vous descendre, monsieur? descendez donc! Quoi! ma femme est-elle votre Franciscina? N'y a-t-il pas d'autres fenêtres que la mienne, et la choisissez-vous de préférence pour vos jongleries? la mienne! la mienne! (Il chasse dehors Volpone, Nano et les autres.) On me baptisera demain d'un nouveau nom; l'on m'appellera dans la ville le *Pantalone dei bisognosi*.

PÉRÉGRINE.

Qu'est-ce que cela veut dire, sir Pol?

SIR POLITICK.

Une intrigue d'État, croyez-le. — Je rentre chez moi.

PÉRÉGRINE.

Peut-être a-t-on quelque dessein contre vous?

SIR POLITICK.

Je ne sais : je me mettrai sur mes gardes.

PÉRÉGRINE.

C'est ce que vous avez de mieux à faire.

SIR POLITICK.

Depuis trois semaines toutes mes lettres et correspondances ont été interceptées.

PÉRÉGRINE.

En vérité ! Faites-y attention.

SIR POLITICK.

Parbleu, je ne fais pas autre chose.

PÉRÉGRINE, à part.

Je ne veux pas perdre de vue ce gentilhomme jusqu'à ce soir, tant il m'amuse. (Ils sortent.)

SCÈNE II.

Une chambre dans la maison de Volpone.

VOLPONE et MOSCA.

VOLPONE.

Je suis blessé.

MOSCA.

Où donc, monsieur ?

VOLPONE.

La blessure n'est pas extérieure; celles qu'on voit ne sont rien; je puis les supporter toujours : mais, Cupidon irrité, partant comme une flèche des yeux de Célia, s'est précipité tout entier dans mon cœur, et le brûle[1]. Là il agite sa torche enflammée, comme dans une fournaise fermée au vent. Le combat est au dedans de moi. Je ne puis vivre si tu ne viens pas à mon secours, Mosca; mon foie fond; et si je n'ai pas

---

1. Imité d'Anacréon, ode XIV.

l'espoir de son haleine rafraîchissante, je ne serai plus bientôt qu'un amas de cendres.

MOSCA.

Hélas! mon cher monsieur, il eût mieux valu, pour vous, ne pas la voir.

VOLPONE.

Je voudrais que tu ne m'en eusses jamais parlé.

MOSCA.

Monsieur, c'est vrai; j'avoue que j'ai eu une mauvaise idée, et vous une mauvaise chance; mais je suis lié par ma conscience aussi bien que par mon devoir, et je ferai tous mes efforts pour vous délivrer de ce tourment.

VOLPONE.

Cher Mosca, puis-je espérer ?

MOSCA.

Cher monsieur, et plus que cher, je ne veux pas que vous vous désespériez de quoi que ce soit, si le remède est dans les limites de la puissance humaine.

VOLPONE.

Ah ! c'est mon bon ange qui vient de parler. Mosca, prends mes clefs, mon or, ma vaisselle d'argent, mes bijoux; tout est à ta dévotion; emploie-les comme tu voudras; frappe monnaie avec mon corps lui-même, pourvu que tu couronnes mes ardents désirs, ô Mosca!

MOSCA.

Ayez seulement de la patience.

VOLPONE.

J'en aurai.

MOSCA.

Je ne doute pas de la réussite.

VOLPONE.

Alors, je ne me repens pas de mon dernier déguisement.

MOSCA.

Ma foi non ; si vous pouvez cornufier le Corvino.

VOLPONE.

C'est vrai ; au fait, je n'ai pas eu l'intention d'en faire mon héritier. — La couleur de ma barbe et de mes sourcils ne m'aura-t-elle pas fait reconnaître?

MOSCA.

Pas le moins du monde.

VOLPONE.

J'ai bien joué mon rôle ?

MOSCA.

Si bien, que je voudrais jouer le mien avec moitié autant de bonheur. (A part.) Pourtant, je voudrais échapper à votre épilogue [1].

VOLPONE.

Mais ont-ils été dupes en me prenant pour Scoto !

MOSCA.

Monsieur, Scoto lui-même n'aurait pas su en faire la différence ; mais je n'ai pas le temps de vous flatter maintenant ; nous devons nous séparer : adieu ; vous mesurerez plus tard vos applaudissements à mes succès.

1. C'est-à-dire à la conclusion de votre rôle de saltimbanque, parce que Corvino l'avait chassé de devant sa fenêtre, en le battant.

SCÈNE III.

Une chambre dans la maison de Corvino.

CORVINO, un sabre à la main, et entraînant CÉLIA.

CORVINO.

Mort de mon honneur, avec le bouffon de la ville! un jongleur, un arracheur de dents, un charlatan bavard! et à une fenêtre publique où, tandis qu'avec ses gestes de pantin et ses grimaces de singe il chatouillait vos oreilles par l'éloge de ses drogues, nos vieux libertins célibataires vous clignaient des yeux comme des satyres; et vous, vous avez souri très-gracieusement et donné vos faveurs, à coups d'éventail, à chacun de vos chauds admirateurs. Voyons! ce charlatan était-il là comme un tambour pour appeler les amoureux, ou comme un appeau pour les siffler? ou bien étiez-vous éprise de ses bagues de cuivre, ou de son épingle de safran montée d'une pierre de crapaud, ou de son habit brodé sur les coutures et fait d'un drap mortuaire, ou de sa vieille plume flottante, ou de sa barbe empesée? Hé bien! vous l'aurez, il viendra chez vous, et vous servira d'entremetteur; — mais j'y pense, vous préférerez peut-être monter sur ses tréteaux? n'y monteriez-vous pas volontiers? hé bien, vous y monterez; vous le pouvez; oui, vous le pouvez; et ainsi, l'on vous verra jusqu'aux pieds. Procurez-vous un cistre, dame Vanité, et soyez l'associée de cet homme vertueux; ne faites plus qu'un avec lui; moi, je porterai haut mes cornes, et je garderai votre dot; je suis donc un Hollandais, moi? car si vous m'aviez cru Italien, vous vous seriez damnée avant que de faire cela, femme éhontée ! vous auriez tremblé à l'idée que le meurtre de votre père, de votre mère, de votre frère, et de toute votre race serait la conséquence de ma justice.

CÉLIA.

Cher monsieur, calmez-vous.

CORVINO.

Ne devais-tu pas craindre de me voir, dans le feu de la colère et sous la morsure de mon déshonneur, enfoncer ce poignard dans ton sein, pour y faire autant de trous qu'il y a eu d'yeux lascifs qui t'ont regardée ?

CÉLIA.

Hélas, monsieur, apaisez-vous. Je ne pouvais pas croire que ma présence à la fenêtre dût exciter votre colère plus que les autres fois.

CORVINO.

En effet, ce n'est rien que d'avoir, devant la multitude, une conférence établie avec un gredin reconnu. Vous avez joué un beau rôle, avec votre mouchoir qu'il a reçu en le baisant tendrement, et qu'il devait sans doute vous rendre avec une lettre où il vous signalerait un rendez-vous chez votre mère, chez votre sœur, ou encore chez votre tante.

CÉLIA.

Mais, cher monsieur, quand ai-je jamais cherché de pareils prétextes ? quand vais-je jamais dehors, à moins que ce ne soit pour aller à l'église, et cela si rarement ?

CORVINO.

Hé bien ! ce sera plus rarement encore. La contrainte où je te tenais était la liberté en comparaison de celle où je vais te tenir. Écoute-moi donc avec

attention. D'abord, je veux faire murer cette fenêtre impudique, et, jusqu'à ce que ce soit fait, je vais tracer avec de la craie une ligne à six ou neuf pieds de cette fenêtre ; et si jamais tu te hasardes à mettre le pied au delà de cette ligne, tu te trouveras entourée de toutes les horreurs, les colères, les rages impitoyables de l'enfer, comme le conjurateur qui a quitté inconsidérément son cercle protecteur, avant que son démon n'ait disparu ; ensuite, voici un cadenas que je suspendrai après toi. Maintenant, j'y pense, je te garderai dans les appartements du fond ; tu logeras dans l'arrière-cour ; tes promenades seront dans l'arrière-cour ; ta vue sera dans l'arrière-cour, et point de distraction qui ne soit dans l'arrière-cour. Puisque vous contraignez mon honnête nature, sachez que la vôtre qui est trop facile me force à vous traiter ainsi ; puisque vous ne pouvez empêcher, dans cette belle chambre, vos narines subtiles de humer l'air des passants grossiers qui se promènent tout en sueur sous vos fenêtres... (On frappe.) On frappe, rentrez, qu'on ne vous voie pas, sous peine de mort ! ne regardez pas par la fenêtre. Si tu y regardes... Arrête, écoute ceci : que je ne prospère jamais, vile coureuse, si je ne fais pas de toi un squelette ; je te disséquerai moi-même, et je ferai un cours d'anatomie sur ton corps devant toute la ville ! — Va-t'en !
(Célia sort, un serviteur entre.) Qui est là ?

LE SERVITEUR.

Le signor Mosca.

CORVINO.

Laisse-le entrer ; (Le serviteur sort.) son maître est mort ; voilà enfin une bonne nouvelle qui vient compenser la mauvaise. (Mosca entre.) Mon cher Mosca, sois le bienvenu : je devine la nouvelle.

MOSCA.

Je crains que non, monsieur.

CORVINO.

Est-ce qu'il n'est pas mort?

MOSCA.

C'est plutôt le contraire.

CORVINO.

Il est guéri?

MOSCA.

A peu près, monsieur.

CORVINO.

Je suis maudit, je suis ensorcelé; tous les malheurs se réunissent contre moi. Comment? comment? comment?

MOSCA.

Comment? Mais avec l'huile de Scoto; Corbaccio et Voltore lui en ont apporté, pendant que j'étais occupé dans le fond de la maison.

CORVINO.

Par la mort! le damné charlatan! Si ce n'était les lois, j'assassinerais ce coquin. Mais cela ne peut être; son huile ne peut avoir cette vertu. Ne l'ai-je pas connu, lui, vulgaire fripon, quand il venait jouer du violon à l'auberge, accompagné d'une sauteuse? ne l'ai-je pas vu, lorsqu'il avait fait tous ses tours, se contenter, pour salaire, d'un verre de vin frelaté rempli de moucherons? Cela ne peut pas être : tous les ingrédients dont il se sert sont le fiel de mouton, la moelle de chienne rôtie, quelques perce-oreilles bouillis, des chenilles pilées, la graisse d'un petit chapon, et la salive d'un homme à jeûn. Je les connais, ses ingrédients, jusqu'au dernier.

MOSCA.

Je ne sais pas, monsieur, mais, ce que c'était, ils le lui ont versé, un peu dans les oreilles, un peu dans les narines, et ils l'ont fait revenir, seulement par l'application du mélange.

CORVINO.

Le diable soit du mélange!

MOSCA.

Et depuis, pour paraître plus soigneux et plus affectionnés encore pour sa santé, ils ont, à des prix très-onéreux, appelé la faculté de médecine en consultation, pour trouver le moyen de le rétablir tout à fait. L'un a conseillé un cataplasme d'épices; un autre l'application d'un singe écorché sur la poitrine; un autre préférait un chien au singe; un quatrième proposait de l'huile avec des peaux de chats sauvages; à la fin, ils s'accordèrent dans l'opinion que, pour le sauver, il n'y avait pas de moyen plus sûr que de chercher immédiatement quelque jeune femme vigoureuse, pleine de séve, pour coucher près de lui; telle est la commission dont on m'a chargé, par malheur et bien malgré moi; aussi viens-je vous en prévenir à la hâte pour avoir votre avis, puisque cela vous intéresse; car je ne voudrais pas faire quoi que ce soit qui pût contrarier vos espérances, sur lesquelles je fonde aussi toutes les miennes. Songez que, si je ne le fais pas, ils dénonceront ma lenteur à mon patron, et sont capables de me perdre dans son esprit : et voici votre attente déçue et tous vos rêves envolés. Je ne vous dis que cela, monsieur : en outre, ils sont là, tous, se disputant à qui fera la présentation. Je vous conjure donc, monsieur, de prendre un parti promptement ; prévenez-les, si vous pouvez.

CORVINO.

Mort de mes espérances! C'est ma fâcheuse destinée! — Il vaut mieux, à prix d'argent, trouver quelque vulgaire courtisane.

MOSCA.

Ah! j'y avais pensé; mais elles sont toutes si fines, si pleines d'artifices; d'un autre côté, la vieillesse est si flexible à manier, si radoteuse, que, peut-être, je ne puis pas l'assurer, mais enfin, par hasard, je pourrais tomber sur une gaillarde qui nous duperait tous.

CORVINO.

C'est vrai.

MOSCA.

Non, non. Il faut quelque femme sans ruse, un être simple, naïf; une créature faite exprès pour cela; quelque jeune personne sur laquelle vous ayez de l'autorité. N'avez-vous pas quelque cousine? Diable! pensez-y, pensez-y, pensez-y, pensez-y, pensez-y, monsieur, pensez-y. Un des docteurs a offert sa fille.

CORVINO.

Quoi!

MOSCA.

Oui, le signor Lupo, le médecin.

CORVINO.

Sa fille!

MOSCA.

Une vierge, monsieur! Que voulez-vous, hélas! Il sait l'état de mon maître, ce qu'il est, que rien ne peut réchauffer son corps, sinon la fièvre; qu'aucun charme ne peut ressusciter son imagination, un long oubli ayant succédé à l'abstinence forcée. En outre, monsieur, qui le saura? Une personne, peut-être deux.

CORVINO.

Laisse-moi un moment. (Il se promène et dit à part.) Si un autre homme que moi avait cette chance? — En elle-même, je le sais, la chose n'est rien ; pourquoi ne saurais-je pas aussi bien commander à mon sang et à mes affections que cet imbécile de docteur? Pour ce qui regarde l'honneur, l'un vaut l'autre, une femme, une fille.

MOSCA, à part.

Je le vois venir.

CORVINO, à part.

Elle le fera, c'est décidé. Diable! si ce docteur qui n'est pas intéressé, autrement que par l'avis qu'il a donné, moins que rien ; si ce docteur offre sa fille, que ferai-je donc, moi qui ai dans tout ceci un si grand intérêt? — Je te devancerai, misérable, cupide coquin! (Haut.) Mosca, j'y suis résolu.

MOSCA.

A quoi, monsieur?

CORVINO.

Je veux avoir toute sécurité. La femme que tu proposeras sera ma propre femme, Mosca.

MOSCA.

Monsieur, si je n'avais pas voulu avoir l'air de vous donner un conseil, dès l'abord je vous l'aurais proposé. Soyez sûr qu'en agissant ainsi, vous leur coupez le cou à tous. C'est prendre directement possession. A la première crise qu'il aura, nous le laisserons aller ; en ôtant l'oreiller de dessous sa tête, il étranglera. Il y a longtemps que cela aurait été fait déjà, sans vos scrupules.

CORVINO.

Diantre soit de mes scrupules! Ma conscience dupe mon esprit. Va, sois prompt; sois prompt, de crainte que l'autre ne nous devance. Va chez ton maître; préviens-le, dis-lui avec quel zèle et quel empressement je le fais; jure-lui que c'est à la première parole que tu m'en as dite, et, surtout, que c'est de mon seul et propre mouvement.

MOSCA.

Je vous garantis, monsieur, que je vais si bien m'emparer de lui, qu'il donnera congé à ses autres clients affamés et ne recevra plus que vous. Mais ne venez pas, monsieur, avant que je ne vous envoie chercher, car j'ai encore quelque chose à disposer pour vous, et vous ne devez pas le savoir.

CORVINO.

Mais alors n'oublie pas de m'envoyer chercher bientôt.

MOSCA.

Ne craignez rien. (Il sort.)

CORVINO, appelant.

Où êtes-vous, ma femme, ma Célia, ma femme?

(Célia rentre.)

Quoi! tout en pleurs? Viens, sèche ces larmes. Tu croyais donc que je parlais sérieusement? Ah! par la lumière du jour, en te parlant ainsi je ne voulais que t'éprouver. Il me semble que la futilité de la circonstance aurait dû t'éclairer. Viens donc, je ne suis pas jaloux, va.

CÉLIA.

Non?

CORVINO.

Non, sur ma parole, je ne le suis pas et ne le fus jamais. C'est une pauvre et inutile passion que la jalousie; ne sais-je pas que lorsque les femmes ont une volonté, ce ne sont pas les précautions et les obstacles qui les arrêtent? Les plus vigilants espions sont apprivoisés par l'or. Bah! j'ai confiance en toi, et tu le verras, et je te donnerai des raisons pour le croire. Viens, embrasse-moi: va immédiatement préparer tes plus beaux habits, choisir tes plus riches bijoux; fais-toi belle, aiguise aussi tes plus doux regards. Nous sommes invités à une fête solennelle chez le vieux Volpone, et là, tu apprendras combien je suis exempt de toute jalousie et de toute crainte à ton égard.

ACTE III.

SCÈNE PREMIÈRE.

Une rue.

MOSCA, seul.

MOSCA.

Je vais devenir, je le crois, amoureux de ma chère personne et de mes heureuses facultés, tant je les sens en moi poindre et bourgeonner. J'ai de singulières fantaisies dans le sang; je ne sais comment cela se fait, le succès me remplit d'une orgueilleuse coquetterie. Je pourrais glisser hors de ma peau comme un serpent subtil, tant je suis souple. Oh! les parasites, race précieuse venue directement d'en haut, et non pas née de la terre parmi les niais et les imbéciles! Je m'étonne qu'on n'ait pas fait de cette profession une science, tant elle est honorable et recherchée. Les sages de ce monde sont tous, ou peu s'en faut, des parasites ou des sous-parasites. Je ne parle pas de ceux qui n'ont que l'art vulgaire de gagner leur pain, qui n'ont ni maison, ni famille, ni souci de l'avenir, qui pétrissent des contes et en font des amorces pour les oreilles des hommes; ni de ceux qui ont des inventions de cuisiniers et trouvent d'attrayantes recettes pour flatter l'estomac et le ventre; ni de ceux qui, grâce à leur humilité de chien couchant, savent ramper, gambader et cajoler servilement, qui se font un revenu de leurs genoux et de leurs grimaces, qui sont l'écho de Milord et lèchent ses habits pour en ôter les mites : je parle de cette canaille fine et élégante qui sait s'élever et descendre presque en même temps comme une flèche, traverser l'air aussi lestement qu'une étoile, faire des crochets comme une hirondelle; être ici et là, là et ici tout à la fois, prête à toute occasion et pour toutes les fantaisies, et qui change de masque aussi rapidement que la pensée. Voilà la créature qui est née avec le génie de l'art lui-même; qui ne travaille pas à l'apprendre, mais le pratique par l'instinct de sa propre et excellente nature; ceux-là, ces mignons, sont les vrais parasites, les autres ne sont que leurs bouffons.

(Bonario entre.)

Qui vient là? Bonario, le fils du vieux Corbaccio, la personne même que je cherchais. — Cher monsieur, soyez le bien rencontré.

BONARIO.

Je n'en dis pas autant.

MOSCA.

Pourquoi, monsieur?

BONARIO.

Suis ton chemin, je te prie, et laisse-moi je répugne à échanger des paroles avec un compagnon tel que toi.

MOSCA.

Courtois monsieur, ne méprisez pas ma pauvreté.

BONARIO.

Ta pauvreté? non, par le ciel! mais tu me permettras bien de haïr ta bassesse.

MOSCA.

Ma bassesse!

BONARIO.

Réponds-moi; ta fainéantise, tes flatteries, ta façon de gagner ta vie n'en sont-elles pas des preuves suffisantes?

MOSCA.

Que le ciel me soit en aide! Ces imputations sont trop vulgaires, monsieur, et on les accumule trop facilement sur la vertu, quand elle est pauvre. Vous n'êtes pas juste à mon égard; votre jugement est sincère, mais vous ne devriez pas m'accuser avant de me connaître. Saint Marc en soit témoin contre vous, c'est inhumain. (Il pleure.)

BONARIO, à part.

Quoi! il pleure? C'est bon signe, et je me repens d'avoir été trop dur.

MOSCA.

Il est vrai que, contraint par une implacable nécessité, je suis forcé d'acheter mon pain quotidien par un esprit humble. Il est vrai aussi qu'il me faut filer mes pauvres habits par ma seule industrie, au moyen de la souplesse de mon caractère, puisque je n'ai pas eu, en naissant, une fortune indépendante; mais, que j'aie rempli de honteuses fonctions, divisé des familles, brouillé des amis, trahi des secrets, murmuré à l'oreille de faux bruits, creusé avec des louanges des mines souterraines dans le cœur des hommes; que je me les sois attachés par des parjures ou bien que j'aie corrompu la chasteté, le tout pour l'amour égoïste de mes aises, non, monsieur, jamais. Je préférerais mener la vie la plus dure et racheter ainsi le jugement que l'on fait de moi. Je veux périr ici, dans toutes mes espérances d'avenir, si je ne dis pas la vérité.

BONARIO, à part.

Ce n'est pas là un sentiment contrefait. (Haut.) Je suis à blâmer de m'être ainsi abusé sur ton caractère. Je t'en prie, pardonne-moi, et dis-moi ce que tu me veux.

MOSCA.

Monsieur, cela vous concerne; et bien qu'en apparence j'aie l'air de manquer à mes devoirs et à la reconnaissance que je dois à mon maître, cependant, par l'amour pur que je porte au bien, et par la haine du mal, je dois vous le révéler. A l'heure même où je vous parle, votre père a le projet de vous déshériter.

BONARIO.

Quoi?

MOSCA.

Et de vous jeter hors de sa maison comme un

étranger; c'est vrai, monsieur, l'affaire ne me regarde pas; mais je porte un vif intérêt à la bonté et aux vertus véritables qui sont en vous, au dire de tout le monde, et c'est par cette seule raison et sans arrière-pensée monsieur, que je vous parle.

BONARIO.

Ce conte te fait perdre beaucoup de la confiance que j'avais en toi tout à l'heure; ce que tu me dis est impossible; je ne saurais admettre l'idée que mon père soit si dénaturé.

MOSCA.

Cette confiance en lui sied à votre tendresse filiale, et vous la puisez sans doute dans votre propre innocence; c'est ce qui rend d'autant plus odieux et monstrueux le tort qu'on veut vous faire; maintenant je vous dirai plus : dans cet instant même la chose est faite ou est en train de se faire; je veux vous amener dans un endroit où vous vous entendrez proclamé, par écrit, bâtard, et, comme tel, rejeté dans les races déshéritées de la terre.

BONARIO.

Je ne reviens pas de ma surprise.

MOSCA.

Monsieur, si je ne fais pas ce que je vous dis, tirez votre épée et écrivez votre vengeance sur mon front et sur ma figure; écrivez-y que je suis un vilain. On vous fait une trop cruelle injustice, vraiment, et j'en souffre pour vous, monsieur. Mon cœur saigne d'angoisse...

BONARIO.

Marche devant, je te suis. (Ils sortent.)

SCÈNE II.

Une chambre dans la maison de Volpone.

VOLPONE, seul.

VOLPONE.

Mosca tarde longtemps, ce me semble. (Appelant.) Vous autres, venez avec vos jeux et aidez-moi à égayer le temps maussade.

(Entrent Nano, Androgyno et Castrone.)

NANO.

Nain, fou, eunuque, nous sommes les bienvenus ici ; mais je pose une question : lequel de nous trois, qui faisons partie du luxe délicat d'un homme riche, lequel aura la préséance ?

CASTRONE.

Je réclame pour moi.

ANDROGYNO.

Le fou réclame pour lui.

NANO.

C'est une folie, en vérité ; laissez-moi vous envoyer tous deux à l'école. D'abord le nain est petit et spirituel, et tout ce qui est petit est gentil. Autrement, pourquoi dit-on d'une créature de ma taille, aussitôt qu'on la voit : Charmant petit singe ? Et pourquoi ce surnom de singe, si ce n'est parce qu'il imite agréablement, et de façon à faire rire, les gestes des grands hommes ? D'ailleurs, ce corps fluet et mignon ne demande pas la moitié de ce que réclament en nourriture, en boisson, en étoffe pour les vêtements, vos corps grossiers et massifs. Admettez que la seule figure d'un fou fasse naître le rire, sa cervelle ne vaut pas celle d'un nain, et, bien qu'il en vive, il est fâcheux que pour vivre il soit nécessaire d'avoir une si laide figure. (On frappe.)

VOLPONE.

Qui est là ? Mon lit ; regarde, Nano. Donne-moi mes bonnets ; va-t'en d'abord ; informe-toi. (Nano sort.) Maintenant, veuille Cupidon que ce soit Mosca avec de bonnes nouvelles!

NANO, de dedans.

C'est la belle madame...

VOLPONE.

Would-be, est-ce cela?

NANO.

Elle-même.

VOLPONE.

O torture! Accompagne-la céans. Hélas! elle va entrer ici et y demeurer une éternité. — Allons, (Il se couche.) que cet accès de fièvre passe vite, mon Dieu! Je crains un autre enfer, c'est que le dégoût que m'inspire cette femme ne chasse le désir que j'ai de l'autre; je voudrais qu'elle fût déjà au moment de prendre congé. Seigneur! de quel ennui je suis menacé.

(Nano rentre avec lady Would-be.)

LADY WOULD-BE, à Nano.

Je vous remercie, mon bon monsieur; dites, je vous prie, à votre maître que je suis ici. — Ce col ne laisse pas assez voir mon cou. (A Nano.) Pardon de la peine, monsieur; permettez-moi de vous prier de dire à l'une de mes femmes de venir. — De bonne foi, je suis gracieusement habillée aujourd'hui! mais cela n'importe pas : c'est assez bien. (La première femme de chambre entre.) Regardez comme ces folles ont arrangé cela.

VOLPONE, à part.

Je sens la fièvre qui m'entre par les oreilles; oh! que n'ai-je un sortilége pour faire fuir cette femme!

LADY WOULD-BE, à la femme de chambre.

Approchez. Cette boucle est-elle à sa place, ou

bien celle-ci ? Pourquoi ceci est-il plus haut que tout le reste ? Vous n'avez pas frotté vos yeux, ou bien vous ne les avez même pas dans la tête ! Où est votre compagne ? Allez la chercher. (La première femme sort.)

NANO.

Que saint Marc nous délivre ! bientôt elle battra ses femmes parce que son nez est rouge.

(Les deux femmes de chambre entrent.)

LADY WOULD-BE.

Je vous en prie, regardez cette coiffure ; en vérité ! tout cela est-il bien en ordre, ou non ?

PREMIÈRE FEMME.

Il y a un cheveu qui passe, c'est vrai.

LADY WOULD-BE.

Ah ! un cheveu qui passe ; et où étaient donc vos chers yeux ? Vous qui avez des prunelles d'oiseau, comment ce cheveu dépasse-t-il les autres ? Et vous, c'est aussi votre faute ; approchez et réparez cela. En vérité, je m'étonne que vous n'ayez pas honte, moi qui vous ai si souvent prêchées, qui vous ai expliqué les principes, développé leurs conséquences, qui vous ai enseigné les règles de la bienséance et de la grâce, qui vous ai appelées en consultation sur tant de toilettes.

NANO, à part.

Avec plus de soin que vous n'en avez de votre réputation et de votre honneur.

LADY WOULD-BE.

Moi qui vous ai si souvent dit que la connaissance de ces mystères de la toilette serait pour vous une dot précieuse qui vous vaudrait de nobles époux à votre retour à Londres... Et vous vous négligez à ce point ! Ne voyez-vous pas en outre comme ces Italiens sont

une singulière nation et comme ils parlent de nous autres? « Les dames anglaises ne savent pas s'habiller. » Voilà une terrible accusation pour notre pays! Allez, et attendez-moi dans la chambre à côté. — Ce fard aussi est trop épais; mais qu'importe aujourd'hui? (A Nano.) Mon bon monsieur, ayez soin d'elles.
(Nano et les femmes sortent.)

VOLPONE.

L'orage s'approche de moi.

LADY WOULD-BE, allant vers le lit.

Comment va mon cher Volpone?

VOLPONE.

Le bruit m'empêche de dormir; je rêvais qu'une étrange furie entrait dans ma maison, et que la terrible tempête de son haleine partageait en deux la toiture.

LADY WOULD-BE.

Moi aussi j'ai eu le plus horrible rêve dont j'aie le souvenir.

VOLPONE, à part.

O destinée! Voilà que je lui donne l'occasion de me torturer; elle va me raconter le sien.

LADY WOULD-BE.

Il me semblait qu'une médiocrité dorée, polie et délicate...

VOLPONE.

Oh! si vous m'aimez, assez, assez; je souffre, j'ai des transpirations, seulement à entendre parler de rêves; voyez combien je tremble.

LADY WOULD-BE.

Hélas! pauvre bonne âme! C'est un mouvement passionné du cœur. Ce qui est bon pour cela, c'est de la semence de perles bouillie avec du sirop de pommes, de la teinture d'or, du corail, des pilules de citron, des racines d'élicampane et de myrobolan.

VOLPONE, à part.

Hélas! j'ai pris une cigale par l'aile.

LADY WOULD-BE.

Brûlez de la soie et de l'ambre... Avez-vous du bon muscat dans la maison?

VOLPONE.

En voulez-vous boire avant de partir?

LADY WOULD-BE.

Non, ne craignez pas que je parte. Ne pourrions-nous pas nous procurer du safran anglais? Un demi-grain nous suffira; seize clous de girofle, un peu de musc, de la menthe séchée, de la buglose et de la farine d'orge.

VOLPONE, à part.

La voilà revenue à ses drogues; je feignais plusieurs maladies, maintenant j'en ai une trop réelle.

LADY WOULD-BE.

Et tout cela appliqué avec un morceau de drap écarlate[1].

VOLPONE, à part.

Un autre flux de paroles, un torrent!

LADY WOULD-BE.

Dois-je, monsieur, vous faire un cataplasme?

VOLPONE.

Non, non, non. Je suis très-bien; vous n'avez plus besoin de me prescrire aucun remède.

---

1. L'influence de la couleur écarlate en médecine était grande, si l'on doit en croire le docteur John Galdesden, qui prétend qu'envelopper un homme qui a la petite vérole dans une couverture écarlate, c'est le guérir.

LADY WOULD-BE.

J'ai un peu étudié la médecine. Maintenant je suis tout entière à la musique, excepté le matin une heure ou deux que je réserve à la peinture : je voudrais en vérité qu'une lady sût tout, les lettres et les arts ; qu'elle sût raisonner, écrire, peindre ; mais, avant tout, comme le disent Platon et Pythagore, la musique est la perfection, et un ravissement, lorsqu'il y a harmonie dans la figure, dans la voix, dans les habits ; oh ! c'est en vérité le plus bel ornement de notre sexe.

VOLPONE.

Un poëte aussi ancien que Platon, et aussi savant, dit que le plus grand charme d'une femme, c'est le silence.

LADY WOULD-BE.

Lequel de vos poëtes ? Pétrarque, ou Tasse, ou Dante ? Guarini ? Ariosto ? Arétin ? Cieco di Hadria ? Je les ai tous lus.

VOLPONE, à part.

Tout est pour moi une cause de ruine.

LADY WOULD-BE.

Je crois même en avoir deux ou trois sur moi.

VOLPONE, à part.

Le soleil et la mer seront plutôt immobiles que son éternelle langue ! Rien ne peut lui échapper.

LADY WOULD-BE.

Voici le *Pastor fido*.

VOLPONE, à part.

Garder un silence obstiné, c'est ma seule ressource.

LADY WOULD-BE.

Tous nos écrivains anglais, je parle de ceux qui

ont le bonheur de savoir l'italien, daignent emprunter beaucoup à cet auteur, presque autant qu'à Montaigne ; il a une veine facile, entraînante, adaptée à notre époque, et pleine d'attraction pour les oreilles de nos courtisans ; votre Pétrarque est plus passionné ; lui aussi, au temps du sonnet, leur a fourni beaucoup ; mais, comme esprit désespérant, vous avez l'Arétin ; seulement ses peintures sont un peu obscènes. — Vous ne m'écoutez pas ?

VOLPONE.

Hélas ! j'ai l'esprit troublé.

LADY WOULD-BE.

Dans de pareils cas, nous devons nous guérir nous-mêmes, et faire usage de notre philosophie...

VOLPONE.

Hélas !

LADY WOULD-BE.

Et lorsque nous sentons que nos passions se révoltent, leur opposer la raison ou les détourner, en les dirigeant vers quelque autre but d'un moindre danger, comme on le fait dans les corps politiques ; rien ne bouleverse plus le jugement et n'obscurcit plus l'intelligence que de les porter, de les fixer, de les concentrer sur le même objet. Car, incorporer toutes les choses extérieures dans ce que nous appelons le for intérieur, la pensée intime, c'est y laisser une lie qui empêche le mouvement des rouages, et, comme le dit Platon, assassiner notre faculté spéculative.

VOLPONE.

Esprit de la patience, à mon secours !

LADY WOULD-BE.

En vérité, il faudra que je vienne souvent vous

voir, vous remettre en santé, en joie et en vigueur.

VOLPONE, à part.

Que mon bon ange me délivre!

LADY WOULD-BE.

Il n'y avait qu'un seul homme au monde avec lequel je sympathisais; il est resté souvent trois et quatre heures à m'entendre parler, et quelquefois il était tellement ravi, qu'il me répondait tout à fait hors de propos, comme vous; et vous lui ressemblez exactement. Je vais continuer à vous raconter, quand ce ne serait, monsieur, que pour vous endormir, comment nous avons partagé notre temps et nos affections pendant six ans.

VOLPONE.

Oh! oh! oh! oh! oh! oh!

LADY WOULD-BE.

Car nous étions du même âge et fûmes élevés ensemble.

VOLPONE.

Au secours, quelqu'un, à moi la fortune, le hasard!

(Mosca entre.)

MOSCA, entrant.

Dieu vous garde, madame.

LADY WOULD-BE.

Mon bon monsieur.

VOLPONE.

Mosca, sois le bienvenu, le bienvenu pour ma rédemption!

MOSCA.

Quoi donc, monsieur?

VOLPONE, à part à Mosca.

Oh! délivre-moi de cette torture, promptement,

sans retard : cette dame a une voix sempiternelle ; les cloches, en temps de peste, n'ont jamais fait autant de bruit, et jamais n'ont eu un mouvement plus continu. Le théâtre de Cock-Pit[1] n'offre pas plus de tapage. Toute ma maison, depuis qu'elle est ici, se remplit de l'épaisse vapeur de son haleine ; on n'y entendrait même pas un avocat, ni même une autre femme, tant est drue la grêle qui tombe de ses lèvres ; par l'enfer, débarrasse-moi d'elle.

MOSCA.

A-t-elle donné quelque présent ?

VOLPONE.

Oh ! je m'en soucie peu, je n'accepte que son absence, à tout prix, même à perte.

MOSCA.

Madame.

LADY WOULD-BE.

J'ai apporté à votre maître une bagatelle, un bonnet fait de mes propres mains.

MOSCA.

C'est bien ; j'avais oublié de vous dire que j'ai vu votre mari, là où vous ne vous douteriez pas qu'il pût être.

LADY WOULD-BE.

Où ?

MOSCA.

Ma foi ! dans un endroit où, si vous vous hâtez, vous pourriez encore le surprendre ;... dans une gondole, avec la plus rusée des courtisanes de Venise.

LADY WOULD-BE.

Est-ce vrai ?

---

1. *Cock-Pit,* un théâtre de Londres ; Ben Jonson oublie qu'il est à Venise.

MOSCA.

Allez à leur poursuite, et croyez-en vos yeux; laissez-nous, je présenterai votre don; (Lady Would-be sort précipitamment.) Je savais que cela réussirait, car ordinairement les personnes qui prennent pour elles-mêmes le plus de licences sont encore les plus jalouses.

VOLPONE.

Mosca! Je te remercie de tout mon cœur de la fable que tu as inventée si promptement pour ma délivrance. Je reviens enfin à mes espérances, quelle nouvelle apportes-tu?

(Lady Would-be rentre.)

LADY WOULD-BE.

Écoutez donc, monsieur.

VOLPONE.

Encore; je crains un redoublement.

LADY WOULD-BE.

Quel chemin leur gondole suit-elle?

MOSCA.

Allez vers le Rialto.

LADY WOULD-BE.

Voulez-vous me prêter votre nain? (Elle sort.)

MOSCA.

Prenez-le donc, je vous en prie. (A Volpone.) Vos espérances, monsieur, sont comme de belles fleurs prêtes à s'épanouir, et qui promettent un fruit précoce, si vous voulez en attendre la maturité; remettez-vous sur votre couche, Corbaccio va bientôt arriver avec le testament; quand il sera parti, je vous en dirai davantage.

VOLPONE.

Mes esprits sont revenus; mon sang circule; je

revis; et, comme un joueur hardi au jeu de primero[1] à qui une secrète pensée conseille de ne pas diminuer son enjeu, il me semble que je suis à l'affût et que j'attends... une rencontre. (La scène se ferme sur Volpone.)

SCÈNE III.

Un passage qui conduit à la chambre de Volpone.

MOSCA et BONARIO.

MOSCA, lui montrant un cabinet.

Caché ici, monsieur, vous pourrez tout entendre. Mais, je vous en prie, prenez patience. (On entend frapper.) C'est sans doute votre père, je suis forcé de vous quitter.

BONARIO.

Va donc! Non, je ne puis croire que ce soit vrai.
(Il entre dans le cabinet.)

SCÈNE IV.

Une autre partie du même passage.

MOSCA, CORVINO et CÉLIA.

MOSCA.

Corbleu! vous arrivez trop tôt; y pensez-vous? ne vous avais-je pas dit que je vous enverrais chercher?

CORVINO.

C'est vrai; mais je craignais un oubli, et les autres pouvaient me devancer.

MOSCA.

Vous devancer! (A part.) Vit-on jamais un homme

---

[1]. Le *primero*, jeu de cartes; la ligne qui suit offre sans doute une autre allusion à ce jeu.

si pressé de porter des cornes? Un courtisan ne se hâterait pas plus pour une place. (Haut.) Allons, il n'y a pas de remède, attendez ici, je vais revenir. (Il sort.)

CORVINO.

Où êtes-vous Célia? vous ne savez pas pourquoi je vous ai amenée ici?

CÉLIA.

Non, à moins que vous ne me le disiez.

CORVINO.

Je vais vous le dire ; venez. (Ils sortent.)

SCÈNE V.

Un cabinet ouvrant dans la galerie.

MOSCA et BONARIO.

MOSCA.

Monsieur, votre père m'a envoyé dire qu'il ne viendrait pas avant une demi-heure; c'est pourquoi, veuillez attendre quelques moments à l'extrémité de cette autre galerie; il y a là quelques livres qui vous feront passer le temps ; et j'aurai soin que personne n'arrive jusqu'à vous.

BONARIO, à part.

Je reviendrai dans ce cabinet, car j'ai des doutes sur cet homme. (Il sort.)

MOSCA, le croyant dans la galerie.

Là, il est assez loin, il ne peut rien entendre ; quant à son père, je saurai bien le tenir éloigné. (Il sort.)

SCÈNE VI.

La chambre de Volpone.

VOLPONE sur son lit, et MOSCA assis près de lui. Entre CORVINO forçant CÉLIA de le suivre.

CORVINO.

Allons, il n'y a pas à reculer, prenez votre parti, je l'ai décidé, cela sera. Je n'ai pas voulu vous le dire auparavant pour éviter toutes les simagrées et les ruses qui pouvaient vous empêcher de m'obéir.

CÉLIA.

Monsieur, laissez-moi vous conjurer de ne pas me soumettre à de pareilles épreuves ; si vous doutez de ma chasteté, eh bien ! enfermez-moi pour toujours ; faites de moi une habitante des ténèbres ; laissez-moi vivre au gré de vos craintes, si je ne mérite pas votre confiance.

CORVINO.

Croyez bien que je n'ai pas cette intention ; tout ce que j'ai dit, je le pense ; je ne suis pas fou, ni jaloux comme un sot. Allons, montrez-vous obéissante comme une femme doit l'être.

CÉLIA.

O Ciel !

CORVINO.

Je vous le répète, faites-le.

CÉLIA.

Était-ce là le but...

CORVINO.

Je vous en ai dit les raisons ; je vous ai dit ce que les médecins ont décidé, combien la chose m'intéresse, quels sont mes engagements, mes motifs et la nécessité de ces motifs pour le rétablissement de mes affaires. C'est pourquoi, si vous êtes loyale et vraiment ma femme, obéissez et respectez mon intérêt.

CÉLIA.

Avant votre honneur?

CORVINO.

L'honneur! tut! un souffle. Il n'y a rien de cela dans la nature ; un simple mot inventé pour en imposer aux imbéciles. Quoi! mon or n'est-il plus mon or, parce qu'on l'a touché? mes vêtements s'useront-ils, parce qu'on les regardera? Ce n'est pas davantage. Une vieille canaille décrépite, qui n'a ni sens, ni muscles ; qui prend son repas avec la main des autres[1] ; qui ne sait qu'ouvrir la bouche quand il sent de la chaleur aux gencives ; un son de voix, une ombre ; comment cet homme peut-il nuire à votre honneur?

CÉLIA, à part.

Grand Dieu! une telle pensée a-t-elle pu entrer dans son esprit?

CORVINO.

Quant à votre réputation, la belle affaire! Comme si j'allais vous dire : « Crions-le sur la place Saint-Marc. » Qui le saura, que lui qui ne peut plus parler, et ce Mosca dont je tiens la langue dans ma poche? A moins que vous ne vouliez le proclamer, je ne vois personne qui puisse le savoir.

CÉLIA.

Le ciel et les saints ne le sauront-ils pas? seront-ils aveugles ou sourds?

---

1. Juvénal :

> Pallida labra cibum capiunt digitis hujus alienis :
> Ipse ad conspectum cœnæ diducere rictum
> Suetus, hiat tantum, etc., etc. (Sat. X.)

CORVINO.

Comment?

CÉLIA.

Cher monsieur, ils sont jaloux de nos âmes, soyez-le comme eux, et songez à la haine qu'ils ont pour le péché.

CORVINO.

Je le veux bien ; si je pensais que ce fût un péché, je ne vous presserais pas. Si je vous offrais à quelque jeune Français, à quelque Florentin au sang chaud qui a lu l'*Arétin,* ou étudié ses gravures, qui connût à fond les labyrinthes de la débauche et fût capable de professer dans l'art de la luxure ; si c'était un tel homme que j'eusse choisi, ce serait un péché ; mais ici c'est le contraire du péché, c'est une œuvre pieuse, un acte de charité pour un malade, une honnête politique pour m'assurer mon bien.

CÉLIA.

O ciel! pouvez-vous tolérer un pareil changement?

VOLPONE, au fond de la chambre, à Mosca.

Tu es ma gloire, Mosca, et mon orgueil, ma joie, ma volupté, mes délices! Amène-les.

MOSCA, avançant, à Corvino.

Daignez vous approcher, monsieur.

CORVINO, à Célia.

Allons, — vous n'allez pas résister, peut-être? par la lumière du ciel!

MOSCA.

Monsieur, le signor Corvino vient vous voir.

VOLPONE.

Oh!

MOSCA.

Ayant eu connaissance de la consultation des médecins à propos de votre santé, il vient vous offrir, ou plutôt, monsieur, vous prostituer...

CORVINO.

Merci, mon bon Mosca.

MOSCA.

Franchement, librement, sans qu'on le lui ait demandé, sans qu'on l'en ait prié...

CORVINO.

Bien.

MOSCA.

Comme une preuve de sa fervente affection pour vous, sa propre femme, sa belle femme, la beauté, l'orgueil de Venise...

CORVINO.

C'est bien présenté.

MOSCA.

Pour être votre consolatrice et pour vous guérir.

VOLPONE.

Hélas! je suis déjà mort! Je t'en prie, remercie-le de sa tendresse et de son empressement; après tout, c'est peut-être un vain travail que de vouloir combattre contre la destinée; c'est approcher le feu d'une pierre; uh! uh! uh! uh! (Il tousse.) c'est vouloir qu'une feuille morte reverdisse. Cependant j'accepte avec gratitude ses souhaits, et tu peux lui dire ce que j'ai fait pour lui; hélas! mon état est sans espoir; dis-lui de prier pour moi et d'user de ma fortune avec quelque souvenance de moi, lorsqu'elle lui arrivera.

MOSCA.

Entendez-vous, monsieur? Allez vers lui avec votre femme.

CORVINO, à Célia qui résiste.

Par le cœur de mon père, veux-tu donc t'obstiner ainsi? Viens, je t'en prie, viens; tu vois que ce n'est rien, Célia; — corbleu! je me mettrai en colère. Viens donc, te dis-je!

CÉLIA.

Monsieur, tuez-moi plutôt; je prendrai du poison; j'avalerai des charbons ardents; je ferai tout.

CORVINO.

Sois damnée! Je t'arracherai d'ici par les cheveux! je te proclamerai dans les rues comme une fille publique; je te fendrai la bouche jusqu'aux oreilles; je te déchirerai le nez comme un rouget cru. Ne me tente pas, viens, cède; j'achèterai quelque esclave que je tuerai et que j'attacherai à toi vivante; je vous suspendrai tous deux à ma fenêtre; j'inventerai quelque crime monstrueux que j'écrirai sur ta poitrine opiniâtre en lettres capitales, au moyen de l'eau-forte et des plus violents corrosifs qui mordront tes chairs. Oui, par mon sang que tu as enflammé, je le ferai.

CÉLIA.

Vous ferez ce que vous voudrez; je suis votre martyre.

CORVINO.

Ne t'entête pas ainsi, je ne l'ai pas mérité; pense que c'est ton mari qui te le demande; je t'en supplie, ma douce femme, — parole d'honneur, tu auras des bijoux, des robes, des parures, tout ce que tu peux imaginer et désirer. Embrasse-le seulement, ou bien seulement touche-lui la main pour moi, à ma prière; touche-lui la main une fois. — Non? non? — Je m'en souviendrai. — Vous voulez ainsi me ruiner! — Avez-vous soif de ma perte?

MOSCA.

Gentille dame, réfléchissez.

CORVINO.

Non, non. Elle a bien pris son temps pour être sage! précieuse pruderie! en vérité, c'est misérable, c'est misérable et vous êtes...

MOSCA.

Calmez-vous, monsieur.

CORVINO.

Une insigne sauterelle, par le ciel, une sauterelle! un monstre, un crocodile qui a préparé ses larmes en attendant le moment de les verser.

MOSCA.

Calmez-vous, je vous en prie, monsieur, elle réfléchira.

CÉLIA.

Je voudrais que ma vie pût satisfaire...

CORVINO.

Morbleu! si elle voulait seulement lui parler, et sauver ma réputation, ce serait au moins quelque chose. Mais, vouloir ma ruine...

MOSCA.

Oui, et lorsque vous avez mis votre fortune entre ses mains; mais en vérité, ce n'est que par pudeur, je dois l'absoudre; si vous n'étiez pas là, elle serait peut-être plus conciliante; je le crois, et je m'en porte caution pour elle; quelle femme consentirait devant son mari... Je vous en prie, partez et laissez-nous-la.

CORVINO.

Ma chère Célia, tu peux encore tout racheter; je

n'en dis pas davantage, sinon, tu es perdue. Reste ici, je ne veux pas de toi.

(Il ferme la porte sur elle en s'en allant avec Mosca.)

CÉLIA.

O Dieu, et vous, ses saints anges, comment, comment la honte s'est-elle enfuie de tous les cœurs? comment l'homme ose-t-il si facilement vendre son honneur et le vôtre? faut-il que la vertu, cette raison de la vie, s'avilisse et tombe si bas, que toute pudeur soit bannie, et cela pour de l'or!

VOLPONE, se levant de sa couche.

Oui, c'est le crime de Corvino, et de ses vils pareils qui n'ont jamais goûté le paradis de l'amour. Sois sûre, Célia, que celui qui veut te vendre dans l'espoir d'un gain incertain, celui-là céderait sa part de paradis pour de l'argent comptant, s'il trouvait avec qui traiter. Pourquoi es-tu si émerveillée de me voir ainsi presque ressuscité? Applaudis plutôt le miracle qu'a fait ta beauté; c'est son ouvrage; c'est elle qui, non une fois, mais plusieurs fois, m'a fait revêtir différentes formes, et, ce matin même, celle de charlatan pour te voir à ta fenêtre. Ah! plutôt que de renoncer à l'art de me transformer pour parvenir jusqu'à toi, j'aurais lutté avec Protée lui-même et Achéloüs. Tu es la bienvenue.

CÉLIA.

Monsieur.

VOLPONE.

Non, ne me fuis pas, et parce que tu me vois sur ce lit de malade, ne t'imagine pas que je sois un moribond. Je suis maintenant aussi frais, aussi jeune, aussi ardent, en humeur au si joyeuse que lorsque,

dans la comédie composée pour la réception du grand
Valois [1], je jouais le rôle d'Antinoüs, et attirais les
regards de toutes les dames présentes qui admiraient
mes gestes, ma voix et ma démarche.

(Il chante.)

« Viens, ma Célia, livrons-nous aux jeux de l'amour, tandis que nous le pouvons ; le temps ne nous appartiendra pas
toujours ; à la longue il séparera nos cœurs ; ne dépensons
pas en vain ses dons précieux ; le soleil, lorsqu'il se couche [2],
peut et doit se lever de nouveau ; mais, si une fois nous perdons la lumière d'amour, nous resterons dans une nuit éternelle ; pourquoi différer nos joies ? L'opinion et la renommée
ne sont que de vains mots ; ne pouvons-nous tromper les yeux
de pauvres espions, ou duper leurs oreilles par notre ruse ?
Ce n'est point un péché de dérober les fruits de l'amour ; c'en
est un de révéler ses doux larcins : être surpris, voilà tout ce
qui mérite le nom de crime.

CÉLIA.

Que les vapeurs du ciel m'enveloppent ! qu'un
éclair sans pitié frappe et déchire mon visage !

VOLPONE.

Pourquoi ma Célia s'afflige-t-elle ? Tu as, au lieu
d'un vil époux, un amant digne de toi. Mets à profit ta

---

1. Allusion aux fêtes magnifiques qui furent données à Venise,
en 1574, à l'occasion du passage d'Henri de Valois, revenant de
Pologne pour prendre possession de la couronne de France, après la
mort de son frère Charles IX.

2.   Vivamus, mea Lesbia, atque amemus,
    Rumoresque senum severiorum
    Omnes unius æstimemus assis.
    Soles occidere et redire possunt ;
    Nobis, cum semel occidit brevis lux,
    Nox est perpetua una dormiunda,
    Dame basia mille, deinde centum, etc,
                                (CATULLE.)

fortune, jouis-en mystérieusement; vois, regarde ce dont tu es la reine, non pas en expectative comme tant d'autres; mais reine couronnée et régnante. Vois ce rang de perles; chacune est plus pure et plus orientale que celle dont la belle reine d'Égypte a fait une débauche; dissous-les et bois-les; vois cette escarboucle qui surpasse en éclat les deux yeux de notre saint Marc : ce diamant que Lollia Paulina[1] aurait acheté, quand elle vint, comme une étoile, et chargée de bijoux qui étaient le butin de cent provinces; prends-les, porte-les, perds-les; il te restera ces pendants d'oreilles, qui suffiraient à les racheter ainsi que tous ces trésors. Une pierre qu'un patrimoine de particulier peut payer n'est rien; nous en mangerons le prix à chaque repas. Des têtes de perroquets, des langues de rossignols, des cervelles de paons et d'autruches seront nos mets; et si nous pouvions retrouver le phénix dont la race est perdue, nous le servirions aussi sur notre table.

CÉLIA.

Mon bon monsieur, tout cela peut toucher les personnes habituées à de pareilles délices; mais moi, qui n'ai pour toute richesse et pour tout bonheur que mon innocence, et qui n'aurais plus rien à perdre, si je la perdais, je ne puis être sensible à ces offres sensuelles; si vous avez quelque conscience...

VOLPONE.

C'est la vertu des mendiants; si tu es sage,

1. Célèbre dame romaine, dont Pline dit : « Lolliam Paulinam... vidi smaragdis margaritisque opertam, alterno textu fulgentibus, toto capite, crinibus, spira, auribus, collo, monilibus digitisque. — Nec dona prodigi principis fuerant, sed avitæ opes, provinciarum scilicet spoliis partæ. » (PLINE, liv. IX.)

écoute-moi, Célia! tes bains seront composés d'essence de giroflée, de l'esprit des roses et des violettes, du lait des licornes, du souffle des panthères renfermé dans des sachets, et mêlé dans les vins de la Crète. Notre boisson sera faite d'ambre et d'or, nous viderons nos verres jusqu'à ce que le plafond tourne ivre sur nos têtes; mon nain dansera, mon eunuque chantera, mon bouffon nous réjouira par des scènes grotesques; tandis que nous, nous représenterons les récits d'Ovide dans leurs mille personnages : tantôt tu seras Europe, et moi Jupiter ; tantôt je serai Mars, et toi Erycine ; ainsi du reste, jusqu'à ce que nous ayons épuisé toute la mythologie païenne. Ensuite, je te ferai revêtir des formes modernes : tantôt la toilette d'une vive Française, tantôt celle d'une magnifique Florentine, ou d'une orgueilleuse Espagnole; quelquefois tu seras la femme du Sophi de Perse, ou la sultane favorite du Grand Seigneur; et pour changer, l'une de nos plus artificieuses courtisanes, ou la pétillante négresse, ou l'une des filles glacées de la Russie; et moi, j'aurai autant de métamorphoses pour te répondre, pour faire voyager de l'une à l'autre, par nos lèvres, nos âmes vagabondes, et multiplier à l'infini nos joies et nos plaisirs. (Il chante.) « A tel point que les curieux ne pourront compter nos baisers, et que les envieux, lorsqu'ils en sauront le nombre, en mourront de chagrin. »

CÉLIA.

Si vous avez des oreilles qui puissent encore entendre, ou des yeux qui puissent s'ouvrir, un cœur qui batte encore, ou quelque chose d'humain qui palpite en vous ; si vous avez le respect du ciel et de ses saints habitants, faites-moi la grâce de me laisser partir, sinon, soyez compatissant, et tuez-moi. Je suis, vous le savez, une pauvre créature abusée par un homme dont je voudrais oublier la honte comme si elle n'eût pas pu exister; si vous ne daignez m'accorder aucune grâce, abandonnez-vous à votre colère plutôt qu'à votre convoitise; la colère est un vice qui approche plus du courage; et punissez ce crime infortuné de la nature que vous appelez ma beauté, déchirez mon visage ou défigurez-le par des poisons, pour avoir remué en vous la lie bouillante de votre sang. Frottez ces mains avec je ne sais quel onguent qui puisse leur donner la lèpre et me ronger jusqu'à la moelle des os; tout ce que vous voudrez, qui pourra disgracier ma personne et non mon honneur. — Et alors je m'agenouillerai devant vous, je prierai pour vous, je formerai, chaque jour et chaque heure, des vœux ardents pour votre santé; je dirai partout, je penserai que vous êtes vertueux.

VOLPONE.

C'est-à-dire débile, glacé, impotent, et tu le dirais au monde entier ? Tu sembles croire que j'ai la vieillesse de Nestor ? Je dégénère, en vérité, et c'est démentir la renommée de ma nation de jouer si longtemps avec l'occasion qui s'offre à moi. Je devrais déjà avoir agi, pour ne parlementer qu'ensuite. (Il la saisit.) Cède, ou je te viole.

CÉLIA.

Oh ! Dieu juste !

(Bonario, que les cris de Célia ont attiré, se précipite dans la chambre de Volpone.)

BONARIO.

Arrête, infâme ravisseur, porc lascif ! laisse cette

femme, imposteur, ou tu mourras. Si je ne répugnais à l'idée d'enlever ton châtiment aux mains de la justice, je ferais de toi, dès à présent, un sacrifice de vengeance devant cet autel et devant cet or, ton idole. — Madame, quittez cette chambre, c'est l'antre de l'infamie; ne craignez rien, vous avez un protecteur, et cet homme, avant peu, trouvera sa juste récompense.

(Bonario et Célia sortent.)

VOLPONE.

Plafonds! tombez sur moi et m'ensevelissez sous vos ruines; devenez ma tombe, vous qui m'abritiez. Oh! je suis démasqué, découragé, perdu, trahi, condamné à la misère et à l'infamie.

(Mosca entre blessé et saignant.)

MOSCA.

O misérable! où dois-je fuir pour me faire sauter la cervelle?

VOLPONE.

Ici, ici; quoi! tu saignes?

MOSCA.

Pourquoi son épée, mieux dirigée, n'a-t-elle pas été assez courtoise pour me fendre jusqu'au nombril, et m'empêcher de voir mes espérances et celles de mon maître désespérément engagées dans une voie sans issue, et cela par ma faute?

VOLPONE.

Malheur sur la destinée!

MOSCA.

Et sur mon étourderie, monsieur!

VOLPONE.

Elle me ruine.

MOSCA.

Et moi aussi, monsieur. Ah! qui aurait pensé qu'il pouvait vous entendre?

VOLPONE.

Que devons-nous faire?

MOSCA.

Je n'en sais rien; si mon cœur pouvait expier ma maladresse, je l'arracherais. Voulez-vous me pendre, monsieur, ou me couper la gorge? Je vous en remercierais, monsieur. — Mourons comme des Romains, puisque nous avons vécu comme des Grecs [1]. (On frappe.)

VOLPONE.

Écoute; qui est là? j'entends marcher; des sergents, le saffi viennent pour me saisir; je sens déjà sur mon front le fer rouge qui siffle; ah! mes oreilles me tintent.

MOSCA.

Retournez dans votre lit, monsieur, la place néanmoins peut encore être bonne. (Volpone se couche comme dans les scènes précédentes.) — (A part.) Les coupables craignent ce qu'ils méritent.

(Corbaccio entre.)

Monsieur Corbaccio!

CORBACCIO.

Eh bien! Comment allons-nous, Mosca?

MOSCA.

Ah! nous sommes surpris, perdus: votre fils, je ne sais par quel hasard, a été informé de votre projet en faveur de mon patron, et du testament qui le fait votre

---

1. On voit que le mépris attaché au nom de *Grec* date de loin. Plaute a employé le mot *pergræcari* pour exprimer une vie de plaisir et de débauche.

héritier. Il est entré violemment dans notre maison, l'épée nue, vous cherchant, vous appelant misérable, père dénaturé, et jurant qu'il vous tuerait.

CORBACCIO.

Moi?

MOSCA.

Oui, vous, et mon maître.

CORBACCIO.

Un pareil fait le déshérite; voici le testament.

MOSCA.

C'est bien, monsieur.

CORBACCIO.

Il est en règle. Veille à présent sur mes intérêts.

(Voltore entre et reste au fond, écoutant.)

MOSCA.

Je ne veillerais pas avec plus de soin sur ma propre vie; je suis à vous seul, tout entier.

CORBACCIO.

Comment va-t-il? Penses-tu qu'il meure bientôt?

MOSCA.

Je crains qu'il ne dépasse le mois de mai.

CORBACCIO.

Aujourd'hui, dis-tu?

MOSCA, plus haut.

Non, le mois de mai.

CORBACCIO.

Ne peux-tu lui donner une goutte de...

MOSCA.

Oh! non, non, monsieur.

CORBACCIO.

Mais, mais, je ne te le commande pas.

VOLTORE, s'avançant.

Je vois que ce Mosca est une canaille.

MOSCA, le voyant.

Comment! c'est vous, monsieur Voltore? (A part.) M'aurait-il entendu?

VOLTORE.

Parasite!

MOSCA.

Qu'est-ce? monsieur, vous êtes venu bien à propos.

VOLTORE.

Peut-être, pour découvrir vos stratagèmes. Ah! vous êtes l'homme de monsieur (Montrant Corbaccio.), et le mien aussi, n'est-ce pas?

MOSCA.

Qui, monsieur?

VOLTORE.

Vous, monsieur! Qu'est-ce que c'est que ce testament?

MOSCA, bas à son oreille.

Un complot en votre faveur, monsieur.

VOLTORE.

Allons, ne prenez pas les mêmes pistes, je les connais.

MOSCA.

N'avez-vous pas entendu vous-même?

VOLTORE.

Oui, j'ai entendu que Corbaccio a fait votre maître son héritier.

MOSCA.

C'est vrai, par ruse, par mon conseil, dans l'espoir...

VOLTORE.

Que votre patron testerait en sa faveur, ce que vous avez promis.

MOSCA.

Je l'ai fait pour votre bien, monsieur. Tenez, j'ai

tout dit à son fils; je l'ai amené ici et caché là, pour qu'il pût entendre son père consommer sa mauvaise action, et j'y ai été entraîné par l'idée que cette conduite dénaturée, le désaveu formel d'un père que j'aurais soin de provoquer, le mettraient en courroux au point de lui faire faire quelque acte de violence qui donnerait à la loi une prise suffisante et l'occasion de vous confirmer dans une double espérance. Que ma véracité et ma conscience soient toujours ma consolation, s'il est vrai que mon seul but était de vous déterrer une fortune dans les sépulcres de ces deux vieilles pourritures.

VOLTORE.

Je te demande pardon, Mosca.

MOSCA.

Je l'accorde à votre patience et à votre grand mérite, monsieur. Mais apprenez ce qui arrive.

VOLTORE.

Quoi donc?

MOSCA.

Quelque chose de fâcheux. Il faut que vous m'aidiez, monsieur. Pendant que nous attendions ce vieux corbeau, voilà qu'entre ici la femme de Corvino, envoyée par son mari.

VOLTORE.

Quoi! avec un présent?

MOSCA.

Non, monsieur, en visite. Je vous dirai pourquoi plus tard; et, comme elle restait longtemps, notre jeune homme devient impatient, se précipite, me blesse, saisit la dame, et lui fait jurer, en la menaçant de mort si elle ne le fait pas, d'affirmer par serment que mon patron a voulu la violer; vous voyez quelle invraisemblance! Ensuite il sort, et part de là pour accuser son père, déshonorer mon maître et vous ruiner.

VOLTORE.

Où est son mari? Il faut l'envoyer chercher de suite.

MOSCA.

J'y vais, monsieur.

VOLTORE.

Amène-le au tribunal.

MOSCA.

Je le ferai.

VOLTORE.

Il faut arrêter cela.

MOSCA.

Vous agissez noblement, monsieur. Hélas! tout avait été disposé pour votre bien, et il ne manquait pas d'habileté dans notre plan; mais la fortune peut, quand il lui plaît, renverser les projets les plus savamment combinés.

CORBACCIO, qui a écouté sans pouvoir entendre.

Que dites-vous donc là?

VOLTORE.

Vous plaît-il, monsieur, de sortir avec nous? (Corbaccio et Voltore sortent ensemble.)

MOSCA.

Patron, rentrez, et priez pour notre succès.

VOLPONE, se levant.

La nécessité fait le dévot. Que le ciel bénisse nos desseins!

(Ils sortent.)

ACTE IV.

SCÈNE PREMIÈRE.

Une rue.

SIR POLITICK WOULD-BE et PÉRÉGRINE.

SIR POLITICK.

Je vous ai dit, monsieur, que c'était un complot; vous voyez ce que c'est que l'esprit d'observation. — Vous m'avez demandé quelques leçons. Je vais vous dire, monsieur, puisque nous nous trouvons à cette latitude de Venise, quelques particularités que j'ai enregistrées seulement pour ce méridien, et qui doivent être connues du voyageur inexpérimenté; et les voici. Je ne toucherai pas, monsieur, à votre langage, ni à vos habits, car ils sont de vieille date.

PÉRÉGRINE.

J'en ai de meilleurs.

SIR POLITICK.

Pardon. Je ne parlais que par façon d'argument.

PÉRÉGRINE.

Oh! continuez, cher monsieur; je ne médirai plus de votre esprit.

SIR POLITICK.

D'abord, pour votre tenue, elle doit être grave et sérieuse, très-réservée et fermée à clef. Vous ne devez dévoiler un secret en aucun cas, pas même à votre père; ne lui dites pas même une fable, à moins de précautions. Faites un choix sûr de votre compagnie et des gens avec qui vous conversez. Gardez-vous de jamais dire une vérité.

PÉRÉGRINE.

Comment?

SIR POLITICK.

Jamais aux étrangers, car ce sont ceux avec lesquels vous aurez le plus souvent à causer; quant aux autres je les tiendrais, quant à moi, le plus possible à distance, à moins que je n'eusse à y gagner quelque chose; vous aurez, à chaque heure du jour, des pièges tendus sous vos pas. Quant à la religion, n'en professez aucune; dites seulement que vous êtes étonné qu'il y ait un si grand nombre de sectes religieuses, et que, pour votre part, vous consentiriez à ce qu'il n'y eût pas d'autre religion que la loi de votre pays; Nicolas Machiavel et monsieur Bodin sont de cette opinion. Ensuite vous devez apprendre l'usage et le maniement de votre fourchette d'argent dans les repas[1], et savoir comment se fabriquent les verres où vous buvez. Ce sont des choses importantes pour vos Italiens, comme aussi de savoir l'heure où vous devez manger les melons et les figues.

PÉRÉGRINE.

Est-ce là aussi une question d'État?

SIR POLITICK.

C'en est une. Lorsqu'un Vénitien voit dans un homme la moindre imperfection, il le serre de près, il le tient, il le pille. Je vous dirai, monsieur, que j'habite ici depuis environ quatorze mois, et, dans la première semaine de mon séjour, chacun me prenait

---

1. L'usage des fourchettes était tout récent au temps de Ben Jonson : c'était une nouvelle mode importée d'Italie.

pour un citoyen de Venise, tant je connaissais bien les usages.

PÉRÉGRINE, à part.

Et rien de plus.

SIR POLITICK.

J'avais lu Contarene[1]; j'avais pris une maison, et traité avec des Juifs pour son ameublement. — Ah! si je pouvais trouver un homme, un seul, d'après mon cœur, auquel j'oserais confier... je voudrais...

PÉRÉGRINE.

Quoi? quoi donc, monsieur?

SIR POLITICK.

Le rendre riche, faire sa fortune. Il n'aurait plus à y penser; j'y penserais pour lui.

PÉRÉGRINE.

Mais comment?

SIR POLITICK.

Avec certain projet que je ne puis découvrir.

PÉRÉGRINE, à part.

Si j'avais quelqu'un avec qui parier, je gagerais qu'il va me le dire à l'instant.

SIR POLITICK.

Ce serait, et je ne me soucie pas beaucoup qu'on le sache, de fournir pendant trois ans, à certain prix, aux États vénitiens, des harengs saurs venant de Rotterdam, où j'ai un correspondant. Voici une lettre qu'il m'a envoyée à ce sujet : il n'écrit pas son nom, mais c'est sa marque.

PÉRÉGRINE.

C'est un marchand de chandelles?

---

1. Gasp. Contarini, auteur d'un traité : *della Republica e magistrati di Venetia*.

SIR POLITICK.

Non, c'est un marchand de fromages. Il y en a d'autres encore avec lesquels je suis entré en négociation pour la même opération, et je l'entreprendrai. Car, c'est comme je vous le dis, je le ferai aisément; j'ai tout examiné de près. Une galiote hollandaise n'a d'équipage que trois hommes et un mousse : elle me fera trois transports par an; s'il n'en arrive qu'un des trois, je ne perds ni ne gagne; si deux me parviennent, je mets de côté. — Mais voilà, si mon projet manque...

PÉRÉGRINE.

Alors, vous en avez d'autres?

SIR POLITICK.

Je serais honteux de respirer l'air subtil de cette contrée, si je n'avais pas mille cordes à mon arc; je ne le dissimule pas, monsieur, partout où je vais, j'aime à méditer; et il est vrai de dire qu'à mes heures de loisir, j'ai songé à certains projets, dans l'intérêt des États de Venise, lesquels je tiens en réserve; je pense à les proposer, dans l'espoir d'une pension, au grand Conseil, soit aux Quarante, soit aux Dix; mes fonds sont déjà faits.

PÉRÉGRINE.

Par qui?

SIR POLITICK.

Par un homme, monsieur, qui, bien que dans des fonctions obscures, a de l'autorité, et saura se faire écouter. C'est un huissier.

PÉRÉGRINE.

Quoi! un simple huissier?

SIR POLITICK.

Monsieur, c'est un de ces hommes qui savent ce

qu'ils ont à dire, aussi bien que les plus puissants. Je crois que j'ai ici des notes que je puis vous montrer. (Il cherche dans ses poches.)

PÉRÉGRINE.

Cher monsieur.

SIR POLITICK

Mais il faut me jurer sur votre honneur que vous n'anticiperez pas.

PÉRÉGRINE.

Moi, monsieur !

SIR POLITICK.

N'en révélez pas les moindres détails.— Je n'ai pas ce papier.

PÉRÉGRINE.

Vous pouvez vous rappeler?

SIR POLITICK.

Ma première affaire concerne les boîtes à amadou. Vous devez savoir, monsieur, qu'il n'y a pas une famille, ici, qui n'ait sa boîte à amadou. Maintenant, rien n'est plus facile à porter; supposez que, vous ou moi, nous soyons mal disposés pour l'État; avec une de ces boîtes dans notre poche, ne pouvons-nous, l'un ou l'autre, entrer dans l'arsenal, et en sortir, sans qu'on n'en sache rien?

PÉRÉGRINE.

Excepté vous, monsieur.

SIR POLITICK.

Allons, allons. — Moi donc, je donne un conseil à l'État, et lui fais voir combien il serait convenable qu'il ne fût permis qu'aux gens reconnus bons patriotes, aux amis sincères de leur pays, d'avoir ces boîtes dans leurs maisons; à la condition, encore, que ces boîtes seraient contre-signées du sceau de l'État dans certain bureau, et assez grosses pour ne pouvoir être cachées dans une poche.

PÉRÉGRINE.

Admirable!

SIR POLITICK.

Mon second projet serait de touver les moyens de savoir, de façon définitive, si un vaisseau nouvellement arrivé de Soria ou de quelque endroit suspect du Levant, est, ou non, infecté de la peste; vous savez que, dans tous les cas, il doit rester quarante jours, cinquante quelquefois, dans un lazaret; eh bien! je veux éviter cette perte de temps et d'argent aux marchands, et éclaircir le doute en moins d'une heure.

PÉRÉGRINE.

En vérité, monsieur?

SIR POLITICK.

Oui, ou j'y perdrais ma peine.

PÉRÉGRINE.

Ce serait beaucoup.

SIR POLITICK.

Maintenant, monsieur, concevez-moi bien, cela me coûterait peut-être trente livres d'oignons.

PÉRÉGRINE.

Ce qui ferait environ une livre sterling.

SIR POLITICK.

J'ai en outre ma machine hydraulique; car j'en fais une, monsieur. D'abord, je mets notre vaisseau entre deux murs de brique; mais ces murs seront faits aux frais du gouvernement; sur l'un, j'attache solidement une tente goudronnée, sous laquelle je suspens mes oignons fendus par moitié; l'autre sera plein de meurtrières, desquelles sortiront les nez de mes soufflets ; je les fais agir au moyen de ma machine hydraulique que je maintiens dans un perpétuel mouvement, ce qui est la chose du monde la plus aisée ; maintenant, monsieur, mes oignons qui naturellement attirent les miasmes pestilentiels, et sur lesquels mes soufflets précipitent l'air, montreront à l'instant s'il y a contagion en changeant de couleur, ou, s'il n'y en a pas, resteront aussi sains qu'auparavant. — Voilà ! — Quand on le sait, ce n'est rien.

PÉRÉGRINE.

Vous êtes dans le vrai, monsieur.

SIR POLITICK.

Je voudrais retrouver ma note.

PÉRÉGRINE.

Je le voudrais aussi, sur l'honneur ; mais en voilà bien assez pour une fois.

SIR POLITICK.

Si j'étais un traître, ou voulais le devenir, je vous donnerais la preuve que je pourrais vendre Venise aux Turcs, en dépit de ses galères ou de ses... (Il examine ses papiers.)

PÉRÉGRINE.

Je vous en prie, cher Politick.

SIR POLITICK.

Je n'ai pas ces papiers sur moi.

PÉRÉGRINE.

Je le craignais ! mais n'est-ce pas cela ?

SIR POLITICK.

Non, c'est mon journal sur lequel j'inscris mes actions de chaque jour.

PÉRÉGRINE.

Je vous en prie, laissez-moi lire, monsieur; qu'avons-nous là? (il lit.) Notandum : « Un rat a rongé le cuir de mes éperons; cependant, j'en mis des neufs, et je suis sorti. Je jetai trois fèves sur le seuil[1]. Item, j'ai acheté deux cure-dents, dont je brisai l'un immédiatement, dans une conversation avec un marchand hollandais sur une raison d'État. En le quittant j'allai payer un mocinigo pour raccommoder mes bas de soie; sur mon chemin, je marchandai des sardines; et j'ai uriné contre l'église Saint-Marc. » En vérité, ce sont des notes politiques!

SIR POLITICK.

Je n'oublie pas la moindre action de ma vie et je la note.

PÉRÉGRINE.

Croyez-moi, monsieur, c'est fort sage.

SIR POLITICK.

Eh bien! monsieur, continuez à lire.

(A une certaine distance, entre lady Would-be suivie de Nano et de deux femmes de chambre.)

LADY WOULD-BE.

Où trouverons-nous ce chevalier libertin[2]? Sans doute il est entré dans une maison.

NANO.

Alors il est pris.

LADY WOULD-BE.

Il joue un jeu double avec moi. Arrêtons-nous ici,

---

1. Cérémonie superstitieuse; Pline dit : « *In fabo, pecularis religio.* »

2. Il y a ici une allusion au jeu de *fast and loose*. Ce jeu consistait en une longue jarretière roulée sur une table; on piquait au hasard une épingle, et l'on déroulait la jarretière; si elle était fixée à la table,

je vous prie; cette chaleur fait plus de tort à mon teint que son cœur ne vaut. Il m'est fort égal qu'il me trahisse, pourvu que je le surprenne. (Elle s'essuie les joues.) Comme ce rouge s'en va.

LA PREMIÈRE FEMME.

Madame, mon maître est là.

LADY WOULD-BE.

Où?

LA DEUXIÈME FEMME.

Avec un jeune homme.

LADY WOULD-BE.

Il est avec la personne en question vêtue en homme, sans doute. (Au main.) Monsieur, je vous en prie, poussez un peu mon mari; je veux ménager sa réputation, quoiqu'il ne le mérite pas.

SIR POLITICK, la voyant.

Milady...

PÉRÉGRINE.

Où?

SIR POLITICK.

Cette dame, monsieur; c'est bien elle! vous allez la connaître; si elle n'était pas ma femme, je vous dirais qu'elle est d'un remarquable mérite pour la mise, la taille, les manières; j'oserais comparer sa beauté....

PÉRÉGRINE.

Vous êtes peu jaloux, ce me semble, puisque vous osez la faire tant valoir.

---

on disait *fust*; si elle s'enlevait entièrement, on avait perdu, parce qu'elle était *loose*, lâche; mais le même mot s'emploie aussi pour libertin. Madame Would-be dit : *My loose knight!* Mon chevalier libertin, — *Is housed*, est entré dans une maison. Le mari répond, en faisant allusion au jeu : Alors il est *fust*, c'est-à-dire pris. Enfin madame Would-be reprend : *He plays both with me*; il est à la fois *loose and fust*...

La traduction de ce lazzi est impossible.

SIR POLITICK, continuant.

Et pour le raisonnement...

PÉRÉGRINE.

Étant votre femme, elle ne peut en manquer.

SIR POLITICK, introduisant Pérégrine.

Madame, voici un gentleman que je vous prie de bien accueillir ; il semble un jeune homme, mais...

LADY WOULD-BE.

Mais il n'en est pas un.

SIR POLITICK.

Il a pris de si bonne heure son rang parmi les hommes.

LADY WOULD-BE.

Vous voulez dire si récemment? seulement aujourd'hui?

SIR POLITICK.

Comment cela?

LADY WOULD-BE.

Oui, monsieur, avec ce déguisement; vous me comprenez. Eh bien! monsieur Would-be, cela ne convient pas à un homme comme vous ; j'aurais pensé que l'odeur de votre renommée vous serait plus précieuse, et que vous n'auriez pas fait un meurtre aussi horrible de votre honneur ; un homme de votre gravité et de votre rang! Mais les chevaliers, je le vois, font peu de cas du serment qu'ils font aux dames, et spécialement aux leurs!

SIR POLITICK.

Par mes éperons, symboles de ma chevalerie...

PÉRÉGRINE, à part.

Seigneur! comme il s'humilie par ce serment qui descend jusqu'à ses talons!

SIR POLITICK.

Je ne vous comprends pas.

LADY WOULD-BE.

Votre politique est de le faire croire. (A Pérégrine.) Un mot avec vous, monsieur. Il me répugnerait d'avoir une discussion publique avec quelque femme que ce soit, ou de paraître revêche ou violente, comme on dirait à la cour; cela approcherait trop de la grossièreté, et, comme grande dame, je veux l'éviter. Cependant, quoi que je puisse avoir mérité de la part de M. Would-be, la conduite d'une personne jeune et belle qui se fait l'instrument d'un outrage contre une dame qu'elle ne connaît pas ne peut manquer d'être regardée, selon mon faible jugement, comme un solécisme dans notre sexe et dans toute bonne compagnie.

PÉRÉGRINE.

Que veut dire...

SIR POLITICK.

Chère madame, soyez plus claire.

LADY WOULD-BE.

Soit, monsieur, je le serai, puisque je suis provoquée par votre impudence et par les sourires insolents de votre belle sirène, de votre Sporus, de votre hermaphrodite...

PÉRÉGRINE.

Qu'est-ce donc? une furie poétique, une tempête historique!

SIR POLITICK.

Ce gentilhomme, croyez-le bien, est un homme comme il faut, un compatriote.

LADY WOULD-BE.

Oui, du quartier de White-Friars[1]. — Allons, je rougis pour vous, monsieur Would-be, et je suis honteuse de vous voir assez effronté pour être ainsi le patron ou le saint Georges d'une fille dissolue, d'une courtisane, d'un diable femelle déguisé en homme.

SIR POLITICK, à Pérégrine.

Monsieur, si vous êtes ce que dit madame, je dois vous souhaiter le bonsoir et vous laisser à vos plaisirs. Le cas paraît clair. (Il sort.)

LADY WOULD-BE, à sir Politick.

Oui! vous le savez aussi bien que moi, avec votre figure de grand politique; (A Pérégrine.) quant à votre concupiscence de carnaval, qui est venue chercher à Venise la liberté de conscience loin des persécutions de la police de Londres, je vais la châtier.

PÉRÉGRINE.

C'est parfait, en vérité; et avez-vous souvent de ces lubies? Est-ce un exercice habituel de votre esprit, madame?

LADY WOULD-BE.

Courage, monsieur.

PÉRÉGRINE.

M'entendez-vous, madame? Si votre chevalier vous a envoyée pour mendier des chemises d'homme ou pour m'inviter chez vous, vous auriez dû agir plus franchement.

LADY WOULD-BE.

Vos insultes ne vous délivreront pas de mes filets.

---

1. A cette époque *White-Friars* était un lieu privilégié pour les fripons, les joueurs, les banqueroutiers et tous les gens de mauvaise vie; on y résistait ouvertement à l'autorité ; les prostituées y affluaient.

PÉRÉGRINE.

Me croyez-vous donc votre prisonnier? En effet, votre mari m'a dit que vous étiez belle, et vous l'êtes; seulement votre nez incline à ressembler à une pomme de reinette, du côté qui est le plus voisin du soleil.

LADY WOULD-BE.

Voilà ce qu'aucune patience au monde ne saurait tolérer.

(Mosca entre.)

MOSCA.

De quoi est-il question?

LADY WOULD-BE.

Si le sénat n'admet pas ma plainte sur ceci, je protesterai à la face du monde que Venise n'a pas d'aristocratie.

MOSCA.

Quel est donc cet outrage, madame?

LADY WOULD-BE.

Eh bien! la coureuse dont vous m'avez parlé, voyez-la, ici, déguisée.

MOSCA.

Quoi! ce monsieur? A quoi pense Votre Seigneurie? La créature en question vient d'être appréhendée au corps et amenée devant le sénat. Vous pourrez la voir.

LADY WOULD-BE.

Où?

MOSCA.

Je vous conduirai auprès d'elle. Quant à ce jeune gentilhomme, je l'ai vu ce matin aborder au port.

LADY WOULD-BE.

Est-ce possible? Comme mon jugement a fait fausse

route ! Monsieur, je dois vous avouer en rougissant que je me suis trompée et vous demander pardon.

PÉRÉGRINE.

Quoi ! Maintenant un changement à vue !

LADY WOULD-BE.

J'espère que vous n'aurez pas la malice de vous rappeler la colère d'une dame abusée. Si vous restez à Venise, qu'il vous plaise, monsieur, de me rendre visite.

MOSCA.

Voulez-vous venir, madame ?

LADY WOULD-BE.

Je vous en prie, monsieur, venez chez moi. En vérité, ce sera le meilleur moyen de me faire croire que vous avez oublié notre querelle.

(Lady Would-be, Mosca, Nano, etc., sortent.)

PÉRÉGRINE.

Voilà une singulière scène, monsieur Politick Would-be ! Non, monsieur Politick-*ruffian*; c'est ainsi que vous me faites faire connaissance avec votre femme ? Très-bien, sage monsieur Pol ; puisque vous usez d'artifices vis-à-vis d'un novice ou marin d'eau douce, je vais mettre à l'épreuve votre tête de vieux matelot d'eau salée, et saurai si elle résistera à une contre-ruse.

SCENE II.

Le palais du sénat au Scrutineo.

VOLTORE, CORBACCIO, CORVINO et MOSCA.

VOLTORE.

Bien ! maintenant vous savez la marche de l'affaire.

Votre fermeté est tout ce qu'on demande pour la conduire à bout.

MOSCA.

Le mensonge à faire est-il bien compris de tout le monde? Est-ce sûr? Chacun sait-il son rôle?

CORVINO.

Oui.

MOSCA.

Eh bien! ne faiblissez pas.

CORVINO, s'entretenant à part avec Mosca.

L'avocat sait-il la vérité?

MOSCA.

Oh! monsieur, en aucune façon. J'ai inventé une fable qui a sauvé votre réputation. Soyez vaillant, monsieur.

CORVINO.

Je ne crains que ce Voltore; j'ai peur que son plaidoyer ne le pose comme un cohéritier...

MOSCA.

Pour la potence; qu'il aille se faire pendre! Nous nous servirons de sa langue et du bruit qu'elle fait comme du croassement de ce corbeau. (Il désigne Corbaccio.)

CORVINO.

C'est bien; mais que ferons-nous de celui-ci?

MOSCA.

Quand nous aurons fini, voulez-vous dire?

CORVINO.

Oui.

MOSCA.

Nous y penserons. Nous le vendrons comme une momie : il est déjà moitié poussière. (A Voltore à part, montrant Corvino.) Ne souriez-vous pas de voir ce buffle, comme il balance fièrement la tête. (A part.) J'en ferai autant si tout finit bien. (A l'oreille de Corbaccio.) Monsieur, vous êtes le seul pour qui sera la moisson, et ces gens-là ne savent pas pour qui ils travaillent.

CORBACCIO.

Silence !

MOSCA, se tournant vers Corvino.

C'est vous qui mangerez le gâteau. (A part.) Comptez-y. (Haut, à Voltore.) Que Mercure inspire votre voix foudroyante, ou bien que l'Hercule français[1] fasse de votre langue une massue aussi puissante que la sienne pour assommer nos adversaires, (A mi-voix.) ou plutôt les vôtres.

VOLTORE.

Les voici, tais-toi.

MOSCA.

J'ai un autre témoin à produire si vous en avez besoin, monsieur.

VOLTORE.

Qui est-ce ?

MOSCA.

Vous le verrez, monsieur.

(Les juges entrent et prennent place. Bonario, Célia, un greffier, les huissiers et autres officiers de justice.)

LE PREMIER JUGE.

La cour n'a jamais entendu une chose pareille.

LE DEUXIÈME JUGE.

Cela paraîtra fort étrange à ceux qui en entendront le récit.

---

1. L'Hercule gaulois ou celtique était le symbole de l'éloquence. Lucien le surnomme Ogmius. Il est représenté couvert d'une peau de lion ; dans la main droite, une massue ; dans la gauche, un arc ; des chaines partaient de sa bouche et allaient jusqu'aux oreilles des auditeurs qui l'entouraient.

LE QUATRIÈME JUGE.

La jeune femme a toujours eu une réputation irréprochable.

LE TROISIÈME JUGE.

Le jeune homme aussi.

LE QUATRIÈME JUGE.

Le rôle de son père est dénaturé.

LE DEUXIÈME JUGE.

Celui du mari plus encore.

LE PREMIER JUGE.

Je ne saurais donner un nom à ce qu'il a fait. C'est monstrueux.

LE QUATRIÈME JUGE.

Quant à l'imposteur Volpone, cela dépasse tout exemple dans le passé.

LE PREMIER JUGE.

Et tout ce qu'on peut attendre dans l'avenir.

LE DEUXIÈME JUGE.

Je n'ai jamais entendu parler d'un voluptueux aussi raffiné.

LE TROISIÈME JUGE.

Les personnes citées sont-elles présentes?

LE GREFFIER.

Toutes ; excepté le vieux magnifico, Volpone.

LE PREMIER JUGE.

Pourquoi n'est-il pas là?

MOSCA.

Plaise à vos *paternités* de savoir que son avocat est ici ; mon maître est si faible, si languissant...

LE QUATRIÈME JUGE.

Qui êtes-vous?

ACTE QUATRIÈME. 121

BONARIO.

Son parasite, son esclave, son entremetteur. Je demande à la cour qu'on force l'autre à venir, pour que vos yeux puissent être témoins de ses étranges impostures.

VOLTORE.

Sur ma foi et sur la confiance que j'ai en vos vertus, il n'est pas capable de supporter le grand air.

LE DEUXIÈME JUGE.

Amenez-le, néanmoins.

LE TROISIÈME JUGE.

Nous voulons le voir.

LE QUATRIÈME JUGE.

Allez le chercher.

VOLTORE.

Que la volonté de *Vos Paternités* soit faite. (Les officiers sortent.) Il est certain que sa vue excitera plutôt votre pitié que votre indignation. Qu'il plaise, en attendant, à la cour de l'entendre par ma bouche. Je le demande, parce que je sais que le tribunal est exempt de toute prévention, et nous n'avons nulle raison de craindre que notre véracité nuise à notre cause.

LE TROISIÈME JUGE.

Parlez en toute liberté.

VOLTORE.

Sachez donc, très-honorables juges, que j'ai à dévoiler, à vos oreilles étrangement abusées, la plus prodigieuse et la plus effrontée machination d'impudence et de traîtrise que la nature vicieuse ait jamais produite, à la honte de Venise. Cette femme dissolue, qui ne manque ni de regards artificieux ni de larmes pour aider au masque qu'elle a pris, est depuis longtemps connue pour avoir un commerce d'adultère avec ce

jeune débauché. Ce n'est pas seulement un soupçon, mais une certitude : on les a pris en flagrant délit, et cet époux indulgent, que voici, leur a pardonné. C'est sa bonté intempestive qui l'amène ici, lui, le plus malheureux, le plus innocent des hommes qui ont été victimes de leur bon cœur; car les coupables, n'ayant que leur honte pour payer ce pardon généreux, ne pouvant avoir qu'une reconnaissance insuffisante, se mirent à haïr ce bienfait lui-même, et, au lieu de se repentir, préférèrent arracher jusqu'à la mémoire de leur crime. Sur quoi je prie *Vos Paternités* d'observer la malice, bien plus, la rage des créatures surprises dans leurs péchés, et quel courage ils tirent même de leurs crimes; mais cela sera bientôt mis en lumière.
— Ce gentilhomme, le père, ayant appris cette action scandaleuse avec beaucoup d'autres qui, chaque jour, venaient retentir à ses oreilles paternelles, et se voyant avec douleur contraint de renoncer à son affection pour un fils dont les vices s'accumulent comme les flots de la mer, prit enfin la résolution de le déshériter.

LE PREMIER JUGE.

Voilà d'étranges faits.

LE DEUXIÈME JUGE.

La réputation du jeune homme a toujours été bonne.

VOLTORE.

Le vice qui s'abrite à l'ombre de la vertu n'en est que plus dangereux. Mais, comme je vous l'ai dit, honorables juges, le père, ayant arrêté ce projet qui, je ne sais comment, fut connu du fils, avait fixé ce jour même pour le mettre à exécution. Et le parricide, je ne puis lui donner un autre nom, a donné rendez-vous à sa maîtresse dans la maison de Volpone (qui était, vous devez le comprendre, l'homme désigné pour l'héritage) et comptait y rencontrer son père : mais dans quel but le cherchait-il donc, messieurs? Je tremble de le dire; qu'un fils, contre son père, un tel père, ait pu avoir une intention si félonne et si odieuse ! C'était pour le tuer. Mais, en ayant été empêché par l'heureuse absence de la victime désignée, que fait-il alors? Il ne renonce pas à ses mauvaises pensées; il en ajoute d'autres. La méchanceté ne finit plus quand elle a commencé; quelle horreur, mes pères ! Il arrache de sa couche ce vieillard qui, depuis trois ans et plus, y languit malade; il l'étend tout nu sur le plancher, et sort après avoir blessé son serviteur à la figure ; mais ce n'est pas tout, lui et sa maîtresse, sa complice habituelle, si joyeuse de l'être, — ici je m'interromps pour prier Vos Seigneuries de faire attention à mes conclusions qui sont des plus importantes, — ils pensèrent tous deux à arrêter le dessein du père, à discréditer le choix libre qu'il avait fait du vieux gentilhomme, et à se racheter eux-mêmes en reportant l'infamie de l'adultère sur cet homme auquel ils auraient dû sacrifier, en rougissant, leur propre vie.

LE PREMIER JUGE.

Quelles preuves avez-vous de tout cela?

BONARIO.

Très-honorables juges, je vous demande humblement de n'ajouter aucune foi à la langue de cet avocat mercenaire.

LE DEUXIÈME JUGE.

Contraignez-vous.

BONARIO.

Son âme est dans son salaire.

LE TROISIÈME JUGE.

Oh! monsieur!

BONARIO.

Pour dix sous de plus, ce misérable plaiderait contre son créateur.

LE PREMIER JUGE.

Vous vous oubliez.

VOLTORE.

Non, non, non, graves juges, donnez-lui carte blanche. Peut-on imaginer qu'il épargnera son accusateur, celui qui n'aurait pas épargné son père?

LE PREMIER JUGE.

Eh bien! produisez vos preuves.

CÉLIA.

Je voudrais pouvoir oublier que je suis une créature vivante.

VOLTORE.

Signor Corbaccio! (Corbaccio avance.)

LE QUATRIÈME JUGE.

Qui est-ce?

VOLTORE.

Le père.

LE DEUXIÈME JUGE.

A-t-il prêté serment?

LE GREFFIER.

Oui.

CORBACCIO.

Que dois-je faire?

LE GREFFIER.

On demande votre témoignage.

CORBACCIO.

Moi, parler à ce drôle? J'aimerais mieux me remplir la bouche avec de la terre; mon cœur répugne à le reconnaître. Je le renie.

LE PREMIER JUGE.

Pour quelle cause?

CORBACCIO.

C'est un monstre de la nature! Il est étranger à mes reins.

BONARIO.

A-t-on pu faire cela de vous?

CORBACCIO.

Je ne veux pas t'entendre, monstre parmi les hommes, pourceau, bouc, loup, parricide! Ne me parle pas, couleuvre!

BONARIO.

Je me rassoirai, et préfère souffrir dans mon innocence que de résister à la volonté d'un père.

VOLTORE.

Signor Corvino! (Corvino avance.)

LE DEUXIÈME JUGE.

Tout cela est étrange.

LE PREMIER JUGE.

Quel est celui-ci?

LE GREFFIER.

Le mari.

LE QUATRIÈME JUGE.

A-t-il juré?

LE GREFFIER.

Oui.

LE TROISIÈME JUGE.

Parlez donc.

CORVINO.

Cette femme, n'en déplaise à Vos Seigneuries, est une femme livrée à la plus vile débauche, et chaude comme une perdrix.

LE PREMIER JUGE.

Assez.

CORVINO.

Elle hennit comme une jument.

LE GREFFIER.

Respectez la cour.

CORVINO.

Je le ferai, et j'épargnerai la pudeur de vos oreilles ; mais j'espère que je puis dire que mes yeux l'ont vue attachée à ce jeune cèdre, à ce galant si bien bâti ; et ici (Montrant sa tête), à travers mes cornes, on peut lire toute l'histoire [1].

MOSCA.

Excellent, monsieur.

CORVINO, à part à Mosca.

Il n'y a rien de déshonorant dans tout cela maintenant.

MOSCA.

Rien.

CORVINO, haut.

J'aurais pu ajouter qu'elle est sur le chemin de la damnation, si toutefois il y a un enfer plus infâme qu'une femme débauchée. Un bon catholique lui-même peut en douter.

LE TROISIÈME JUGE.

Son chagrin le rend frénétique.

---

1. Comme en un de ces livres d'école qui étaient en ce temps-là reliés avec de la corne. Telle est l'explication que donne M. Gifford.

LE PREMIER JUGE.

Éloignez-le.

(Célia s'évanouit.)

LE DEUXIÈME JUGE.

Voyez la femme.

CORVINO.

Rare talent ! Parfaitement joué !

LE QUATRIÈME JUGE.

Éloignez-le de cette femme.

LE TROISIÈME JUGE, à Mosca.

Qu'avez-vous à dire ?

MOSCA.

Messeigneurs, ma blessure parle pour moi. Elle a été reçue quand je portais secours à mon maître, au moment où l'autre ne trouva pas le père qu'il cherchait, et où la dame, bien apprise, et répétant son rôle, s'est écriée : Au viol !

BONARIO.

Oh ! mensonge et impudence ! Messeigneurs.

LE TROISIÈME JUGE.

Silence, monsieur; vous aurez la liberté de parler et les autres doivent aussi l'avoir.

LE DEUXIÈME JUGE.

Je commence à croire que l'imposture est de ce côté.

LE QUATRIÈME JUGE.

Cette femme est trop passionnée.

VOLTORE.

Vénérables pères, c'est une créature vouée à la prostitution la plus éhontée.

CORVINO.

La plus avide et la plus insatiable, vénérables pères.

VOLTORE.

Que ses simagrées ne surprennent pas votre sagesse ! Aujourd'hui même, elle a amorcé un étranger, un grave chevalier, avec ses regards impudiques, et ses baisers plus lascifs encore. Cet homme les a vus ensemble, sur l'eau, dans une gondole.

MOSCA.

La dame elle-même les en a vus sortir : elle les poursuivait dans les rues publiques pour sauver l'honneur de son époux. Elle est ici.

LE PREMIER JUGE.

Produisez ce témoin.

LE DEUXIÈME JUGE.

Faites-la venir.

LE QUATRIÈME JUGE.

Toutes ces choses nous frappent d'étonnement.

LE TROISIÈME JUGE.

J'en suis pétrifié.

(Mosca rentre avec lady Would-be.)

MOSCA.

Madame, ayez de la résolution.

LADY WOULD-BE, montrant Célia.

C'est bien elle. Oh ! indigne prostituée ; maintenant tes pleurs luttent avec les larmes de l'hyène, oses-tu regarder ma face indignée ? Messieurs, je vous demande pardon ; je crains, en m'oubliant, d'avoir violé la dignité de la cour.

LE DEUXIÈME JUGE.

Non, madame.

LADY WOULD-BE.

Et d'avoir outre-passé les bornes.

LE DEUXIÈME JUGE.

Non, madame.

LE QUATRIÈME JUGE.

Voilà de fortes preuves.

LADY WOULD-BE.

Certainement, je n'avais pas l'intention de scandaliser ni votre honneur ni celui de mon sexe.

LE TROISIÈME JUGE.

Nous le croyons.

LADY WOULD-BE.

Oh ! certes, vous pouvez le croire.

LE DEUXIÈME JUGE.

Nous le croyons en effet.

LADY WOULD-BE.

Vous le devez, en vérité; mon éducation n'a pas été assez grossière...

LE QUATRIÈME JUGE.

Nous le savons.

LADY WOULD-BE.

Pour offenser avec persistance...

LE TROISIÈME JUGE.

Madame.

LADY WOULD-BE.

Une assemblée aussi auguste ! Non, en vérité.

LE PREMIER AVOCAT.

Nous le pensons.

LADY WOULD-BE.

Vous pouvez bien le penser.

LE PREMIER AVOCAT.

Laissez-lui le dernier mot. — (A Bonario.) Quels témoins avez-vous pour appuyer votre accusation ?

BONARIO.

Nos consciences.

CÉLIA.

Et le ciel qui ne manque jamais aux innocents.

LE QUATRIÈME JUGE.

Ce ne sont pas là des témoignages.

BONARIO.

Peut-être pas dans vos cours de justice, où la multitude et les clameurs triomphent.

LE PREMIER JUGE.

Voilà que vous devenez insolent.

(Les officiers de justice rentrent et apportent Volpone sur un lit.)

VOLTORE.

Voici, voici le témoin qui va vous convaincre et rendre muettes leurs langues audacieuses. Voyez ici, ô vénérables pères, voyez le ravisseur, ce chevaucheur de dames mariées, ce grand imposteur, ce voluptueux raffiné ! Ne pensez-vous pas que ces membres soient aptes aux plaisirs de Vénus, et que ces regards convoitent une concubine? Tenez, voyez ces mains; sont-elles faites pour caresser le sein d'une dame ? — Peut-être il dissimule ?

BONARIO.

Oui.

VOLTORE.

Voulez-vous qu'on le torture?

BONARIO.

Je voudrais qu'on fît des recherches.

VOLTORE.

Non ! Il vaut mieux essayer sur lui les aiguillons ou les fers rouges; menez-le à l'estrapade. J'ai entendu dire que la question guérissait de la goutte. En vérité, donnez-la lui ; guérissez-le d'une de ses maladies. Soyez courtois. J'entreprendrai de prouver, devant ces honorables pères, qu'il lui restera encore plus de maladies que ta complice n'a commis d'adultères, et que toi tu n'as connu de filles de joie. — O mes équitables auditeurs ! si de pareils faits, si de tels actes audacieux, exorbitants, doivent être tolérés, quel est le citoyen qui ne se verra pas exposé à perdre sa vie et même sa réputation au caprice du premier qui voudra le calomnier. Qui de vous sera sauf ? Je voudrais demander, avec la permission de ces vénérables pères, si leur complot a quelque apparence ou quelque couleur de vérité, ou s'il ne révèle pas aux narines les plus obtuses l'odeur fétide de la plus abominable calomnie. Ayez, je vous en conjure, quelque souci de ce bon gentilhomme dont la vie est mise en grand péril par leurs fables ; et, quant à eux, je conclus que les gens vicieux, quand ils sont violents et endurcis dans des actes impies, sont comme incarnés dans le mal. Les actions damnables sont celles qui se commettent avec le plus d'effronterie.

LE PREMIER JUGE.

Qu'on les mette en prison, et qu'on les sépare !

LE DEUXIÈME JUGE.

C'est une pitié, qu'il y ait au monde deux pareils monstres.

LE PREMIER JUGE.

Ramenez chez lui le vieux gentilhomme, avec de grands soins. (Les officiers de justice remportent Volpone.) Je suis fâché que notre crédulité lui ait fait une pareille injustice.

LE QUATRIÈME JUGE.

Ce sont deux méchantes créatures.

LE TROISIÈME JUGE.

J'en ai tout un tremblement de terre dans le corps.

LE DEUXIÈME JUGE.

La rougeur de la honte n'a jamais coloré leurs joues depuis le berceau.

LE QUATRIÈME JUGE, à Voltore.

Vous avez rendu un véritable service à l'État, en les démasquant, monsieur l'avocat.

LE PREMIER JUGE.

Vous apprendrez, avant le soir, quel châtiment la justice leur aura imposé.

(Les juges, le greffier et les officiers s'en vont, ainsi que Bonario et Célia.)

VOLTORE.

Nous remercions vos paternités. — Qu'en dites-vous?

MOSCA.

Parfait! Je voudrais que l'on doublât d'or votre langue, à cause de votre éloquence ; je voudrais vous voir l'héritier de toute la cité ; je voudrais que la terre manquât d'hommes avant que vous ne manquassiez de rentes. Ils se verront forcés de vous ériger une statue sur la place Saint-Marc. — Monsieur Corvino, je voudrais vous voir sortir et vous promener par la ville; car vous avez triomphé.

CORVINO.

Oui, certes.

MOSCA, à l'oreille de Corvino.

Il vaut bien mieux, en effet, que vous vous soyez proclamé cocu, que coupable de l'autre chose.

CORVINO.

C'est bien à quoi j'ai réfléchi. Et ç'a été sa faute à elle.

MOSCA.

Et c'eût été la vôtre, autrement.

CORVINO.

C'est vrai; je me méfie encore de l'avocat.

MOSCA.

Vous avez tort, en vérité. J'ose vous soulager de ce souci.

CORVINO.

J'ai confiance en toi, Mosca. (Il sort.)

MOSCA.

Comme en vous-même, monsieur.

CORBACCIO.

Mosca ?

MOSCA.

Maintenant, à votre affaire, monsieur.

CORBACCIO.

Vous avez à faire ?

MOSCA, plus haut.

Je parle de votre affaire.

CORBACCIO.

De la mienne seule.

MOSCA.

D'aucune autre, monsieur.

CORBACCIO.

Prends des précautions.

MOSCA.

Dormez des deux yeux, monsieur.

CORBACCIO.

Dépêche-toi.

MOSCA.

A l'instant.

CORBACCIO.

Fais bien tout fermer, tout; les bijoux, l'argenterie, les espèces, le mobilier, la literie, les rideaux.

MOSCA.

Et les anneaux de rideaux, monsieur; seulement, il faut réserver les honoraires de l'avocat.

CORBACCIO.

Je vais les payer moi-même, tu serais trop prodigue.

MOSCA.

Monsieur, je les lui présenterai de votre part.

CORBACCIO.

Deux sequins suffisent?

MOSCA.

Il en faut six, monsieur.

CORBACCIO.

C'est trop.

MOSCA.

Il a parlé longtemps; vous devez considérer cela, monsieur.

CORBACCIO.

Eh bien! en voilà trois.

MOSCA.

Je vais les lui donner.

CORBACCIO.

Fais-le, et voilà pour toi. (Il sort.)

MOSCA.

Par les ossements des saints, quelle étrange offense a-t-il commise contre la nature, lorsqu'il était jeune, pour mériter une pareille vieillesse! (A Voltore.) Vous voyez, monsieur, comme j'ai travaillé dans vos intérêts. N'en faites pas semblant.

VOLTORE.

Non! je vais vous quitter. (Il sort.)

MOSCA.

Tout est à vous, le diable et le reste, bon avocat. (A lady Would-be.) Madame, je vais vous ramener chez vous.

LADY WOULD-BE.

Non, je veux aller voir votre patron.

MOSCA.

C'est ce qu'il ne faut pas faire; je vais vous dire pourquoi. J'ai le projet de décider mon maître à modifier son testament; et en récompense du zèle que vous avez montré aujourd'hui, au lieu d'être au troisième ou quatrième rang, vous serez au premier; vous auriez l'air de le demander vous-même, si vous étiez présente; c'est pourquoi...

LADY WOULD-BE.

Je me laisse gouverner par vos avis. (Ils sortent.)

ACTE V.

SCÈNE PREMIÈRE.

Une chambre dans la maison de Volpone.

VOLPONE, seul.

VOLPONE.

Enfin, me voilà ici, et la bourrasque est passée! Je n'ai jamais été dégoûté de mon déguisement comme en cette dernière circonstance; ici, dans ma maison, c'était bien; mais, devant tout un public, il y avait à prendre garde; je commençais à sentir une crampe dans la jambe gauche, et je craignais qu'une puissance inconnue ne me frappât de paralysie; bah! je dois être content, et secouer toutes ces idées ; de pareilles terreurs finiraient par amener en moi quelque vilaine maladie, si elles se représentaient trop souvent. Il faut prévenir cela. Qu'un bol de vin vigoureux chasse de mon cœur cette humeur mélancolique. (Il boit.) Hum, hum, hum. C'est presque déjà dissipé : je triompherai. Quelque invention d'une ingénieuse fourberie qui m'arracherait un rire violent achèverait de me remettre. (Il boit encore.) Bien, bien, bien! cette chaleur, c'est la vie! ce vin, c'est du sang ! — Mosca?

MOSCA, entrant.

Eh bien! monsieur, comment allons-nous? Le temps vous paraît-il éclairci? Nous retrouvons-nous sur nos pieds? Avons-nous balayé le chemin devant nous, de façon à marcher sans obstacle? Avons-nous encore une fois le champ libre?

VOLPONE.

Exquis Mosca !

MOSCA.

N'avons-nous pas conduit cela savamment?

VOLPONE.

Et vigoureusement? C'est dans les moments extrêmes que les bons esprits se reconnaissent.

MOSCA.

Ce serait une folie inimaginable de confier une affaire de grande importance à un cœur lâche. Il semble que vous ne soyez pas encore très-enchanté de tout cela.

VOLPONE.

Oh! je le suis plus que si j'avais possédé ce tendron; tous les plaisirs que peut donner le sexe féminin ne sont rien auprès de cette victoire.

MOSCA.

A la bonne heure, voilà parler! Nous devons enrayer maintenant; nous ne pouvons aller au delà; c'est notre chef-d'œuvre, et nous ne pouvons penser à mieux faire.

VOLPONE.

C'est vrai. Tu as remporté le prix, mon précieux Mosca.

MOSCA.

En effet, tromper la cour...

VOLPONE.

Détourner le torrent et le jeter sur l'innocent.

MOSCA.

Oui, et tirer une harmonie de tous ces personnages discordants...

VOLPONE.

C'est vrai. Ce qui me paraît le plus étrange, c'est que tu aies pu réussir, et que ces gens, si divisés d'intérêts entre eux, n'aient pas flairé quelque chose en toi ou en moi, et n'aient pas eu quelque soupçon les uns des autres.

MOSCA.

Vraiment ils ne voient rien, la trop grande lumière les éblouit, je crois; chacun d'eux est tellement possédé et farci de ses propres espérances, que rien de ce qui peut leur être contraire ne leur paraît sensible, malgré l'apparence, la probabilité et l'évidence.

VOLPONE.

C'est comme une irrésistible tentation du démon.

MOSCA.

Exactement, monsieur. Les négociants peuvent parler des bénéfices de leur commerce, et nos grands seigneurs, des revenus de leurs terres; mais si l'Italie a des fonds de commerce et des fermes qui rendent plus que ces gaillards-là, je serais bien trompé. — Votre avocat n'a-t-il pas été admirable?

VOLPONE.

Oh! « mes très-honorés pères, mes vénérables pères, avec la permission de vos paternités, où est ici la vérité, si de si étranges actes sont tolérés, mes très-honorables pères? » J'avais beaucoup de peine à m'empêcher d'éclater de rire.

MOSCA.

Il me semblait que vous étiez en sueur.

VOLPONE.

En vérité, je suais un peu.

MOSCA.

Allons, avouez, monsieur, que vous étiez effrayé.

VOLPONE.

A dire vrai, j'étais un peu dans le brouillard, mais non découragé. Oh! jamais; j'étais encore moi-même.

MOSCA.

J'y songe, monsieur : je dois le dire en honneur de la vérité et par conscience, votre avocat a pris beaucoup de peine, monsieur, et a mérité, selon mon pauvre jugement, je le dis sous toute réserve et sans vouloir vous contrarier, il a mérité, monsieur, d'être richement... dupé.

VOLPONE.

Je le pense aussi; pourtant je n'ai entendu que la fin de sa harangue.

MOSCA.

Et le commencement, monsieur ! Si vous l'aviez entendu entamer certains sujets, ensuite les aggraver; et quel luxe de métaphores! Je m'attendais à ce qu'il voulût changer de chemise, — tout cela par affection pure et sans espoir de gain.

VOLPONE.

Il avait raison. Je ne saurais, quant à présent, m'acquitter envers lui comme je le voudrais; mais pour toi, à ta prière, je veux commencer, à l'instant même et sur l'heure, à leur donner la torture à tous.

MOSCA.

Mon bon monsieur?

VOLPONE.

Appelle le nain et l'eunuque.

MOSCA.

Castrone! Nano!

(Entrent Nano et Castrone.)

NANO.

Nous voici.

VOLPONE.

Quel intermède allons-nous jouer?

MOSCA.

Celui qui vous plaira, monsieur.

VOLPONE.

Allez, parcourez les rues, tous les deux, et dites que je suis mort; dites-le positivement et avec gravité, entendez-vous? Imputez ma mort au chagrin de cette dernière calomnie.

(Castrone et Nano sortent.)

MOSCA.

Que pensez-vous faire, monsieur?

VOLPONE.

Oh! nous allons voir accourir à cette nouvelle mon vautour, mon corbeau, mon épervier, le bec aiguisé pour becqueter ma charogne. Puis ma louve et tous les autres, avides, affamés, pleins d'espoir...

MOSCA.

Arriveront pour voir leur proie arrachée à leurs lèvres.

VOLPONE.

Sans doute. Je veux que tu te mettes une robe et que tu prennes l'extérieur d'un homme qui a hérité de moi; montre-leur un testament. Ouvre ce secrétaire et prends l'un de ceux dont les noms sont en blanc; je vais de suite y inscrire le tien.

MOSCA.

Oh! ce sera rare.

VOLPONE.

Oui! avoir la bouche toute grande ouverte et se voir dupé...

MOSCA.

Oui-da.

VOLPONE.

Et comme tu les traiteras avec dédain! Dépêche-toi, revêts ta robe.

MOSCA, s'habillant.

Mais s'ils demandent à voir votre corps.

VOLPONE.

Tu leur diras qu'il était pourri.

MOSCA.

Oui, qu'il sentait mauvais, et que j'ai dû le mettre de suite dans une bière et l'enterrer.

VOLPONE.

Oui, tout ce que tu voudras. Tiens! voici le testament; mets-toi un bonnet, prends un livre de compte, une plume et de l'encre; des papiers devant toi; assieds-toi comme si tu faisais l'inventaire des meubles; moi je serai derrière le rideau, sur un tabouret, et j'écouterai. De temps en temps je jetterai un coup d'œil, je regarderai leurs figures, pour voir par quels degrés le sang s'enfuira de leurs joues; oh! cela me donnera une occasion de fou rire.

MOSCA, s'arrongeant.

Votre avocat en deviendra blafard, hébété.

VOLPONE.

Cela émoussera le fil de son éloquence.

MOSCA.

Et votre *clarissimo*, le vieux au dos rond, il va se rouler, comme un hérisson quand on le touche.

VOLPONE.

Et Corvino?

MOSCA.

Oh! voyez-le, monsieur, courir les rues demain matin, avec une corde et un poignard dans les mains, il sera fou furieux : milady aussi, elle qui est venue au tribunal porter un faux témoignage pour votre seigneurie.

VOLPONE.

Oui, et qui m'a embrassé devant les juges, quand sur ma figure l'huile coulait...

MOSCA.

Et la sueur aussi; mais votre or est bien un autre parfum, il évapore ces senteurs nauséabondes; il embellit les plus laids, rajeunit les plus vieux, et les rend tous aimables, comme si l'or était la ceinture chantée par les poëtes. Jupiter ne pouvait inventer un suaire plus subtil pour passer au milieu des gardes d'Acrisius[1]; c'est lui qui donne au monde sa grâce, sa jeunesse et sa beauté.

VOLPONE.

Je crois qu'elle m'aime.

MOSCA.

Qui? La grande dame, monsieur? Elle est jalouse de vous.

VOLPONE.

Tu le crois? (On frappe.)

MOSCA.

Écoutez. Voilà déjà quelqu'un.

VOLPONE.

Regarde.

MOSCA.

C'est le vautour; il a le flair le plus fin.

VOLPONE.

Je vais à mon observatoire; prends ton poste.

MOSCA.

J'y suis.

VOLPONE.

Maintenant, Mosca, travaille en artiste, torture-les avec art.

---

1. Acrisius, père de Danaé.

(Voltore entre.)

VOLTORE.

Eh bien! où en sommes-nous, mon Mosca?

MOSCA, écrivant.

« Tapis de Turquie, neuf... »

VOLTORE.

Il est en train d'inventorier. C'est bien.

MOSCA.

« Deux couchers complets, tissu... »

VOLTORE.

Où est le testament? laisse-moi le lire pendant que tu continueras.

(Corbaccio arrive, porté en chaise par ses valets.)

CORBACCIO.

Descendez-moi ici, et allez-vous-en. (Les valets sortent.)

VOLTORE.

Il vient là nous troubler!

MOSCA, écrivant.

« Tissu de drap d'or, deux autres... »

CORBACCIO.

Est-ce fini, Mosca?

MOSCA.

« Deux autres en velours. »

VOLTORE.

J'aime le soin qu'il y met.

CORBACCIO.

Ne m'entends-tu pas?

(Corvino entre.)

CORVINO.

Eh bien, l'heure est donc venue, Mosca?

VOLPONE, regardant par le rideau.

Ils arrivent tous à la parade.

CORVINO.

Que viennent faire ici l'avocat, et ce Corbaccio?

CORBACCIO.

Que nous veulent tous ces gens-là?

(Lady Would-be entre.)

LADY WOULD-BE.

Mosca, la trame de ses jours est donc usée?

MOSCA.

« Huit coffres de linge. »

VOLPONE, regardant par la fente du rideau.

Oh! ma belle dame Would-be aussi!

CORVINO.

Mosca, le testament, que je puisse le montrer à ces gens-là, et leur faire débarrasser le plancher.

MOSCA.

« Six autres en toile ouvrée, quatre en damassé. » — Le voici. (Il leur donne, avec indifférence, le testament par-dessus son épaule.)

CORBACCIO.

Est-ce le testament?

MOSCA.

« Lits de plume et traversins... »

VOLPONE, derrière son rideau.

Parfait! continue ton inventaire, va. Les voilà qui s'agitent; est-ce qu'ils pensent à moi? Regarde, vois, vois, vois! comme leurs yeux parcourent vite les préliminaires du testament pour arriver jusqu'au nom et aux legs, pour voir ce dont ils héritent.

MOSCA.

« Dix paires de tentures... »

VOLPONE.

Avec leurs embrasses, Mosca. Maintenant voilà leurs espérances à l'agonie.

VOLTORE.

Mosca, héritier!

CORBACCIO, qui n'a pas entendu.

Qu'est-ce que c'est?

VOLPONE, derrière son rideau.

Mon avocat reste muet; voyez notre marchand, c'est comme s'il apprenait qu'une tempête a fait sombrer l'un de ses vaisseaux; il se trouve mal. Milady va s'évanouir : il n'y a que le vieux sourd, aux yeux vitreux, qui n'est pas encore à son paroxysme de désespoir.

CORBACCIO.

Tous les autres semblent désappointés; sûrement, je suis le seul héritier. (Il prend le testament.)

CORVINO.

Mais, Mosca?

MOSCA, écrivant.

« Deux cabinets. »

CORVINO.

Est-ce sérieux?

MOSCA.

« L'un en ébène. »

CORVINO.

Est-ce que tu te moques de moi?

MOSCA.

« L'autre en nacre de perle. » — Je suis très-occupé; en vérité, c'est une fortune qui m'arrive, — « item, une salière en agate, » — et que je n'avais pas cherchée.

LADY WOULD-BE.

Entendez-vous, monsieur?

MOSCA.

« Une boîte à parfums... » — Cessez, je vous prie;

vous voyez que je suis absorbé. — « Faite d'un onyx. »

LADY WOULD-BE.

Comment?

MOSCA.

Demain ou après-demain, j'aurai le loisir de m'entretenir avec vous.

CORVINO.

Est-ce là l'issue de mes longues espérances?

LADY WOULD-BE.

Monsieur, il me faut une réponse plus polie.

MOSCA.

Madame, la voici. Je vous prie poliment de quitter ma maison. Ah! ne soulevez pas de tempête avec vos regards; écoutez : rappelez-vous ce que votre seigneurie m'a offert pour vous assurer cet héritage. Allez et pensez-y; rappelez-vous qu'en me disant comment vos grandes dames entretiennent leur luxe, vous vous demandiez pourquoi vous n'en feriez pas autant. Il suffit. Allez chez vous, et traitez bien votre pauvre chevalier, sir Pol, dans la crainte que je ne lui explique certaines énigmes; allez et consolez-vous.

(Lady Would-be sort.)

VOLPONE.

Oh! mon bon diable!

CORVINO.

Mosca, un mot?

MOSCA.

Seigneur Dieu! ne prendrez-vous pas congé, monsieur Corvino? Il me semble que, de tous ici, vous auriez dû être le premier à partir. Pourquoi rester ici? quelle est votre pensée? votre espoir? Écoutez-moi : ne savez-vous pas que je vous tiens pour un âne.

Vous auriez bien voulu être un mari complaisant, si le sort ne l'avait pas empêché, et vous êtes un cocu déclaré en bons termes devant la cour. Cette perle, direz-vous, vous appartenait? c'est vrai. Et ce diamant? je ne le nie pas, mais je vous en remercie. Il y a encore beaucoup de choses à vous ici? c'est possible. Pensez que les bonnes œuvres que vous avez faites serviront à cacher les mauvaises. Je ne vous trahirai pas, bien que vous soyez un homme hors ligne, puisque vous avez le titre sans la qualité, et que cela vous suffit. Allez-vous-en; soyez mélancolique ou devenez fou furieux.

(Corvino sort.)

VOLPONE, derrière son rideau.

Rare Mosca! comme sa scélératesse lui sied!

VOLTORE.

C'est pour moi sans doute qu'il expédie tous ces gens-là.

CORBACCIO.

Mosca, héritier!

VOLPONE.

Oh! ses quatre yeux ont enfin pu lire jusqu'au bout.

CORBACCIO.

Je suis trompé, volé, par un vil parasite. Canaille, tu m'as dupé!

MOSCA.

Oui, monsieur. Fermez votre bouche, ou je vous en arrache votre dernière dent. N'est-ce pas vous, infâme et cupide créature à trois jambes, qui, dans l'espoir d'une proie à dévorer, êtes venu, ces trois dernières années, flairer le terrain avec votre nez crochu, et qui vouliez me soudoyer pour me faire empoisonner mon maître? Oui, c'est vous, monsieur. N'est-ce pas vous qui, aujourd'hui, en plein tribunal, avez déshérité votre fils, et qui vous êtes parjuré vous-même? Allez chez vous, mourez et pourrissez. Si vous croassez un seul mot, on dira tout. Sortez! appelez vos porteurs! (Corbaccio sort.) Allez, allez, pourrissez!

VOLPONE, à part.

Excellent drôle!

VOLTORE.

Maintenant, mon fidèle Mosca, je trouve ton dévouement...

MOSCA.

Monsieur!

VOLTORE.

Sincère.

MOSCA, écrivant.

« Une table de porphyre. » — Je m'étonne que vous soyez si importun.

VOLTORE.

Allons, laisse ton masque, les autres sont partis.

MOSCA.

Et vous, qui êtes-vous? Ah! vous me remerciez, révérend avocat! Qui est-ce qui vous a envoyé chercher? De bonne foi, je suis fâché pour vous que le sort ait ainsi détruit en ma faveur le prix de vos travaux très-méritoires, je dois le dire; et je proteste, monsieur, que cela m'a été imposé, et que je souhaiterais presque qu'il n'en eût pas été ainsi; mais la volonté des morts doit être obéie. Ce qui me console, c'est que vous êtes bien assez riche. Vous avez, grâce à votre éducation, un don qui ne vous laissera jamais dans le besoin, tant qu'il y aura des hommes et de la méchanceté sur la terre; c'est le don précieux d'engendrer des procès. Que n'ai-je, monsieur, seulement la moitié de cette faculté, au prix de toute ma fortune! Si j'ai quelque litige, bien que j'espère n'en point avoir, puisque tout est clair et direct, j'aurai la hardiesse de mettre à profit votre éloquence sonore, en vous payant des honoraires, croyez-le bien, monsieur. En attendant, puisque vous savez ce que c'est que la loi, j'espère que vous aurez la conscience de ne pas être envieux de ce qui m'appartient. Mon bon monsieur, je vous remercie de votre plat d'argent, il aidera un jeune homme dans son établissement. En vérité, votre teint ressemble à celui d'un homme constipé; il vaut mieux vous en aller, monsieur, et vous purger. (Voltore sort.)

VOLPONE, quittant sa retraite.

Ordonne-lui de la laitue. Laisse-moi t'embrasser, mon spirituel bohémien. Oh! que ne puis-je te transformer en Vénus! — Mosca, prends, revêts mes habits de gala, promène-toi dans les rues, fais-toi voir, torture-les encore. Ce n'est pas tout de vaincre, il faut profiter de la victoire. Qui voudrait avoir perdu une pareille fête?

MOSCA.

Par contre, j'ai peur que nous ne les perdions.

VOLPONE.

Oh! ma résurrection, plus tard, nous les ramènera tous. Que ne puis-je seulement trouver un déguisement sous lequel je puisse les aborder et leur adresser des questions! Combien je les vexerais, chacun à leur tour!

MOSCA.

Monsieur, je puis vous contenter.

VOLPONE.

Le peux-tu?

MOSCA.

Oui; je connais un des huissiers, monsieur, qui vous ressemble beaucoup. Je vais immédiatement le griser, et je vous apporterai son habit.

VOLPONE.

Un déguisement parfait et digne de ta cervelle! Oh! je vais être pour eux un mal aigu.

MOSCA.

Monsieur, vous devez vous attendre à des malédictions.

VOLPONE.

Qu'ils en fassent jusqu'à ce qu'ils en crèvent; pour être maudit, le renard ne s'en porte que mieux.

SCÈNE II.

Une salle dans la maison de sir Politick.

PÉRÉGRINE déguisé, et TROIS MARCHANDS.

PÉRÉGRINE.

Suis-je bien travesti?

LE PREMIER MARCHAND.

Je vous garantis méconnaissable.

PÉRÉGRINE.

Toute mon ambition est de l'effrayer.

LE DEUXIÈME MARCHAND.

Si vous pouviez le décider à s'embarquer, ce serait excellent.

LE TROISIÈME MARCHAND.

Pour Zante ou pour Alep.

PÉRÉGRINE.

Oui; nous ferions écrire ses aventures sur le livre

des voyages, et donnerions comme vraie toute son histoire. Eh bien, messieurs, dans un moment et quand vous penserez que nous devrons être chaudement engagés dans la conversation, vous entrerez.

LE PREMIER MARCHAND.

Fiez vous à nous. (Ils sortent. Une femme de chambre entre.)

PÉRÉGRINE.

Dieu vous garde, belle dame! Sir Pol y est-il?

LA FEMME DE CHAMBRE.

Je ne sais pas, monsieur.

PÉRÉGRINE.

Dites-lui, s'il vous plaît, qu'un marchand désire l'entretenir d'une affaire très-sérieuse.

LA FEMME DE CHAMBRE.

Je vais voir, monsieur. (Elle sort.)

PÉRÉGRINE.

Faites-moi ce plaisir. Il paraît qu'ici tous les serviteurs sont du sexe féminin.

LA FEMME DE CHAMBRE, rentrant.

Il dit, monsieur, qu'il a des affaires d'État importantes qui le réclament tout entier, et qu'à un autre moment vous pourrez le voir.

PÉRÉGRINE.

Je vous prie de lui répéter que si les affaires dont il parle réclament sa présence, celles dont je lui apporte des nouvelles l'exigent. (La femme de chambre sort.) Que peuvent être ces graves affaires d'État? Ce sera le moyen de faire des saucissons de Bologne, à Venise, en économisant quelques-uns des ingrédients.

LA FEMME DE CHAMBRE, rentrant

Monsieur, il dit qu'à votre expression *nouvelles*, il

reconnaît que vous n'êtes pas un homme d'État, et qu'alors il vous prie de l'attendre.

PÉRÉGRINE.

Ma chère, retournez lui dire, s'il vous plaît, que je n'ai pas lu autant de proclamations que lui, et ne les ai pas étudiées à la lettre comme il l'a fait; mais... Il daigne venir.

(Sir Politick entre.)

SIR POLITICK WOULD-BE.

Monsieur, je vous demande un courtois pardon ; une fâcheuse querelle est survenue aujourd'hui entre milady et moi, et, au moment où vous arriviez, j'étais en train d'écrire une apologie pour lui donner satisfaction.

PÉRÉGRINE.

Monsieur, je suis fâché de vous apporter la nouvelle d'un désastre plus grand encore. Le gentleman que vous avez rencontré sur le port aujourd'hui, et qui vous avait dit être nouvellement débarqué...

SIR POLITICK.

Oh ! oh ! c'était une fille en rupture de ban.

PÉRÉGRINE.

Non, monsieur, mais un espion attaché à vos pas, qui vous a dénoncé au sénat, comme ayant formé le complot de vendre au Turc les États de Venise.

SIR POLITICK.

Malheur à moi !

PÉRÉGRINE.

Par suite de cette dénonciation, il y a des arrêts de prise de corps contre vous, et ordre de saisir tous vos papiers.

SIR POLITICK.

Hélas! monsieur, j'ai, pour tous papiers, des notes empruntées aux pièces de théâtre.

PÉRÉGRINE.

Tant mieux, monsieur.

SIR POLITICK.

Et quelques essais. Que dois-je faire?

PÉRÉGRINE.

Monsieur, le mieux serait de vous fourrer dans une boîte à sucre; ou, si vous pouviez vous coucher en rond, un panier serait excellent, et je pourrais vous embarquer à bord.

SIR POLITICK.

Mais, monsieur, ce que j'en disais alors n'était que par forme de conversation. (On frappe.)

PÉRÉGRINE.

Écoutez : les voici !

SIR POLITICK.

Je suis un homme perdu !

PÉRÉGRINE.

Que voulez-vous faire, monsieur? N'avez-vous pas un tonneau de raisin de Corinthe dans lequel vous puissiez sauter? On vous mettra à la question; il faut être prompt.

SIR POLITICK.

Monsieur, j'ai un stratagème.

LE PREMIER MARCHAND, à la cantonade.

Sir Would-be?

LE DEUXIÈME MARCHAND.

Où est-il?

SIR POLITICK.

Un stratagème auquel j'avais pensé auparavant.

PÉRÉGRINE.

Lequel ?

SIR POLITICK.

Je ne saurais endurer la torture. Eh bien, voici mon stratagème : j'utiliserai une écaille de tortue, fort convenable pour ces cas extrêmes. Je vous en prie, monsieur, aidez-moi. Il y a de la place, monsieur. Enfoncez mes jambes et mettez sur moi la carapace; (Il se couche par terre et Pérégrine lui met sur le corps la carapace de la tortue) avec ce bonnet brun et mes gants noirs qui forment les pattes, je jouerai à merveille le personnage d'une tortue jusqu'à ce que ces terribles hommes soient partis.

PÉRÉGRINE.

Et vous appelez cela un stratagème ?

SIR POLITICK.

De ma propre invention. Cher monsieur, dites aux femmes de milady de brûler mes papiers. (Pérégrine sort.)

(Les trois marchands entrent.)

LE PREMIER MARCHAND.

Où est-il caché ?

LE TROISIÈME MARCHAND.

Nous devons le trouver. Il le faut.

LE DEUXIÈME MARCHAND.

Où est son cabinet ?

(Pérégrine rentre.)

LE PREMIER MARCHAND.

Qui êtes-vous, monsieur ?

PÉRÉGRINE.

Je suis un négociant ; je viens pour acheter cette tortue.

LE TROISIÈME MARCHAND.

Comment ?

LE PREMIER MARCHAND.

Saint Marc ! quelle bête est-ce là ?

PÉRÉGRINE.

C'est un poisson.

LE DEUXIÈME MARCHAND.

Comment est-il venu là ?

PÉRÉGRINE.

Vous pouvez taper dessus, monter dessus ; il porterait une charrette.

LE PREMIER MARCHAND.

Quoi ! monter sur ce monstre ?

PÉRÉGRINE.

Oui, monsieur.

LE DEUXIÈME MARCHAND.

Sautons dessus.

LE TROISIÈME MARCHAND.

Ne peut-il pas marcher ?

PÉRÉGRINE.

Il rampe, monsieur.

LE PREMIER MARCHAND.

Voyons-le ramper.

PÉRÉGRINE.

Non, monsieur, vous le blesseriez.

LE PREMIER MARCHAND.

Je veux le voir ramper, ou je lui pique le ventre.

LE TROISIÈME MARCHAND.

Avance donc !

PÉRÉGRINE, à part à sir Pol.

Je vous en prie, monsieur, rampez un peu.

LE PREMIER MARCHAND.

Marche !

LE DEUXIÈME MARCHAND.

Encore, encore.

PÉRÉGRINE, bas à sir Politick.

Rampez encore, mon bon monsieur.

LE DEUXIÈME MARCHAND.

Nous voulons voir ses jambes. (Ils ôtent la carapace et le découvrent.)

LE TROISIÈME MARCHAND.

Oh ! c'est singulier ; il a des jarretières.

LE PREMIER MARCHAND.

Tiens ! et des gants.

LE DEUXIÈME MARCHAND.

Est-ce là votre terrible tortue ?

PÉRÉGRINE, laissant son déguisement.

Maintenant, sir Pol, nous sommes quittes ; quant à votre nouvelle attaque, je m'y préparerai. Je suis fâché des funérailles de vos papiers, monsieur.

LE PREMIER MARCHAND.

C'eût été une jolie scène à représenter dans Fleet-street.

LE DEUXIÈME MARCHAND.

Oui, et quand la foule est à Londres.

LE PREMIER MARCHAND.

Ou à la foire de Smithfield.

LE TROISIÈME MARCHAND.

Il me paraît avoir un esprit ténébreux.

PÉRÉGRINE.

Adieu, tortue politique. (Ils sortent.)

(La femme de chambre entre.)

SIR POLITICK.

Où est milady ? Sait-elle rien de ceci ?

LA FEMME DE CHAMBRE.

Je ne puis le dire, monsieur.

SIR POLITICK.

Informez-vous-en. Oh! je vais être la fable de toutes les soirées, la charge de toutes les gazettes, la conversation des mousses, et, ce qui est pire, celle des auberges.

LA FEMME DE CHAMBRE.

Milady est revenue fort triste dans son appartement, et dit, monsieur, qu'elle veut aller sur mer pour sa santé.

SIR POLITICK.

Et moi, pour éviter à jamais ce pays et ce climat, je ferai bien de me traîner avec ma maison sur le dos, et de mettre ma tête à l'abri sous mon écaille politique. (Ils sortent.)

SCÈNE III.

Une chambre dans la maison de Volpone.

MOSCA dans les habits de Clarissimo, et VOLPONE en costume d'huissier.

VOLPONE.

Est-ce que je lui ressemble?

MOSCA.

Monsieur, c'est lui; on n'en saurait faire la moindre différence.

VOLPONE.

Bien.

MOSCA.

Et moi, qui suis-je?

VOLPONE.

Un vrai *clarissimo*, par le ciel! Ce titre te va bien! c'est pitié que tu ne le sois pas de naissance.

MOSCA, à part.

Si j'en ai les bénéfices, je m'en contenterai.

VOLPONE.

Je vais chercher des nouvelles, d'abord, à la cour. (Il sort.)

MOSCA.

Faites. Mon renard est hors de son trou, et avant qu'il n'y rentre je veux le faire languir un peu, dans son poil d'emprunt, jusqu'à ce qu'il entre en composition avec moi. Androgyno! Castrone! Nano! (Androgyno, Castrone et Nano entrent.) Allez vous amuser dehors, allez vous distraire. (Ils sortent.) Maintenant j'ai les clefs, j'entre en possession. Puisqu'il veut absolument être mort avant son temps, je veux l'enterrer ou en tirer bénéfice; je suis son héritier, je veux me maintenir tel jusqu'à ce qu'il me propose au moins de partager. Le filouter de la totalité ne serait qu'une fourberie bien placée, personne au monde n'y verrait un péché. Il faut qu'il paye le plaisir qu'il se donne. C'est ce qu'on appelle un piége à renard. (Il sort.)

SCÈNE IV.

Une rue.

CORBACCIO et CORVINO.

CORBACCIO.

On dit que le tribunal se rassemble.

CORVINO.

Nous devons confirmer nos fausses dépositions pour notre réputation à tous deux.

CORBACCIO.

Quoi! la mienne n'était pas un conte; mon fils m'aurait tué.

CORVINO.

C'est vrai, je l'avais oublié. (A part.) La mienne était bien un mensonge, j'en suis sûr. (Haut.) Mais votre testament, monsieur?

CORBACCIO.

Oh! je vais ensuite attaquer ce drôle, maintenant que son patron est mort.

(Volpone entre.)

VOLPONE, déguisé.

Signor Corvino, et vous, signor Corbaccio, je vous souhaite beaucoup de joie.

CORVINO.

De quoi?

VOLPONE.

De la soudaine fortune qui vous est échue.

CORBACCIO.

D'où?

VOLPONE.

Mais, de l'héritage que vous laisse le vieux Volpone, monsieur, on ne sait trop pourquoi.

CORBACCIO.

Au diable, insigne drôle!

VOLPONE.

Que vos nouvelles richesses ne vous rendent pas furieux, monsieur!

CORBACCIO.

Va-t'en, faquin!

VOLPONE.

Pourquoi, monsieur?

CORBACCIO.

Te moques-tu de moi?

VOLPONE.

C'est vous qui vous raillez du monde. Est-ce que vous n'avez pas échangé vos testaments? -

CORBACCIO.

Va-t'en, maroufle !

VOLPONE, se tournant vers Corvino.

Probablement c'est vous qui êtes l'heureux mortel. Ma foi ! vous portez bien cela. Vous n'en devenez pas fou, vous au moins. J'aime votre sang-froid ; vous n'êtes pas trop enflé par votre fortune. Il y en a qui se gonfleraient comme une cuve pleine de raisin après une belle vendange. Vous a-t-il donné tout, monsieur ?

CORVINO.

Au diable, coquin !

VOLPONE.

Ma foi ! votre femme s'est conduite en vraie femme ; mais, après tout, vous vous portez bien, vous n'avez pas besoin de vous en inquiéter ; vous avez de bons domaines, vous pouvez porter le front haut, et d'autant plus haut, à moins que Corbaccio n'ait une part.

CORBACCIO.

Va-t'en, canaille !

VOLPONE.

Vous ne voulez pas qu'on le sache, eh bien ! c'est sage. Ainsi font les grands joueurs à tous les jeux ; ils dissimulent et ne veulent jamais paraître gagner. (Corvino et Corbaccio s'en vont.) — Ah ! voilà mon vautour, levant son bec en l'air, et reniflant.

(Voltore entre.)

VOLTORE.

Être ainsi vaincu par un parasite ! un esclave qui se chargerait des plus viles commissions et ferait des révérences pour des miettes de pain ! — Que vais-je faire ?

VOLPONE.

La cour attend votre seigneurie. Moi aussi, monsieur, je me réjouis du bonheur de votre seigneurie, et que cette fortune soit tombée dans des mains si savantes et qui comprennent si bien le maniement des doigts.

VOLTORE.

Que me voulez-vous?

VOLPONE.

Je viens en solliciteur auprès de votre seigneurie, à propos de la petite maison qui est au bout de votre longue file de palais, près de la Piscaria, et qui tombe en ruine, faute de réparations. Au temps de Volpone, votre prédécesseur, et avant sa maladie, c'était une petite maison soignée et propre, un joli bordel aussi bien achalandé qu'on puisse en trouver à Venise, et que personne ne dédaignait; mais elle est tombée avec lui : son corps et cette maison se sont ruinés en même temps.

VOLTORE.

Allons, monsieur, laissez ce bavardage.

VOLPONE.

Si votre honneur veut me donner la préférence, au cas où vous voudriez la vendre, c'est là mon seul désir. C'est une simple bagatelle pour vous, monsieur, un revenu de bouts de chandelle; car votre honneur ne connaît pas...

VOLTORE.

Qu'est-ce que je ne connais pas?

VOLPONE.

La fin de ses richesses, monsieur; Dieu seul peut les diminuer.

VOLTORE.

Maître effronté ! te moques-tu de mon malheur ? (Il sort.)

VOLPONE.

Que Dieu vous bénisse, monsieur ! Je voudrais qu'il augmentât. — Maintenant recommençons avec le premier que nous rencontrerons à un autre coin de la rue. (Il sort.)

SCÈNE V.

Une autre partie de la rue.

CORBACCIO et CORVINO; MOSCA passe sur le théâtre devant eux.

CORBACCIO.

Voyez-le dans nos habits, l'impudent coquin !

CORVINO.

Que ne puis-je lui jeter mes yeux comme des balles de fusil !

VOLPONE, entrant.

Monsieur, est-ce vrai, ce qu'on dit du parasite ?

CORBACCIO.

Tu viens encore nous insulter, scélérat !

VOLPONE.

En vérité, monsieur, je suis désolé jusqu'au fond du cœur qu'un homme si grave et avec une barbe si longue ait été dupé à ce point. Je n'ai jamais pu souffrir la chevelure de ce parasite ; il me semble qu'il avait un nez railleur, et il y avait dans son regard quelque chose de venimeux qui annonçait le *clarissimo*.

CORBACCIO.

Canaille !

VOLPONE, à Corvino.

Il me semble aussi que vous, qui avez tant d'expérience du monde; vous, un habile marchand, un si bel oiseau; vous, Corvino, qui portez dans votre nom un emblème si moral, vous n'auriez pas dû chanter si haut votre propre honte, ni laisser choir votre fromage pour que le renard se moquât de votre vanité.

CORVINO.

Coquin! Vous croyez que le privilége de l'endroit où nous sommes et votre impudent bonnet rouge, qui semble cloué à votre tête par ces deux boutons dorés[1], doivent autoriser vos injures. Venez ici, vous verrez, monsieur, que je me permettrai de vous rosser; approchez.

VOLPONE.

Ne vous hâtez pas, monsieur; je connais bien votre valeur, depuis que vous avez osé dire tout haut, en public, ce que vous êtes.

CORVINO.

Attendez-moi. Je voudrais vous dire un mot.

VOLPONE.

Monsieur, monsieur, une autre fois.

CORVINO.

Non, tout de suite.

VOLPONE.

Seigneur! Serais-je un homme sage, si je m'exposais à la furie d'un cocu devenu fou? (Au moment où il se sauve, Mosca entre.)

CORBACCIO, voyant Mosca.

Encore lui!

---

1. Ce bonnet et les boutons faisaient partie du costume d'huissier.

VOLPONE.

Retiens-les, Mosca; délivre-moi.

CORBACCIO.

L'air qu'il respire est infecté.

CORVINO.

Évitons-le. (Tous deux sortent.)

VOLPONE.

Excellent basilic; tourne-toi maintenant vers Voltore.

(Voltore entre.)

VOLTORE, à Mosca.

Eh bien, mouche à viande, l'été te voit briller maintenant, mais l'hiver viendra.

MOSCA.

Bon avocat, je t'en prie, point d'insulte ni de menace hors de propos, tu ferais un solécisme, comme dirait madame Would-be; mets un béguin de plus, car ta cervelle est prête à sauter. (Il sort.)

VOLTORE, à Volpone,

Que voulez-vous encore?

VOLPONE.

Désirez-vous que j'aille battre cet insolent, et jeter de la boue sur ses beaux habits neufs?

VOLTORE.

Cet homme-ci est sans doute quelque démon familier.

VOLPONE.

Monsieur, la cour vous attend. — Je suis furieux qu'une mule qui n'a pas lu Justinien soit montée sur le dos d'un avocat. La chicane ne pouvait-elle vous donner des armes contre la fourberie d'une telle créature? J'espère que vous plaisantez. Il n'a pas fait cela;

il s'entend avec vous. C'est une alliance pour aveugler les autres : c'est vous qui êtes l'héritier.

VOLTORE.

Quel étrange, importun et officieux animal ! Tu m'assommes.

VOLPONE.

Je m'y connais; il est impossible, monsieur, qu'on vous ait dupé. Il n'est dans les moyens de personne de le faire : vous êtes si sage, si prudent ! Sagesse et richesse devraient aller toujours ensemble. (Ils sortent.)

SCÈNE VI.

Le tribunal.

LES JUGES, LE GREFFIER, BONARIO, CÉLIA, CORBACCIO, CORVINO, LES HUISSIERS ET AUTRES, etc., etc.

LE PREMIER JUGE.

Toutes les parties sont-elles présentes ?

LE GREFFIER.

Toutes, excepté l'avocat.

LE DEUXIÈME JUGE.

Le voici.

(Voltore et Volpone entrent.)

LE PREMIER JUGE.

Faites-les avancer pour entendre l'arrêt.

VOLTORE.

O mes très-honorés pères ! que votre miséricorde prenne le pas sur votre justice pour pardonner... Je deviens fou.

VOLPONE, à part.

Que va-t-il faire maintenant ?

VOLTORE.

Oh! je ne sais pas à qui je dois m'adresser d'abord, si c'est à vous, mes pères, ou à ces innocents.

CORVINO, à part.

Va-t-il se dénoncer lui-même?

VOLTORE.

Tous, je vous ai également abusés, dans le but le plus cupide...

CORVINO.

Il est fou.

CORBACCIO.

Qu'est-ce que c'est?

CORVINO.

Il est possédé.

VOLTORE.

Je viens donc, frappé par ma conscience, me prosterner à vos pieds, en vous demandant pardon.

LE PREMIER ET LE DEUXIÈME JUGE.

Levez-vous.

CÉLIA.

O ciel! tu es juste.

VOLPONE, à part.

Je suis pris dans mon propre piége.

CORVINO, à Corbaccio.

Soyez ferme, monsieur, l'impudence peut seule nous sauver.

LE PREMIER JUGE.

Continuez.

UN HUISSIER.

Silence!

VOLTORE.

Ce n'est pas la passion, mes vénérés pères, mais la conscience, la seule conscience, mes bons seigneurs, qui me fait maintenant dire la vérité. Ce parasite, ce fourbe, ce Mosca, a été l'instrument de tout.

LE PREMIER JUGE.

Où est-il? Qu'on aille le chercher.

VOLPONE.

J'y vais. (Il sort.)

CORVINO, haut.

Vénérables pères, cet homme est fou comme il le disait lui-même tout à l'heure, car, espérant être l'héritier du vieux Volpone qui vient de mourir...

LE TROISIÈME JUGE.

Comment!

LE DEUXIÈME JUGE.

Volpone est-il mort?

CORVINO.

Il est mort, vénérables juges.

BONARIO.

Oh! vengeance divine!

LE PREMIER JUGE.

Attendez donc; mais alors, il n'était pas un imposteur.

VOLTORE.

Oh! lui! non, non. C'est le parasite, juges vénérables.

CORVINO.

Voltore ne parle que par pure envie, parce que ce valet a eu l'héritage qu'il convoitait. Avec votre permission, respectables juges, c'est là toute la vérité, non pas que je veuille justifier ce Mosca, qui peut bien être quelque peu coupable.

VOLTORE.

Oui, en trompant vos espérances comme les miennes, Corvino; mais je veux être modéré. Qu'il plaise à votre sagesse de lire ces notes et de les méditer; par la faveur que j'espère de vous, elles vous montreront la pure vérité.

CORVINO.

Le diable est entré chez cet homme.

BONARIO.

Ou bien se cache en vous.

LE QUATRIÈME JUGE.

Si ce parasite est l'héritier, nous avons eu tort de l'envoyer chercher par un simple huissier.

LE DEUXIÈME JUGE.

De qui parlez-vous?

LE QUATRIÈME JUGE.

De celui qu'ils appellent le parasite.

LE TROISIÈME JUGE.

C'est vrai; c'est maintenant un homme qui a de grands biens.

LE QUATRIÈME JUGE, au greffier.

Allez, sachez son nom et dites-lui que la cour sollicite sa présence ici pour l'éclaircissement de quelques petits doutes.

LE DEUXIÈME JUGE.

Tout ceci est un labyrinthe.

LE PREMIER JUGE, à Corvino.

Maintenez-vous votre première déposition?

CORVINO.

Ma fortune, ma vie, mon honneur...

BONARIO.

Où est-il votre honneur?

CORVINO.

Sont en jeu ici.

LE PREMIER JUGE, à Corbaccio.

Et vous, tenez-vous le même langage ?

CORBACCIO.

L'avocat est une canaille ; il a la langue fourchue.

LE DEUXIÈME JUGE.

Revenez à la question.

CORBACCIO.

Le parasite ne vaut pas mieux.

LE PREMIER JUGE.

Il y a confusion ici.

VOLTORE.

Je supplie vos paternités de lire ces papiers. (Il les leur fait passer.)

CORVINO.

Ne croyez rien de ce que cet esprit faux a écrit. Il est possédé ; il n'en peut être autrement, mes honorables pères. (La scène est close.)

SCÈNE VII.

Une rue.

VOLPONE entre.

VOLPONE, à part.

Avoir tendu un piége et y prendre mon propre cou ; m'y être jeté, la tête la première, de propos délibéré ! pour rire ! lorsque je ne faisais que d'échapper au péril, et quand j'étais libre et déclaré innocent ! Le tout, par une simple humeur folâtre ! Oh ! le démon de la sottise logeait dans ma cervelle quand j'eus cette idée, et Mosca m'y a encouragé ; il faut maintenant qu'il cautérise cette veine ouverte, ou bien notre vie coulera avec tout notre sang.

(Nano, Androgyno et Castrone entrent.)

Comment ! qui vous a permis de sortir ? Où allez-vous maintenant ? Allez-vous acheter du pain d'épice ou noyer des petits chats ?

NANO.

Monsieur, maître Mosca nous a mis à la porte en nous disant d'aller nous amuser, et il a pris les clefs.

ANDROGYNO.

C'est cela.

VOLPONE.

Maître Mosca a-t-il pris les clefs ? Oh ! oh ! je m'enfonce davantage. Voilà le fruit de mes belles conceptions ; je dois être satisfait. Malheur à moi ! Quel misérable imbécile je suis de n'avoir pas supporté sobrement ma fortune. Je voulais avoir mes lubies, mes caprices, mes quintes ! — Eh bien ! allez le chercher. — Peut-être son intention est-elle plus honnête que je ne le pense. — Ordonnez-lui de venir me trouver au tribunal. J'y vais de ce pas. (Ils sortent.) Je veux me rattacher l'avocat par de nouvelles espérances. En le provoquant, je me suis perdu. (Il sort.)

SCÈNE VIII.

Le tribunal.

LES JUGES, BONARIO, CÉLIA, CORBACCIO, CORVINO, HUISSIERS, EXEMPTS, etc., etc.

LE PREMIER JUGE.

Ces choses ne pourront jamais se concilier. (Montrant les papiers.) Il avoue ici que le jeune homme a été injustement accusé, et que la jeune femme avait été amenée de force chez Volpone par son propre mari qui l'y avait laissée.

VOLTORE.
C'est la stricte vérité.

CÉLIA.
Comme le ciel exauce ceux qui le prient !

LE PREMIER JUGE.
Mais que le vieux Volpone ait voulu la violer, le fait serait complétement faux, vu son impuissance.

CORVINO.
Nobles juges ! il est possédé ; je le répète, il est possédé. Il y a possession et obsession [1].

LE TROISIÈME JUGE.
Voici notre huissier.

(Volpone toujours déguisé entre.)

VOLPONE.
Le parasite sera ici tout à l'heure, honorables juges.

LE QUATRIÈME JUGE.
Vous pourriez aussi bien lui trouver un autre nom, monsieur.

LE TROISIÈME JUGE.
Est-ce que le greffier ne l'a pas rencontré ?

VOLPONE.
Non, que je sache.

LE QUATRIÈME JUGE.
Son arrivée éclaircira tout.

LE DEUXIÈME JUGE.
Cependant tout est fort obscur.

VOLTORE.
Qu'il plaise à Vos Seigneuries...

---

1. Dans la possession, l'esprit du démon était entré dans le corps même du possédé. Dans l'obsession, le démon ne faisait encore que l'assiéger.

VOLPONE, bas à Voltore.

Monsieur, le parasite m'a chargé de vous dire que son maître est vivant; que vous êtes toujours l'homme choisi par lui; que vos espérances doivent rester les mêmes, et que ce qui s'est passé n'était qu'une plaisanterie.

VOLTORE.

Comment! une plaisanterie?

VOLPONE.

Oui, monsieur, pour vous éprouver et savoir si vous lui resteriez attaché, et si votre douleur serait grande.

VOLTORE.

Es-tu sûr qu'il vive?

VOLPONE.

Comme moi, monsieur.

VOLTORE.

Oh! diable, j'ai été trop violent.

VOLPONE.

Vous pouvez tout raccommoder; ils ont dit que vous étiez possédé, faites semblant de l'être en effet et tombez. Je vous aiderai. (Voltore tombe.) Dieu bénisse le pauvre homme! (Bas.) Retenez votre haleine et gonflez-vous. — Voyez, voyez; il vomit des épingles crochues; ses yeux sont à l'envers comme ceux d'un lièvre mort, pendu à la boutique d'un marchand de gibier; sa bouche se retourne. Voyez, messieurs, voyez; maintenant c'est dans le ventre.

CORVINO.

Oh! le diable!

VOLPONE.

Maintenant c'est dans le gosier.

CORVINO.

Je le vois, je le vois.

VOLPONE.

Il va sortir, il va sortir; faites place. Voyez où il s'envole sous la forme d'un crapaud bleu, avec des ailes de chauve-souris. Ne le voyez-vous pas, monsieur?

CORBACCIO.

Quoi? Oui, je crois que je le vois.

CORVINO.

C'est trop manifeste.

VOLPONE.

Voyez! il revient à lui.

VOLTORE.

Où suis-je?

VOLPONE.

Prenez bon courage; le pire est fait, monsieur; vous êtes dépossédé.

LE PREMIER JUGE.

Quel accident!..

LE DEUXIÈME JUGE.

Soudain et merveilleux!

LE TROISIÈME JUGE.

S'il était possédé comme il y a apparence, ce ne sera rien.

CORVINO.

Il est souvent sujet à de pareils accès.

LE PREMIER JUGE.

Montrez-lui ce mémoire : le reconnaissez-vous, monsieur?

VOLPONE, bas à Voltore.

Reniez-le, monsieur; reniez-le par serment : ne le reconnaissez pas.

VOLTORE.

Oui, je le reconnais; il est de mon écriture, mais tout ce qu'il contient est faux.

BONARIO.

Oh! quelle société de fourbes!

LE DEUXIÈME JUGE.

Quel labyrinthe!

LE PREMIER JUGE.

Il n'est donc pas coupable, celui que vous nommez le parasite?

VOLTORE.

Graves Seigneurs, il ne l'est pas plus que son bon patron le vieux Volpone.

LE QUATRIÈME JUGE.

Comment! mais il est mort?

VOLTORE.

Non, mes honorables juges, il vit.

LE PREMIER JUGE.

Comment! il vit?

LE DEUXIÈME JUGE.

Ceci est plus subtil encore.

LE TROISIÈME JUGE.

Vous aviez dit qu'il était mort.

VOLTORE.

Jamais.

LE TROISIÈME JUGE.

Vous l'avez dit.

CORVINO.

Je l'ai aussi entendu.

LE QUATRIÈME JUGE.

Voici le gentilhomme, faites-lui place.

(Mosca entre.)

LE TROISIÈME JUGE.

Un siége.

LE QUATRIÈME JUGE.

Un homme élégant! (A part.) Et, si Volpone était mort, un beau parti pour ma fille!

LE TROISIÈME JUGE.

Faites-lui place.

VOLPONE, à part à Mosca.

Mosca, j'étais presque perdu ; l'avocat nous avait dénoncés, mais j'ai tout réparé ; tout marche maintenant comme sur des roulettes. Dis que je suis vivant.

MOSCA, haut.

Qu'est-ce que ce va-nu-pieds affairé? — Mes révérés pères, je me serais rendu plutôt à votre appel si les ordres à donner pour les funérailles de mon cher patron n'avaient exigé ma présence.

VOLPONE, à part.

Mosca !

MOSCA, continuant.

Car j'entends le faire enterrer comme un gentilhomme.

VOLPONE, à part.

Allons, va et dupe-moi de tout!

LE DEUXIÈME JUGE.

Encore plus étrange! Cela s'embrouille de plus en plus.

LE PREMIER JUGE.

Cela revient au point de tout à l'heure.

LE QUATRIÈME JUGE, à part.

C'est un beau parti décidément; ma fille sera pourvue.

MOSCA, à part à Volpone.

Voulez-vous me donner moitié?

VOLPONE, à part.

Plutôt être pendu!

MOSCA.

Ne criez pas si fort; je sais que vous avez une bonne voix.

LE PREMIER JUGE.

Faites avancer l'avocat. Monsieur, n'avez-vous pas affirmé tout à l'heure que Volpone était vivant?

VOLPONE, haut.

Oui, il l'est; cet homme me l'a dit. (A Mosca.) Tu auras la moitié.

MOSCA, haut.

Quel est cet ivrogne? Quelqu'un le connaît-il? Je ne l'ai jamais vu. (A part à Volpone.) Je ne puis plus maintenant vous passer cela à si bon marché.

VOLPONE.

Non!

LE PREMIER JUGE, à Voltore.

Que dites-vous?

VOLTORE.

C'est cet huissier qui m'a dit que Volpone vivait encore.

VOLPONE.

En effet je l'ai dit, et je maintiens qu'il vit, — comme moi je vis, et j'ajoute que cette créature (Montrant Mosca.) me l'a dit. (A part.) Toutes les étoiles qui ont présidé à ma naissance me sont contraires!

MOSCA.

Très-honorables juges, si l'on tolère une pareille insolence à mon égard, je me tairai. J'espère pourtant que ce n'était pas pour une scène pareille que vous m'avez envoyé chercher.

LE DEUXIÈME JUGE, montrant Volpone.

Qu'on le mette dehors!

VOLPONE, à Mosca.

Mosca!

LE TROISIÈME JUGE.

Qu'on le fasse fouetter!

VOLPONE, à Mosca, bas.

Veux-tu donc me trahir? me ruiner?

LE TROISIÈME JUGE.

Et qu'on lui apprenne à se mieux comporter vis-à-vis d'une personne de cette condition.

LE QUATRIÈME JUGE.

Allons, dehors! (On saisit Volpone.)

MOSCA.

Je remercie humblement Vos Seigneuries.

VOLPONE.

Doucement! doucement! (A part.) Être fouetté, et perdre tout ce que j'ai!... Si j'avoue tout, il n'en peut résulter rien de pire.

LE QUATRIÈME JUGE, à Mosca.

Monsieur, êtes-vous marié?

VOLPONE, à part.

Ils vont bientôt briguer son alliance; il faut se résoudre. Le renard va jeter sa peau d'emprunt. (Il dépouille son déguisement.)

MOSCA.

Mon maître!

VOLPONE.

Oui, et que la ruine maintenant ne tombe pas sur moi seul. Ah! j'empêcherai au moins votre mariage;

ma substance ne vous engraissera pas et ne vous aidera pas à vous faufiler dans une famille.

MOSCA.

Quoi ! patron !

VOLPONE.

Je suis Volpone, et celui-ci est un drôle qui me vole ; (montrant Voltore) celui-là un drôle à son propre service ; (montrant Corbaccio) cet autre est la folle dupe de sa cupidité ; (montrant Corvino) cet autre est une chimère composée d'un cocu volontaire, d'un bouffon et d'un fripon ; et, révérés juges, puisque nous n'avons à espérer qu'un arrêt, ne nous le faites pas attendre. Vous voyez que je suis bref.

CORVINO.

Qu'il plaise à Votre Seigneurie...

UN HUISSIER.

Silence !

LE PREMIER JUGE.

Le nœud se dénoue par un prodige.

LE DEUXIÈME JUGE.

Rien ne peut être plus clair.

LE TROISIÈME JUGE.

Et ne prouve mieux l'innocence des prévenus.

LE PREMIER JUGE.

Qu'on leur donne la liberté.

BONARIO.

Le ciel ne pouvait laisser longtemps cachés de si grands crimes.

LE DEUXIÈME JUGE.

Si c'est là la seule route pour acquérir des richesses, puissé-je rester pauvre !

LE TROISIÈME JUGE.

Ce n'est pas gagner de l'or, c'est subir la torture.

LE PREMIER JUGE.

Ces gens-là ont de la fortune comme les malades ont la fièvre ; on peut dire plus raisonnablement qu'ils en sont possédés.

LE DEUXIÈME JUGE.

Dépouillez ce parasite.

CORVINO et MOSCA.

Très-honorés juges...

LE PREMIER JUGE.

Avez-vous quelque chose à dire pour arrêter le cours de la justice ? Dans ce cas, parlez.

CORVINO et VOLTORE.

Nous demandons grâce.

CÉLIA.

Et moi, pitié pour eux.

LE PREMIER JUGE.

C'est offenser votre propre innocence, madame, que de prier pour des coupables. — Levez-vous. — (Au parasite.) Vous paraissez avoir été le principal instrument, sinon le premier auteur de ces abominables impostures, et, en dernier lieu, vous avez, par votre impudence, outragé la cour et revêtu le costume d'un seigneur de Venise, n'étant qu'un homme vil et sans race. Pourquoi, nous vous condamnons, premièrement à être fouetté, et, de plus, à être prisonnier perpétuel sur les galères de l'État.

VOLPONE.

Je vous remercie pour lui.

MOSCA.

Que la peste étouffe ta nature de loup !

LE PREMIER JUGE.

Qu'on le livre au sergent. (Mosca est emmené.) Toi, Volpone, à cause de ta race et de ton sang, tu ne peux tomber sous le même châtiment ; nous arrêtons que toute ta fortune, tes biens meubles et immeubles, seront confisqués au profit de l'hôpital des Incurables ; et parce que la plus grande partie de ces biens a été acquise au moyen de l'imposture, en te feignant malade de l'impuissance, de la goutte, de la paralysie et d'autres maladies, tu seras jeté en prison et mis aux fers jusqu'à ce que tu deviennes réellement malade et impotent. — Éloignez-le. (On l'emmène du tribunal.)

VOLPONE, emmené.

C'est ce qu'on peut appeler la mortification d'un renard.

LE PREMIER JUGE.

Toi, Voltore, pour remédier au scandale que tu as donné à tous les honorables membres de ta profession, tu es banni de leur corps et des États de Venise. Corbaccio ! — Faites-le approcher plus près. — Nous mettrons ton fils en possession de toute ta fortune, et nous te reléguons dans le couvent de San Spirito, où l'on t'apprendra à bien mourir, puisque tu n'as pas su vivre bien.

CORBACCIO, qui n'a pas entendu.

Qu'est-ce qu'il a dit ?

L'HUISSIER.

Vous le saurez bientôt, monsieur.

LE PREMIER JUGE.

Toi, Corvino, on ira te prendre dans ta propre maison, et tu seras promené dans une gondole, le long des canaux de Venise et sur le grand canal, avec un bonnet orné de longues oreilles d'âne au lieu de cornes, et un papier attaché sur la poitrine, pour monter ensuite à *Berlina*[1].

CORVINO.

Oui, pour avoir les yeux arrachés par les assistants, qui me jetteront des pierres, du poisson gâté, des fruits pourris et des œufs corrompus. — C'est bien; je serai content de ne plus voir ma honte.

LE PREMIER JUGE.

Et pour expier les torts que tu as faits à ta femme, tu la renverras chez son père avec sa dot triplée. — Tels sont les jugements que nous prononçons contre tous les coupables.

TOUS.

Vénérables juges!

LE PREMIER JUGE.

Lesquels nous ne révoquerons pas. Maintenant, vous rougissez, car c'est seulement après que les crimes ont été pensés et commis et lorsqu'ils sont sur le point d'être châtiés, que vous commencez à croire que ce sont des crimes. Qu'on les emmène tous! Que tous ceux qui voient comment ces vices odieux sont récompensés prennent le courage d'en étudier la nature! La méchanceté se nourrit, comme une bête brute, jusqu'à ce qu'elle s'engraisse, et alors elle étouffe et crève.

---

[1]. Pilori, où les malfaiteurs étaient exposés, sans défense et sans protection de la loi, aux injures de la foule qui leur jetait des pierres, des poissons pourris, des œufs, etc. — C'est ce qui explique la réponse de Corvino, qui sait ce qui l'attend.

FIN DE VOLPONE.

ÉPICÈNE

OU

LA FEMME SILENCIEUSE

(EPICOENE OR THE SILENT WOMAN)

Cette comédie fut jouée pour la première fois par *the children of her Majesty's revels*, les enfants des divertissements de Sa Majesté, en 1609 ; elle fut imprimée *in-quarto* avec cette devise :

> Ut sis tu similis Cœli, Byrrhique latronum,
> Non ego sim Capri neque Sulci. Cur metuas me ?

Elle eut plusieurs éditions, car ce fut la plus populaire des comédies de Ben Jonson. Reprise avec grande faveur aussitôt après la Restauration, elle resta sur la scène anglaise jusqu'au milieu du siècle dernier. Plus tard elle échoua par une singulière circonstance ; on donna maladroitement le rôle d'Épicène [1] à une femme, de sorte que lorsqu'au dernier acte elle se dépouille de son costume féminin et apparaît comme un jeune garçon, les spectateurs ne surent que penser, et prirent pour un travestissement ce retour aux habits de son sexe.

Cette comédie a été traduite en portugais ; M. Gifford nous dit qu'elle l'a été aussi en français, *but very imperfectly*. Nous n'avons pu trouver cette traduction. Dans la publication du *théâtre étranger*, une seule comédie de Ben Jonson a été traduite : c'est *Chacun dans son humeur* ; encore avait-on cru devoir reproduire la pièce telle qu'elle avait été mutilée ou arrangée par le célèbre Garrick.

Cette pièce fort gaie, fort amusante malgré quelques longueurs, est tout à fait classique quant à la forme ; le caractère et le nom même de Morose sont empruntés à *Libanius*, sophiste d'Antioche [2]. C'est M. Gifford qui a fait cette découverte en réponse à Dryden qui croyait que Ben Jonson avait pris son modèle parmi ses contemporains.

---

1. Epicœna nomina (Quint). Noms épicènes, qui désignent les individus des deux sexes, comme alouette, moineau.

2. Libanii declamatio lepidissima de Moroso, qui cum uxorem loquacem duxisset, seipsum accusat.

PERSONNAGES.

MOROSE, un gentilhomme qui n'aime pas le bruit.
SIR DAUPHIN EUGÈNE, son neveu.
NED CLÉRIMONT, ami du précédent.
TRUEWIT, autre ami du même.
SIR JOHN DAW.
SIR AMOROUS LA-FOOLE.
THOMAS OTTER, capitaine de terre et de mer.
CUTBEARD, un barbier.
MUTE, valet de Morose.
UN MINISTRE.
UN PAGE de CLÉRIMONT.

ÉPICÈNE, supposé la femme silencieuse.
LADY HAUGHTY,
LADY CENTAURE, } membres d'une société féminine.
MISTRESS DOL. MAVIS,
MISTRESS OTTER, femme du capitaine, } prétendantes.
MISTRESS TRUSTY, suivante de lady Haughty,
VALETS ET PAGES.

La scène est à Londres.

ÉPICÈNE

ou

LA FEMME SILENCIEUSE

(EPICOENE OR THE SILENT WOMAN)

PREMIER PROLOGUE.

On a dit anciennement avec justice que le but de celui qui fait une pièce de théâtre doit être de plaire à la foule, dont les applaudissements sont pour le poëte de l'argent, du vin et des lauriers.

Mais dans ce siècle, il s'est formé une secte d'écrivains qui n'ont en vue que des sympathies individuelles et n'ont aucun goût pour la popularité.

Nous ne nous mêlons à ces écrivains ni de cœur ni de tête, et, semblables à ceux qui donnent des banquets publics, nous ne désirons pas plaire au goût du cuisinier, mais à celui des convives.

Cependant si ces palais délicats viennent ici, ils y trouveront bonne place et bon accueil; si tous nos mets n'ont pas leur approbation, il y en aura sans doute quelques-uns qui leur feront dire, lorsqu'ils quitteront leurs siéges, que celui qui a écrit cette pièce aurait aussi bien pu l'écrire autrement s'il n'était convaincu qu'il a suivi la meilleure voie; car ne servir que des tartes et des crèmes, et n'avoir pas d'autres mets plus substantiels, ou bien manquer de pain et de sel, serait une faute grossière en cuisine.

Le poëte vous prie donc de vous asseoir avec une meilleure opinion de lui, et lorsque tous ses plats seront servis, bien que parmi eux il ne s'en trouve pas qui soit venu de très-loin, ils n'en ont pas moins coûté beaucoup et plairont ceux-ci aux ladies, d'autres aux lords, aux chevaliers, aux écuyers; d'autres aux bourgeoises de la cité et aux femmes de chambre; d'autres aux valets et aux femmes de White-Friars.

Et ce ne sera pas seulement tout le temps que vous serez assis dans cette enceinte que le repas devra durer; vous en mangerez les restes, pendant une semaine, dans les tables d'hôte.

Telle est la vérité, si notre poëte qui se recommande à vous mérite d'être cru.

DEUXIÈME PROLOGUE.

Le but de tous ceux qui écrivent pour la scène est ou doit être de mêler l'utile à l'agréable; et dans les plus beaux temps de l'art, ce fut toujours un mérite d'accuser les vices et d'éviter les personnalités. Dans la pièce que nous vous présentons aujourd'hui et que nous soumettons à vos yeux et à vos oreilles, ayez donc soin, sous peine d'un châtiment que vous vous imposeriez à vous-mêmes, de n'y voir rien de réel et de ne pas trouver votre juge dans l'auteur; car il sait qu'un poëte n'a jamais rien gagné à dire des vérités, mais bien à montrer des fictions qui les simulent. Si quelqu'un pourtant, par une rage d'application personnelle, tord le sens de ce qu'il entendra, en disant qu'on a voulu désigner ou celui-ci, ou celle-là, c'est ce quelqu'un qui fera un libelle de la pièce que voici.

ACTE PREMIER.

SCÈNE PREMIÈRE.

Une chambre dans la maison de Clérimont.

CLÉRIMONT, SON PAGE, et plus tard TRUEWIT.

CLÉRIMONT.

Petit page, avez-vous appris la chanson que je vous ai donnée?

LE PAGE.

Oui, monsieur.

CLÉRIMONT.

Chantez-la-moi.

LE PAGE.

Je le veux bien, monsieur, mais que personne ne nous écoute!

CLÉRIMONT.

Pourquoi, je vous prie?

LE PAGE.

Cela vous donnerait dans la ville le nom dangereux de poëte, et à moi une bien mauvaise note dans la maison que vous savez, et dans laquelle la dame chantée par vous demeure, et me reçoit mieux qu'on n'a jamais reçu un petit bout d'homme comme moi.

CLÉRIMONT.

Je le crois, et même mieux qu'un homme tout entier, si l'on vous mettait à la torture pour tout dire.

LE PAGE.

Il n'en est pas besoin, je vous le jure; j'avouerai tout auparavant, monsieur. Les femmes de chambre jouent avec moi, me jettent sur le lit, et me portent à milady; alors elle m'embrasse avec sa figure huilée, me met une perruque sur la tête, et me demande si je veux mettre sa robe; je dis que non, et alors elle me donne un petit coup sur l'oreille, m'appelle innocent et me laisse aller.

CLÉRIMONT.

Il n'est pas étonnant que la porte soit fermée à votre maître, lorsque l'entrée vous en est si facile. Eh bien, monsieur, vous n'irez plus dans cette maison, de peur que, d'ici à quinze jours, je ne sois obligé d'aller chercher votre petite voix dans les joncs qui tapissent la chambre de milady. Chantez, monsieur.

LE PAGE chante.

« Être toujours élégante, toujours bien mise... »

TRUEWIT, entrant.

Oh! voilà bien un homme qui, sans s'en apercevoir, laisse couler le temps comme l'eau! N'a-t-il pas une maîtresse au dehors, un ami au coin du feu, bonne chère, logement commode, de beaux vêtements, et un violon! Il s'imagine que les heures n'ont pas d'ailes, et les jours point de chevaux de poste. C'est bien, monsieur le galant; mais si vous étiez frappé de la peste[1] à la minute, ou condamné pour demain à quelque châtiment capital, vous commenceriez à réfléchir, à peser chaque atome de votre temps, à l'apprécier à sa juste valeur, et à lui sacrifier tout le reste.

---

1. Il y avait eu la peste à Londres en 1604.

CLÉRIMONT.

Qu'est-ce qu'un homme doit faire?

TRUEWIT.

Rien, ou bien ce qui, une fois fait, ne vaut pas davantage : s'informer des prochaines courses de chevaux, ou des parties de chasse en projet; engager des paris; vanter Puppy ou Pepper-corn, White-foot, Francklin[1]; affirmer par serment que l'on doit parier pour Whitemane; parler haut pour que les lords vous entendent; visiter les ladies le soir, et être capable de leur faire le portrait de chaque joueur de boule et de chaque parieur du boulingrin. Telles sont les graves occupations des hommes à la mode, et la mienne aussi par compagnie.

CLÉRIMONT.

Alors, si j'ai ton autorité, je ne m'en corrigerai pas; et nous laisserons là tes observations morales; elles sont bonnes pour le temps où nous aurons des têtes grises et des jarrets usés, des yeux larmoyants et des membres rétrécis par l'âge. Nous réfléchirons alors; alors nous prierons et jeûnerons.

TRUEWIT.

C'est cela! Réservons à la sagesse le temps que l'abaissement de nos facultés ne nous permettra plus d'employer au mal.

CLÉRIMONT.

Ma foi! nous avons le temps d'ici là.

TRUEWIT.

Oui, comme un homme qui dormirait tous les jours

---

1. Noms de chevaux célèbres au temps de Ben Jonson; Whitemane, entre autres, est cité dans les mémoires du temps.

de sa vie, et croirait pouvoir terminer ses affaires, la dernière heure qu'il aurait à vivre. Oh! Clérimont, le temps, parce qu'il est une chose incorporelle et non perceptible aux sens, nous en faisons fi, nous le prodiguons le plus gaiement du monde et nous vivons présomptueusement dans ces misères, sans chercher d'autre remède à nos tristes passions que d'en changer l'objet le plus souvent possible.

CLÉRIMONT.

Ne laisseras-tu pas bientôt...

TRUEWIT.

C'est notre maladie à tous; comment pourrions-nous nous plaindre de ce que nos grands hommes ne font pas attention à nous et n'ont pas le loisir de donner à nos affaires publiques la diligence que nous en attendons, quand nous n'en trouvons pas pour nos propres affaires, aveugles et sourds que nous sommes dans tout ce qui nous concerne?

CLÉRIMONT.

Bah! tu as lu ce matin les œuvres morales de Plutarque, ou quelque autre ennuyeux de son espèce; on le devine; cette lecture te gâtera tout à fait l'esprit. Parle-moi d'épingles, de plumes, de femmes, et d'autres bagatelles de ce genre, et laisse là ton stoïcisme jusqu'à ce que tu sois chargé de faire des sermons.

TRUEWIT.

C'est bien, mon ami; s'ils ne doivent pas vous être utiles, je veux perdre aussi peu que possible de mes sages avis. Je ne veux certes faire à personne du bien contre sa volonté. — Quand êtes-vous allé à l'académie?

CLÉRIMONT.

Quelle académie?

TRUEWIT.

Comme si vous ne la connaissiez pas?

CLÉRIMONT.

Je ne sais rien en vérité; je ne suis arrivé de la Cour que depuis hier.

TRUEWIT.

Comment! la nouvelle n'y était pas encore arrivée? C'est une récente fondation faite en cette ville par les ladies, qui se donnent le nom de membres de cette académie; une coterie composée des grandes dames de la Cour et de la campagne qui vivent éloignées de leurs maris et ont ouvert leurs salons à tous les beaux esprits du temps, comme elles les appellent; elles décrient ou exaltent ce qui leur plaît et leur déplaît, selon la mode acceptée par leur seule cervelle, avec une autorité masculine ou plutôt hermaphrodite : chaque jour elles gagnent des prosélytes.

CLÉRIMONT.

Quelle est la présidente?

TRUEWIT.

La grave et jeune matrone, lady Haughty.

CLÉRIMONT.

La peste soit de sa figure automnale et de sa beauté rapiécetée! Chez elle, aucun homme ne peut être admis avant qu'elle ne soit prête et sous les armes, avant qu'elle ne se soit peinte, parfumée, lavée et récurée, si ce n'est le petit garçon que voilà; c'est sur ses joues qu'elle essuie ses lèvres huileuses comme sur une éponge. J'ai même fait une chanson à ce sujet; écoute-la.

(Le page chante.)

« Être toujours élégante, et toujours bien mise, comme si vous alliez en fête ; être toujours poudrée, et toujours parfumée, madame, c'est laisser croire, si l'on n'en trouve pas les causes secrètes, que tout en vous n'est ni odoriférant ni sain.

« J'aime mieux la taille, j'aime mieux la figure de celles qui font de la simplicité une grâce. Quand la robe flotte à l'air, quand la chevelure est libre ; ce doux négligé me charme plus que toutes les frelateries de l'art, qui frappent mes yeux, mais ne touchent pas mon cœur [1]. »

TRUEWIT.

Moi, je suis franchement d'un avis opposé ; je préfère une belle toilette à toute la beauté du monde. Oh ! les femmes ressemblent alors à un jardin délicat, rempli de fleurs qui ne sont pas toutes de la même espèce ; car elles peuvent varier chaque jour [2], prendre conseil de leur glace, et choisir à leur gré ; si l'une a de fines oreilles, elle les montre ; si l'autre a de beaux cheveux, elle les laisse voir ; une jolie jambe, elle aura une robe courte ; une jolie main, elle l'agitera souvent ; elle a tout un art pour purifier l'haleine et pour réparer l'arc des sourcils ; elle sait se peindre, et l'avouer.

CLÉRIMONT.

Comment ! publiquement ?

TRUEWIT.

Elle avouera qu'elle se peint, mais ne dira pas de quelle façon ; ceci reste secret ; beaucoup de choses qui semblent laides à faire plaisent une fois faites. Une dame doit, en vérité, étudier sa figure, lorsque nous

---

1. Cette charmante chanson est imitée d'une pièce de vers latins, composés par Jean Bonnefonds (Bonnefonius), qui était né au milieu du XVIe siècle, à Clermont en Auvergne, où il cultivait avec un grand succès la poésie latine.

2. Ovide, dans l'*Art d'aimer*, livre III, v. 140 et v. 216...

croyons qu'elle dort; et les hommes ne doivent pas s'enquérir de ce qu'elles font derrière leurs portes fermées; au dedans tout doit être sacré. Est-ce à nous de voir leurs perruques à côté de leurs têtes, leurs fausses dents, leur teint d'emprunt, leurs sourcils peints et leurs ongles? Vous savez que les doreurs ne travaillent que renfermés; combien de temps une grande toile n'a-t-elle pas été suspendue devant Aldgate? A-t-on permis au peuple de voir dans la Cité les statues de l'Amitié et de la Charité[1], quand elles n'étaient encore que des blocs de pierre, et avant qu'elles ne fussent peintes et vernies? Non. Eh bien, les cavaliers servants ne doivent pas davantage approcher de leurs maîtresses avant qu'elles ne soient complétées et parfaites.

CLÉRIMONT.

Bien dit, mon Truewit.

TRUEWIT.

Et une femme sage aura toujours une sentinelle placée pour pouvoir faire ses métamorphoses en toute sécurité. J'accompagnais, certain jour, une espèce de sauvage dans une visite où la pauvre dame, dans sa hâte, et troublée, saisit sa perruque pour en couvrir sa calvitie; seulement elle la mit du mauvais côté.

CLÉRIMONT.

Oh! prodige!

TRUEWIT.

Et le scélérat, sans conscience de la chose, la tint,

---

1. Le vieil annaliste Stow nous décrit ainsi ces deux statues qui ornaient la porte d'Aldgate. « L'une, au midi, représente la Paix avec une colombe d'argent sur une main, et tenant de l'autre une couronne dorée. Au nord, on voit la Charité allaitant un enfant, et en conduisant un autre par la main. »

en la complimentant, une heure avec sa figure à contresens.

CLÉRIMONT.

Tu aurais au moins dû venir à son secours.

TRUEWIT.

Je ne le fis pas; je la laissai, comme nous laisserons, s'il vous plaît, ce sujet, pour passer à un autre. Quand vîtes-vous Dauphin Eugène?

CLÉRIMONT.

Je ne l'ai pas vu depuis trois jours. Allons-nous le voir ce matin? Il est fort mélancolique, à ce que j'entends dire.

TRUEWIT.

Malade de son oncle, n'est-ce pas? Je rencontrai hier ce chef-d'œuvre d'originalité, son oncle. Il avait sur la tête un énorme turban composé de bonnets de nuit qui lui descendaient sur les oreilles.

CLÉRIMONT.

Oh! c'est son habitude quand il se promène; il ne peut supporter aucun bruit.

TRUEWIT.

Je l'ai entendu dire; mais cette incommodité est-elle chez lui aussi ridicule qu'on le prétend? On dit qu'il a fait différents traités avec les marchandes de poissons et les marchandes d'oranges, et les conditions en ont été réglées; on ajoute que les ramoneurs eux-mêmes ne sont pas admis chez lui.

CLÉRIMONT.

Non, ni les balayeurs non plus; ils sont rigoureusement tenus dehors. Il ne peut souffrir un crieur de pommes à vendre; il se trouve mal, s'il en entend un.

TRUEWIT.

Un serrurier doit lui être fatal.

CLÉRIMONT.

Autant qu'un forgeron. Il n'y a dans la paroisse ni armurier ni chaudronnier. Une fois, dans une bataille, un jour de carnaval, il eût voulu faire pendre un apprenti, seulement parce qu'il apprenait le métier de potier d'étain, tandis qu'il fit relâcher tous les autres.

TRUEWIT.

La trompette et le hautbois doivent l'effrayer terriblement.

CLÉRIMONT.

A lui faire perdre les sens; les veilleurs de la Cité ont une pension de lui pour ne pas venir dans le quartier. Mon page, que voici, joua une nuit sous ses fenêtres le rôle de crieur public, et ne s'en alla que lorsqu'il eut attiré l'autre sur la porte de sa maison avec une longue épée à la main, dont il pourfendait l'obscurité.

LE PAGE.

Il a choisi, pour y loger, une rue tellement étroite aux deux extrémités, qu'elle ne peut admettre ni les carrosses ni les charrettes, ni aucun des bruits habituels des voies publiques; c'est pourquoi, nous qui l'aimons, nous cherchons à lui faire de temps en temps le plus de tapage que nous pouvons, pour le tenir en haleine. Sans cela, il s'obstinerait dans le bien-être, et sa patience se rouillerait faute d'exercice. Je priai un jour un montreur d'ours de traverser sa rue, suivi des chiens de quatre paroisses, et, Dieu merci, il vint et cria son programme sous les fenêtres de monsieur Morose, qui le renvoya la tête tout en sang. Une autre fois, un maître d'armes qui se rendait à son théâtre vit son tambour crevé d'outre en outre par notre homme pour avoir, à ma requête, passé devant sa maison.

TRUEWIT.

Un plaisant animal! Comment fait-il pour supporter le son des cloches?

CLÉRIMONT.

Au temps de la reine, il sortait de la ville tous les samedis à dix heures, et tous les soirs des jours fériés; mais maintenant, en raison de l'épidémie, les perpétuelles sonneries l'ont décidé à entourer sa chambre de doubles murailles, et de triples plafonds; les fenêtres sont closes et calfeutrées, et il vit là, à la lumière. Il mit l'autre jour à la porte un valet, parce que ses souliers étaient neufs et craquaient. Celui qui le sert maintenant porte des sandales de joueur de paume, ou des pantoufles à semelles de laine. Ils se parlent entre eux à l'aide de sarbacanes. — Vois donc, qui vient là?

(Sir Dauphin Eugène entre.)

DAUPHIN.

Eh bien, messieurs, qu'est-ce qui vous arrive? Êtes-vous muets?

TRUEWIT.

Je suis changé en pierre par les récits que l'on me fait de ton oncle. On n'a jamais entendu parler d'un pareil prodige.

DAUPHIN.

Je vous prierais de laisser de côté ce sujet de conversation, messieurs, si vous m'aimez. Ce sont vos pareils qui ont amené la situation où je me trouve vis-à-vis de lui.

TRUEWIT.

Comment cela?

DAUPHIN.

Tout simplement, il veut me déshériter; rien de plus. Il croit que, moi et mes amis, nous sommes les inventeurs des faits et gestes que l'on raconte de lui.

TRUEWIT.

Morbleu! je voudrais lui en faire plus encore. Le sujet le mérite; cela te donne la permission de le mettre à la torture. Je vais te dire ce que je ferais : je composerais un faux almanach que je ferais imprimer, et au moyen duquel je l'attirerais, à l'anniversaire du couronnement, sur le quai de la tour, où le bruit des canons le tuera. — Te déshériter! mais il ne le peut pas, mon cher; n'es-tu pas son plus proche parent, le fils de sa sœur?

DAUPHIN.

Oui, mais il jure qu'il me mettra de côté et se mariera.

TRUEWIT.

C'est encore plus prodigieux! S'il ne peut supporter aucun bruit, s'aventurera-t-il à prendre femme?

CLÉRIMONT.

Oui. Tu ignores donc encore la meilleure de ses fantaisies; voilà six mois qu'il emploie un individu à courir toute l'Angleterre pour lui trouver une femme muette; peu lui importent son extérieur ou ses qualités, pourvu qu'elle soit capable de lui donner des enfants; son silence est une dot suffisante, à ce qu'il dit.

TRUEWIT.

Je me fie à Dieu qu'il n'en a pas trouvé.

CLÉRIMONT.

Non; mais il a entendu parler d'une femme qui habite une rue voisine de la sienne, et qui parle excessivement bas; elle est en outre si avare de ses paroles, qu'elle dit à peine six mots par jour. Il ne pense qu'à elle maintenant, et veut la connaître.

TRUEWIT.

Est-ce possible? Quel est donc son agent dans cette affaire?

CLÉRIMONT.

Un certain barbier, un nommé Cutbeard, un honnête garçon qui rapporte tout à Dauphin.

TRUEWIT.

Vous m'accablez d'étonnement; une femme! un barbier!... Un homme qui n'aime pas le bruit!

CLÉRIMONT.

C'est pourtant vrai! Ce garçon le rase silencieusement, et ne fait craquer ni ses doigts ni ses ciseaux: son oncle regarde cette retenue comme une qualité si précieuse dans un barbier, qu'il en a fait le chef de son conseil.

TRUEWIT.

Peut-on voir ce barbier ou cette femme?

DAUPHIN.

On le peut.

TRUEWIT.

Je t'en prie, Dauphin, fais-moi faire leur connaissance.

DAUPHIN.

J'ai quelque affaire maintenant; je ne le puis aujourd'hui.

TRUEWIT.

Il n'y a pas d'affaire qui doive te faire négliger celle-ci, mon cher; nous la ferons parler, crois-le bien; ou, si elle ne le veut pas, nous devrons trouver quelque autre moyen pour entraver les préliminaires de ce traité; et nous le romprons. Tu es engagé par conscience à le torturer, puisqu'il te soupçonne sans cause.

DAUPHIN.

Je ne le veux en aucune façon, et ne vous en donne pas la permission. Il n'aura jamais à me reprocher un complot contre ses fantaisies; que j'aie à accuser les étoiles, j'y consens, mais je veux être innocent de tout le reste.

TRUEWIT.

Oui, et être pauvre et mendier! Sois donc innocent, et, lorsque quelqu'un de ses *grooms* ou le barbier lui auront engendré un héritier à défaut de le pouvoir lui-même... alors, alors. (A Clérimont.) De grâce, Ned, dites-moi où elle demeure. Laissons-le dans son innocence.

CLÉRIMONT.

Elle habite dans la maison contiguë à celle du barbier, celle où demeure aussi sir John Daw.

TRUEWIT.

Vous ne voulez pas me mystifier?

CLÉRIMONT.

Pourquoi?

TRUEWIT.

Celui qui veut l'épouser le sait-il?

CLÉRIMONT.

Je ne puis le dire.

TRUEWIT.

Ce voisinage suffirait pour la compromettre.

CLÉRIMONT.

Pourquoi?

TRUEWIT.

Le premier bavard de la ville! John Daw! et il lui aurait appris à ne pas parler! Que Dieu soit avec vous!, j'ai aussi quelque affaire.

CLÉRIMONT.

Vous ne voulez donc pas venir chez elle?

TRUEWIT.

Non, à cause du danger que courraient mes oreilles si je rencontrais sir Daw.

CLÉRIMONT.

Mais je pensais que vous étiez tous deux en d'excellents termes.

TRUEWIT.

En nous tenant à distance l'un de l'autre.

CLÉRIMONT.

On dit que c'est un savant.

TRUEWIT.

Il est le premier à le dire. La peste de lui! il prétend l'être, et il n'achète des livres que pour leurs titres; aussi n'en a-t-il que les titres dans la tête.

CLÉRIMONT.

Le monde prétend qu'il est très-lettré.

TRUEWIT.

Je suis fâché que le monde conspire pour le calomnier.

CLÉRIMONT.

De bonne foi, j'ai entendu de fort bonnes choses sortir de sa bouche.

TRUEWIT.

Vous pouvez le jurer; il n'y a personne d'assez ignorant pour le nier; seulement, je voudrais que ces bonnes choses fussent de lui. Dieu soit avec vous, messieurs! (Il sort précipitamment.)

CLÉRIMONT.

Voici un brusque départ.

DAUPHIN.

Vous êtes un homme étrangement facile dans votre conversation; vous dites tout.

CLÉRIMONT.

Mais croyez-moi, Dauphin, Truewit est un très-honnête garçon.

DAUPHIN.

Je le prends pour tel, mais sa bonne et franche nature ne vaut rien pour un secret.

CLÉRIMONT.

Eh bien! vous vous trompez, Dauphin; je sais des choses qui lui ont été confiées, et dont il a été un très-fidèle et très-honnête dépositaire.

DAUPHIN.

Je ne le conteste pas; mais moins grand est le nombre de ceux à qui on dit un secret, et mieux il est gardé. Maintenant que nous sommes seuls, si vous voulez m'accompagner jusque-là, je suis prêt.

CLÉRIMONT.

Vous y êtes allé déjà?

DAUPHIN.

Hier soir. Oh! quel décaméron de *sport!* Boccace n'en a jamais rêvé un pareil. Daw lui fait une cour assidue et pour le mauvais motif. Il voudrait la séduire, et n'en loue pas moins sa modestie et sa grande réserve. Il désire l'entendre parler et causer de toutes choses; cependant il fait l'éloge de son silence dans des vers qu'il récite, et qu'il prétend les meilleurs qu'homme ait jamais faits. Ensuite il s'irrite contre sa destinée, frappe du pied, se mutine, se plaint tout haut qu'on n'ait pas fait de lui un conseiller, en l'appelant aux affaires de l'État.

CLÉRIMONT.

Allons-y, je vous prie; j'ai grand désir d'avoir ma part de ce spectacle. — Petit, donne-moi un peu d'eau. (Le page sort.)

DAUPHIN.

Nous sommes invités ensemble, lui et moi, à dîner par un de ses visiteurs, sir La-Foole.

CLÉRIMONT.

Oh! un précieux petit homme!

DAUPHIN.

Le connaissez-vous?

CLÉRIMONT.

Oui, et il vous connaît aussi; il suffit qu'il vous ait vu une fois pour qu'il vous aborde en pleine église, au milieu des prières. Avec très-peu d'esprit, il a beaucoup d'arrogance; il saluera un juge sur son banc, un évêque dans sa chaire, un avocat lorsqu'il plaide à la barre, et fera, en lui parlant, perdre la mesure à une *lady* au milieu d'une contredanse. Il donne des comédies, des soupers, et invite ses hôtes, tout haut, de sa fenêtre, au moment où ils passent en voiture; il a un logement au Strand, tout exprès pour cela; ou bien il épie les *ladies* quand elles vont dans les magasins de porcelaine de Chine, ou à la Bourse[1]; alors il a l'air de les rencontrer par hasard, et leur fait des présents en babioles du prix de deux ou trois cents livres, ce qui n'empêche pas qu'on se moque de lui. Il a toujours en réserve dans sa chambre un goûter, ou des pots de confitures et toutes sortes de douceurs pour prendre à l'hameçon leurs femmes de chambre.

DAUPHIN.

Excellent! Hier je le trouvais gentil garçon; je le trouve aujourd'hui cent fois plus gentil. Quel est son nom de baptême? je l'ai oublié.

(Le page rentre.)

CLÉRIMONT.

Sir Amorous La-Foole.

LE PAGE.

Le gentilhomme qui porte ce nom est en bas.

CLÉRIMONT.

Je parierais ma vie qu'il vient m'inviter à dîner.

DAUPHIN.

C'est probable; je vous en prie, faites-le monter.

CLÉRIMONT.

Page, sois son introducteur.

LE PAGE.

Avec un bâton, monsieur[2]?

---

1. Le nouveau palais de la *Bourse* construit en 1608, autour duquel il y avait une rangée de boutiques occupées principalement par des modistes et des couturières.

2. « Marshall him — Introduis-le comme un maître des cérémonies, — With a truncheon, sir? avec un bâton,? » C'est-à-dire, dois-je l'amener avec l'insigne d'un maître des cérémonies, ce qui est à double sens, et peut aussi signifier à coups de bâton.

CLÉRIMONT.

Va donc, te dis-je! — (Le page sort.) Je vais lui faire raconter sa généalogie, et lui faire faire l'énumération des plats qu'il nous donnera à dîner, des convives qu'il aura, et de toutes ses affaires par-dessus le marché, le tout d'une haleine.

(Sir Amorous La-Foole entre.)

LA-FOOLE.

Vous portez-vous bien, cher sir Dauphin, honorable monsieur Clérimont?

CLÉRIMONT.

Sir Amorous, vous honorez beaucoup mon logement par votre présence.

LA-FOOLE.

En vérité, c'est un charmant logis; un logis presque aussi recherché que le mien.

CLÉRIMONT.

Il n'en est pas ainsi, monsieur.

LA-FOOLE.

Excusez-moi, monsieur,... s'il était au Strand. Je suis venu, monsieur Clérimont, pour vous prier de venir dîner avec moi aujourd'hui, à la suite de deux ou trois dames.

CLÉRIMONT.

Comment, monsieur, à la suite? Me prenez-vous pour un valet?

LA-FOOLE.

Non, monsieur, excusez-moi; je voulais dire dans leur compagnie.

CLÉRIMONT.

Oh! alors, très-volontiers; la double entente de votre phrase, croyez-moi, vous ferait une querelle affreuse et de toutes les heures avec les *enfants terribles*[1], si vous deviez vivre avec eux un seul jour.

LA-FOOLE.

Si j'avais un démêlé avec qui que ce fût, ce serait tout à fait contre ma volonté.

CLÉRIMONT.

Je le crois, monsieur. Où donnez-vous votre repas?

LA-FOOLE.

Dans la maison de Tom Otter, monsieur.

DAUPHIN.

Tom Otter? Qui est-ce?

LA-FOOLE.

Le capitaine Otter, monsieur! C'est un joueur; mais il a eu un commandement sur terre et sur mer.

DAUPHIN.

Alors, c'est un animal amphibie.

LA-FOOLE.

Oui, monsieur; sa femme était la riche marchande de porcelaine de Chine[2] que les courtisans visitaient si souvent, et qui a donné de belles fêtes. Elle commande tout à la maison.

CLÉRIMONT.

Alors elle est le capitaine Otter.

---

1. *Terrible boys*, qu'on appelait aussi *angry-boys*. Tel était le nom que l'on donnait à certains jeunes gens qui se distinguaient par leur humeur querelleuse et tenaient le haut du pavé, et que nous appellerions des bretteurs.

2. Au temps de Ben Jonson, le commerce du Levant était à son début; la porcelaine de Chine et les marchandises en laque étaient importées depuis peu à Londres par l'intermédiaire des Hollandais, et attiraient la curiosité des deux sexes : ces boutiques étaient le rendez-vous du beau monde, et avaient fini par dégénérer en maisons de débauche dont les propriétaires étaient les pourvoyeurs.

LA-FOOLE.

Vous dites la vérité, monsieur ; c'est ma cousine, une La-Foole par sa mère ; elle invitera beaucoup de *ladies* à cause de moi.

DAUPHIN.

Non pas des La-Foole d'Essex?

LA-FOOLE.

Non, monsieur, des La-Foole de Londres.

CLÉRIMONT.

Le voilà sur la piste.

LA-FOOLE.

Ils sortent tous de notre maison, les La-Foole du nord, les La-Foole de l'ouest, les La-Foole de l'est et du sud ; nous sommes l'une des plus anciennes familles qu'il y ait en Europe ; — mais moi, je descends directement des La-Foole de France. — Nous portons dans nos armes, de jaune ou or, échiqueté d'azur et de gueules, et trois ou quatre autres couleurs ; des armes, ma foi, bien connues, qui ont été quelquefois portées solennellement par divers nobles de notre maison. — Mais laissons cela, on n'a plus d'égard pour l'ancienneté des familles. — J'ai reçu un couple de daims, messieurs, une demi-douzaine de faisans, une douzaine ou deux de francolins, et quelques autres pièces de gibier, que je veux manger à point et en bonne compagnie. — Il y aura à dîner une ou deux grandes dames, milady Haughty, milady Centaure, mistress Dol Mavis. Elles viennent avec le projet de voir la dame silencieuse, mistress Épicène, que l'honorable Sir John Daw a promis d'amener ; et il y aura encore mistress Trusty, femme de milady, ainsi que l'honorable chevalier que voici, sir Dauphin, avec vous, monsieur Clérimont. — Nous serons gais, nous aurons des violons, et nous danserons. — J'ai été un enragé gaillard dans mon temps, et j'ai dépensé bien des couronnes depuis le temps où j'étais page à la cour, au service de lord Lofty, et ensuite écuyer de milady, qui m'arma chevalier en Irlande, lorsqu'il plut à mon frère aîné de mourir. — J'eus, ce jour-là, une jaquette dorée aussi belle qu'on en ait jamais porté dans le voyage de Saint-Domingue ou à Cadix[1], sans déprécier personne. J'arrivai ici ainsi vêtu, je me présentai à mes amis, à la cour; puis j'allai visiter mes fermiers à la campagne, surveiller mes terres, renouveler mes baux et toucher mes revenus, pour les dépenser ici, dans le centre du beau monde, en faveur des dames; ce qui fait que maintenant je peux prétendre à tout.

DAUPHIN.

Auprès des dames, monsieur?

CLÉRIMONT.

Oh! laissez-le respirer, il n'a pas repris son souffle.

DAUPHIN.

Je voudrais être de moitié avec vous, monsieur.

LA-FOOLE.

Je ne dis pas cela, monsieur, excusez-moi; je dis qu'avec l'argent on peut prétendre à tout ce que l'argent peut procurer. J'ai un ou deux autres convives à

---

1. Allusion à la prise de Saint-Domingue, par Sir Francis Drake, en 1585. Il avait à bord de ses vaisseaux plus de deux mille volontaires, dont une grande partie en jeunes gens riches, et qui se distinguaient par un brillant costume.

L'aventure de Cadix fut conduite par le comte d'Essex et sir Walter Raleigh, en 1596; ils brûlèrent la flotte qui y arrivait des Indes, et en rapportèrent d'immenses trésors.

inviter, et auxquels je répéterai ce que je viens de vous dire. Messieurs, je prends brusquement congé de vous, avec l'espoir que vous ne nous manquerez pas. — Votre serviteur. (Il sort.)

DAUPHIN.

Nous ne vous manquerons pas, précieux sir La-Foole; mais celle que vos ladies viennent pour voir manquera à la fête, si j'ai un peu de crédit auprès de sir Daw.

CLÉRIMONT.

Avez-vous jamais entendu une semblable corneille?

DAUPHIN.

Et vu une oie pareille à l'autre qui veut exposer sa maîtresse aux yeux de tout ce monde? Venez, il est temps d'empêcher cela.

CLÉRIMONT.

Allons.

(Ils sortent.)

ACTE II.

SCÈNE PREMIÈRE.

Une chambre dans la maison de Morose.

MOROSE avec un tube à la main, MUTE son valet, et plus tard TRUEWIT.

MOROSE[1].

Ne puis-je trouver un moyen meilleur que ce tube pour éviter à mes valets la peine de parler et à me

---

1. Voyez, pour cette scène, la note 2, page 185.

oreilles la discordance des sons? Voyons! — Toutes les paroles, excepté les miennes, sont pour moi un supplice. Elles me semblent dures, impertinentes et fatigantes. — (A Mute.) Ne nous serait-il pas possible, à toi de parler et à moi de te comprendre par signes? Je vais te questionner, ne parle pas. Tu as enlevé la sonnette de la porte qui donne sur la rue, comme je te l'avais ordonné? Ne me réponds que par le silence, à moins que tu ne l'aies pas fait. (Mute tire une jambe en saluant.) — Très-bien. Et tu as, sans doute, assujetti une épaisse couverture, ou un matelas à l'extérieur de la porte, afin que, s'ils frappent avec le manche de leurs poignards, ou avec une brique, ils ne puissent faire aucun bruit? Réponds avec ta jambe, à moins qu'il n'en soit autrement. (Mute salue.) — Très-bien. — Ce n'est pas seulement une preuve de réserve chez un serviteur, mais une preuve de discrétion et de bonne administration chez un maître. — Et tu as été chez Cutbeard, le barbier, pour lui dire de venir ici? (Mute salue.) — Très-bien. Et il viendra de suite? Ne me réponds qu'avec ta jambe, à moins qu'il en soit autrement; s'il en est autrement, branle la tête, ou hausse les épaules. (Mute salue.) — Bien. — Les Italiens et les Espagnols sont sages dans leurs démonstrations par gestes, et font ainsi preuve d'une gravité sobre et décente. Dans combien de temps viendra Cutbeard? Attends; si c'est une heure, ouvre la main entière; une demi-heure, ouvre deux doigts; un quart d'heure, un seul doigt. (Mute ouvre un doigt ployé.) — Bien. Un demi quart d'heure; c'est parfait. Et lui as-tu donné une clef pour entrer sans frapper? (Mute salue.) — Bien. La serrure et les gonds sont-ils huilés? (Nouveau salut.)

—Bon. Les tapis des escaliers ne sont pas usés; n'en manque-t-il nulle part? (Mute salue.) — Très-bien. Je vois qu'avec de l'intelligence, et en persévérant, nous réussirons; retire-toi. — Le Grand Turc, dans sa divine discipline, est admirable et au-dessus de tous les autres potentats de la terre; il est toujours servi par des muets, et ses ordres n'en sont que mieux exécutés; bien plus, j'ai entendu dire qu'à la guerre, et dans les marches, dans les charges et pour les commandements, les ordres étaient donnés par des signaux muets. Oh! science exquise! Je suis vraiment honteux et souvent indigné que les princes de la chrétienté permettent que des barbares les surpassent dans un si haut point de félicité. Dorénavant je ferai ainsi. (On entend résonner un cor.) — Quoi? Comment! oh! oh! Quel vilain, quel monstre de l'humanité est-ce là? Regarde. (Mute sort.) —(Le cor résonne de nouveau.) Oh! coupe-lui la gorge, coupe-lui la gorge! Quel scélérat, quel chien infernal, quel démon peut-ce être?

(Mute rentre.)

MUTE.

C'est un courrier de la cour.

MOROSE.

Tais-toi, gredin! Vas-tu aussi sonner du cor?

MUTE.

Hélas! monsieur, c'est un courrier de la cour qui prétend qu'il doit vous parler, sous peine de mort.

MOROSE.

Sous peine de la vie, tais-toi!

(Truewit entre avec un cor de courrier, et une corde à la main.)

TRUEWIT.

Avec votre permission, monsieur. — Je vous suis

inconnu. — Vous appelez-vous monsieur Morose? Êtes-vous bien monsieur Morose? — Ils sont muets comme des poissons! Ce sont des Pythagoriciens! C'est étrange! — Que dites-vous, monsieur? Rien. Harpocrate est-il descendu parmi vous avec son bâton [1]? Eh bien! monsieur, je veux croire que c'est bien à vous que j'ai affaire; je me risque. Monsieur, vos amis de la cour se recommandent à votre souvenir...

MOROSE.

O hommes! o mœurs! Vit-on jamais pareille impudence!

TRUEWIT.

Et sont pleins de sollicitude pour vous.

MOROSE.

De qui êtes-vous le serviteur maudit?

TRUEWIT.

Mon propre serviteur et votre égal, monsieur.

MOROSE.

Allez me chercher mon épée.

TRUEWIT, à Mute.

Si vous le faites, ô groom, vous avalerez la moitié de la lame de mon poignard; et vous, l'autre moitié si vous remuez, monsieur; soyez patient, je vous le conseille, et vous l'ordonne au nom du roi; écoutez-moi sans insurrection. On dit que vous voulez vous marier; vous marier! Remarquez-vous mes paroles, monsieur?

MOROSE.

Eh bien! quoi, rude compagnon?

1. Nous ne savons pourquoi Ben Jonson donne à Harpocrate un bâton pour attribut.

TRUEWIT.

Eh bien! vos amis s'étonnent de cette folie, monsieur, la Tamise où vous pourriez vous noyer si gentiment étant si près d'ici[1], ainsi que le pont de Londres, dont le parapet est facile à enjamber, et d'où l'on ferait un si joli saut dans le fleuve; la ville renfermant en outre des clochers si délicatement sculptés, comme Bow, ou Saint-Paul, dont la flèche est plus haute; si vous préféreiz ne pas vous éloigner de chez vous, et avoir moins de chemin à faire, n'avez-vous pas une excellente fenêtre de grenier donnant sur la rue, et une poulie à laquelle on pourrait ajuster cette corde (Il lui montre la corde.) que vos amis vous envoient, en souhaitant que vous préféreiz le nœud coulant que voici au nœud du mariage? Vous pourriez encore prendre un peu de sublimé et vous en aller de ce monde comme un rat, ou comme un oiseau avec une paille à la queue; user enfin de quelque moyen que ce soit pour ne pas céder à l'infernal démon du mariage. Hélas! monsieur, pouvez-vous espérer de rencontrer jamais une femme chaste dans les temps où nous sommes, à une époque où l'on voit tant de masques, tant de comédies, tant de sermons puritains, tant de fous enragés, et tant d'autres apparitions étranges, chaque jour, en public ou en particulier? Si vous aviez vécu, monsieur, au temps d'Éthelred ou d'Édouard le Confesseur, vous auriez peut-être rencontré une femme dans quelque froid village du nord; quelque sotte

---

[1]. Ferre potes dominam salvis tot restibus ullam
Cum pateant altæ caligantesque fenestræ,
Et tibi vicinum se præbeat Æmilius pons.
(Juvénal, Sat. vi.)

grosse fille glacée qui se serait contentée d'un seul homme; maintenant, c'est comme si vous leur demandiez de se contenter d'une seule jambe ou d'un seul œil. Je veux vous raconter, monsieur, les monstrueux hasards que vous courrez avec une femme.

MOROSE.

Mon bon monsieur, ai-je jamais filouté à quelques-uns de vos amis une de leurs propriétés? ai-je acheté à vil prix leurs domaines? les ai-je dépossédés après avoir hypothéqué leurs biens? ai-je sur eux un droit de réversion? ai-je bâtardisé leur race? Qu'ai-je fait, mon Dieu, pour mériter un pareil traitement?

TRUEWIT.

Rien que je sache, monsieur, et, si ce n'était la démangeaison que vous avez de vous marier...

MOROSE.

Si j'avais assassiné votre père, violé votre mère, séduit vos sœurs...

TRUEWIT.

Je vous tuerais, monsieur; je vous tuerais, si vous aviez fait cela.

MOROSE.

Mais vous faites plus que me tuer, monsieur. On ne se vengerait pas autrement des plus horribles forfaits.

TRUEWIT.

Hélas! monsieur, je ne suis qu'un messager, et vous êtes obligé d'entendre ce que je suis obligé de vous dire. Vos amis sont fort soucieux de la santé de votre âme, et voudraient vous faire connaître les périls que vous courez; cependant vous pouvez en agir à votre guise plutôt qu'à la leur; je ne prétends pas vous convaincre. Si, après votre mariage, votre femme s'enfuit avec un bateleur ou avec un Français danseur de corde, ou avec celui qui danse la gigue, ou avec le saltimbanque qui mange des sabres, ce ne sera pas la faute de vos amis ; ils auront fait leur devoir, puisque vous saurez par eux ce qui peut vous arriver. Souffrez donc vaillamment, monsieur ; car je dois vous énumérer tous les dangers auxquels vous vous exposez. Si elle a de la beauté, de la jeunesse et de la séve, ce sont là les sucreries qui attirent le plus les mouches, tous les pourpoints jaunes et les nœuds de rubans en forme de rose [1] seront bientôt chez elle; si elle est laide et bossue, c'est elle qui ira les trouver et qui payera les pourpoints jaunes et les nœuds de rubans ; si elle est riche et que vous l'épousiez pour sa dot, elle régnera dans votre maison plus impérieuse qu'une veuve ; si elle est noble, tous ses parents seront vos tyrans ; si elle est féconde, elle sera aussi vaine que mai, aussi capricieuse qu'avril ; elle aura à chaque instant les docteurs, les sages-femmes, les gardes et les envies de femme grosse, quand même il s'agirait du plus cher morceau d'un homme ; si elle est savante, il n'y eut jamais un pareil perroquet ; tout votre patrimoine sera insuffisant à nourrir les convives que vous devrez inviter pour l'entendre parler grec et latin, et il faudra que vous couchiez avec elle dans l'un de ces deux langages, si vous voulez lui plaire ; si elle est puritaine, vous devrez inviter, tous les trois jours,

---

1. Les gens à la mode portaient des pourpoints jaunes, et sur le cou-de-pied des nœuds de rubans en forme de roses ; — de là sans doute l'expression *rosettes*.

les frères persécutés et réduits au silence, embrasser les sœurs, entretenir toute la famille et écouter leurs exercices de longue haleine, leurs chants et leurs catéchismes, auxquels vous n'avez pas confiance, mais qui ont confiance en votre bourse, le tout pour plaire à votre femme, la jalouse matrone, qui, pour la sainte cause, vous dupera et vous volera. Vous commencez à suer, monsieur? Cependant, sur l'honneur, je n'en suis pas à la moitié. Vous pouvez, toutefois, faire ce qu'il vous plaira, comme je vous l'ai dit plus haut. Je ne cherche pas à vous convaincre. (Mute est sur le point de se glisser dehors.) Sur ma parole, monsieur le valet, si vous remuez, je vous rosse.

MOROSE.

Oh! quel est mon péché? quel est mon péché?

TRUEWIT.

Continuons donc. Si vous aimez votre femme, ou plutôt si vous enragez d'amour pour elle, monsieur, oh! combien elle vous torturera et se réjouira de vous torturer! Vous ne coucherez avec elle que suivant son bon plaisir, elle voudra toujours ménager sa beauté et son teint; si elle consent, ce ne sera qu'au prix de quelque perle ou de quelque bijou; toute demi-heure de plaisir devra être achetée chaque fois aux mêmes frais et dépenses qu'aux premiers jours que vous la courtisiez. Elle aura les serviteurs qui lui plairont et la compagnie qu'elle choisira. Un ami ne pourra vous rendre visite sans sa permission; celui qu'elle aime le plus, elle aura l'air de le haïr vivement afin de dépister votre jalousie, ou bien elle feindra d'être la première jalouse de vous, et, sous ce prétexte, elle ira chez sa cousine ou son amie pour s'instruire dans le mystérieux talent d'écrire des lettres, de corrompre des valets, d'apprivoiser des espions ; elle lui demandera où elle peut acheter un riche accoutrement pour tel grand jour, une robe neuve pour l'occasion suivante, et une plus riche pour la troisième ; elle voudra être servie dans l'argenterie ; elle aura ses antichambres pleines de grooms, de valets de pied, d'écuyers et autres serviteurs, auxquels il faut ajouter les brodeuses, les joailliers, les couturières, les lingères, les plumassières, les parfumeurs, sans qu'elle comprenne jamais comment il se fait que tous les jours vos terres décroissent en étendue et vos acres fondent comme du beurre, et sans se douter de la loi des échanges qui lui fait troquer vos forêts contre des étoffes de velours ; car elle ne pèse jamais ce que lui coûte sa vanité, pourvu qu'elle puisse embrasser un page dont le menton désespère d'avoir de la barbe. Elle sera peut-être femme politique ; alors elle saura toutes les nouvelles : ce qui s'est fait à Salisbury [1] ou à Bath, ce qui se passe à la cour et pendant les voyages du roi [2] ; ou bien elle se contentera de critiquer les poëtes, les écrivains et leur style, et de les comparer entre eux : Daniel avec Spenser, Jonson avec l'autre jeune [3], et ainsi de suite ; ou bien elle se rendra célèbre par son habileté dans les controverses ou dans les disputes sur la Divinité, et ces mots seront souvent sur ses lèvres : *l'état de la question*.

1. Au moment des courses de chevaux.

2. Quand le roi allait en Écosse, ou lorsqu'il faisait quelque visite à l'un de ses nobles sujets.

3. Ben Jonson veut prouver le mauvais goût de ces femmes, en disant qu'elles comparent Daniel à Spenser, auquel il était fort inférieur, et lui-même à un autre jeune écrivain que l'on croit être *Decker*, auteur dramatique dont nous reparlerons.

Vous la verrez ensuite s'embarquer pour les mathématiques et les démonstrations, et répondre à la fois à l'un sur la religion, à un autre sur la politique, et à un troisième sur des questions obscènes.

MOROSE.

Oh! oh!

TRUEWIT.

Tout cela est vrai, monsieur; et vrai aussi qu'elle ira, déguisée, voir un magicien ou une devineresse. Là, sa première question sera de demander si vous devez bientôt mourir, et ensuite si son cavalier servant du jour l'adore, ensuite si elle doit en avoir un autre, et combien? quel est celui de ses serviteurs mâles ou femelles qui remplira le mieux les fonctions d'entremetteur; quel avantage elle aura dans son second mariage. Elle aura soin d'écrire toutes les réponses, et y ajoutera plus de foi qu'aux saintes Écritures; qui nous dit même qu'elle n'étudiera pas à fond l'art de la divination pour l'exercer elle-même?

MOROSE.

Mon aimable monsieur, avez-vous fini? avez-vous pris de moi tout votre plaisir? J'y songerai.

TRUEWIT.

Oui, monsieur, et de là elle reviendra chez elle à pied, chancelante, couverte de vapeur et de sueur. Un mois après, elle accouchera d'une nouvelle figure, huileuse et gluante; elle se baignera dans le lait d'ânesse et se teindra d'un fard nouveau. — Dieu soit avec vous, monsieur! — Encore une chose que j'allais oublier. Cette femme, avec laquelle vous allez vous marier, aura peut-être fait d'avance une cession de sa virginité, comme nos veuves prudentes font un transport de leurs biens à quelque ami de confiance avant de se remarier. Qui peut le dire? Ou, si elle ne l'a pas fait encore, elle le fera le jour du mariage ou la nuit qui le précédera, et vous antidatera cocu. Ces choses-là sont dans les choses possibles ici-bas. Cela s'est vu dans la nature, monsieur. Dieu soit avec vous! Je prendrai la liberté de vous laisser cette corde, monsieur, comme souvenir. — Adieu, Mute. (Il sort.)

MOROSE.

Viens, conduis-moi dans ma chambre; mais, d'abord, ferme la porte. (Truewit souffle dans son cor dans la rue.) Oh! ferme la porte, ferme la porte; est-ce qu'il revient?

(Cutbeard entre.)

CUTBEARD.

C'est moi, monsieur, votre barbier.

MOROSE.

O Cutbeard, Cutbeard, Cutbeard! j'ai eu ici un coupe-jarret; aide-moi à me mettre au lit, donne-moi un remède avec tes conseils. (Ils sortent.)

SCÈNE II.

Une chambre dans la maison de sir John Daw.

DAW, CLÉRIMONT, DAUPHIN, ÉPICÈNE.

DAW.

Eh bien! qu'elle refuse d'y aller! Cela la regarde et m'est indifférent, messieurs; mais elle ne sera pas souvent invitée à de pareils festins, avec de pareils convives.

CLÉRIMONT, à Daw.

Elle ne peut refuser. (A Épicène, à part.) Restez chez vous si vous tenez à votre réputation. Vous n'êtes invitée là que pour être vue, et ridiculisée par la présidente de l'académie féminine, et par ses ombres. Ce joueur de trompette vous a annoncée.

DAUPHIN, à part.

Vous ne devez pas y aller; laissez-lui tout le ridicule de ne vous avoir pas amenée; lachez la bride à sa faculté d'improviser des sottises pour s'excuser devant sa société.

CLÉRIMONT, à part.

Il nous soupçonnera; parlez haut. — Je vous en prie, madame Épicène, montrez-nous les vers faits en votre honneur; nous avons la permission de sir John Daw; ne nous cachez pas le mérite de votre cavalier servant, ni vos propres gloires.

ÉPICÈNE.

Elles deviendront les gloires de mon cavalier servant, puisque vous avez eu sitôt sa permission.

DAUPHIN.

Dites donc ses vaines gloires.

DAW.

Montrez-les, montrez-les, ma chère; j'ose les avouer.

ÉPICÈNE, les offrant.

Jugez donc vous-mêmes.

DAW.

Non, je les lirai. Un auteur doit réciter ses propres ouvrages. C'est un madrigal sur la modestie. (Il lit.) « Modeste et belle, car beauté et modestie sont sœurs. »

DAUPHIN.

Très-bon.

CLÉRIMONT.

Certes.

DAW.

« Aucune noble vertu ne vit solitaire, elles sont deux en une. »

DAUPHIN.

Excellent!

CLÉRIMONT.

Répétez ceci, je vous prie, sir John.

DAUPHIN.

Il y a là un sentiment d'un esprit rare.

CLÉRIMONT.

Silence!

DAW.

« Aucune noble vertu ne vit seule; mais elles sont deux en une.

« Alors, lorsque je sens la douce modestie, je sens aussi les rayons de la beauté brillante.

« Et, en louant à la fois la modestie et la beauté, c'est toi seule que j'ai louée. »

DAUPHIN.

Admirable!

CLÉRIMONT.

Comme cela carillonne divinement! et comme la fin vous laisse une douce vibration!

DAUPHIN.

C'est du Sénèque.

CLÉRIMONT.

Non, plutôt du Plutarque.

DAW.

Je me moque de Sénèque et de Plutarque; par la lumière du jour, c'est l'œuvre de ma seule imagination! je m'étonne que ces auteurs-là aient du crédit sur des gentilshommes.

CLÉRIMONT.

Ce sont de graves auteurs.

DAW.

De graves baudets! de pauvres essayistes! Quelques sentences lâches et molles, et voilà tout. Un homme parlerait ainsi toute sa vie; je dis à chaque instant d'aussi bonnes choses que ces gens-là, on n'a qu'à y faire attention et à les écrire.

DAUPHIN.

Vraiment, sir John?

CLÉRIMONT.

Nécessairement! un homme qui vit au milieu des raffinés et des beaux esprits!

DAUPHIN.

Et qui est leur président!

DAW.

Il y a Aristote, un diseur de lieux communs; Platon, un raisonneur; Thucydide et Tite-Live, ennuyeux et secs; Tacite, un nœud, méritant quelquefois qu'on cherche à le dénouer, mais rarement.

CLÉRIMONT.

Que pensez-vous des poëtes, sir John?

DAW.

Ils ne méritent pas qu'on les appelle des auteurs; Homère, un vieil âne, ennuyeux et prolixe, vous parle de corroyeurs et d'échinées de bœufs; Virgile, du fumage des terres, et d'abeilles; Horace, de je ne sais quoi.

CLÉRIMONT.

C'est mon avis.

DAW.

De même, Pindare, Lycophron, Anacréon, Catulle,

Sénèque le tragédien, Lucain, Properce, Tibulle, Martial, Juvénal, Ausone, Stace, Politien, Valérius Flaccus, et le reste.

CLÉRIMONT.

Comme il nous donne tous ces noms à plein sac!

DAUPHIN.

Et comme il les vide! Politien avec Valérius Flaccus!

CLÉRIMONT.

Le portrait que j'en avais fait était-il ressemblant?

DAUPHIN.

Aussi vrai qu'on pût le faire.

DAW.

Et Perse, un faquin refrogné, insupportable.

DAUPHIN.

Qui donc mérite le nom d'auteur, à votre avis?

DAW.

Syntagma juris civilis; Corpus juris civilis; Corpus juris canonici; la bible du roi d'Espagne.

DAUPHIN.

La bible du roi d'Espagne, est-ce là un auteur?

CLÉRIMONT.

Parbleu, ainsi que *Syntagma*.

DAUPHIN.

Qu'est-ce que c'était que Syntagma, monsieur?

DAW.

Un jurisconsulte, monsieur, et un Espagnol.

DAUPHIN.

Corpus devait être un Hollandais.

CLÉRIMONT.

Qui? les deux *Corpus*? Je les ai connus; c'étaient deux écrivains fort corpulents.

####### DAW.

Il y a aussi Vatablus, Pomponatius, Symancha. Les autres ne peuvent être admis parmi les écrivains.

####### DAUPHIN, à part, à Épicène.

Pardieu, madame, vous avez un cavalier fort savant... en titres.

####### CLÉRIMONT.

Je m'étonne qu'il ne soit pas appelé au gouvernail, et nommé conseiller.

####### DAUPHIN.

Il en est un, mais extraordinaire.

####### CLÉRIMONT.

Bien; mais il faudrait qu'il fût conseiller ordinaire. Franchement, l'État manque de pareils hommes.

####### DAUPHIN.

Oh! cela viendra.

####### CLÉRIMONT.

Je ne puis comprendre qu'une maîtresse reste silencieuse devant les qualités d'un tel cavalier servant.

####### DAW.

C'est sa vertu, monsieur. J'ai aussi écrit quelque chose sur son silence.

####### DAUPHIN.

En vers, sir John?

####### CLÉRIMONT.

Il n'en peut être autrement.

####### DAUPHIN.

Comment vous justifiez-vous d'être poëte, vous qui dites du mal de tous les vieux poëtes?

####### DAW.

Tout homme qui écrit en vers n'est pas pour cela un poëte. Vous avez de bons esprits qui écrivent en vers, et qui ne sont pas des poëtes. Les poëtes sont ceux qui vivent de la poésie ; oui, de pauvres diables qui en vivent.

DAUPHIN.

Quoi ! ne voudriez-vous pas vivre de vos vers, sir John ?

CLÉRIMONT.

Oh ! ce serait pitié qu'il en vécût ! Un gentilhomme vivre de ses vers ! Il ne les compose pas dans ce but, je pense.

DAUPHIN.

Pourtant, l'illustre Sidney[1] en tire profit ; et sa noble famille n'en rougit pas.

CLÉRIMONT.

Oui, il en fait profession ; mais sir John Daw a plus de prudence. Il ne veut pas mettre obstacle à son élévation dans l'État. Pensez-vous qu'il le voudrait ? Voyons vos vers, cher sir John, mais pas de poëmes.

DAW.

« Le silence dans une femme est comme l'éloquence chez l'homme. Le nie qui pourra. »

DAUPHIN.

Je ne veux pas le nier, croyez-moi ; mais vos raisons, monsieur ?

DAW.

« Le vice chez la femme est une vertu mâle. Le vice masculin est une vertu femelle. Vous en verrez la preuve par le produit ; je sais parler, mais elle sait se taire. » Me comprenez-vous, messieurs ?

---

1. Sidney, charmant poëte, et auteur du poëme de l'*Arcadie*.

DAUPHIN.

Non, en vérité. Que veut dire *par le produit*, sir John?

DAW.

Cela veut dire que lorsque je lui fais la cour pour la cause commune de l'humanité et qu'elle ne dit rien, mais *consentire videtur*, avec le temps elle sera *gravida*.

DAUPHIN.

Alors c'est une ballade de procréation.

CLÉRIMONT.

Dites donc un madrigal de procréation.

ÉPICÈNE.

Rendez-moi mes vers, cavalier servant.

DAW.

Vous les aurez si vous parlez haut. (Il se retire avec les papiers.)

(Truewit entre avec son cor.)

CLÉRIMONT.

Tenez, voici Truewit de retour. — Où as-tu donc été, au nom de la folie incarnée, ainsi accoutré avec ton cor?

TRUEWIT.

Là où le son que j'en ai tiré aurait transpercé de joie tous vos sens, si vous aviez été à portée de l'entendre. Dauphin, tombe à genoux, et adore-moi; j'ai empêché les bans d'être publiés, mon garçon; j'ai été chez ton vertueux oncle et j'ai rompu son mariage.

DAUPHIN.

Vous n'avez pas fait cela, je l'espère?

TRUEWIT.

Si, ma foi; si tu avais dû espérer autre chose, je

m'en repentirais. Ce cor m'a valu mon admission, baise-le. Je n'avais pas d'autre moyen d'entrer que de me déguiser en homme qui court la poste; mais une fois entré, c'est moi qui la lui fis courir à mon tour, ou plutôt je le changeai en poteau ou en borne, ce qui est plus dur encore, en proclamant, comme autant de coups de tonnerre, tous les inconvénients et toutes les misères du mariage. Si jamais on a vu Gorgone sous la forme d'une femme, je la lui ai fait voir dans ma description. Je l'ai détourné de cette piste pour toujours. — Eh bien! vous ne m'applaudissez pas? vous ne m'adorez point? Quoi! vous restez muets, messieurs? êtes-vous stupéfiés? Vous n'êtes pas dignes d'un tel service.

DAUPHIN, à Clérimont.

Ne vous l'avais-je pas dit? Quelle contrariété!

CLÉRIMONT, à Truewit.

J'aurais voulu que ce beau service s'adressât ailleurs.

TRUEWIT.

Pourquoi donc?

CLÉRIMONT.

Par la lumière du ciel, tu as fait la chose la plus inconsidérée, la plus étourdie, la moins spirituelle que jamais homme ait faite à un ami.

DAUPHIN.

Un ami! Si le plus malicieux de mes ennemis s'était étudié à me nuire, il n'aurait pas mieux réussi.

TRUEWIT.

Comment? Au nom de Dieu, comment? Revenez à vous, messieurs.

DAUPHIN, à Clérimont.

Je vous l'avais prédit.

CLÉRIMONT.

J'aurais voulu que mes lèvres eussent été scellées, lorsque je lui parlais! Par la lumière de Dieu, qui t'a poussé à être aussi bavard?

TRUEWIT.

Mes maîtres, ne prenez pas des airs aussi étranges pour payer ma courtoisie; quittez ce masque. Rendre de bons services à quelqu'un, et en être ainsi récompensé!

DAUPHIN.

Par le ciel, vous m'avez perdu! Ce que j'avais préparé, comploté et mûri depuis quatre mois, vous l'avez renversé en une minute. Maintenant que je suis perdu, je puis parler : cette dame avait été logée à dessein ici par moi, et c'était pour s'imposer à mon oncle qu'elle avait, à ma prière, affiché ce silence obstiné. Elle m'était entièrement dévouée, et en récompense de l'heureuse fortune d'être sa femme elle m'avait fait de très-amples conditions; tandis que maintenant toutes mes espérances sont ruinées de fond en comble par ce malheureux événement.

CLÉRIMONT.

C'est toujours ainsi, quand un homme est ignoramment officieux et rend des services sans savoir pourquoi; je m'étonne de cette démangeaison de zèle qui t'a pris; tu n'as jamais, de toute ta vie, joué un rôle plus absurde, ni fait une plus grande offense à l'amitié, et même à l'humanité.

DAUPHIN.

Vous ferez mieux de lui pardonner; la faute en est à vous, tout le premier.

CLÉRIMONT.

Je le sais, et voudrais qu'il en fût autrement.

(Cutbeard entre.)

DAUPHIN.

Eh bien, Cutbeard, quelle nouvelle?

CUTBEARD.

Meilleure et plus heureuse que jamais, monsieur; votre oncle a eu ce matin la visite d'un enragé, (Voyant Truewit.) (je crois que c'est monsieur) qui lui a fait presque perdre l'esprit par ses menaces prophétiques pour l'éloigner du mariage.

DAUPHIN.

Continue, je te prie.

CUTBEARD.

Votre oncle s'est imaginé que cela avait dû être fait à votre instigation; aussi veut-il voir à l'instant la dame que vous savez. S'il la trouve à son goût, et aussi près du mutisme que je le lui ai dit, il jure qu'il l'épousera sur-le-champ, sans différer une seule minute.

DAUPHIN.

Excellent! au-dessus de toute attente!

TRUEWIT.

Au-dessus de toute attente? Comme il fait jour ici, je savais que cela serait ainsi.

DAUPHIN.

Alors, mon cher Truewit, pardonnez-moi.

TRUEWIT.

Non. J'étais un ignorant officieux, un impertinent; c'était un rôle absurde, stupide...

CLÉRIMONT.

Veux-tu maintenant attribuer à ton mérite ce qui revient au hasard?

TRUEWIT.

Le hasard! Dites donc : simple prévision; la fortune n'a pas un doigt là dedans; j'avais prévu le résultat qui devait naturellement en surgir; mon génie ne se fourvoie jamais en ces sortes de choses; prouvez-moi que cela pût être autrement.

DAUPHIN.

Allons, messieurs, ne vous querellez pas; tout est au mieux à cette heure.

TRUEWIT.

Comme je le laissais aller, avec ses épithètes d'inconsidéré, de violent, et tout ce qui lui a fait plaisir!

CLÉRIMONT.

Tais-toi donc, étrange justificateur de toi-même; l'événement t'a rendu plus sage que tu n'avais été.

TRUEWIT.

Encore l'événement! Par la lumière qui nous éclaire, vous ne me persuaderez jamais que je n'aie vu cela aussi clairement que les étoiles.

DAUPHIN.

Allons, messieurs, c'est au mieux : entretenez donc tous les deux sir John Daw, pendant que j'enverrai là-bas Épicène avec mes instructions.

TRUEWIT.

Je désire d'abord, avec votre assentiment, faire connaissance avec elle.

CLÉRIMONT, à Épicène.

Madame, M. Truewit, un de nos amis.

TRUEWIT.

Je suis fâché, madame, de ne vous avoir pas connue plus tôt pour pouvoir vanter partout votre rare vertu de silence.

(Dauphin, Épicène et Cutbeard sortent.)

CLÉRIMONT.

Si tu étais venu il y a un instant, tu aurais entendu sir John Daw la célébrer dans ses madrigaux.

TRUEWIT, s'avançant vers Daw.

John Daw, Dieu vous conserve! Depuis quand avez-vous vu La-Foole?

DAW.

Je ne l'ai point vu depuis hier soir, monsieur Truewit.

TRUEWIT.

C'est un miracle; je vous croyais inséparables!

DAW.

Il est allé inviter ses convives.

TRUEWIT.

C'est, ma foi, vrai. Quelle mauvaise mémoire! je suis l'un des invités. Je le rencontrai, il n'y a qu'un instant, sur ce qu'il appelle son fin et beau cheval noir, couvert d'écume, s'arrêtant, de place en place et de personne à personne, pour donner le mot d'ordre.

CLÉRIMONT.

De peur qu'ils n'oublient l'heure du dîner.

TRUEWIT.

C'est cela; on ne vit jamais capitaine prendre plus de peine dans une revue pour faire manœuvrer ses soldats, que lui pour faire manœuvrer ses convives.

DAW.

C'est son festin de bataille.

CLÉRIMONT.

Quoi! c'est vous qui dites cela?

TRUEWIT.

Oh! ne craignez rien; John Daw ne sera pas en

reste d'esprit, même contre ses meilleurs amis. Mais où est sa maîtresse pour applaudir à ses épigrammes? où donc est-elle?

DAW.

Madame Épicène est-elle partie?

CLÉRIMONT.

Oui, il y a un moment, avec sir Dauphin.

TRUEWIT.

Partie! mais c'est une injure manifeste, plus qu'une disgrâce; refuser de l'accompagner, lui, un raffiné et un bel esprit!

CLÉRIMONT.

Il l'avalera comme crème; il est plus savant dans le *jure civili* que dans l'appréciation d'une disgrâce qui lui vient d'une maîtresse.

DAW.

Eh bien, laissez-la faire. Elle restera seule et muette dans sa chambre, toute une semaine, je vous le jure par John Daw. Quoi! elle me refuse!

CLÉRIMONT.

Non, monsieur, ne le prenez pas tant à cœur; elle ne vous refuse pas, mais elle vous néglige un peu. En vérité, Truewit, tu as eu tort de lui mettre dans la tête qu'elle le refuse.

TRUEWIT.

Monsieur, elle le refuse positivement, vous aurez beau chercher un subterfuge; et, si j'étais lui, je jurerais de ne pas lui dire un mot de toute la journée.

DAW.

Par le soleil qui m'éclaire, je ne lui parlerai plus!

TRUEWIT.

A elle, ni à personne.

DAW.
Oh! non, je ne veux pas dire cela, messieurs.
CLÉRIMONT, à part.
C'eût été un bonheur pour tous, si on avait pu obtenir son silence.
DAW.
Je vais, en vérité, être fort mélancolique.
CLÉRIMONT.
Je le serais comme un chien, si j'étais vous.
TRUEWIT.
Voire même comme un escargot ou un pou de cochon. Je m'enroulerais sur moi-même, et ils ne parviendraient pas à me dérouler.
DAW.
C'est ce que je ferai; je le jure par ce cure-dent.
CLÉRIMONT.
C'est bien. Il commence déjà à être courroucé jusqu'aux dents.
DAW.
Venez-vous, messieurs?
CLÉRIMONT.
Non, vous devez marcher seul, si vous êtes vraiment mélancolique, sir John.
TRUEWIT.
Oui, monsieur, nous vous suivrons de loin comme des chiens. (Daw sort.)
CLÉRIMONT.
Vit-on jamais à vendre, pour un éclat de rire, deux aunes de chevalerie, bonne mesure, pareilles à cet homme!
TRUEWIT.
Une taupe qui parle, rien de plus! Qu'il se pende!

Un champignon nouvellement poussé! un sot si parfaitement nul qu'il n'a pas une pensée à lui!

CLÉRIMONT.

Suivons-le ; mais, d'abord, allons trouver Dauphin. Il est là, errant autour de la maison, à l'affût des nouvelles.

TRUEWIT.

Très-bien. (Ils sortent.)

SCÈNE III.

Une chambre chez Morose.

MOROSE et MUTE suivi de CUTBEARD qui introduit ÉPICÈNE.

MOROSE.

Soyez le bienvenu, Cutbeard! Approchez avec votre belle compagne, et dites-lui doucement à l'oreille d'ôter son masque. (Épicène ôte son masque.) Bien! la porte est-elle fermée? (Mute fait une révérence.) Assez. Maintenant, Cutbeard, je vais vous faire des questions, et vous suivrez, pour répondre, la discipline que j'ai établie pour mes gens. Comme je le comprends, Cutbeard, cette dame est la personne que vous avez rencontrée, et amenée ici, dans l'espoir qu'elle me conviendra pour femme. (Cutbeard fait une révérence.) Très-bien faite, Cutbeard. Je comprends en outre, Cutbeard, que vous vous êtes enquis d'avance de sa naissance, de son éducation, de ses qualités; car autrement vous ne la présenteriez pas à mon acceptation, à cause des importantes conséquences d'un mariage. (Il fait la révérence.) Je comprends cela, Cutbeard; ne me répondez qu'en tirant la jambe, à moins qu'il n'en soit autrement.

(Cutbeard salue.) Très-bien, mon Cutbeard; mettez-vous un peu de côté maintenant, et laissez-moi examiner sa personne, et son aptitude à mon affection. (Il la regarde, et passe autour d'elle.) Elle est excessivement belle, et ses traits sont particulièrement fort beaux ; un doux ensemble de membres plein d'harmonie ; la température de sa beauté est au même niveau que mon sang. Le gredin a parfaitement trouvé ce qu'il me fallait pour l'extérieur ; éprouvons le dedans maintenant. — Approchez, belle dame ; que ma conduite ne vous paraisse pas grossière, bien que, par sa singularité, elle doive vous sembler étrange. (Épicène fait une révérence.) Madame vous pouvez parler, bien que je l'aie défendu à Cutbeard et à mon valet ; à l'exception de tous les autres sons, la douce voix d'une jolie femme a la juste longueur de mes oreilles ; je vous en prie, madame, parlez ; on dit que du premier feu de deux regards qui se rencontrent l'amour s'embrase. Sentez-vous un choc soudain dans votre cœur, à la vue de quelque partie de moi-même ? Hein, madame ? (Épicène fait la révérence.) Hélas, madame, ces réponses par révérences silencieuses sont trop simples et peu courtoises ; j'eus toujours les habitudes de la cour, et celle qui doit être ma femme doit être accomplie, et avoir la désinvolture et la hardiesse qu'on y voit. Pouvez-vous parler, madame?

ÉPICÈNE, très-bas et très-doucement.

Jugez-en.

• MOROSE.

Que dites-vous, madame? Un peu plus haut, je vous en supplie.

ÉPICÈNE.

Jugez-en.

MOROSE.

Sur mon âme, voilà une douceur divine! Mais pouvez-vous naturellement, comme je l'ai enseigné à ces deux hommes par mon industrie, pouvez-vous chercher à pénétrer au fond de ma pensée, et, vous refusant le plaisir de parler, l'un des plus grands qu'ait la femme, vous résigner à ne me répondre que par des gestes silencieux, toutes les fois que mes paroles correspondront parfaitement à ce que vous aurez compris? (Épicène fait des révérences.) Excellent! divin! Oh! s'il était possible que cela durât! — Silence, Cutbeard, tu auras fait ton bonheur, comme tu auras fait le mien, si cette félicité est durable; mais je veux aller plus loin dans mon épreuve. Chère lady, je suis homme de cour, je vous le répète, et je désire que celle que je choisis pour ma compagne ait toujours, tout prêt pour mes oreilles, un festin de plaisantes et spirituelles conversations, un dessert de propos vifs, badins, légers, et mêlés de bons mots. — Les grandes dames se regardent comme blessées dans leur honneur, et outragées dans leur beauté, si un homme ne cherche pas l'occasion de leur faire la cour; et, quand une conversation amoureuse est mise sur pied, elles croient qu'il n'y a pas de meilleur sujet pour la pousser à son terme que ce même homme. Eh bien! seule entre toutes, différerez-vous assez de ces femmes pour que, vous refusant ce qu'elles aiment, recherchent et obtiennent au prix de tant d'efforts, c'est-à-dire la réputation d'être savante, judicieuse, maligne et spirituelle, vous consentiez à ne faire la confidence de vos propres qualités qu'à vous-même, en renonçant aux applaudissements du monde et à votre envie de les faire valoir tout haut?

ÉPICÈNE, tout bas.

Je serais fâchée qu'il en fût autrement.

MOROSE.

Que dites-vous, madame? Chère madame, parlez un peu plus haut.

ÉPICÈNE.

Je serais fâchée qu'il en fût autrement.

MOROSE.

Ce chagrin me remplit de joie. O Morose, tu es heureux entre tous les hommes; prie Dieu que tu puisses te contenir. Je veux la soumettre à une dernière épreuve, et ce sera sur la plus délicate pierre de touche qu'il y ait chez les femmes. Écoutez-moi, belle lady; j'aime aussi à voir celle que je choisirai pour ma compagne la première et la plus distinguée des femmes à la mode; je veux qu'elle devance de quinze jours les plus belles dames de la cour; je veux qu'elle ait un conseil de couturières, de lingères, de dentellières et de brodeuses, pour délibérer, quelquefois deux fois par jour, sur les nouvelles de France, et qu'elle ne sorte que variée comme la nature, et plus qu'elle, avec le secours de l'art, son rival et son émule. Voilà ce que j'aime; comment ferez-vous donc, madame, avec la frugalité de vos paroles, pour donner les instructions nombreuses, mais nécessaires, pour ce corset, ces manches, cette coupe, ce point d'aiguille, cette broderie, cette dentelle, ce fil, ces nœuds, cette ruche, cette fraise, ces roses, cette ceinture, cet éventail, cette écharpe, ces gants? Ah! que dites-vous, madame?

ÉPICÈNE.

Je vous laisserai ce soin-là.

MOROSE.

Comment, madame? Haussez d'un ton, je vous prie.

ÉPICÈNE.

Je laisserai tout à votre sagesse et à votre décision, monsieur.

MOROSE.

Admirable créature! Je ne vous importunerai plus; je ne pécherai pas contre une si douce simplicité; permettez-moi maintenant d'imprimer sur vos lèvres divines le sceau qui vous fera mienne. — Cutbeard, je te donne pour rien le loyer de ta maison; ne me remercie qu'avec le mouvement de ta jambe. — (Cutbeard branle sa tête.) — Je sais ce que tu voudrais dire; elle est pauvre, et ses parents sont morts; mais elle apporte une grosse dot, Cutbeard, c'est son silence; et quant à sa pauvreté, Cutbeard, elle n'en sera que plus soumise et plus aimante, Cutbeard. Va-t'en, fais-moi venir immédiatement un ministre du culte, qui ait une voix douce, afin qu'il nous marie, et prie-le de ne pas être impertinent, mais aussi bref qu'il pourra; va-t'en doucement, Cutbeard. (Cutbeard sort.) (A Mute.) Brute, conduisez votre maîtresse dans la salle à manger; oui, celle qui est maintenant votre maîtresse! (Mute sort suivi d'Épicène.) O félicité! combien je vais me venger de mon insolent cousin et de ses complots pour empêcher mon mariage! Cette nuit, je me donne un héritier, et je chasse l'autre de ma famille comme un étranger. Il a eu la prétention d'être fait chevalier, et croyait par ce moyen me dominer; qu'il le garde son titre! Il n'aura rien autre chose; non, mon cousin; quand même aujourd'hui vous m'apporteriez dix lettres écrites par des lords, et seize par des ladies, elles ne vous serviront à rien, mon cousin; votre *chevalerie* viendra elle-même se jeter à mes genoux, et je la repousserai; on la poursuivra en justice pour frais et honoraires, avec prise de corps; et je ne la dégagerai pas. Cette pauvre *chevalerie*, dans sa pension à vingt-quatre sous, trichera au jeu pour gagner sa nourriture, pendant le terme des assises; et, dans les vacances, elle payera son écot en faisant des contes à l'hôtesse; ou bien *sa chevalerie* fera pis encore, elle trouvera un asile dans *Cole-harbour*[1] et jeûnera. Elle effrayera tous ses amis par ses nombreuses lettres à l'effet d'emprunter; et lorsqu'un entre cent lui aura prêté dix schellings, *sa chevalerie* s'en ira à l'auberge de la Grue ou à celle de l'Ours, et s'enivrera, tout en tremblant. Elle n'aura pas d'argent pour acquitter un compte de taverne, quand elle voudra inviter ses anciens créanciers pour leur faire prendre patience, et les nouveaux pour leur inspirer confiance. Elle donnera sa signature, elle dixième, sur un bon, pour obtenir d'un usurier, à la place d'argent, des pots de terre, ou des cruches de grès, et sa part ne fournira pas à *sa chevalerie* de quoi faire ses offres de service à la veuve d'un boulanger, pas même d'un boulanger de pain noir. *Sa chevalerie* se présentera, comme un digne

---

[1] Un bâtiment dans la paroisse *All-hallows the less*, près de la Tamise, que le comte de Shrewsbury convertit, à la fin du XVIe siècle, en petits logements pour le peuple. Cet endroit était devenu un asile pour les débiteurs.

étalon, aux femmes folâtres de la Cité qui la refuseront, tandis que le maître de danse, ou n'importe qui, le pire de tous les viveurs de la ville, sera choisi de préférence. Elle manquera d'habits et par conséquent d'esprit pour se faire duper par les hommes de loi. Elle n'aura pas la ressource de se réfugier à Constantinople, en Irlande, ou dans la Virginie[1]. Mais la dernière chance, et la plus haute fortune de cette pauvre *chevalerie*, sera de faire enfin une lady de *Dol Tearsheet* ou de *Kate Common*[2], et de cette façon la pauvre chevalerie pourra manger. (Il sort.)

SCÈNE IV.

Une ruelle près de la maison de Morose.

TRUEWIT, DAUPHIN et CLÉRIMONT.

TRUEWIT.

Êtes-vous sûr qu'il n'ait point passé?

DAUPHIN.

Non, je n'ai pas quitté cette boutique.

CLÉRIMONT.

Mais il aurait pu prendre l'autre bout de la ruelle.

DAUPHIN.

Non, je lui ai dit que j'attendrais de ce côté.

TRUEWIT.

Quel sauvage de se faire attendre ainsi!

DAUPHIN.

Le voilà qui arrive.

---

1. Le roi Jacque faisait en ce temps-là des concessions de vastes terrains en Irlande, et venait d'envoyer dans la Virginie (en 1608 et 1609) deux compagnies de planteurs.

2. Dorothée Déchire-draps et Catherine Banale.

CLÉRIMONT.

Il revient seul; c'est bon signe, Dauphin. (Cutbeard entre.)

DAUPHIN.

Eh bien, Cutbeard, as-tu réussi ou non?

CUTBEARD.

Cela passe toute imagination; *omnia secunda*; vous n'auriez pas prié Dieu pour que cela réussît aussi bien. *Saltat senex*, comme dit le proverbe. Il triomphe dans sa félicité; il admire la fiancée; il m'a donné gratis le loyer de ma maison, et je vais chercher maintenant un ministre *silencieux* pour les marier; adieu donc.

TRUEWIT.

Par la lumière du ciel, prends un ministre interdit; un frère zélé le torturera agréablement.

CUTBEARD.

Cum privilegio, monsieur.

DAUPHIN.

Oh! rien de cela; ne mettons maintenant aucun obstacle; quand ce sera fini et conclu, je suis des vôtres, pour tout moyen de nous en amuser.

CUTBEARD.

Et dans une demi-heure ce sera fait, grâce à ma dextérité, messieurs. D'ici là, inventez donc ce que vous aurez à faire, *bonis avibus*. (Il sort.)

CLÉRIMONT.

Comme l'animal latinise!

TRUEWIT.

Si vous le vouliez, l'amusement de cette journée serait une plaisanterie à récréer la postérité.

####### CLÉRIMONT.

Maudit soit celui qui ne le voudrait pas! Telle est mon opinion.

####### DAUPHIN.

Et la mienne. Quel est votre projet?

####### TRUEWIT.

Transporter chez Morose, pour célébrer le jour de ses noces, toute la société de La-Foole et son festin.

####### DAUPHIN.

Oui, parbleu! Mais comment le faire?

####### TRUEWIT.

J'entreprends d'y amener toutes les dames, et alors le repas devra suivre.

####### CLÉRIMONT.

Au nom du ciel, faisons cela; cette accumulation de bruits divers fera de l'affliction de notre homme une excellente comédie.

####### DAUPHIN.

Mais ne sont-ils pas déjà arrivés tous là-bas?

####### TRUEWIT.

Je vous garantis que non, quant à ces dames; chacune d'elles n'a pas encore mis sur une de ses faces la première couche de rouge, et sur l'autre sa chemise.

####### CLÉRIMONT.

Elles se seront levées de meilleure heure pour aller à ce banquet.

####### TRUEWIT.

Il vaut mieux s'en assurer.

####### CLÉRIMONT.

Qui connaît la maison?

####### TRUEWIT.

Je vous conduirai; n'y êtes-vous jamais allés?

DAUPHIN.

Moi, non.

CLÉRIMONT.

Ni moi.

TRUEWIT.

Où avez-vous vécu? Ne pas connaître Tom Otter!

CLÉRIMONT.

Non; au nom du ciel, dépeignez-nous-le.

TRUEWIT.

Une excellente brute, égalant, sinon dépassant La-Foole et John Daw; parlant latin autant que votre barbier. C'est l'humble sujet de sa femme; il l'appelle sa princesse, et, dans les occasions comme celles-ci, la suit, en haut et au bas de sa maison, comme un page, le chapeau à la main, un peu à cause de la chaleur, et beaucoup par respect. Il est maintenant occupé à ranger en bataille son taureau, son ours et son cheval.

DAUPHIN.

Au nom du sphinx, que font-là ces animaux?

TRUEWIT.

Il a été jadis un grand homme à *Bear-Garden*[1], et il a emprunté à ce sport délicat la spirituelle dénomination de ses principaux verres destinés aux galas. Il appelle l'un son *taureau*, l'autre son *ours*, le troisième son *cheval*; quant à ses verres de second ordre, l'un est son *daim*, l'autre son *singe*, et ainsi de suite, suivant les degrés; il ne serait pas content, et ne croirait pas une fête complète, s'il ne mettait pas lui-même ses verres en évidence, et s'il ne les rangeait pas sur la table.

---

1. Bear-Garden, un jardin public où l'on gardait des ours dans une ménagerie, pour les faire à l'occasion combattre par des chiens.

CLÉRIMONT.

Vertudieu! nous manquerions cette perspective, si nous n'y allions pas.

TRUEWIT.

En outre, il a encore mille originalités qui valent celle-là, et qui trahissent, toute la journée, la nature de l'individu. Il se moque de sa femme, derrière son dos, avec certaines expressions vulgaires et accentuées; mais, devant elle...

DAUPHIN.

Assez sur son compte; je demande à le voir. (Ils sortent tous.)

ACTE III.

SCÈNE PREMIÈRE.

Une chambre dans la maison d'Otter.

Le capitaine OTTER avec ses verres et MISTRESS OTTER.

OTTER.

Voyons, chère princesse, écoutez-moi, *pauca verba*.

MISTRESS OTTER.

Par le soleil qui m'éclaire, je vous ferai enchaîner avec vos taureaux et vos ours; si vous n'êtes pas plus civil, sur l'honneur, je vous enverrai au chenil. Vous feriez mieux de lâcher sur moi de vrais taureaux, de vrais chiens, et de vrais chevaux. Faut-il que les gens de la cour, ou les dames de l'Académie, ne viennent pas ici une fois sans que vous n'en fassiez une occasion de mardi gras! Allez donc chercher le bonnet de velours que vous mettez les jours de Pentecôte, et prenez votre bâton à la main pour les recevoir; oui, en vérité, je vous conseille de le faire.

OTTER.

Non, princesse, ni l'un ni l'autre; mais, sauf correction, douce princesse, permettez-moi... — C'est par ces choses que je suis connu de messieurs les courtisans. Elles leur ont été racontées comme des témoignages de mon caractère; ils s'attendent à les voir. Le taureau, l'ours et le cheval de Tom Otter sont connus dans toute l'Angleterre, *in rerum natura*.

MISTRESS OTTER.

Sur mon âme, je les *naturaliserai* à *Paris-Garden* et je vous y *naturaliserai* vous-même, si vous en prononcez encore les noms. Un ours ou un taureau, sont-ils des bêtes convenables qu'on puisse mêler à la société des grandes dames? Réfléchissez-y dans votre sagesse.

OTTER.

Cependant le cheval, chère princesse?

MISTRESS OTTER.

Je passerais encore sur le cheval; ces dames aiment assez à chevaucher. Je le sais; je l'aime assez aussi.

OTTER.

D'ailleurs, celui-ci est un cheval fin et délicat; *poetarum Pegasus*. Sauf correction, princesse, Jupiter se métamorphosa lui-même en *taurus*, taureau, — sauf correction, princesse.

(Truewit, Clérimont et Dauphin, en arrière.)

MISTRESS OTTER.

Par mon intégrité, je vous enverrai à *Bank-Side*,

je vous ferai enfermer par le maître du jardin [1], si j'entends une syllabe de plus. Mon toit et ma maison seront-ils souillés par l'odeur des ours et des taureaux, quand ils doivent être parfumés pour recevoir nos grandes dames? Cela s'accorde-t-il avec nos conditions, quand je vous ai épousé? Ne devais-je pas être princesse, et régner dans ma maison? Ne deviez-vous pas être mon sujet, et m'obéir? Que m'avez-vous apporté pour avoir un ton si absolu? Est-ce que je vous alloue une demi-couronne par jour à dépenser là où vous voulez, parmi vos camarades, pour me vexer et me tourmenter dans des occasions comme celles-ci? Qui est-ce qui paye votre entretien, je vous prie? Qui est-ce qui paye la nourriture de vos chevaux et celle de vos gens? Et vos trois habillements complets par an? Vos quatre paires de bas, une en soie, trois en laine? Votre linge blanc, vos rubans, et vos manchettes, quand je puis obtenir de vous que vous en portiez? — C'est une merveille que vous les ayez aujourd'hui. — Qui est-ce qui vous vaut la faveur que vous font les courtisans ou les grands personnages, en vous parlant du haut de leurs voitures, et en venant même chez vous? Aviez-vous jamais été aperçu par un lord ou une lady, avant que je ne vous eusse épousé, à moins que ce ne fût à Pâques ou à la Pentecôte, dans l'église ou par la fenêtre de la grande salle de festin, lorsque *Ned Whiting* et *George Stone* [2] étaient en spectacle?

---

1. Paris-Garden, situé à Bank-Side, sur les bords de la Tamise, appelé aussi Bear-Garden, à cause de la ménagerie des ours.

2. Ned Whiting et George Stone, deux ours qui portaient le nom des propriétaires qui les montraient pour de l'argent.

TRUEWIT, au fond du théâtre à ses amis.

Pour l'amour de Dieu, allons arracher le pauvre diable de ses mains.

MISTRESS OTTER.

Répondez, je vous prie, à cela. Et ne vous ai-je pas pris de ce fumier, dans votre vieux pourpoint de buffle gras, avec vos aiguillettes, et vos manches de velours vert, crevées au coude? Vous oubliez cela?

TRUEWIT.

Elle le déchirera, si nous n'allons à son secours.
(Ils s'avancent.)

MISTRESS OTTER.

Ah! voici quelques-uns de nos galants. Allons! conduisez-vous avec distinction, et soyez moral; ou, je vous le jure, je vous supprimerai votre pension de chaque jour.

TRUEWIT.

Avec votre permission, belle madame Otter, je prends la liberté de vous présenter ces gentils-hommes.

MISTRESS OTTER.

Je n'y vois ni inconvénient, ni difficulté, monsieur.

TRUEWIT.

Comment se porte mon noble capitaine? Le taureau, l'ours et le cheval sont-ils toujours *in rerum natura?*

OTTER.

Monsieur, *sic visum superis.*

MISTRESS OTTER.

Ne faites que le donner à entendre, cela suffit. Rentrez, monsieur, faites des tartines de pain et de beurre pour les bécasses; c'est le département qui vous convient. (Elle le pousse dehors.)

CLÉRIMONT.

Hélas! à quel despote ce pauvre diable est-il marié!

TRUEWIT.

Vous verrez, vous verrez, quand nous le tiendrons loin de sa femme.

DAUPHIN.

Ose-t-il parler alors?

TRUEWIT.

Un anabaptiste ne se permettrait pas des invectives plus grossières; mais remarquez un peu la façon dont s'exprime madame Otter, je vous en prie.

MISTRESS OTTER.

Messieurs, vous êtes arrivés fort disertement. Sous peu, mon cousin, sir Amorous, sera céans.

TRUEWIT.

Ce sera pour le mieux, madame; sir John Daw n'est-il pas venu ici pour le demander ainsi que sa société?

MISTRESS OTTER.

Je ne puis vous l'assurer, M. Truewit; j'ai vu un chevalier très-mélancolique, encadré dans sa fraise et qui s'enquit à ma personne de mon mari; un gentilhomme, je pense.

CLÉRIMONT.

C'était lui, lady.

MISTRESS OTTER.

Mais il partit comme une flèche, j'ose vous le dire.

DAUPHIN.

Quel choix excellent de phrases!

TRUEWIT.

Oh! monsieur, c'est la femme de cour la plus authentique de celles qui n'y sont pas nées.

MISTRESS OTTER.

Vous accueillez de confiance la renommée que l'on me fait, messieurs.

TRUEWIT.

Non, la cour le dit tout haut à votre honneur, madame.

MISTRESS OTTER.

Je suis la servante de la cour et des courtisans, monsieur.

TRUEWIT.

Ils sont plutôt vos idolâtres admirateurs.

MISTRESS OTTER.

Oh! non, non, monsieur.

(Cutbeard entre.)

DAUPHIN.

Eh bien, Cutbeard, y a-t-il quelque obstacle?

CUTBEARD.

Oh! non, monsieur, *omnia bene*; tout roule comme sur des gonds; tout va bien; je lui ai tant plu par le choix du pasteur, qu'il semble avoir déjà tout le plaisir qu'il espère pour ce soir.

DAUPHIN.

Et quelle sorte de vicaire?

CUTBEARD.

Un homme fort enrhumé, monsieur, et qu'on entend à peine à la distance de six pouces; c'est comme s'il parlait à travers un jonc non percé, ou comme si son gosier était rempli de poix; un garçon vif, un vrai *raseur* de prières [1]. Je venais vous dire, monsieur, que vous pouvez *omnem movere lapidem,* comme on dit, et tout disposer pour la mystification.

DAUPHIN.

Grand merci, honnête Cutbeard; sois près de la maison avec la clef, pour nous introduire.

CUTBEARD.

Je n'y manquerai pas, monsieur, *ad manum.* (Il sort.)

TRUEWIT.

Moi, je vais préparer les voitures.

CLÉRIMONT.

Va, et nous t'enverrons sir Daw, si tu ne le rencontres pas.

(Truewit sort.)

MISTRESS OTTER.

Est-ce que M. Truewit est parti?...

DAUPHIN.

Oui, madame, à cause d'une malheureuse affaire imprévue.

MISTRESS OTTER.

Je l'avais préjugé à la physionomie de la personne qui vient de vous parler. J'eus, l'autre nuit, un rêve, moi aussi, sur la nouvelle procession du lord-maire et de milady la mairesse, qui me semble de mauvais augure; je le racontai, l'autre jour, à lady Haughty, quand son honneur vint ici voir quelques porcelaines; elle en trouva l'explication dans Artémidore; hélas! je l'ai vérifiée depuis et cela m'a causé beaucoup d'affronts.

---

1. Parce qu'il les fait courtes. Rabelais appelle frère Jean un excellent *estropier des Heures.*

CLÉRIMONT.

Votre rêve, lady?

MISTRESS OTTER.

Oui, monsieur, pour peu que je rêve de la Cité, il m'arrive malheur : j'ai gâté une belle nappe damassée qui m'avait coûté dix-huit livres, et j'ai brûlé une autre fois une robe de satin noir, comme j'étais près du feu, dans la chambre de milady Centaure. Une troisième fois, au masque des lords, la cire d'une bougie tomba sur mon corsage et sur ma fraise; de façon que je ne pus aller au banquet. Une quatrième fois, comme je prenais une voiture pour aller à *Ware*[1] pour y rencontrer un ami, un cheval de brasseur m'éclaboussa une toilette toute neuve, en satin cramoisi avec des bordures en velours noir, si bien que je fus obligée de rentrer, de me changer et de garder ma chambre une couple de jours à cause de l'angoisse que j'en eus.

DAUPHIN.

Ce sont-là de cruelles mésaventures.

CLÉRIMONT.

Je ne voudrais pas habiter dans la Cité, si elle devait m'être aussi fatale.

MISTRESS OTTER.

Oui, monsieur; mais je prendrai conseil de mon docteur, pour en rêver le moins possible.

DAUPHIN.

Et vous ferez bien, madame Otter.

---

1. Rendez-vous aux environs de Londres, à vingt-deux milles; la route qui y conduisait était connue comme détestable et pleine de boue.

(Sir John Daw entre et est pris à part par Clérimont.)

MISTRESS OTTER.

Vous plairait-il, messieurs, d'entrer plus avant dans la maison?

DAUPHIN.

Comme aussi dans vos faveurs; cependant nous resterons ici pour causer un instant avec ce chevalier, sir Daw, qui vient d'entrer : nous vous suivrons.

MISTRESS OTTER.

A votre loisir, monsieur. C'est aujourd'hui le festin de mon cousin, sir Amorous.

DAUPHIN.

Je le sais, madame.

MISTRESS OTTER.

Et le mien aussi : pourtant, comme il est tout en son honneur, je n'y figure pas en nom, mais seulement pour la salle à manger.

DAUPHIN.

Vous êtes une excellente cousine.

MISTRESS OTTER.

Votre servante, monsieur. (Elle sort.)

CLÉRIMONT, venant en avant avec Daw.

Quoi! ne le savez-vous pas, sir John Daw?

DAW.

Je veux être une oie, si je le sais.

CLÉRIMONT.

Je vais donc vous l'apprendre. Madame Épicène est mariée à l'heure qu'il est, et cela, pendant que vous pensiez qu'elle s'était enfuie avec sir Dauphin. Je vous assure que sir Dauphin est le plus noble et le plus honnête ami dont un gentilhomme de votre mérite puisse se vanter. Il a découvert tout le complot, il a tout fait avouer à votre maîtresse, et l'a rendue si repentante et si honteuse de l'outrage qu'elle vous a fait, qu'elle désire que vous lui pardonniez et que vous favorisiez aujourd'hui sa noce de votre présence. Elle épouse, ma foi, une grande fortune, dit-elle, l'oncle de Dauphin, le vieux Morose; elle m'a, quant à moi, chargé de vous dire à l'oreille qu'elle pourra vous accorder plus de faveurs que par le passé, et avec beaucoup plus de sécurité.

DAW.

A-t-elle dit cela, vraiment?

CLÉRIMONT.

Vous en doutez? Pour qui me prenez-vous, sir John? Demandez à sir Dauphin.

DAW.

Oh! je vous crois. — Mon bon sir Dauphin, elle désire que je lui pardonne?

DAUPHIN.

Je vous jure qu'elle l'a dit.

DAW.

Alors je lui pardonne de tout mon cœur, et je vais être joyeux.

CLÉRIMONT.

Soyez-le donc, car on vous outrageait. La-Foole avait préparé ce banquet pour célébrer le jour de fiançailles de madame Épicène, et il avait fait de vous son instrument pour inviter les dames de l'Académie féminine, en vous faisant promettre de l'amener; elle devait apparaître dans cette maison, comme son amie, et se serait ensuite moquée de vous; tandis que maintenant sir Dauphin lui a fait sentir l'inconvenance d'une pareille conduite et l'a décidée à vous donner satisfaction, en vous chargeant de lui amener, dans sa nouvelle maison, toutes ces dames, et en vous priant d'être gai et heureux. Le dîner sera en votre nom, ce qui désappointera La-Foole, et vous remettra sur un bon pied, le tout sans frais.

DAW.

Foi de chevalier, je l'honore et lui pardonne de tout mon cœur.

CLÉRIMONT.

Agissons maintenant; Truewit est allé devant pour surveiller les voitures et pour vous apprendre tout cela s'il vous rencontrait. Allez le rejoindre. (Sir Amorous La-Foole entre.) Voyez, voici votre antagoniste; mais ne faites pas attention à lui; soyez gai.

LA-FOOLE.

Ces dames sont-elles arrivées, sir John Daw, ainsi que votre maîtresse? (John Daw sort.) — Sir Dauphin, vous êtes le bienvenu, ainsi que vous, honnête monsieur Clérimont. Où est ma cousine? N'avez-vous pas vu les dames de l'Académie féminine, messieurs?

DAUPHIN.

Ces dames! Ne savez-vous pas, sir Amorous, combien vous avez été offensé?

LA-FOOLE.

De quelle façon, monsieur?

CLÉRIMONT.

Comment avez-vous parlé si amicalement à sir John Daw qui vous a fait un pareil affront?

LA-FOOLE.

En quoi, messieurs? Laissez-moi vous prier de m'instruire.

CLÉRIMONT.

Écoutez ; sa maîtresse est mariée aujourd'hui à l'oncle de sir Dauphin, voisin de votre cousine, et il a détourné toutes les dames de votre société, vous laissant ainsi seul avec vos provisions et avec une insulte clouée à votre front. Il est venu nous trouver ici pour nous entraîner également loin de vous, mais nous lui avons donné son compte, je crois.

LA-FOOLE.

Sir John Daw m'a-t-il si cruellement outragé?

DAUPHIN.

Oui, sir Amorous, de la façon la plus traîtreuse et la plus perfide; mais si vous voulez vous laisser gouverner par nous, vous vous acquitterez avec lui, soyez-en sûr.

LA-FOOLE.

Mes bons messieurs, je m'abandonne à vous. Que dois-je faire, je vous prie?

DAUPHIN.

Eh bien, monsieur, prenez-moi vos faisans, vos francolins et vos meilleurs mets; dressez-les dans les plats d'argent de votre cousine ; mettez-vous autour du corps une serviette blanche, comme un écuyer tranchant, et, tête nue, marchez devant, en toute confiance (c'est dans la rue, là tout près), et nous vous aiderons; vous mettrez le tout sur la table, vous donnerez la bienvenue à chacun, ce qui prouvera que le repas vient de vous et déconcertera les dispositions de votre ennemi. Quant à votre cousine, au lieu d'avoir chez elle les embarras d'une réception, elle en laissera toute la peine aux autres, et ne sera plus que la principale convive; on lui rendra les honneurs dus à un membre de l'Académie féminine; on boira à sa santé, la tête nue, aussi souvent et aussi haut qu'à celle des dames du plus haut rang.

LA-FOOLE.

Je vais le lui dire de suite. Ce sera fait, c'est résolu. (Il sort.)

CLÉRIMONT.

Je savais qu'il serait convaincu avant qu'il ait fini de nous entendre.

DAUPHIN.

Nous avons le repas et les convives; mais comment ferons-nous pour la musique?

CLÉRIMONT.

L'odeur de la venaison se répandra en pleine rue, et nous amènera bientôt une foule de violons ou autres musiciens.

DAUPHIN.

Je voudrais qu'elle nous fît arriver aussi les joueurs de trompette.

CLÉRIMONT.

On peut l'espérer; ils ont connaissance de tous les banquets. Il y a une grande correspondance entre eux et les cuisiniers de Londres : il y a vingt à parier contre un que nous les aurons.

DAUPHIN.

Ce jour sera un jour solennel pour mon oncle et une occasion de fou rire pour nous.

CLÉRIMONT.

Si nous pouvons continuer la rivalité entre La-Foole et Daw, et ne leur permettre jamais de s'expliquer entre eux...

DAUPHIN.

Bah! flattons-les tous deux, comme dit Truewit,

et nous aurons leur intelligence dans notre poche. Ils se croiront eux-mêmes ce que nous les ferons, ni plus ni moins. Ils n'ont rien à eux, pas même l'usage de leurs sens, que par tradition.

(La-Foole rentre vêtu en écuyer tranchant.)

CLÉRIMONT.

Voyez, sir Amorous a déjà sa serviette. — Avez-vous décidé votre cousine?

LA-FOOLE.

Oui, c'est convenu. Elle fera tout, dit-elle, pour qu'on n'outrage pas les La-Foole.

DAUPHIN.

C'est une noble parente. Oh! quelle excellente ruse, sir Amorous! comme elle réduira en poudre toutes les machinations de votre ennemi et le fera sauter par la mine même qu'il a creusée pour vous!

LA-FOOLE.

Nous y mettrons le feu, je vous le garantis.

CLÉRIMONT.

Mais ne le mettez que discrètement et sans bruit, et ne prenez garde en aucune façon à ce que dira l'autre.

OTTER, rentrant.

Ma princesse dit que vous aurez tous ses plats d'argent; *festinate*. Elle est allée changer quelque chose à sa toilette, et ira avec vous.

CLÉRIMONT.

Et vous aussi, capitaine Otter?

DAUPHIN.

De toutes façons, il le faut.

OTTER.

Monsieur, je pense le faire; mais je voudrais vous

prier, mon cousin, sir Amorous, et vous, messieurs, d'être mes interprètes auprès de ma princesse pour qu'elle me permette d'emporter mon *taureau*, mon *ours* et mon *cheval*.

CLÉRIMONT.

Vous les emporterez, capitaine Otter.

LA-FOOLE.

Ma cousine ne le permettra jamais, messieurs.

DAUPHIN.

Il faut qu'elle cède à la raison, sir Amorous.

LA-FOOLE.

Elle dit qu'ils ne sont pas de *decorum* devant des ladies.

OTTER.

Mais ils sont *decora*, et cela vaut mieux, monsieur.

CLÉRIMONT.

Elle entendra raison. Est-ce que Pasiphaé, qui était reine, n'a pas aimé un taureau? Calisto, la mère d'Arcas, ne fut-elle pas changée en ours, et n'est-elle pas une étoile dans le ciel, madame Ursula?

OTTER.

Seigneur! que ne savais-je d'avance cela pour le dire! Je veux avoir ces histoires peintes dans *Bear-Garden* et tirées *ex Ovidii metamorphosi*.

DAUPHIN.

Où est votre princesse, capitaine? Guidez-nous, je vous prie.

OTTER.

Je le veux bien, messieurs.

CLÉRIMONT.

Dépêchez-vous, cher monsieur Amorous. (Ils sortent.)

SCÈNE II.

Une chambre dans la maison de Morose.

MOROSE, ÉPICÈNE, LE CURÉ et CUTBEARD.

MOROSE.

Monsieur, voici un souverain pour vous et deux pour votre rhume. Ne vous étonnez pas de ma générosité. Nous devons remercier deux fois plus le hasard que la nature, pour tous les bienfaits que nous en recevons ; en outre, votre rhume a été une consolation pour moi.

LE MINISTRE, enroué.

Et pour moi aussi. Je remercie Votre Honneur.

MOROSE.

Que dit-il, Cutbeard ?

CUTBEARD.

Il dit, *præsto*, monsieur, que, toutes les fois que Votre Honneur aura besoin de lui il sera à votre service aux mêmes conditions. (A part.) Il a attrapé ce rhume en restant debout, toute une nuit, à chanter des refrains avec des tisserands.

MOROSE.

Assez ; je le remercie.

LE MINISTRE.

Dieu garde Votre Honneur et vous donne beaucoup de joie avec votre belle épouse ! (Il tousse fort.) Uh ! uh ! uh !

MOROSE.

Oh ! arrête, Cutbeard. Il faut qu'il me rende cinq shellings sur l'argent que je lui ai donné. Si la bonté récompense les services, l'équité doit punir les méfaits. Je veux mes cinq shellings. — Qu'est-ce qu'il dit ?

CUTBEARD.

Qu'il n'a pas de quoi changer.

MOROSE.

Qu'il change !

CUTBEARD, au ministre.

Toussez fort.

MOROSE.

Qu'est-ce qu'il dit?

CUTBEARD.

Qu'il va tousser le surplus, monsieur.

LE MINISTRE.

Uh! uh! uh!

MOROSE.

Qu'il parte, qu'il parte! Fermez-lui la bouche. Qu'il parte; je lui pardonne.

(Cutbeard sort en poussant le ministre dehors.)

ÉPICÈNE.

Fi, monsieur Morose, user d'une pareille violence vis-à-vis d'un homme d'Église!

MOROSE.

Comment?

ÉPICÈNE.

Il ne conviendrait pas à votre gravité, ni à l'éducation de cour que vous prétendez avoir reçue, d'offrir un pareil affront même à un porteur d'eau, ni à toute autre créature misérable, mais encore moins à un homme de son habit.

MOROSE.

Vous pouvez donc parler?

ÉPICÈNE.

Oui, monsieur.

MOROSE.

Parler haut, veux-je dire?

ÉPICÈNE.

Oui, monsieur. Pensiez-vous avoir épousé une statue ou une marionnette, ou une de ces poupées de France dont les yeux remuent au moyen d'un fil de laiton, ou quelque *innocente* d'hôpital qui, les mains croisées, la bouche en cœur, resterait là à vous regarder?

MOROSE.

O immodestie! O femme, vraiment femme! Quoi! Cutbeard!

ÉPICÈNE.

Ne vous fâchez pas avec Cutbeard, monsieur; il est trop tard. Je confesse que mes paroles en rabattent un peu de la modestie que j'avais feinte, lorsque je me qualifiais jeune fille; mais j'espère que tout s'arrangera de façon à ne pas compromettre la dignité de votre femme.

MOROSE.

Elle peut parler!

ÉPICÈNE.

Oui, en vérité, monsieur.

(Mute entre.)

MOROSE.

Eh bien, brute! aucun de mes valets n'est ici? — Où est cet imposteur de Cutbeard? (Mute fait des signes.)

ÉPICÈNE.

Parle-lui haut, parle-lui haut, mon garçon. Je ne veux plus de ce silence forcé dans ma maison, ni parmi des valets que je gouverne. (Mute sort.)

MOROSE.

La voilà donc maîtresse ici! J'ai épousé une Penthésilée, une Sémiramis; j'ai vendu ma liberté pour une quenouille.

TRUEWIT, entrant.

Où est monsieur Morose?

MOROSE.

Le voilà-t-il revenu? Que Dieu ait pitié de moi!

TRUEWIT.

Je vous souhaite toute sorte de bonheurs, madame Épicène, pour ce grave et honorable mariage.

ÉPICÈNE.

Je vous rends, monsieur Truewit, toutes les grâces qu'un pareil souhait mérite.

MOROSE.

Elle a aussi des connaissances!

TRUEWIT.

Dieu vous garde, monsieur, et vous donne toute sorte de satisfactions pour le beau choix que vous avez fait! Jadis, j'ai été pour vous un oiseau de nuit, un hibou; mais maintenant, je suis un messager de paix, une colombe, et je vous apporte les heureuses félicitations d'un grand nombre d'amis, pour la célébration de ce beau jour.

MOROSE.

Quel jour, monsieur?

TRUEWIT.

Le jour de votre mariage, monsieur. Je loue hautement la résolution qui vous a poussé en avant, malgré tous les dangers que je vous signalais avec ma voix de chat-huant. Cela prouve que vous êtes un homme ferme dans votre volonté, et persévérant dans vos desseins que n'ont pas arrêtés des cris de mauvais augure.

MOROSE.

Comment êtes-vous arrivé à savoir tout cela?

TRUEWIT.

Avez-vous espéré, monsieur, qu'en confiant votre secret à un barbier, il ne serait pas bientôt connu de toute la ville; vous auriez aussi bien pu le crier près du château d'eau, ou à la boulangerie, ou à l'infanterie qui suit la cour[1], et avec plus de sécurité. Votre gravité a-t-elle pu oublier ce dicton si vieux et si connu, *lippis et tonsoribus notum?* Eh bien, monsieur, pardonnez-vous à vous-même la faute que vous avez commise, et soyez sociable avec vos amis. Voici trois ou quatre dames à la mode qui vont venir vous voir tout à l'heure avec leur suite de mignons et d'amis.

MOROSE.

Barricadez mes portes! barricadez mes portes! Où sont tous mes valets, tous mes grugeurs[2]? (Les valets entrent.) Barricadez mes portes, canailles!

ÉPICÈNE.

Celui qui bougera aura affaire à moi; laissez les portes ouvertes. Je voudrais voir celui qui oserait tourner les yeux de ce côté. Souffrirai-je que l'on fasse des barricades contre mes amis, et que l'on me prive de tous les plaisirs que peut m'apporter leur société?

MOROSE.

Oh! impudence d'amazone!

---

1. Il s'agit de la suite qui accompagnait le roi en voyage; palefreniers, marmitons, etc.
2. *Eaters;* on appelait ainsi les valets.

TRUEWIT.

Parbleu! monsieur, elle a raison, et il me semble qu'elle est plus continente que vous; voudriez-vous aller vous coucher maintenant, monsieur, et avant la nuit? Un homme à cheveux gris comme vous devrait respecter davantage cette auguste cérémonie, et ne pas monter à l'assaut du lit nuptial comme un taureau, ou comme un bouc. Attendez l'heure voulue, et n'y montez qu'avec respect et crainte; ces délices doivent être abordées dans le silence de la nuit. Donnez le jour à des plaisirs publics, aux repas, aux danses, à la musique, à la conversation; nous aurons tout cela ici, monsieur, et nous célébrerons, avec bruit et avec joie, votre heureux hyménée.

MOROSE.

O supplice! o torture!

TRUEWIT.

De plus, si vous prétendez que la première demi-heure de votre mariage se passe dans la solitude et dans l'ennui, quelle consolation ou quel espoir pourrait avoir cette belle dame, en considération du grand nombre d'années que doit durer...

MOROSE.

Mon malheur. Cher monsieur, partez, laissez-le-lui faire toute seule.

TRUEWIT.

J'ai fini, monsieur.

MOROSE.

Maudit barbier!

TRUEWIT.

C'est un misérable, en vérité, monsieur.

MOROSE.

J'ai épousé sa guitare, qui peut être jouée par tout le monde; une peste, pire que la peste...

TRUEWIT.

Toutes les plaies de l'Égypte!

MOROSE.

Vengez-moi de lui!

TRUEWIT.

Très-bien, monsieur. Si vous faisiez encore une ou deux malédictions de plus; je vous jure qu'il a bon dos pour les porter, comme : puisse-t-il attraper la peste en cherchant à la guérir chez les autres! ou bien, puissent ses cheveux tomber, pendant qu'il frisera ceux de ses clients; ou bien, que le premier entremetteur dont il brûlera une boucle de cheveux lui fasse sauter la cervelle avec le fer à friser!

MOROSE.

Non, qu'il vive, mais vive misérable! puisse-t-il avoir la gale! puisse sa boutique être si pleine de poux que personne n'ose en approcher, et que lui-même n'ose aborder personne!

TRUEWIT.

Et, supposé qu'il voulût avaler toutes les pilules de sa boutique, puissent-elles ne pas le purger!

MOROSE.

Puisse sa bassinoire être toujours froide!

TRUEWIT.

Et avoir au fond une éternelle couche de glace!

MOROSE.

Que jamais il ne voie de feu!

TRUEWIT.

Qu'en enfer!

MOROSE.

Que ses fauteuils soient toujours vides, ses ciseaux rouillés, et ses peignes couverts de crasse dans leurs étuis!

TRUEWIT.

Terrible malédiction! — Puisse-t-il perdre l'invention de découper des lanternes en papier!

MOROSE.

Qu'aucune entremetteuse ne soit exposée sur une charrette, cette année, pour que ses bassins de cuivre restent sans emploi![1] Qu'il se trouve heureux de manger son éponge au lieu de pain!

TRUEWIT.

Et qu'il n'ait que de l'eau de savon pour boisson, et grand bien lui fasse!

MOROSE.

Ou, faute de pain...

TRUEWIT.

Qu'il mange la cire de ses oreilles!... Oh! je vous aiderai, monsieur; ou qu'il s'arrache ses propres dents pour en orner son luth!

MOROSE.

Non, qu'il fasse moudre les vieilles, pour en faire du pain!

TRUEWIT.

Et qu'au lieu de viande, il ait des pierres meulières!

MOROSE.

Puissent tous les bubons et les brûlures qu'il a

---

1. Ces plats à barbe en cuivre étaient habituellement employés au charivari que l'on donnait aux entremetteuses condamnées que l'on promenait en charrette.

guéris chez les autres retomber en masse sur son corps!

TRUEWIT.

Puisse-t-il oublier le moyen de les guérir sur lui-même, ou, s'il se le rappelle, puisse tout son linge passer en charpie, et qu'il ne lui reste plus un morceau de toile pour sa profession!

MOROSE.

Qu'il ne puisse plus raser, qu'il ait la goutte aux deux mains! — Maintenant, monsieur, c'est assez.

TRUEWIT.

Oh! ce dernier souhait est trop fort; vous pourriez demander moins et avoir une vengeance suffisante, comme de souhaiter qu'il ne pût jamais peindre à neuf son enseigne.

MOROSE.

Mon cher monsieur, assez ; je me suis oublié.

TRUEWIT.

Ou qu'il manque de crédit pour traiter avec un fabricant de peignes.

MOROSE.

Assez, monsieur.

TRUEWIT.

Ou bien, qu'après avoir cassé sa glace dans un premier désespoir il ait encore celui de n'en pouvoir acheter une autre.

MOROSE.

Assez, je vous en prie.

TRUEWIT.

Ou qu'il n'y ait plus que les ramoneurs qui lui confient leur tête.

MOROSE.

Monsieur.

TRUEWIT.

Ou, puisse-t-il couper le cou d'un marchand de charbon avec son rasoir, par homicide involontaire, et qu'il soit pendu pour cela!

MOROSE.

J'aimerais mieux lui pardonner, monsieur, que d'en entendre davantage. Je vous en conjure, monsieur.

(Daw introduisant lady Haughty, lady Centaure, lady Mavis, et mistress Trusty.)

DAW.

De ce côté, mesdames.

MOROSE.

Oh! la mer déborde sur moi! Voici un autre fleuve! une inondation! Je vais être submergé par le bruit. Les flots arrivent jusqu'à moi; je me sens envahi par un tremblement de terre.

DAW, à Épicène.

Madame, je vous souhaite mille joies.

MOROSE.

A-t-elle déjà des cavaliers servants?

DAW, à Épicène.

Je vous ai amené ici quelques dames qui désirent vous voir et vous connaître. — Milady Haughty. — (A mesure qu'il les présente, Épicène les embrasse.) — Milady Centaure, — mistress Dol. Mavis, — mistress Trusty, femme de milady Haughty. — Où est votre mari? Montrez-nous-le. Est-il vrai qu'il ne peut entendre aucun bruit? Présentez-moi.

MOROSE.

Quel est cet introducteur?

TRUEWIT.

Sir John Daw, monsieur, le cavalier servant de votre femme.

MOROSE.

Un geai[1], pour cavalier servant! oh! c'est fini de moi; c'est fini de moi, si elle a de pareils cavaliers servants. (Il veut s'en aller.)

TRUEWIT.

Eh! monsieur! Il faut que vous embrassiez ces dames ; vous ne pouvez pas vous en aller maintenant. Elles viennent ici pour vous voir.

LADY HAUGHTY.

En effet, monsieur Morose, voudriez-vous cacher un si beau mariage à de si nombreux amis, et ne pas faire connaissance avec eux? — Je ne vous en embrasse pas moins, malgré la justice de mes reproches. (A Épicène.) Vous devez me permettre, madame, d'user envers votre mari d'une familiarité décente.

ÉPICÈNE.

Votre seigneurie m'honore en le faisant, puisque vous le jugez digne d'une pareille faveur. Quelle grâce vous nous faites, en nous rendant à tous deux une visite si inattendue, que nous n'avons rien de prêt pour vous bien recevoir!

MOROSE.

Compliments, compliments!

ÉPICÈNE.

Aussi dois-je me décharger de ce soin sur mon cavalier servant que voici. (Elle montre sir Daw.)

LADY HAUGHTY.

Il n'en est pas besoin, madame Morose, nous re-

---

1. Le nom propre Daw signifie *geai* en anglais.

vendiquons quelque fardeau que ce soit plutôt que de le laisser à d'autres.

MOROSE.

Je le sais; et vous lui en enseignerez le secret, si elle veut l'apprendre. (Il s'éloigne du reste des acteurs.)

LADY HAUGHTY.

Est-ce là cette femme silencieuse?

LADY CENTAURE.

Oui, mais elle a retrouvé sa langue depuis qu'elle est mariée, à ce que dit M. Truewit.

LADY HAUGHTY.

Oh! M. Truewit, Dieu vous garde! Quelle espèce de créature est-ce donc que cette fiancée? Elle parle ce me semble?

TRUEWIT.

Croyez-moi, madame, c'est une femme d'excellentes manières et de bonne race.

LADY HAUGHTY.

Mais John Daw nous avait dit qu'elle pouvait à peine parler.

TRUEWIT.

Nous lui avions fait cette réputation, sir Dauphin, moi et deux ou trois autres, pour la colloquer à ce vieil original; mais c'est une femme de beaucoup d'aplomb, d'un esprit extraordinaire et dont la langue est fort déliée. Vous la verrez nous faire une bonne scène avec Daw, avant ce soir.

LADY HAUGHTY.

Il nous a amenées ici pour nous moquer d'elle.

TRUEWIT.

Il arrive souvent, madame, que celui qui croit faire rire aux dépens des autres fait rire à ses propres dépens. J'assure Votre Honneur que vous ne pourrez vous moquer d'elle.

LADY HAUGHTY.

Mais alors, elle peut entrer dans notre Académie ; si elle a de l'esprit, nous l'admettrons parmi nous, n'est-ce pas, Centaure?

LADY CENTAURE.

Certainement, madame ; Mavis et elle seront partners.

TRUEWIT.

Croyez bien, madame, qu'elle jouera bien son rôle.

MISTRESS MAVIS.

Je vous dirai cela, quand j'aurai causé un moment avec elle, et que je l'aurai interrogée.

LADY HAUGHTY.

Traite-la avec civilité, Mavis.

MISTRESS MAVIS.

Je n'y manquerai pas, madame. (Elle lui parle bas.)

MOROSE.

Heureuse minute! Que ne se causent-ils toujours ainsi à l'oreille!

TRUEWIT, à lady Haughty.

Pendant ce temps-là, madame, tourmentez donc un peu le nouveau marié ; vous connaissez sa maladie ; signalez-lui les obligations du mariage, et demandez-lui des cadeaux de noce.

LADY HAUGHTY.

Laissez-moi faire. Centaure, aide-moi ; — monsieur le marié, où êtes-vous?

MOROSE.

Ce silence était trop merveilleusement bon pour durer.

LADY HAUGHTY.

Nous ne voyons pas ici les trophées ordinaires de l'hymen. Quoi! point de fête solennelle! Où sont nos écharpes et nos gants? De grâce, montrez-nous-les. Faites-nous connaître les couleurs de votre dame et au moins les vôtres.

LADY CENTAURE.

Hélas! madame, il n'en a même pas.

MOROSE.

Si j'avais connu le peintre de Votre Seigneurie je m'en serais procuré.

LADY HAUGHTY.

Il vous a donné la riposte, Centaure. Mais écoutez, monsieur Morose, une plaisanterie ne vous acquittera pas. Vous qui avez sucé le lait de la cour, pour vous nourrir ensuite de ses mets les plus substantiels; vous qui êtes, comme on dit vulgairement, un courtisan depuis le béguin jusqu'au bonnet de nuit, c'est vous qui, dans une circonstance aussi grave, négligez les cérémonies les plus essentielles! A ne parler que de votre intérêt, combien d'argenterie et de cadeaux perdez-vous aujourd'hui, par cet oubli des convenances, et combien d'amis!

MOROSE.

Madame.

LADY HAUGHTY.

Pardonnez-moi, monsieur, mais je dois vous signaler vos erreurs. Quoi! point de gants? point de jarretières? point d'écharpes? point d'épithalame? point de masques?

DAW.

Je ferai, moi, l'épithalame, je l'ai promis à ma maîtresse; il est déjà commencé, Votre Honneur veut-il l'entendre?

LADY HAUGHTY.

Oui, bon John Daw.

MOROSE.

Je voudrais qu'il plût à Votre Seigneurie de se retirer avec ses amis dans une autre chambre. Vous aurez le choix des pièces; toute ma maison est à vous. Je sais que plus d'une fois vous avez eu vos rendez-vous dans la Cité[1], et que c'est pour mon malheur que vous vous en êtes détournée pour venir chez moi; mais je serais fâché de rompre les honorables habitudes de Votre Seigneurie; c'est pourquoi, chère madame...

ÉPICÈNE.

Allons! vous êtes un grossier fiancé, de parler de cette façon à des ladies.

LADY CENTAURE.

C'est un rustre, en effet.

TRUEWIT.

Par la lumière du ciel, vous méritez d'être greffé et de voir vos cornes s'allonger d'un côté de notre île à l'autre. (Bas à Morose.) Ne vous y trompez pas, monsieur; je ne dis ceci que pour donner un peu de consolation à ces dames, et non par malice à votre égard.

MOROSE.

Cet homme est-il votre *bravo*, mesdames?

TRUEWIT.

Que le ciel me vienne en aide! Dites-moi un pareil

---

1. On nouait des intrigues à la cour, et on les dénouait dans les boutiques de porcelaine.

mot encore, et j'entraîne madame la mariée pour vous porter un toast qui ne vous plaira guère ! — Allons ! reconnaissez vos amis dans ceux qui vous aiment.

(Clérimont entre suivi d'une foule de musiciens.)

CLÉRIMONT.

Avec votre permission, mesdames, avez-vous envie de musique? Je vous amène une variété de musiciens. Jouez tous, messieurs. (Tous les musiciens jouent.)

MOROSE.

Un complot, un complot, un complot! Je serai aujourd'hui leur enclume; ils me battront comme du fer. C'est pire que le bruit d'une scie.

CLÉRIMONT.

Ce sont des crins, de la colophane et des boyaux; je vous donnerai la recette.

TRUEWIT, aux musiciens.

Silence, mes enfants.

CLÉRIMONT.

Non, non, jouez.

TRUEWIT.

Silence, canaille! (A Morose.) Vous voyez qui est votre ami à présent. Prenez courage; revêtez la résolution d'un martyr; moquez-vous, par votre patience, de toutes ces attaques. Ce n'est que pour un jour; à votre place, je souffrirais héroïquement. Est-ce qu'un âne me surpasserait en courage? Non. Vous trahissez de la faiblesse en laissant pendre vos oreilles mollement, et vous leur faites insulte. Ayez de la bravoure, ayez de la fermeté. (La-Foole traverse la scène en écuyer tranchant, suivi de valets portant des plats, ensuite mistress Otter.) Voyez ici, monsieur, quel honneur inattendu vous est fait par votre neveu : un dîner de noce arrive, et, pour plus de solennité, il est précédé par un écuyer tranchant. Enfin la belle madame Otter, votre voisine, en est le croupion ou la queue.

MOROSE.

Quoi! cette Gorgone, cette Méduse! Cachez-moi, cachez-moi!

TRUEWIT.

Je vous garantis, monsieur, qu'elle ne vous transformera pas. Regardez-la de face avec courage ; entretenez-la et faites entrer vos convives. Non? — Madame la fiancée, voulez-vous inviter les dames? votre mari est si timide !

ÉPICÈNE.

Plairait-il à Votre Honneur, madame?

LADY HAUGHTY.

Avec le plaisir de votre compagnie, madame.

ÉPICÈNE.

Cavalier servant, faites votre devoir.

DAW.

Heureux de recevoir vos ordres, madame.

LADY CENTAURE.

Comment trouvez-vous son esprit, Mavis?

MISTRESS MAVIS, au moment de sortir.

Très-distingué, éminemment distingué.

MISTRESS OTTER, voulant passer la première.

C'est mon rang.

MISTRESS MAVIS.

Vous me pardonnerez, madame Otter.

MISTRESS OTTER.

Cependant je fais partie de l'Académie.

MISTRESS MAVIS.

Mais pas à l'ordinaire.

MISTRESS OTTER.

Si fait.

MISTRESS MAVIS.

Nous nous en expliquerons plus loin. (Les dames sortent.)

CLÉRIMONT.

Je voudrais que cette dispute eût duré un peu plus longtemps.

TRUEWIT.

Et qu'elles eussent envoyé chercher des hérauts d'armes. (Le capitaine Otter entre.) Quelles nouvelles, Otter?

OTTER.

J'ai apporté taureau, ours et cheval, en secret; et voici les joueurs de trompette et le tambour, messieurs.

MOROSE.

Oh! oh! oh! oh! (Les trompettes et le tambour se font entendre.)

OTTER.

Et nous les ferons boire, et nous lancerons des toasts en l'honneur des vieux Bretons. (Les musiciens jouent.)

MOROSE.

Oh! oh! oh! oh! (Il s'enfuit.)

TOUS.

Suivons-le, suivons-le, suivons-le!

(Ils sortent.)

ACTE IV.

SCÈNE PREMIÈRE.

Une chambre dans la maison de Morose.

TRUEWIT et **CLÉRIMONT.**

TRUEWIT.

Vit-on jamais fiancé plus tourmenté, ni même un célibataire ?

CLÉRIMONT.

Je n'ai rien lu de pareil dans nos chroniques.

TRUEWIT.

Il ne peut aller qu'en paradis, après un tel purgatoire.

CLÉRIMONT.

Il a le droit d'y prétendre, je crois.

TRUEWIT.

Les crachements, les toussements, les éclats de rire, les éternuments, la danse, le bruit de la musique et le commandement masculin et sonore de la fiancée qui encourage tout le monde, lui font croire qu'il a épousé une vraie furie.

CLÉRIMONT.

Elle joüe admirablement son rôle.

TRUEWIT.

Et ne manque pas une occasion de parler : c'est le chef-d'œuvre de l'affaire.

CLÉRIMONT.

Et quelle peine Dauphin se donne pour lui prouver qu'il n'est pour rien dans le complot!

TRUEWIT.

Il l'a presque convaincu. — Le voici. (Sir Dauphin entre.) Où est Morose maintenant? Qu'as-tu fait de lui, Dauphin?

DAUPHIN.

Oh! tenez-moi un peu, ou je mourrai à force de rire. Il s'est fait sur la tête un nid de bonnets de nuit; il s'est enfermé au plus haut étage de sa maison, aussi haut qu'il a pu monter, pour s'éloigner du bruit. J'ai regardé à travers une fente, et je l'ai vu assis sur une poutre du grenier, comme le cavalier en bois qui se tient si roide sur son cheval, à la porte du sellier, dans Fleet-street. Il veut passer la nuit là.

CLÉRIMONT.

Mais où sont nos académiciennes?

DAUPHIN.

Retirées dans une chambre avec la fiancée.

TRUEWIT.

Elles l'instruisent des éléments de leur grammaire. Si elle trouve grâce auprès d'elles, elle saura bientôt tous leurs secrets.

CLÉRIMONT.

Il me semble que lady Haughty a bonne apparence aujourd'hui, en dépit du mal que je disais d'elle ce matin. Je crois que je vais revenir à ton opinion, Truewit.

TRUEWIT.

Croyez bien que j'ai raison. Les femmes doivent réparer par la toilette les dommages que le temps et les années ont apportés à leurs charmes! Une femme intelligente, si elle se connaît le moindre défaut, sera ambitieuse de le cacher, et elle fera bien. Si elle est petite [1], elle restera le plus souvent sur sa chaise, de peur qu'en étant debout on ne la croie assise; si elle a le pied laid, elle portera une robe longue et des petits souliers; si ses mains sont grosses et ses ongles écaillés, elle ne découpera pas et gardera ses gants; si son haleine sent fort, elle ne parlera pas à jeun et causera à distance; si elle a les dents noires et inégales, elle rira peu, surtout si elle rit large et la bouche ouverte.

CLÉRIMONT.

Il y a des femmes que l'on croit entendre braire quand elles rient, tant leur rire est grossier.

TRUEWIT.

Et d'autres qui ont la démarche d'une autruche, tant elles font de grands pas; je ne puis souffrir ces femmes; j'aime une certaine mesure dans la marche, une certaine mélodie dans la voix; ce sont des qualités qui souvent ne charment pas moins que les traits du visage.

DAUPHIN.

Comment avez-vous fait une étude si exacte de ces créatures? Communiquez-moi votre science.

TRUEWIT.

Je le veux bien; mais pour cela il faut cesser de vivre comme tu le fais dans ta chambre, lisant, pendant des mois entiers, *Amadis de Gaule* et *Don Quichotte*. Il faut aller là où la matière abonde, à la cour,

---

1. Toute cette réponse de Truewit est imitée d'Ovide dans son *Art d'aimer*, ainsi que la plus grande partie de ses réponses suivantes.

aux joutes, aux représentations publiques, aux théâtres, aux banquets, et quelquefois aux églises; c'est là qu'elles vont montrer leurs nouvelles toilettes, et prétendent voir et être vues; c'est là qu'un homme trouvera une femme qu'il aimera, une autre avec laquelle il plaisantera, celle dont il touchera le cœur, et celle qu'il fixera à jamais. La variété lui aide à arrêter son jugement. Une jeune fille, pour plaire à un homme, ne lui tombera pas du plafond, lorsqu'il sera étendu sur le dos, oisif, et fumant une pipe de tabac. Il faut qu'il aille la trouver là où elle est.

DAUPHIN.

Oui, et n'être pas, à la fin, plus avancé pour la connaître.

TRUEWIT.

Hérétique! Tu mériterais que cela fût vrai, à cause de ta défiance.

CLÉRIMONT.

Il vous dit la vérité, Dauphin.

DAUPHIN.

Pourquoi?

TRUEWIT.

Un homme ne peut douter de triompher d'une femme. Pensez que vous pouvez la vaincre, et vous la vaincrez; bien qu'elles refusent, elles désirent être tentées. Pénélope elle-même ne peut résister longtemps; la ville d'Ostende, vous le savez, a fini par être prise [1]. Il faut persévérer dans ses desseins. Elles nous solliciteraient, si elles n'avaient peur. Aussi souhaitent-elles fort, au fond du cœur, que nous les sollicitions. Louez-les, flattez-les, vous aurez toujours assez

---

1. Ostende fut pris en 1604 par le marquis Spinola, après un siége de trois ans.

d'éloquence, et elles vous croiront. Les plus chastes elles-mêmes adorent d'être ainsi *grattées*. Vous pouvez mêler les baisers aux louanges; si elles les acceptent, elles accepteront davantage. Tout en résistant, elles veulent être vaincues.

CLÉRIMONT.

Toutefois, un homme doit se garder de la violence.

TRUEWIT.

Il y a des violences acceptables [1], et qui souvent tiennent la place de la plus grande courtoisie. Celle qui aurait pu être violée, et que vous avez laissée aller sans la toucher, bien qu'elle semble vous remercier, vous en garde rancune et vous hait; heureuse en apparence, elle en est triste au fond du cœur.

CLÉRIMONT.

Mais on ne doit pas prendre toutes les femmes de la même manière [2].

TRUEWIT.

C'est vrai, pas plus que tous les oiseaux et tous les poissons. Si vous vous montrez instruit devant une jeune fille ignorante, ou gai devant une mélancolique, ou spirituel auprès d'une sotte, les unes et les autres commenceront d'abord à se méfier de vous. Vous devez vous mettre à leur portée et vous tenir à leur hauteur; car le contraire fait que, dans la crainte de se confier à de nobles et dignes garçons, elles se jettent dans les bras d'un rustre. Si elle aime l'esprit, donnez-lui des vers; dussiez-vous les emprunter d'un ami, ou

---

1.   Vim licet Apelles, grata est vis ipsa puellis, etc.   (OVIDE.)
2.   . . . Sed sunt diversa puellis
    Pectora.   (*Id.*)

les acheter pour en avoir de meilleurs. Si elle préfère la bravoure, parlez de votre épée, et faites souvent mention de vos querelles, bien que vous soyez assez brave pour n'avoir pas à vous en vanter. Si elle demande de l'activité, faites-vous voir souvent sur votre cheval barbe, ou bien sautez par-dessus des barrières ou des siéges, pour le crédit de vos reins. Si elle aime les beaux vêtements et la parure, composez-vous chaque matin un conseil, ayez un tailleur français, un barbier, un linger, etc., etc. Que votre boîte à poudre, votre miroir, vos peignes soient vos plus chers amis. Prenez plus de soin de l'ornement de votre tête que de sa sécurité; souhaitez que la république soit bouleversée, plutôt que d'avoir un cheveu qui soit de travers; — c'est ainsi qu'on les gagne. Si elle est cupide et demande des présents, promettez tout et accordez peu; tenez-la toujours en appétit; faites comme si vous vouliez donner beaucoup, mais soyez comme un champ stérile qui produit peu, ou comme un mauvais dé qui trompe l'espoir des joueurs; que vos cadeaux soient légers et délicats plutôt que solides et précieux; payez plus d'adresse que de générosité. Donnez des cerises à la saison des cerises, ou des abricots; et annoncez qu'on vous les a envoyés de la campagne, quand même vous les auriez achetés à *Cheapside*. Admirez ses toilettes; approuvez toutes ses modes; comparez-la à une divinité dans chacun de ses vêtements; inventez d'excellents rêves pour la flatter, et des énigmes. Si c'est une grande dame, jouez toujours les seconds rôles auprès d'elle; aimez ce qu'elle aime, louez ce qu'elle loue, et ne manquez pas de vous gagner les gens de la maison, les valets, toute la famille; saluezles par leur nom; ce n'est pas payer cher si vous les achetez à ce prix; donnez une pension à son médecin, et une autre à sa première femme. Vous ne feriez même pas mal de faire l'amour à celle-ci; de cette façon, vous supprimez le bavardage, puisqu'elle a sa part de la faute.

DAUPHIN.

Sur quel giron de grande dame avez-vous dormi, pour être devenu si complétement habile?

TRUEWIT.

Je devrais plutôt te faire des questions, à toi qui parais si curieux de ces mystères. Je commence à suspecter ton désir de t'instruire, Dauphin; parle, es-tu sérieusement amoureux?

DAUPHIN.

Oui, ma foi. Il serait mal à moi de vous le dissimuler.

TRUEWIT.

Et de quelle femme, je te prie?

DAUPHIN.

De toutes les femmes de l'Académie.

CLÉRIMONT.

Fi! nous vous mettrons à l'écurie, si vous êtes un si solide étalon.

TRUEWIT.

Je trouve qu'il a raison. Pour aimer sagement, les hommes devraient aimer toutes les femmes; l'une pour sa figure, elle flattera la vue; l'autre pour la douceur de sa peau, elle flattera le toucher; une troisième pour la voix, elle flattera le sens de l'ouïe; et si les beautés sont multiples, les plaisirs des sens le seront aussi. Tu trouverais peut-être étrange si je rendais toutes ces femmes amoureuses de toi avant la nuit.

DAUPHIN.

Je dirais que vous avez le meilleur philtre du monde, et que vous êtes plus puissant que Médée, et que le docteur *Foreman*[1].

TRUEWIT.

Si je ne réussis pas, que je sois obligé pour manger de me faire saltimbanque, et entremetteur pour boire!

DAUPHIN.

Soit, c'est dit.

(Otter entre avec ses trois coupes, Daw et La-Foole.)

OTTER.

Oh! messieurs, combien vous nous faisiez faute!

CLÉRIMONT.

Comment, capitaine, pour quel service?

OTTER.

Pour me voir amener au combat mon taureau, mon ours et mon cheval.

DAW.

Oui, et le capitaine dit que nous serons les chiens qui doivent les combattre.

DAUPHIN.

Un noble emploi!

TRUEWIT.

Laissez-nous voir la bataille.

LA-FOOLE.

J'ai peur que ma cousine ne se fâche si elle arrive.

---

1. Un pauvre diable qui prétendait avoir commerce avec les esprits, pour retrouver les objets perdus. Il avait de la réputation dans son voisinage, surtout auprès des pauvres gens pour lesquels il était charitable. (M. W. Gifford.)

OTTER.

Ne vous effrayez pas, messieurs, j'ai placé le tambour et les trompettes, et un homme pour nous donner le signal, lorsque vous serez prêts. Voici mon taureau pour moi, mon ours pour sir John Daw, et mon cheval pour sir Amorous; maintenant pied contre pied, et...

LA-FOOLE.

Je prie Dieu que ma cousine ne vienne pas.

OTTER.

Par saint George et saint André! ne crains pas de cousines. Allons, sonnez, sonnez : (Tambour et trompettes.) *et rauco strepuerunt cornua cantu.* (Ils boivent.)

TRUEWIT.

Bien dit, capitaine ; le taureau a été bien attaqué[1].

CLÉRIMONT.

L'ours a été tenu en respect.

TRUEWIT.

Mugis, mugis, capitaine.

DAUPHIN.

Le cheval a rué contre le bouledogue.

LA-FOOLE.

Foi de chevalier, je ne puis boire cela.

TRUEWIT.

Comment? qu'on lui ôte ses éperons!

LA-FOOLE.

C'est contre ma conscience; ma cousine en sera fâchée.

DAW.

J'ai vidé mon verre.

---

1. Sans doute ces verres offraient, dans leurs formes, l'image des animaux dont Otter leur avait donné le nom.

TRUEWIT.

C'est vaillamment combattu, haut et fort, sir John.

CLÉRIMONT.

Droit à la tête.

DAUPHIN.

Comme un excellent bouledogue!

CLÉRIMONT, à Daw.

Vous ne pensez pas à votre affaire de tantôt, je le vois.

DAW.

Pas le moins du monde. Vous voyez que je suis gai.

OTTER.

Sir Amorous, il ne faut pas d'équivoque ici : il faut dompter l'animal, quelque cousine qu'il y ait.

CLÉRIMONT, à part à La-Foole.

Diantre, si vous ne buvez pas on pensera que vous êtes mécontent de quelque chose ; vous trahirez tout, si vous faites la moindre remarque.

LA-FOOLE.

Non, je veux à la fois boire et parler.

OTTER.

Il faut acculer le cheval. Sir Amorous, ne craignez pas les cousines, *jacta est alea*.

TRUEWIT.

Oh! le voilà dans sa veine de bravoure! La moindre allusion que l'on ferait à sa femme maintenant, lui ferait dire des abominations.

CLÉRIMONT.

Il faut lui parler d'elle.

TRUEWIT.

Parlez-lui donc; je vais la chercher elle-même, afin qu'elle entende. (Il sort.)

DAUPHIN.

Capitaine Otter *mâle*, votre femelle Otter va venir, votre femme!

OTTER.

Ma femme! buz! *Titivilitium*[1]*!* Il n'y a point de pareille chose dans la nature. Je l'avoue, messieurs, j'ai une cuisinière, une blanchisseuse, une laveuse de vaisselle, qui me sert dans toutes les circonstances essentielles, et qui porte ce titre; mais celui-là est un âne, qui est un époux assez complaisant pour circonscrire ses affections dans un seul cercle. Allons, le nom seul émousse l'appétit. Remplissez de nouveau mon verre; un autre coup! (Il remplit son verre.) Les femmes sont les animaux les plus malpropres et les plus maussades...

DAUPHIN.

Oh! capitaine.

OTTER.

Que la terre ait enfantés, *tribus verbis*. — Où est monsieur Truewit?

DAW.

Il s'est éclipsé, monsieur.

CLÉRIMONT.

Buvez donc, soyez donc gais.

DAW.

Oui, donnez-moi à boire.

LA-FOOLE.

A moi aussi.

DAW.

Soyons gais.

---

1. *Titivilitium,* mot latin pris à Plaute:
   Non ego istud verbum emissim titivilitio.
                                     Cas., act. II, sc. v.

LA-FOOLE.

Aussi gais que vous voudrez.

OTTER.

D'accord. Maintenant, mon cousin, vous aurez l'ours, sir John Daw le cheval, moi je garde le taureau. Résonnez, tritons de la Tamise. (Musique.) *Nunc est bibendum, nunc pede libero.*

MOROSE, d'en haut.

Coquins, meurtriers, fils de démons, traîtres, que faites-vous là?

CLÉRIMONT.

Les trompettes l'ont éveillé. Nous allons le voir venir.

OTTER.

Une femme est un chien galeux, une chose maudite, un oursin mal léché, sans forme et sans éducation, *mala bestia.*

(Truewit arrive au fond du théâtre avec mistress Otter.)

DAUPHIN.

Pourquoi en avez-vous pris une, capitaine?

OTTER.

La peste d'elle! J'ai épousé six mille livres : c'était de cela que j'étais amoureux. Il y a plus de quarante semaines que je n'ai embrassé ma furie.

CLÉRIMONT.

Vous n'en êtes que plus à blâmer, capitaine.

TRUEWIT, à mistress Otter.

N'avancez pas encore, laissez-le d'abord parler.

OTTER.

Elle a l'haleine pire que celle de ma grand'mère, *profecto.*

MISTRESS OTTER, à Truewit.

Oh! traître menteur! Embrassez-moi, cher monsieur Truewit, pour témoigner qu'il me calomnie.

TRUEWIT.

J'aime autant vous en croire sur parole.

OTTER.

Et elle a une perruque qui pèse une livre de chanvre, et faite avec des attaches de souliers.

MISTRESS OTTER.

O vipère! o mandragore!

OTTER.

Une figure des plus laides, et cependant elle me coûte, par an, quarante livres, en mercure et en os de grenouilles. Toutes ses dents ont été fabriquées à *Black-Friars*, ses sourcils dans le *Strand*, ses cheveux dans *Silver-street*. Chaque rue de Londres lui fournit une partie de sa personne.

MISTRESS OTTER, s'avançant.

Je n'y peux tenir.

OTTER.

Quand elle se couche, elle se démonte et se divise dans une vingtaine de boîtes; le lendemain matin, tout se remet en place et se remmanche comme une montre allemande; alors elle sort, sonne un affreux tocsin dans tout le logis, et puis elle reste tranquille une heure, sauf les quarts. M'avez-vous fait raison, messieurs?

MISTRESS OTTER, avance sur lui et le frappe.

C'est moi qui vous rendrai raison avec mes quarts, avec mes quarts.

OTTER.

Arrêtez, chère princesse.

TRUEWIT.

Sonnez, musique. (Musique.)

CLÉRIMONT.

Une bataille! une bataille!

MISTRESS OTTER.

Puant animal, gardeur d'ours, mon haleine sent donc mauvais?

OTTER.

Avec correction, chère princesse. — Messieurs, prenez garde à mon taureau, à mon ours et à mon cheval.

MISTRESS OTTER.

Est-ce que je manque de dents et de sourcils, bouledogue ?

TRUEWIT, aux musiciens.

Jouez, jouez toujours.

OTTER.

Non, je proteste, sauf correction.

MISTRESS OTTER.

Oui, vous êtes sous ma correction maintenant; mais vous ne protestiez pas tout à l'heure, avant la correction. Ah! Judas, tu trahis ta princesse! Je ferai de toi un exemple. (Elle le frappe.)

MOROSE, entrant avec une longue épée.

Vous donnez de dangereux exemples dans ma maison, mistress Mary Ambree [1].

MISTRESS OTTER.

Ah! (Mistress Otter, Daw, La-Foole, se sauvent.)

MOROSE.

Mistress Mary Ambree, vos exemples sont dange-

---

[1]. Elle combattit comme une amazone au siége de Gand en 1584; son nom était devenu synonyme de *virago*.

reux. — Canailles, chiens d'enfer, stentors, sortez de ma maison, fils du bruit et du vacarme, engendrés au jour du fatal premier mai¹, ou quand la barque de la Cité est à flot devant Westminster²! (Il chasse les musiciens.) Un joueur de trompette n'a pu être engendré qu'à cette occasion.

DAUPHIN.

Quelle mouche vous pique?

MOROSE.

Ils ont rompu mon toit, mes murs et toutes mes fenêtres, avec leurs gosiers d'airain. (Il sort.)

TRUEWIT.

Il vaut mieux le suivre.

DAUPHIN.

C'est ce que je vais faire. (Il sort.)

CLÉRIMONT.

Où sont Daw et La-Foole?

OTTER.

Tous deux se sont sauvés, monsieur. Mes bons amis, aidez-moi à calmer ma princesse, et parlez en ma faveur à ces grandes dames. Je vais, de ce pas et pour une quinzaine, habiter avec les ours, et me tenir hors du chemin jusqu'à ce que la paix soit faite à cause du scandale que j'ai causé. N'avez-vous pas vu ma tête de taureau, messieurs³?

1. *An ill may day.* Allusion aux jeux où l'on célébrait le 1ᵉʳ mai. Il y eut, en 1519, à Londres, une émeute des apprentis contre les ouvriers étrangers, et en souvenir de ce jour on employait l'expression : *Ill may day,* mauvais jour de mai.

2. *Galley Foist* était la barque appartenant à la Cité, dont on se servait lorsque le lord-maire prêtait serment à Westminster.

3. *Bull-head,* en même temps tête de taureau et imbécile.

CLÉRIMONT.

Ne l'avez-vous pas sur vos épaules?

TRUEWIT.

Non, mais il pourrait bien y en avoir deux.

OTTER.

Ah! voici mon verre. Si vous venez, messieurs, et si vous demandez après Tom Otter, nous descendrons jusqu'à Ratcliff, et nous aurons une course malgré tous ces désastres. (Il sort.)

CLÉRIMONT.

Je suis bien aise d'être débarrassé de ce capitaine.

TRUEWIT.

Vous ne l'auriez jamais été, si nous n'avions pas lâché sa femme sur lui. Son humeur est aussi ennuyeuse à la fin que ridicule au commencement.

SCÈNE II.

Une galerie ouverte dans la maison de Morose.

LADY HAUGHTY, MISTRESS OTTER, MAVIS, DAW, LA-FOOLE, CENTAURE et ÉPICÈNE.

LADY HAUGHTY.

Nous nous étonnions de vous entendre crier si fort, madame.

MISTRESS OTTER.

Oh! madame, c'est qu'il est apparu avec une grande épée qu'il tenait des deux mains, et il avait des regards si terribles! Il est hors de lui, vraiment.

MISTRESS MAVIS.

Qu'étiez-vous donc en train de faire?

MISTRESS OTTER.

Hélas! madame Mavis, je châtiais mon sujet et ne pensais pas à l'autre.

DAW, à Épicène.

Et vous, aussi, madame, apprenez à châtier votre époux. Mistress Otter sait si bien corriger le sien, qu'il n'ose plus parler que *sauf correction*...

LA-FOOLE.

Et chapeau bas devant elle. Vous auriez plaisir à le voir.

LADY HAUGHTY.

C'est un bon exemple, suivez-le, Morose. Je vous appellerai maintenant toujours Morose, comme j'appelle celle-ci Centaure, et celle-là Mavis; tous quatre nous ne ferons qu'un.

LADY CENTAURE.

Et vous viendrez à notre Académie et vivrez avec nous.

LADY HAUGHTY.

Faites donner à votre mari le lait et le miel.

MISTRESS MAVIS.

Faites attention à la façon dont vous le conduirez au début, et ensuite vous l'aurez tout à fait sous votre coupe.

LADY CENTAURE.

Il faut qu'il vous alloue un carrosse à quatre chevaux, une dame de compagnie, une femme de chambre, un page, un écuyer, un cuisinier français et quatre grooms.

LADY HAUGHTY.

Vous viendrez avec nous à Bedlam, aux boutiques de porcelaine, et à la place de la Bourse.

LADY CENTAURE.

Cela vous ouvrira les portes de la renommée.

LADY HAUGHTY.

Centaure que voici s'est immortalisée en domptant son vieux mâle.

MISTRESS MAVIS.

Et elle a fait le plus grand miracle du royaume.

(Clérimont et Truewit entrent.)

ÉPICÈNE.

Mais, mesdames, regardez-vous comme légitime d'avoir une quantité de cavaliers servants, et de leur donner toutes vos faveurs?

LADY HAUGHTY.

Pourquoi pas? Les femmes devraient-elles refuser leurs faveurs aux hommes? En deviennent-elles plus pauvres, ou pires?

DAW.

La Tamise vaut-elle moins, parce que les teinturiers y prennent leur eau?

LA-FOOLE.

Ou une torche, parce qu'elle en allume cent autres[1]?

TRUEWIT.

Bien dit, La-Foole; quelle nouvelle comparaison il a trouvée!

LADY CENTAURE.

Les femmes n'ont que peu de déchet à craindre dans ces circonstances.

LADY HAUGHTY.

En outre, les dames doivent se souvenir que la vieillesse viendra, et ne pas perdre de temps; nos meilleurs jours passent vite.

---

1. Toujours Ovide dans son *Art d'aimer*.

MISTRESS MAVIS.

Nous sommes des rivières, qui ne pouvons revenir en arrière, madame; celle qui, maintenant, renvoie ceux qui l'aiment, couchera bientôt, pauvre vieille abandonnée, dans un lit glacé.

LADY CENTAURE.

C'est vrai, Mavis; et alors qui nous accompagnera en voiture? qui nous écrira, nous racontera des nouvelles, fera des anagrammes de notre nom, nous amènera aux combats de coqs, baisera nos mains pendant tout le temps des représentations, et tirera son épée en notre honneur?

LADY HAUGHTY.

Personne.

DAW.

Oh! ma maîtresse n'est pas sans savoir tout cela; il y a ici quelqu'un qui a goûté de ses faveurs.

CLÉRIMONT.

Quel cheval hennissant nous avons là!

ÉPICÈNE, à Daw.

Mais pas avec l'intention que l'on s'en vante, mon cavalier servant. — Chère dame, avez-vous les excellentes recettes qui empêchent d'avoir des enfants?

LADY HAUGTHY.

Oh! oui, Morose; comment pourrions-nous, autrement, maintenir notre jeunesse et notre beauté? Beaucoup de couches vieillissent une femme, comme beaucoup de moissons stérilisent un champ.

(Morose et Dauphin entrent.)

MOROSE.

O ange maudit, qui avez conduit ma destinée!

DAUPHIN.

Quoi donc, monsieur?

MOROSE.

Faut-il que j'aie été trompé par un démon comme ce barbier!

DAUPHIN.

J'aurais voulu avoir été jugé par vous digne de siéger dans votre conseil; vous ne vous seriez jamais fié à un pareil homme.

MOROSE.

Je voudrais racheter cela par la perte d'un œil, d'une main, ou de tout autre membre, mon neveu.

DAUPHIN.

Dieu vous préserve de vous châtrer vous-même pour faire dépit à votre femme!

MOROSE.

Oh! pour me débarrasser d'elle, je consentirais encore à faire une pénitence surérogatoire, dans un beffroi, à Westminster-Hall, au théâtre de Cock-Pit au moment où tombe le cerf, au quai de la tour, — et quelle autre place? — Le pont de Londres, *Paris-Garden, Bellings-gate,* lorsque les bruits, le tapage, le vacarme sont à leur apogée. Bien plus, je consentirais à assister à une pièce de théâtre où il n'y aurait que des combats sur mer, des tambours et des trompettes [1].

DAUPHIN.

J'espère qu'il n'y aura pas besoin de tout cela; prenez patience, mon bon oncle; ce n'est qu'un jour à passer, et il est bien avancé.

---

1. On a voulu voir là une critique contre les drames historiques de Shakespeare, toujours remplis d'*alarums, Fight on the sea,* etc.; mais elle s'adresse généralement à tout le théâtre du temps.

MOROSE.

Oh! il en sera ainsi éternellement, mon neveu; je le prévois, c'est pour toujours; les querelles et le bruit sont la dot ordinaire des femmes[1].

TRUEWIT.

Je vous l'avais dit, et vous n'avez pas voulu me croire.

MOROSE.

Hélas! ne faites pas saigner de nouveau mes blessures, monsieur Truewit. Ce fut ma faute; n'ajoutez pas l'affliction à l'affliction. J'en ai vù les effets tout à l'heure, dans madame Otter.

ÉPICÈNE.

Comment allez-vous, monsieur?

MOROSE.

Avez-vous jamais entendu une plus inutile question? Comme si elle ne le voyait pas! Eh bien! je vais comme vous le voyez, impératrice, impératrice!

ÉPICÈNE.

Vous n'allez pas bien, monsieur, vous paraissez malade. Quelque chose vous a fait mal?

MOROSE.

O monstrueuses, horribles impertinences! Une seule question n'aurait-elle pas suffi, pensez-vous, une seule n'aurait-elle pas suffi?

TRUEWIT.

Oui, monsieur, mais ces questions ne sont que des marques de tendresse féminine; et aussi des preuves qu'elle a une voix, monsieur.

---

1.   Hoc decet uxores : dos est uxoria lites.   OVIDE.

MOROSE.

Oh! est-ce ainsi? — Allons, puisqu'il ne peut en être autrement... — Parlez donc.

ÉPICÈNE.

Comment vous sentez-vous?

MOROSE.

Encore?

TRUEWIT.

Voyez-vous, monsieur, ce serait trop, d'exiger son amitié au prix de son silence.

ÉPICÈNE.

On dit que vous êtes fou enragé, monsieur.

MOROSE.

Ce n'est pas d'amour pour vous, je le jure?

ÉPICÈNE.

O Dieu! messieurs, saisissez-le au nom du ciel. Que dois-je faire? quel est son médecin? Le savez-vous? Quel est celui qui connaît le mieux son tempérament, afin que je l'envoie chercher? Cher monsieur, parlez; ou bien j'enverrai chercher un de mes docteurs.

MOROSE.

Oui, pour m'empoisonner, afin que je meure intestat, et que je la laisse en possession de tout.

ÉPICÈNE.

Dieu! comme ses paroles sont incohérentes! comme ses yeux brillent! Il est vert autour des tempes; voyez-vous toutes ces marques bleues?

CLÉRIMONT.

Le fait est qu'il a le teint bilieux.

ÉPICÈNE.

Messieurs, conseillez-moi, au nom du ciel. Vous aussi, ladies. — Cavalier servant, vous avez lu Pline et

Paracelse. — Quoi! pas un mot pour consoler une pauvre femme! Hélas! hélas! quel malheur pour moi d'avoir épousé un homme détraqué!

DAW.

Maîtresse, je vous dirai...

TRUEWIT, à part à Clérimont.

Comme elle joue admirablement son rôle!

MOROSE.

Que diriez-vous, messieurs?

ÉPICÈNE.

Que dites-vous, cavalier servant?

DAW.

Cette maladie s'appelle en grec μανία, en latin *insania, furor, vel ecstasis melancholica*, c'est-à-dire *egressio*, quand un homme *ex melancholico evadit fanaticus*.

MOROSE.

Va-t-il faire mon oraison funèbre, moi vivant?

DAW.

Mais il peut n'être encore que *phreneticus*, chère maîtresse, et *phrenesis* n'est que *delirium* ou à peu près.

ÉPICÈNE.

Ceci concerne le mal, mon cavalier servant; mais qu'importe cela pour la cure? Nous sommes fixés sur le caractère de la maladie.

MOROSE.

Laissez-moi m'en aller.

TRUEWIT.

Nous allons la prier de se taire.

MOROSE.

Oh! ne cherchez pas à l'arrêter. Elle est comme

un robinet, si vous le tournez après l'avoir fermé, l'eau s'en échappe avec plus de violence.

LADY HAUGHTY, à Épicène.

Je vous conseille, chère Morose, de lui parler un peu religion ou philosophie.

LA-FOOLE.

Oui, je connais un excellent livre de philosophie, madame, le livre de Reynard le renard, et de toutes les bêtes, appelé la philosophie de Doni[1].

LADY CENTAURE.

En effet, il existe, sir Amorous La-Foole.

MOROSE.

O misère!

LA-FOOLE.

Je l'ai lu tout entier à ma cousine que voici.

MISTRESS OTTER.

Oui, et c'est un très-bon livre, aussi bon qu'aucun des livres modernes.

DAW.

Il faut qu'on lui lise Sénèque, Plutarque et les anciens. Les modernes ne valent rien pour sa maladie.

CLÉRIMONT.

Quoi! sir John, vous les blâmiez ce matin.

DAW.

Oui, dans quelques cas; mais dans la circonstance actuelle, ce sont les meilleurs, avec les *Ethics* d'Aristote.

---

1. Une vieille collection d'apologues orientaux, qui fut traduite de l'arabe en grec au milieu du XIe siècle, puis en latin, et enfin en italien par Doni. — *La-Foole* confond cet ouvrage avec le roman populaire du *Renard*.

MISTRESS MAVIS.

C'est votre avis, sir John! Je pense que vous vous trompez, vous dites cela de confiance et par ouï-dire.

LADY HAUGHTY.

Où est Trusty, ma dame de compagnie? Je veux terminer ce différend. Otter, je vous en prie, appelez-la. Son père et sa mère étaient fous, quand ils me la confièrent.

MOROSE.

Je le crois bien; — messieurs, je suis dompté; ceci n'est qu'une épreuve, je le sais, une cérémonie du mariage que je dois supporter.

LADY HAUGHTY.

L'un des deux, je ne sais lequel, fut guéri par l'onguent de l'homme malade, et l'autre avec le pamphlet de *Green* intitulé : *Un sou d'esprit*[1].

TRUEWIT.

Ce fut une cure à bon marché, madame.

LADY HAUGHTY.

Oh! c'est très-praticable. (Trusty entre.)

MISTRESS OTTER.

Mistress Trusty, lady Haughty vous demandait pour décider une question.

LADY HAUGHTY.

Trusty! lequel, de votre père ou de votre mère, fut guéri par l'onguent?

MISTRESS TRUSTY.

Ma mère, madame.

---

1. *Sick man's salve*; c'était un traité de dévotion écrit en 1591 par Thomas Becon, un vieux calviniste; l'autre, un petit pamphlet spirituel de Green.

TRUEWIT.

C'était alors l'onguent de la femme malade?

MISTRESS TRUSTY.

Et mon père avec le pamphlet de Green; mais il y eut aussi d'autres remèdes employés pour les guérir. Il y avait un prédicateur qui savait endormir les gens; et la vieille femme, qui soignait mes parents, les envoyait à l'église trois fois par semaine.

ÉPICÈNE.

Pour dormir?

MISTRESS TRUSTY.

Oui, en vérité; et chaque soir ils s'endormaient encore en lisant ses œuvres.

ÉPICÈNE.

En vérité, tout cela est fondé sur la raison; je voudrais savoir où je pourrais me procurer ces livres.

MOROSE.

Oh!

LA-FOOLE.

Je pourrai vous en procurer un, madame Morose, celui de *Un sou d'esprit*[1].

ÉPICÈNE.

Mais je vous en priverais, sir Amorous; pouvez-vous vous en passer?

LA-FOOLE.

Oh! oui, pour une semaine environ; je le lui lirai moi-même.

ÉPICÈNE.

Oh! non, cela me concerne; cela doit être mon emploi.

---

1. Nous avons parlé de cet auteur, dans nos articles parus dans la *Revue européenne,* avril 1859.

MOROSE.

Oh! oh!

ÉPICÈNE.

Je suis sûre qu'il se porterait mieux s'il dormait.

MOROSE.

Non! c'est, si vous dormiez, vous, que je me porterais mieux. Ne trouverai-je pas un ami qui voulût l'enivrer, ou lui donner un peu de laudanum ou d'opium?

TRUEWIT.

Hélas! monsieur, elle parle cent fois plus dans son sommeil.

MOROSE.

Comment?

CLÉRIMONT.

Ne le savez-vous pas? La nuit, elle parle sans cesse.

TRUEWIT.

Et ronfle comme une tortue.

MOROSE.

O destin, sauve-moi! sauve-moi! ô destin. Combien y a-t-il de causes de divorce, mon neveu?

DAUPHIN.

Je ne sais vraiment pas, monsieur.

TRUEWIT.

Un théologien et un jurisconsulte peuvent vous le dire.

MOROSE.

Je n'aurai ni repos, ni trêve, ni espoir, ni consolation, que je ne le sache. (Il sort avec Dauphin.)

CLÉRIMONT.

Hélas! le pauvre homme!

TRUEWIT.

Mesdames, vous le rendrez réellement fou si vous continuez.

LADY HAUGHTY.

Nous allons le laisser respirer environ un quart d'heure.

CLÉRIMONT.

Voilà, ma foi, une longue trêve!

LADY HAUGHTY.

Est-ce son gardien qui est parti avec lui?

DAW.

C'est son neveu, madame.

LA-FOOLE.

Sir Dauphin Eugène.

LADY CENTAURE.

Il a l'air assez piteux...

DAW.

Non sans raison; ce mariage le démonte.

LA-FOOLE.

Il n'a plus un sou dans sa bourse, madame.

DAW.

Il a été près de pleurer toute la journée.

LA-FOOLE.

Un filou! il m'a dupé, l'autre jour, au primero.

TRUEWIT, à Clérimont.

Comme ces chiffonniers bavardent!.

CLÉRIMONT.

Le vin d'Otter a soulevé leurs humeurs, comme un air de printemps.

LADY HAUGHTY.

Bonne Morose, rentrons; j'aime beaucoup vos lits de

repos; allons-nous y étendre et causer.(Lady Haughty, lady Centaure, mistress Mavis, mistress Trusty, La-Foole et Daw sortent.)

ÉPICÈNE, les suivant.

Je vous accompagne, mesdames.

TRUEWIT, l'arrêtant.

Je veux les rendre tous silencieux comme des poteaux, avant que j'aie fini; écoutez-moi, madame la fiancée; je vous prie, maintenant, comme une noble fille que vous êtes, de continuer là-bas la conversation sur Dauphin; mais faites hautement son éloge; grandissez-le de toute l'affection que vous pouvez avoir pour lui. J'ai certain projet; faites-moi seulement décamper ces deux bécasses, sir Daw et La-Foole, sous quelque prétexte, et je vous honorerai toute ma vie.

ÉPICÈNE.

J'allais le faire; cela m'irritait jusqu'au fond de l'âme de les entendre tenir des discours si impertinents.

TRUEWIT.

Par là, vous acquerrez en moi un admirateur pour l'éternité.

ÉPICÈNE.

Voulez-vous entrer avec moi et m'entendre?

TRUEWIT.

Non, j'attendrai ici; chassez-les de votre compagnie, voilà tout ce que je vous demande; et le mieux, pour obtenir cela, sera d'exalter Dauphin qu'ils ont si fort attaqué.

ÉPICÈNE.

Je vous garantis que je réussirai; je vais vous en envoyer un bientôt. (Elle sort.)

CLÉRIMONT.

Quels faucons dégénérés sont ces oiseaux bavards qui voltigent autour des femmes!

TRUEWIT.

Et s'attaquent à un aigle comme Dauphin!

CLÉRIMONT.

Il en sera furieux quand nous le lui dirons. Le voici.

(Dauphin rentre.)

CLÉRIMONT.

Vous êtes le bienvenu.

TRUEWIT.

Où est ton oncle?

DAUPHIN.

Sorti de la maison avec tous ses bonnets sur la tête, afin d'aller consulter un casuiste sur le divorce. Cela marche admirablement.

TRUEWIT.

Tu en aurais dit autant si tu avais été ici. Ces dames se sont très-comiquement moquées de toi depuis ton départ.

CLÉRIMONT.

Elles ont demandé si vous étiez le gardien de votre oncle.

TRUEWIT.

Et les deux babouins ont répondu oui, et ont ajouté que tu étais un pauvre diable fort piteux, qui vivait d'expédients, possédait à peine trois habits, et recevait des lords, par-ci par-là, quelques cadeaux pour faire le bouffon et le pantin auprès d'eux.

DAUPHIN.

Que je meure si je ne les rosse pas! Je veux les

attacher tous les deux aux colonnes du grand lit[1] et les faire assaillir par des singes.

TRUEWIT.

Tu n'en auras pas besoin : ils seront battus autant que tu peux le désirer. Je leur prépare un châtiment qui, je te le garantis, aura son effet. Fie-toi à mon complot.

DAUPHIN.

Vous en tramez beaucoup de ces complots, entre autres celui de rendre toutes ces femmes amoureuses de moi.

TRUEWIT.

Si je ne réussis pas à cela avant la nuit, bien qu'elle soit proche, si chacune d'elles ne te fait pas des avances, si toutes ne sont pas prêtes à s'arracher les yeux, les unes aux autres, prends hypothèque sur mon esprit.

CLÉRIMONT.

Je lui donne, devant Dieu, mon témoignage, qu'il te vengera, Dauphin. — Si tu ne le fais pas, Truewit, tu seras son bouffon pour toujours.

TRUEWIT.

J'y consens; peut-être est-ce le meilleur des états! Remarquez-vous cette galerie ou plutôt ce vestibule? Il y a là, aux deux bouts, deux cabinets; là, je vais jouer une tragi-comédie des Guelfes et des Gibelins, Daw et La-Foole; je vais saisir le premier des deux qui se présentera. Vous ferez les chœurs derrière la tapisserie[2], et vous apparaîtrez entre les actes, à mon

---

[1]. Sans doute celui de Ware, note I, p. 338.
[2]. On a voulu voir là une allusion à la tapisserie d'Hamlet.

signal. Si je ne leur impose pas silence pour le reste du jour, et peut-être pour le reste de l'année, je veux que... — J'entends arriver Daw. Cachez-vous, et ne riez pas, surtout. (Ils se retirent.)

DAW, rentrant.

Quel est le chemin qui mène au jardin?

TRUEWIT.

Oh! John Daw, je suis heureux de vous rencontrer. Allons, il faut absolument que cette affaire n'aille pas plus loin entre vous : il faut s'expliquer.

DAW.

Quelle affaire, monsieur? entre qui?

TRUEWIT.

Pourquoi le dissimuler? Entre sir Amorous et vous. Si vous m'aimez, John, vous ferez usage de votre philosophie pour cette circonstance, et vous me livrerez votre épée. Cette noce ne doit pas être semblable à celle des Centaures, bien qu'une de ces dames en porte le nom. (Il lui prend son épée.) La mariée m'a supplié d'empêcher qu'il y ait du sang répandu à sa noce. Vous l'avez bien vue me parler à l'oreille.

DAW.

Comme j'ai l'espoir de finir la lecture de Tacite, je n'ai aucune intention de meurtre.

TRUEWIT.

N'attendez-vous pas ici sir Amorous?

DAW.

Foi de chevalier, je ne l'attends pas!

TRUEWIT.

Jurez aussi, foi de savant.

DAW,

Foi de savant!

TRUEWIT.

Alors je vous rends votre épée et je vous demande pardon; mais ne la remettez pas au fourreau, car vous allez être attaqué. Je croyais que vous le saviez, que vous veniez ici pour le braver et lui prouver que vous tenez moins à l'existence qu'à l'honneur.

DAW.

Non, non, en aucune façon, je vous le jure. Nous venons de nous séparer aussi bons amis que jamais.

TRUEWIT.

Ne vous fiez pas à son masque. Depuis dîner, je lui ai trouvé une tout autre figure. J'ai connu bien des hommes dans ma vie, vexés par des pertes, par des morts, par des outrages; mais je n'ai jamais vu un homme aussi offensé que sir Amorous. Il est courroucé que vous lui ayez aujourd'hui enlevé ses convives, et il le disait par derrière vous, avec de tels gestes de mépris et avec de telles menaces... Il a dit à Dauphin que vous étiez un âne fieffé.

DAW.

Il peut dire ce qui lui plaira.

TRUEWIT.

Il ajoute que vous êtes un lâche si reconnu, qu'il sait bien que vous ne lui en demanderez jamais raison; aussi en prend-il à son aise.

DAW.

Je lui donnerai toute satisfaction, excepté de me battre.

TRUEWIT.

Oui, monsieur; mais qui sait quelle satisfaction il exigera? Il a soif de sang, et c'est du sang qu'il veut.

Qui peut savoir, si ce n'est lui, dans quelle partie du corps il aura le vôtre?

DAW.

Je vous supplie d'être médiateur, monsieur Truewit.

TRUEWIT.

Eh bien, monsieur, cachez-vous dans ce cabinet jusqu'à mon retour. (Il le met dans l'un des cabinets.) Félicitez-vous d'être enfermé; car, pour ma propre réputation, je ne voudrais pas qu'on vous vît recevoir un affront public pendant que je cherche à arranger l'affaire. Silence! le voici qui vient; retenez votre haleine et qu'il ne vous entende pas même respirer. — (Feignant de parler à sir La-Foole.) Non, monsieur Amorous, il n'est pas de ce côté; soyez, je vous en prie, compatissant; ne le massacrez pas; il est aussi bon chrétien que vous pouvez l'être. Pourquoi vous armer comme si vous vouliez vous venger sur toute sa race? Dauphin, emmène-le loin d'ici. Je n'ai jamais vu homme si colère qu'il ne voulût au moins causer avec ses amis et entendre raison. — John Daw! Daw! est-ce que vous dormez?

DAW, de dedans.

Est-il parti, monsieur Truewit?

TRUEWIT.

Oui; l'avez-vous entendu?

DAW.

Seigneur! oui.

TRUEWIT, à part.

Quelle oreille fine possède la peur!

DAW, sortant du cabinet.

Est-il vraiment armé comme vous le dites?

TRUEWIT.

Vîtes-vous jamais un homme partir pour prendre possession [1] ?

DAW.

Oui, monsieur.

TRUEWIT.

Cela peut vous donner une légère idée de sir La-Foole. Cependant, ce n'est rien contre la réalité : quelque faux frère de la maison lui a fourni des armes. Si c'est quelqu'un du dehors, ce sera monsieur Otter.

DAW.

En effet, il est capitaine et sa femme est sa cousine.

TRUEWIT.

Il a reçu de je ne sais qui un glaive à deux mains pour vous faucher à la hauteur des genoux ; ce glaive a engendré un poignard, et quel poignard ! — Enfin, il a, autour de lui pendus, tant de piques, de hallebardes, de pistolets d'arçons, de mousquetons et de mousquets, qu'il ressemble à la salle d'un juge de paix : un homme riche de deux mille livres sterling de rente n'est pas taxé à un si grand nombre d'armes. Il n'y eut jamais de maître d'escrime défié par autant de pointes de fleurets. On dirait qu'il veut tuer toute la paroisse de Saint-Pulchre. S'il pouvait avoir dans ses culottes des provisions de bouche pour six mois, il est suffisamment armé pour ravager une province.

---

1. Lorsque les propriétés confisquées étaient données à quelque favori, la prise de possession n'était pas quelquefois sans danger, et le nouveau propriétaire se rendait à son nouveau domaine bien accompagné de serviteurs et d'amis armés.

DAW.

Bon Dieu! que veut-il donc, monsieur? Soyez médiateur, je vous prie, monsieur Truewit.

TRUEWIT.

Eh bien! je verrai s'il peut se contenter d'un bras ou d'une jambe; sinon, il faudra que vous mouriez tout entier.

DAW.

Je serais fâché de perdre mon bras droit, qui me sert à écrire des madrigaux.

TRUEWIT.

S'il peut se contenter du pouce ou du petit doigt, cela m'est égal; vous devez croire que je ferai de mon mieux. (Il l'enferme de nouveau.)

DAW.

Faites, monsieur, faites.

(Clérimont et Dauphin sortent de derrière la tapisserie.)

CLÉRIMONT.

Où en es-tu?

TRUEWIT.

Il n'attend pas que je lui fasse de proposition : il offre d'avance son bras gauche.

CLÉRIMONT.

Dis son aile gauche : John Daw est un poëte.

DAUPHIN.

Il faut la lui prendre.

TRUEWIT.

Quoi! estropier un homme pour une plaisanterie? Quelle conscience as-tu donc?

DAUPHIN.

Ce n'est pas une perte pour lui; il n'a pas d'autre emploi de ses bras que celui de manger de la soupe.

D'ailleurs, ne vaut-il pas mieux estropier son corps que son honneur?

TRUEWIT.

Ce n'est pas sa manière de voir, bien qu'il soit un savant et un bel esprit. Au reste, il ne perd pas sa réputation vis-à-vis de nous, car nous le tenons tous d'avance pour un âne. Retournez à vos places.

CLÉRIMONT.

Je t'en prie, mets-moi en scène à la première fois.

TRUEWIT.

Prenez garde de tout gâter avec vos folies habituelles.

CLÉRIMONT.

Ne crains rien ; mais je puis penser à des choses que tu oublierais, et tu diras toi-même qu'elles sont excellentes.

TRUEWIT.

Je vous garantis de ne rien oublier. N'insistez pas, ou je laisse tout là.

DAUPHIN.

Allons-nous-en, Clérimont. (Dauphin et Clérimont se retirent.)

(La-Foole entre.)

TRUEWIT.

Sir Amorous.

LA-FOOLE.

Monsieur Truewit.

TRUEWIT.

Où allez-vous ainsi?

LA-FOOLE.

Dans la cour, pour certain besoin.

TRUEWIT.

N'y allez pas, pour Dieu ! retenez-vous.

LA-FOOLE.

Pourquoi?

TRUEWIT.

Entrez là, si vous aimez votre vie. (Il ouvre la porte de l'autre cabinet.)

LA-FOOLE.

Pourquoi? pourquoi?

TRUEWIT.

Faites des questions jusqu'à ce qu'on vous égorge; faites-en; tardez jusqu'à ce que l'enragé vous trouve.

LA-FOOLE.

Qui donc?

TRUEWIT.

John Daw; voulez-vous entrer?

LA-FOOLE.

Oui, je veux bien; qu'est-ce que c'est?

TRUEWIT.

S'il avait eu assez de sang-froid pour nous le dire, il y aurait eu quelque espoir de vous concilier; mais il paraît si courroucé et si implacable...

LA-FOOLLE.

Morbleu! laissons-le enrager seul, je vais me cacher.

TRUEWIT.

Vous ferez bien; mais que diable lui avez-vous fait là-bas, pour l'irriter ainsi? Vous lui aurez lancé quelque grave plaisanterie devant ces dames?

LA-FOOLE.

Non, jamais de la vie je n'ai fait de plaisanterie sur qui que ce soit; la mariée faisait l'éloge de Dauphin; Daw s'en est allé, pouffant de rage, et je l'ai suivi; à moins qu'il ne se soit offensé, au moment où il buvait, de ce que j'ai refusé de lui faire raison avec le *cheval* plein jusqu'aux bords.

TRUEWIT.

Par ma foi, ce doit être cela ; vous avez bonne mémoire ; la vérité, c'est qu'il se promène deci, delà, à travers chacune des chambres de la maison, une serviette à la main, et criant : « Où est La-Foole ? qui a vu La-Foole ? » Lorsque, Dauphin et moi, nous lui avons demandé la raison de sa colère, nous n'avons pu lui tirer d'autres paroles que : « O vengeance, que tu es douce ! Je l'étranglerai avec cette serviette. » Ce qui nous a fait conjecturer que la principale cause de sa furie vient de ce que vous avez apporté vous-même les plats avec une serviette autour de votre corps, le tout pour le discréditer.

LA-FOOLE.

C'est assez probable. S'il est en colère de cela, j'attendrai là que sa colère soit passée.

TRUEWIT.

C'est une sage résolution, si vous pouvez la prendre sans retard.

LA-FOOLE.

Certainement je le puis, à moins que je ne parte immédiatement pour la campagne.

TRUEWIT.

Comment sortiriez-vous de cette maison, monsieur? Il sait que vous y êtes, il veillera à la porte pendant une semaine pour vous y garder. Il y installera un sergent.

LA-FOOLE.

Alors, j'attendrai là.

TRUEWIT.

Il faut penser aux vivres.

LA-FOOLE.

Eh bien, cher monsieur Truewit, voulez-vous prier mon cousin Otter de m'envoyer un pâté froid de venaison, une bouteille de vin ou deux, et un pot de chambre?

TRUEWIT.

Une chaise percée vaudrait mieux, monsieur; vous connaissez l'invention du sieur Ajax [1].

LA-FOOLE.

Cela vaudrait mieux en effet, et un lit pour se coucher.

TRUEWIT.

Oh! je vous engage à ne pas dormir un instant.

LA-FOOLE.

Est-ce votre avis, monsieur? Soit, je ne dormirai pas.

TRUEWIT.

C'est qu'il y a une autre chose à craindre.

LA-FOOLE.

Vraiment! et quoi donc?

TRUEWIT.

Mais non, il ne peut pas enfoncer la porte d'un coup de pied.

---

1. Le surnom d'Ajax avait été donné à sir John Harrington, qui avait tenté à cette époque de rendre les maisons plus propres : il avait, sous le nom de Misacmos, écrit un traité intitulé : *un Discours sur un vieux sujet, ou la métamorphose d'Ajax*. Il y proposait de remplacer par des *water-closets* les misérables ustensiles dont on se servait alors au dépens de l'odorat. Cette honnête tentative, en divulguant les secrets de la vie intérieure, fut fort mal accueillie, et lui fit perdre la faveur de la reine Élisabeth, sa marraine. On l'appelait aussi le chevalier de la chaise percée, et on retournait contre lui le bon mot qu'il avait fait lui-même, en l'appelant Ajax (*a-jakes*).

LA-FOOLE.

Je mettrai mon dos contre la porte, monsieur, j'ai de bons reins.

TRUEWIT.

Mais alors, s'il allait battre la porte?

LA-FOOLE.

Battre! s'il l'osait, je porterais une accusation contre lui.

TRUEWIT.

Mettons le tout au pire. Il a envoyé acheter de la poudre; et ce qu'il veut en faire, on l'ignore; peut-être veut-il faire sauter le coin de la maison où il suppose que vous êtes. Le voici, entrez vite. (Il jette La-Foole dans le cabinet et en ferme la porte.) Je vous proteste, sir Daw, qu'il n'est pas de ce côté; que voulez-vous faire? Non, par Dieu, vous ne poserez pas de pétard à cette place; je mourrais plutôt; ne voulez-vous pas m'en croire sur parole! Je ne connais pas un homme qui ne consente à un esatisfaction. Sir Amorous, (Il lui parle à travers le trou de la serrure.) il n'y a pas à résister; il a fait un pétard dans un vieux pot de fer, afin de forcer la porte. Pensez à la satisfaction que vous pourriez lui donner, songez à lui offrir quelque condition.

LA-FOOLE, de dedans.

Je lui donnerai toute satisfaction possible; j'offre toutes les conditions qu'on voudra.

TRUEWIT.

Voulez-vous vous en rapporter à moi?

LA-FOOLE.

Oui, monsieur, je souscris à tout ce que vous déciderez.

TRUEWIT, faisant avancer Clérimont et Dauphin.

Eh bien, messieurs, qu'en pensez-vous? Ne serait-il pas difficile de décider lequel des deux a le plus peur?

CLÉRIMONT.

C'est celui-ci qui est le plus brave à avoir peur; l'autre, le John Daw, est un poltron lamentable; mais La-Foole est héroïquement lâche; il est épouvanté avec un air digne et majestueux, je l'aime singulièrement.

TRUEWIT.

N'aurait-ce pas été une pitié de ne pas les faire connaître sous ce point de vue?

CLÉRIMONT.

Puis-je faire une motion?

TRUEWIT.

Faites vite; il faut battre le fer quand il est chaud.

CLÉRIMONT.

Irai-je chercher ces dames pour le dénoûment?

TRUEWIT.

Umph! mais oui, en vérité.

DAUPHIN.

Non pas, non pas. Laissons ces dames, dans leur état d'ignorance, patauger à leur aise; qu'elles continuent à les croire de beaux esprits et de bons compagnons comme devant! Ce serait un péché de les désabuser.

TRUEWIT.

Cependant, je vais les envoyer chercher pour certain projet que je couve. Clérimont, va les trouver, raconte-leur ce qui s'est passé, et amène-les dans cette galerie.

DAUPHIN.

Oh! voilà bien votre vanité; vous vous croiriez

perdu si les mauvais tours que vous jouez n'étaient pas publiés.

TRUEWIT.

Tu vas voir comme tu es injuste. (A Clérimont.) Clérimont, vous direz que celui-ci appartient à Dauphin. (Clérimont sort.) N'aie jamais de confiance en moi si tout ne tourne pas à ton avantage. Il y a un tapis de table dans la pièce voisine, mets-toi-le sur le dos, avec cette écharpe sur la figure et ce coussin sur la tête, et sois prêt lorsque j'appellerai tout haut Amorous ; va. (Dauphin sort. Truewit va vers le cabinet où est enfermé John Daw.) John Daw!

DAW.

Quelle bonne nouvelle avez-vous, monsieur?

TRUEWIT.

Sur ma foi, je l'ai pressé et raisonné ferme, à propos de vous. Je lui ai dit que vous étiez un chevalier, un lettré qui teniez pour vrai que le courage consiste *magis patiendo quam faciendo, magis ferendo quam feriendo*.

DAW.

Oui, certes.

TRUEWIT.

Que par conséquent, vous étiez prêt à endurer... Il a demandé d'abord beaucoup trop, à mon avis.

DAW.

Qu'était-ce donc?

TRUEWIT.

Votre lèvre supérieure, et six dents de devant.

DAW.

Ce n'était pas raisonnable.

TRUEWIT.

Je lui répondis simplement que vous ne pouviez

pas vous passer de vos six dents. Alors, après un long débat *pro et con,* comme vous savez, il en réduisit le nombre aux deux incisives, que je lui accordai.

DAW.

Vous les avez promises? Eh bien, il les aura.

TRUEWIT.

Non, il ne les aura pas, monsieur, avec votre permission. Voici la conclusion du traité : pour que vous redeveniez bons amis, et que, tous les deux, vous puissiez oublier ce qui s'est passé et ne vous en fassiez pas de mutuels reproches, et en outre afin qu'il ne puisse pas se vanter de vous avoir maltraité en personne, il va venir ici déguisé; il vous donnera, tête à tête, cinq coups de pied au bas des reins, vous prendra votre épée, et vous tiendra enfermé dans ce cabinet autant qu'il lui plaira, ce qui ne sera pas long : nous vous aurons bientôt fait relâcher.

DAW.

Cinq coups de pied : qu'il en donne six, et que nous soyons amis.

TRUEWIT.

Croyez-moi, ne vous hasardez pas trop à lui faire tenir ce langage par moi.

DAW.

Tenez-le, monsieur, tenez-le; je lui laisserai donner les six coups de pied de tout mon cœur, pour que nous soyons amis.

TRUEWIT.

Amis? Corbleu, s'il n'y consentait pas cordialement à ces conditions, il m'aurait pour ennemi tant que je vivrai. Allons, monsieur, supportez tout bravement.

DAW.

Parbleu, ce n'est rien.

TRUEWIT.

En effet, qu'est-ce que c'est que six coups de pied pour un homme qui a lu Sénèque?

DAW.

J'en ai déjà reçu plus de cent.

TRUEWIT.

Sir Amorous. — (Dauphin entre déguisé.) Ne vous parlez pas l'un à l'autre, et point de récrimination.

DAW, pendant que Dauphin lui donne des coups de pied.

Un, deux, trois, quatre, cinq. Sir Amorous, donnez-en six.

TRUEWIT.

Silence, je vous ai dit de ne pas parler ; donnez-lui le sixième, puisqu'il le veut absolument. (Dauphin le lui donne.) — Votre épée? (Il la lui prend.) Maintenant, retournez dans votre prison sanitaire ; tout à l'heure vous vous rencontrerez devant ces dames, et vous serez les meilleurs amis du monde. (Il met Daw dans le cabinet. A Dauphin.) Donne-moi ton écharpe, tu frapperas l'autre à figure découverte. (Dauphin se retire, et Truewit va vers l'autre cabinet et en fait sortir La-Foole.) Sir Amorous!

LA-FOOLE.

Qu'est-ce? une épée!

TRUEWIT.

Je n'y puis rien, monsieur, à moins de prendre la querelle à mon compte. Il vous envoie son épée.

LA-FOOLE.

Je ne l'accepte pas.

TRUEWIT.

Il veut que vous l'attachiez contre un mur, et que

vous vous brisiez la tête, en divers endroits, contre la garde.

LA-FOOLE.

Je ne veux pas; dites-le lui carrément; je ne puis me résoudre à verser mon propre sang.

TRUEWIT.

Vous ne voulez pas?

LA-FOOLE.

Non; je me battrai la tête contre un mur plat et uni, si cela peut le satisfaire; sinon, qu'il se casse la tête, comme il l'entendra, à la place d'Amorous.

TRUEWIT.

Voilà une singulière boutade, quand un homme entreprend de vous être agréable! — Je lui ai offert une autre condition; voulez-vous l'accepter?

LA-FOOLE.

Laquelle?

TRUEWIT.

C'est d'être rossé en secret.

LA-FOOLE.

Oui, j'accepte; mais à coups de plat d'épée.

Au fond entrent lady Haughty, Centaure, Mavis, mistress Otter, Épicène, Trusty.)

TRUEWIT.

Vous devez donc vous soumettre à avoir les yeux bandés par cette écharpe, et à être conduit vers sir Daw, qui vous prendra votre épée, vous portera quelques coups sur la bouche, et vous pincera le nez un certain nombre de fois.

LA-FOOLE.

J'y consens; mais pourquoi dois-je avoir les yeux bandés?

TRUEWIT.

C'est pour votre bien, monsieur; parce que, s'il devenait insolent ensuite et publiait partout votre disgrâce, ce que, je l'espère, il ne fera pas, vous pourrez ainsi jurer en toute sécurité, et protester que jamais à votre connaissance il ne vous a battu.

LA-FOOLE.

Oh! je comprends.

TRUEWIT.

Je ne doute pas qu'ensuite vous ne soyez d'excellents amis, et jamais vous n'aurez, grâce à moi, l'un de l'autre une mauvaise pensée.

LA-FOOLE.

De mon côté je le jure, ce ne sera pas.

TRUEWIT.

Il le jurera du sien aussi, ou malheur à lui! (Il lui bande les yeux.) Allons, monsieur. (Il le conduit en avant.) Sir John, tout est prêt.

(Dauphin entre et lui pince le nez.)

LA-FOOLE.

Oh! sir John, sir John. Oh! oh! oh! oh! oh!

TRUEWIT.

Bon monsieur John, cessez de lui pincer le nez; vous finiriez par le lui arracher. (A La-Foole.) Sir John désire maintenant que vous vous retiriez encore dans le cabinet. (Il lui ouvre le cabinet.) Ma foi, vous voilà bons amis; toute amertume entre vous est, je l'espère, effacée. Vous deviendrez désormais Damon et Pithias, et vous vous embrasserez avec tous les témoignages d'une excessive amitié. (A Dauphin.) J'ai confiance aussi que dorénavant nous les trouverons plus humbles dans leur langage. Dauphin, reçois mes compliments. —

Par la volonté de Dieu, ces dames nous ont surpris!
(Les dames entrent.)

LADY HAUGHTY.

Centaure, comme ces chevaliers dégénérés en ont imposé à notre jugement!

LADY CENTAURE.

Madame, c'est Mavis qui a été la plus trompée; car c'est à sa recommandation qu'ils sont entrés dans notre Académie.

MISTRESS MAVIS.

Je n'ai recommandé que leur esprit et leur élégance; je n'ai jamais recherché quelle pouvait être leur bravoure.

LADY HAUGHTY.

Sir Dauphin est à la fois vaillant et spirituel, ce me semble.

MISTRESS MAVIS.

Et fort bien mis aussi!

LADY HAUGHTY.

C'est lui qui a inventé cette ruse?

MISTRESS OTTER.

Monsieur Clérimont l'a fait entendre, madame.

LADY HAUGHTY.

Bonne Morose, quand vous viendrez à l'Académie, vous l'amènerez avec vous. Il paraît un parfait gentilhomme.

ÉPICÈNE.

Et c'en est un, croyez-moi.

LADY CENTAURE.

Mais quand viendrez-vous, Morose?

ÉPICÈNE.

Dans trois ou quatre jours, lorsque j'aurai ma voiture et mes chevaux.

LADY HAUGHTY.

Non, venez dès demain ; Centaure vous enverra son carrosse.

MISTRESS MAVIS.

Oui, dès demain, et amenez sir Dauphin avec vous.

LADY HAUGHTY.

Elle nous l'a promis.

MISTRESS MAVIS.

Il a l'extérieur d'un vrai courtisan.

LADY HAUGHTY.

Il est judicieux dans le choix de ses habits.

LADY CENTAURE.

Seulement, il n'est pas si superlativement élégant que d'autres, qui semblent avoir un torche-nez[1] dans la figure...

LADY HAUGHTY.

Dont chaque cheveu est strictement à sa place...

MISTRESS MAVIS.

Qui portent du linge plus blanc que le nôtre, et qui prétendent à plus d'élégance que n'en a l'hermaphrodite français.

ÉPICÈNE.

Ceux-ci, mesdames, répéteront à l'une de nous ce qu'ils ont déjà dit à mille autres. Ils cherchent à dérober notre réputation, et croient nous séduire avec des parfums et des dentelles ; puis ils se moquent de nous, sans conscience, lorsqu'ils ont réussi...

LADY HAUGHTY.

Tandis que la négligence de sir Dauphin lui sied parfaitement.

---

1. Comme on en met aux chevaux pour leur tenir la tête haute.

LADY CENTAURE.

J'aimerais un homme comme lui, seulement pour son nez.

MISTRESS MAVIS.

Moi, pour sa jambe.

LADY CENTAURE.

Il a les yeux excessivement doux, madame.

MISTRESS MAVIS.

Et sa mèche de cheveux[1] est merveilleusement placée !

LADY CENTAURE.

Bonne Morose, amène-le d'abord dans ma chambre.

MISTRESS OTTER.

Qu'il plaise à vos seigneuries de se réunir chez moi.

TRUEWIT, à Dauphin.

Vois donc, mon cher, comme elles te regardent ; elles sont prises, je te le garantis.

LADY HAUGHTY, s'avançant.

Vous avez découplé nos chevaliers, sir Truewit ?

TRUEWIT.

Ce n'est pas moi, madame ; l'idée en appartient à sir Dauphin ; mais s'il prive ainsi Votre Honneur de leurs services, il saura bien les remplacer.

LADY HAUGHTY.

Monsieur, on n'en doute pas.

---

1. C'était une mèche favorite qui ne se mêlait pas aux autres cheveux, soit devant ou derrière la tête. On l'attachait avec de la soie, et les plus élégants avec des rubans qui formaient la rose. Cette mode qui devançait la queue dura fort longtemps. — Les portraits de l'infortuné roi Charles Ier nous le montrent, ainsi que ses courtisans, avec cette mèche favorite. On dit que le roi coupa la sienne en 1646, et la mode disparut sans doute.

LADY CENTAURE, encore au fond du théâtre.

Dieu me pardonne, Mavis, Haughty l'embrasse.

MISTRESS MAVIS.

Avançons aussi et prenons notre part. (Elles s'avancent.)

LADY HAUGHTY, montrant les cabinets.

Puisque ces deux chevaliers démasqués ne sont que des écrins vides, je me félicite d'avoir découvert une mine si riche de vertus dans la personne de sir Dauphin.

LADY CENTAURE.

Nous serions toutes enchantées de le compter parmi nos amis, et de le recevoir à notre Académie.

MISTRESS MAVIS.

Je puis lui prédire qu'il ne trouvera nulle part une société plus aimable, et j'espère qu'il pensera bientôt de même.

DAUPHIN.

Je serais un grossier personnage si je pensais autrement.

TRUEWIT, à Dauphin.

Ne te l'avais-je pas dit, Dauphin? Tu le vois, toutes leurs actions se gouvernent par une opinion mal digérée, sans raison et sans cause. Elles ne savent pas pourquoi elles agissent d'une façon ou d'une autre; mais, selon qu'on les dresse, elles croient, jugent, louent, condamnent, aiment, haïssent, et font tout en rivalité les unes des autres. Seulement elles ont naturellement une inclination vers le pire quand on les laisse à elles-mêmes. Tu peux maintenant poursuivre ta pointe.

LADY HAUGHTY.

Rentrons-nous, Morose?

ÉPICÈNE.

Oui, madame.

LADY CENTAURE.

Prions sir Dauphin de nous accompagner.

TRUEWIT.

Attendez, chère madame, l'entrevue des deux amis, Pylade et Oreste; je vais justement vous les chercher.

LADY HAUGHTY.

Très-bien, monsieur Truewit.

DAUPHIN.

Oui; mais, nobles ladies, ne laissez pas voir, dans votre contenance et par vos gestes, que vous savez quelque chose de leurs folies, afin que nous puissions voir l'aplomb et l'assurance avec lesquels ils vont se comporter.

LADY HAUGHTY.

Nous ne laisserons rien paraître, sir Dauphin.

CENTAURE et MAVIS.

Non, sur notre honneur.

TRUEWIT, va au premier cabinet.

Sir Amorous, sir Amorous, ces dames sont là.

LA FOOLE, de dedans.

Sont elles-là?

TRUEWIT.

Oui; mais glissez-vous tout doucement pendant qu'elles ont le dos tourné, et rencontrez sir John comme par hasard, lorsque je vous appellerai. (A l'autre cabinet.) John Daw?

DAW, de dedans.

Que dites-vous, monsieur?

TRUEWIT.

Sortez soudainement derrière moi, et surtout n'ayez

point, dans vos regards, un air irrité contre votre adversaire. Allons! allons! (La-Foole et Daw sortent de leurs cabinets et se saluent l'un l'autre.)

LA-FOOLE.

Noble sir John Daw, où étiez-vous donc?

DAW.

Je vous cherchais, sir Amorous.

LA-FOOLE.

Moi, je vous présente mes compliments.

DAW.

Je veux être le premier à le faire.

CLÉRIMONT.

Ils ont oublié leurs épées.

TRUEWIT.

Oh! ils sont sur le pied de paix.

DAUPHIN.

Où est donc votre épée, sir John?

CLÉRIMONT.

Et la vôtre, sir Amorous?

DAW.

La mienne? Mon page est allé en faire raccommoder la poignée, il n'y a qu'un instant.

LA-FOOLE.

La poignée de la mienne était brisée, et mon page l'a emportée.

DAUPHIN.

En vérité, messieurs? — Comme leurs excuses se rencontrent!

CLÉRIMONT.

Comme ils sont d'accord sur la poignée de leur épée!

TRUEWIT.

Je vous réponds qu'ils s'entendent tout aussi bien sur l'usage de leurs lames.

(Morose entre avec les deux épées nues entre les mains.)

MISTRESS OTTER.

Grands dieux! le voici encore, le fou furieux! — Fuyons! (Les dames, Daw et La-Foole se sauvent.)

MOROSE.

Messieurs, que signifient ces deux épées nues?

TRUEWIT.

Oh! monsieur, il a manqué d'y avoir un meurtre ici, depuis que vous nous avez quittés. Deux chevaliers se sont pris de querelle à l'occasion des faveurs de ces dames. Nous avons été obligés de leur enlever leurs épées, sans quoi votre maison aurait déjà un prétendant [1].

MOROSE.

Pourquoi?

CLÉRIMONT.

Pour meurtre d'homme, dont vous seriez complice.

MOROSE.

Racontez-moi donc le sujet de la querelle?

TRUEWIT.

Ah! monsieur, pas à présent, nous en parlerons plus tard. — Clérimont, reporte-leur maintenant ces épées : elles ont fait tout le mal qu'elles pouvaient faire.

(Clérimont sort avec les deux épées.)

DAUPHIN.

Avez-vous parlé à un magistrat, monsieur?

---

1. *Your house had been begg'd.*—A cause de ce meurtre, on aurait pu confisquer la maison de Morose, et quelque courtisan, flairant cette proie, l'aurait déjà demandée en présent.

MOROSE.

Oh! non. Il y a tant de bruit dans ces cours de justice, que j'en suis sorti avec plus de frayeur et de vitesse que je n'y étais entré; tant de dires et de contredits, tant de citations, d'appellations, d'allégations, de témoignages, de saisies, d'interrogatoires, de référés, de réfutations, de débats entre les avocats et les procureurs, que le bruit d'ici est du silence en comparaison, et comme le calme de minuit.

TRUEWIT.

Cependant, monsieur, si vous êtes résolu à consulter, je puis vous amener un docteur très-compétent et un théologien instruit, qui examineront la question avec un scrupule parfait.

MOROSE.

Le pouvez-vous, monsieur Truewit?

TRUEWIT.

Oui, ce sont des personnages sobres et graves, qui auront bientôt fini leur consultation, au moyen de quelques mots dits à voix basse.

MOROSE.

Ah! monsieur, puis-je espérer ce service de vous? Je me mets entre vos mains.

TRUEWIT.

Hélas! monsieur, votre neveu et moi nous rougissons, nous sommes honteux de penser comme on vous a trompé. Rentrez, monsieur, et enfermez-vous jusqu'à ce que nous vous appelions. Nous vous en dirons davantage plus tard.

MOROSE.

Agissez comme vous l'entendrez, messieurs; j'ai

confiance en vous, et cette confiance mérite de n'être pas trompée.

TRUEWIT.

Elle ne le sera pas, monsieur, (Morose sort.) car vous aurez un redoublement de mystification.

DAUPHIN.

Qu'allez-vous inventer à cette heure, monsieur le plaisant?

TRUEWIT.

Trouve-moi à l'instant Otter et le barbier, si tu peux!

DAUPHIN.

Pourquoi? à quel propos?

TRUEWIT.

Oh! je veux faire de l'un le profond théologien et de l'autre le plus grave des docteurs.

DAUPHIN.

Vous ne pourrez y réussir : ce sont des songe-creux.

TRUEWIT.

Ne crains rien. Mets à l'un une robe noire avec une fourrure, à l'autre un vêtement canonique avec de larges manches, mets-leur à la bouche quelques termes scientifiques, et si nous n'improvisons pas un docteur et un théologien excellents pour la circonstance, tu pourras alors blâmer mon choix. J'espère ainsi, sans blesser la dignité de ces deux professions, puisque nous en affublons de faux personnages, tourmenter notre homme à cœur-joie. Le barbier marmotte du latin, à ce que je me rappelle?

DAUPHIN.

Oui, et Otter aussi.

TRUEWIT.

C'est au mieux. Si je ne les fais discuter et se quereller sur le cas qui leur sera soumis, et cela au désespoir de ton oncle, qu'on me prenne pour un John Daw, ou pour un La-Foole, ou pour pis encore. Retourne vers ces dames, mais auparavant envoie chercher nos deux hommes.

DAUPHIN.

De grand cœur. (Ils sortent.)

ACTE V.

SCÈNE PREMIÈRE.

Une chambre dans la maison de Morose.

LA-FOOLE, CLÉRIMONT et DAW.

LA-FOOLE.

Où avez-vous trouvé nos épées, monsieur Clérimont?

CLÉRIMONT.

Dauphin les a reçues des mains du vieux fou.

LA-FOOLE.

Il est sûr qu'il les aura prises à nos pages.

CLÉRIMONT.

Très-probablement, monsieur.

LA-FOOLE.

Je vous remercie, bon monsieur Clérimont; sir John Daw et moi, nous vous sommes fort obligés.

CLÉRIMONT.

Je cherche tous les moyens de bien mériter de vous, messieurs.

DAW.

Sir Amorous et moi, nous sommes vos serviteurs.

MISTRESS MAVIS, entrant.

Messieurs, avez-vous une plume et de l'encre? Je voudrais écrire une énigme en italien, pour la faire deviner par sir Dauphin.

CLÉRIMONT.

Je n'ai ni encre ni plume, en vérité; je ne suis pas un écrivain.

DAW.

Moi, je peux vous les fournir. (Daw et Mavis sortent.)

CLÉRIMONT.

Il porte tout cela dans le manche d'un couteau, à ce que je crois.

LA-FOOLE.

Non, non, il a sa boîte exprès.

CLÉRIMONT.

Comme un chirurgien.

LA-FOOLE.

Une boîte de mathématiques, l'équerre, le compas, les plumes de cuivre et la mine de plomb, afin de tirer une carte géographique des lieux et des personnes qu'il visite.

CLÉRIMONT.

Quoi! des personnes aussi?

LA-FOOLE.

Oui, de Nomentack[1] quand il était ici, du prince de Moldavie, et de sa maîtresse, madame Épicène.

---

1. Nomentack était un chef indien qui était venu de la Virginie en Angleterre, quelques années avant.

CLÉRIMONT.

Allons donc! il n'a pas encore trouvé la latitude de celle-ci? (Daw rentre.)

LA-FOOLE.

Vous êtes un plaisant, monsieur.

CLÉRIMONT.

Ma foi, puisque nous sommes entre nous, badinons un peu et causons gaiement. — Sir John, je disais là à sir Amorous que partout où vous passez tous deux vous gouvernez le sexe féminin à votre guise, et que vous avez dans votre poche toutes les femmes.

DAW.

Nous préférerions être dans la leur, monsieur.

CLÉRIMONT.

C'est ce qui arrive, monsieur, et j'ajoute que vous êtes les premiers dans leurs affections, et qu'elles se laissent diriger par vous.

DAW.

Par moi, non, mais par sir Amorous.

LA-FOOLE.

Je proteste que c'est sir John qui...

DAW.

Par l'espoir que j'ai d'avoir un poste dans l'État, sir Amorous, vous avez l'extérieur engageant.

LA-FOOLE.

C'est vous, c'est vous, monsieur, et de plus vous avez l'éloquence.

DAW.

Moi, monsieur? non, je ne l'ai point; et vous avez en outre une souplesse de reins!...

LA-FOOLE.

Je proteste, sir John, que vous pourriez sauter plus haut que moi, que vous soulèveriez autant de chaises réunies, et que vous en franchiriez autant que moi si vous vouliez l'essayer.

CLÉRIMONT.

Chevaliers, tombez d'accord entre vous; car vous partagez le royaume ou la république des affections féminines; je vois et je remarque combien en vérité les femmes vous considèrent et vous craignent. Vous pourriez raconter d'étranges histoires, si vous le vouliez.

DAW.

En effet, nous avons vu bien des choses, monsieur.

LA-FOOLE.

Des jupes de velours et des chemises de femme.

DAW.

Oui, et...

CLÉRIMONT.

Achevez, sir John : n'enviez pas à un ami le plaisir de l'ouïe, quand vous avez eu celui du goût.

DAW.

Eh bien!... Parlez, vous, sir Amorous.

LA-FOOLE.

Non, parlez vous-même, sir John Daw.

DAW.

Non, à vous, sir Amorous.

LA-FOOLE.

A vous, je vous prie.

DAW.

Eh bien, nous avons été...

LA-FOOLE.

Dans notre temps, ensemble, dans le grand lit, à Ware[1]; continuez, sir John.

---

1. Il y avait à Ware, à vingt milles de Londres, une auberge à la mode, et dans cette auberge, un lit immense de largeur, dont les auteurs du temps parlent comme étant très favorable aux parties carrées.

DAW.

Continuez vous-même.

CLÉRIMONT.

Et ces dames étaient avec vous?

LA-FOOLE.

Excusez-nous, monsieur; oh! non...

DAW.

Nous ne voulons pas nuire aux réputations.

LA-FOOLE.

N'importe! c'étaient elles ou d'autres. Notre bain nous coûta quinze livres sterling à notre retour.

CLÉRIMONT.

Écoutez, sir John; vous devez me dire une fois la vérité, si vous m'aimez.

DAW.

De grand cœur, si je puis.

CLÉRIMONT.

Vous demeuriez dans la même maison, vous et notre mariée d'aujourd'hui?

DAW.

Oui, et je causais à toute heure avec elle.

CLÉRIMONT.

Et quelle est son humeur? Est-elle facile, franche, un peu libre?

DAW.

Oh! excessivement facile, monsieur. J'étais son cavalier servant, et sir Amorous devait l'être aussi.

CLÉRIMONT.

Allons, vous avez eu tous deux ses faveurs, je le sais, je l'ai entendu dire.

DAW.

Oh! non, monsieur.

LA-FOOLE.

Excusez-nous, monsieur, nous ne voudrions pas nuire aux réputations.

CLÉRIMONT.

Bah! elle est mariée maintenant, et vous ne pouvez pas lui faire de tort par un aveu; parlez donc clairement. Combien de fois, hein? Lequel de vous le premier, hein?

LA-FOOLE.

Sir John a eu son....

DAW.

Oh! cela lui plaît à dire; mais sir Amorous sait bien ce qu'il en est.

CLÉRIMONT.

Le savez-vous, en vérité, sir Amorous?

LA-FOOLE.

A peu près, monsieur.

CLÉRIMONT.

Eh bien, mes gaillards, je vous félicite; son mari n'en sait rien, et ce n'est pas moi qui le lui apprendrai.

DAW.

A la potence, le vieux bœuf!

CLÉRIMONT.

Parlez doucement; voici son neveu avec lady Haughty. Il vous enlèvera ces dames, si vous n'y faites pas attention.

LA-FOOLE.

Oh! nous les retrouverons bien, je vous en réponds.

(Clérimont se retire, La-Foole et Daw sortent, Dauphin et Haughty entrent.)

LADY HAUGHTY.

Je vous assure, sir Dauphin, c'est l'estime que je fais de votre vertu qui m'a embarquée dans cette aventure; et je ne puis m'empêcher de vous le dire, mais je ne m'en repens pas; car c'est une preuve de vertu en nous-mêmes, d'aimer et d'adorer la vertu chez les autres.

DAUPHIN.

Votre Seigneurie attache trop de prix à mon peu de mérite.

LADY HAUGHTY.

Monsieur, je sais distinguer les pierres précieuses des cailloux [1].

DAUPHIN, à part.

Êtes-vous si habile?

LADY HAUGHTY.

Quand bien même j'aurais à souffrir de votre injustice, si vous me mettiez sur le même pied et au même rang que Centaure et Mavis.

DAUPHIN.

Vous n'avez pas cela à craindre de moi, madame, je vois trop bien qu'elles ne sont que votre ombre.

LADY HAUGHTY.

Vous êtes donc un ami de la vérité, monsieur? Cela me fait vous aimer davantage; ce n'est pas l'homme extérieur, mais l'homme intérieur que j'affectionne; quant à elles, elles ne sauraient comprendre l'éminence ni la perfection de l'amour, mais seulement sa vulgarité.

LADY CENTAURE, de dedans.

Où êtes-vous, milady Haughty?

---

1. *Stones* a aussi une autre signification que voici en latin : *testes*.

LADY HAUGHTY.

Me voici, Centaure. — Mon page, monsieur, vous montrera ma chambre; Trusty, ma dame d'honneur, sera toujours éveillée pour vous; vous ne devez pas craindre de vous confier à elle, car c'est une *Fidelia*; je vous prie de porter ce joyau en mon honneur, sir Dauphin. (Centaure entre.) Où est Mavis, Centaure?

LADY CENTAURE.

A écrire. (Lady Haughty sort.) Je vous suis, madame, mais je veux dire un mot à sir Dauphin.

DAUPHIN.

A moi, madame?

LADY CENTAURE.

Ne vous fiez pas à Haughty, cher monsieur, et n'ayez aucune confiance en elle. Je vous en donne l'avis, sir Dauphin. C'est une dame de la cour dans la force du terme; elle n'aime rien qu'elle-même, et c'est pour son seul usage qu'elle aime les autres. En outre, ses médecins la donnent pour n'être pas des plus saines, elle les paye ou ne les paye point, Dieu le sait; elle a dépassé cinquante-deux ans, et elle se plâtre. Voyez-la un peu avant midi. Voici Mavis, plus laide encore qu'Haughty; vous ne pourriez la voir à la lumière. (Mavis rentre.) Si vous voulez venir dans ma chambre, un de ces matins, de bonne heure, ou tard dans la soirée, je vous en dirai davantage. Où est Haughty, Mavis?

MISTRESS MAVIS.

Dans son appartement, Centaure.

LADY CENTAURE.

Qu'apportez-vous là?

MISTRESS MAVIS.

Une énigme italienne pour sir Dauphin. Vous ne la verrez pas, Centaure. (Centaure sort.) Cher sir Dauphin, veuillez la deviner pour moi. Je vous demanderai la réponse ce soir. (Elle sort.)

CLÉRIMONT, s'avançant.

Eh bien! Dauphin, comment vous en tirez-vous avec ces dames?

DAUPHIN.

Par la lumière du soleil, elles me hantent comme des fées, et me donnent des joyaux : je ne puis m'en débarrasser.

CLÉRIMONT.

Oh! vous devez être discret[1].

DAUPHIN.

Par la messe, je l'oubliais; je ne fus jamais plus vivement assiégé. L'une m'aime par vertu et veut me corrompre avec ce bijou; l'autre met hypothèque sur toute ma personne; la troisième m'apporte une énigme; toutes sont jalouses et disent des injures les unes des autres.

CLÉRIMONT.

Voyons l'énigme. (Il lit.)

« Sir Dauphin, je choisis ce moyen détourné parce qu'il est favorable au secret; ces autres dames ont, toutes deux, l'espoir et le projet de faire de vous un associé et un cavalier servant. Si je puis mériter la faveur d'être pour quelque chose dans une si belle

1. Comme Dauphin vient de parler des fées, Clérimont lui recommande la discrétion, parce qu'il était expressément défendu de révéler les faveurs qu'on avait reçues d'elles, sous peine de disgrâce.

œuvre, je laisserai croire que je prends médecine demain, pendant quatre à cinq jours, ou pour plus longtemps afin d'attendre votre visite.   Mavis. »

Ma foi, voilà qui est subtil. Appelez-vous cela une énigme? Quel est le mot, pensez-vous?

DAUPHIN.

Truewit nous manque pour nous le dire.

CLÉRIMONT.

Il nous manque aussi pour autre chose; ses chevaliers réformés sont redevenus aussi impudents que jamais.

DAUPHIN.

Vous plaisantez.

CLÉRIMONT.

Jamais ivrognes, gonflés de vin et de vanité, n'ont raconté de pareilles histoires d'eux-mêmes. Toutes les réputations des dames de céans ne pèseraient pas une patte de mouche, si on pouvait croire qu'ils disent vrai; quant à la mariée, ils ont affirmé par serment...

DAUPHIN.

Quoi? qu'ils ont couché avec elle?

CLÉRIMONT.

Oui! avec le moment, les circonstances, l'occasion et l'endroit; je les aurais amenés à affirmer qu'ils ont eu ses faveurs aujourd'hui même.

DAUPHIN.

Pas tous les deux?

CLÉRIMONT.

Si fait, ma foi; avec le moindre effort, ils me l'auraient écrit et signé.

DAUPHIN.

Allons, que nous le voulions ou non, ils nous serviront encore de jouet. (Truewit entre.)

TRUEWIT.

Oh! êtes-vous là? Allons, Dauphin, appelez de suite votre oncle. J'ai habillé convenablement mon théologien et mon légiste, je leur ai teint la barbe et le reste. Les deux gredins ne se reconnaissent plus eux-mêmes, tant ils sont changés et exaltés. L'avancement tourne la tête à tous les hommes. Tu tiendras une porte et moi l'autre, Clérimont sera au milieu, afin que Morose n'ait aucun moyen d'échapper à leurs bruyantes discussions, car ils s'échaufferont bien vite dans la dispute. Les femmes, comme j'en ai donné l'instruction à la mariée, apparaîtront et tomberont sur lui au dénoûment; oh! ce sera vif et complet. Va le chercher. (Dauphin sort.)

(Otter entre, déguisé en théologien, et Cutbeard déguisé en docteur en droit.)

TRUEWIT.

Entrez, maître docteur; maître théologien, entrez; songez maintenant à vos rôles, et remplissez-les vaillamment. La mise en scène est bonne; que votre jeu y réponde. Si, par hasard, vous êtes dans l'embarras, ne le montrez pas en restant muets, ou en faisant *hum, hum,* ou en vous bâillant au nez l'un de l'autre; mais continuez toujours, parlez haut et vite; faites de grands gestes, rappelez-vous seulement vos termes barbares, et vous êtes sauvés; laissez le sens aller où il pourra. Vous en avez beaucoup qui ne font pas autrement. Avant tout, soyez solennels et graves comme vos vêtements; plus tard, vous pourrez vous relâcher de votre gravité, faire le saut du tremplin comme un couple de jongleurs. Le voici : composez vos figures, ayez le regard dédaigneux quand je vous présenterai.

(Dauphin et Morose entrent.)

MOROSE.

Sont-ce là les deux savants personnages?

TRUEWIT.

Oui, monsieur; veuillez les saluer.

MOROSE.

Les saluer? J'aime mieux tout autre chose que de perdre le temps aussi inutilement. Je m'étonne de ces façons vulgaires de parler: *Dieu vous conserve*, ou bien *soyez le bienvenu*, ou bien *je suis ravi de vous voir*. Je ne sais quel profit on peut trouver dans ces paroles qui font partie de nos habitudes. Quelle consolation peut trouver, dans de pareils compliments, celui dont les affaires sont tristes et fâcheuses?

TRUEWIT.

C'est vrai, monsieur; allons donc au fait. Messieurs, maître docteur, et vous, savant théologien, je vous ai suffisamment instruits de l'affaire pour laquelle vous êtes ici tous les deux, et vous n'avez plus besoin de vous informer de l'état de la question, je le sais. Voici la personne qui attend votre résolution, commencez donc quand il vous plaira.

OTTER.

A vous, monsieur le docteur.

CUTBEARD.

A vous, savant théologien.

OTTER.

Je voudrais entendre d'abord la loi civile.

CUTBEARD.

Je cède la première place à la loi divine, monsieur.

MOROSE.

Chers messieurs, ne tombez pas dans les détails oiseux. Laissez arriver promptement jusqu'à moi vos consolantes paroles, telles qu'elles seront. Soyez prompts à m'apporter la tranquillité si j'ai à en espérer. Je n'aime pas vos discussions, ni le tumulte de vos cours de justice. Et afin que cela ne vous paraisse pas extraordinaire, je vous dirai que mon père, au moment de mon éducation, me conseilla toujours de resserrer et de condenser ma pensée, sans lui permettre de se répandre en vaines paroles. Je devais, suivant lui, considérer quelles étaient les choses nécessaires à la conduite de la vie et celles qui ne l'étaient pas, embrassant les premières et évitant les secondes; bref, je devais préférer le calme et le repos aux émotions et au bruit; et l'habitude que j'en ai prise est devenue pour moi une seconde nature. C'est pourquoi je ne vais point entendre les bruyantes plaidoiries de vos tribunaux. Ce n'est pas que je méprise tout ce qui intéresse la dignité de la république ; mais je hais les clameurs et les impertinences des avocats qui ne savent pas ce que c'est que le silence. C'est contre le bruit lui-même que je viens solliciter vos avis. Vous ne pouvez pas savoir à quelle torture j'ai été condamné pendant toute cette journée; quel torrent de souffrances! ma maison même a été ébranlée par leur vacarme. Je demeure dans un moulin à vent; le spectacle des marionnettes est ici et non à Eltham [1].

TRUEWIT.

Eh bien, cher docteur, voulez-vous rompre la glace? M. le théologien passera le gué ensuite.

1. Il y avait du temps de l'auteur une célèbre exhibition de marionnettes à Eltham.

CUTBEARD.

Monsieur, bien qu'indigne et le plus faible, j'aurai la présomption...

OTTER.

Ce n'est point de la présomption, *domine doctor*.

MOROSE.

Encore!

CUTBEARD.

Voici la question. Pour combien de causes un homme peut-il obtenir *divortium legitimum*, un divorce légal? D'abord, vous devez comprendre la nature du mot divorce, *a divertendo*.

MOROSE.

Point de définitions, bon docteur. Vite à la question.

CUTBEARD.

Le droit canon accorde le divorce, mais dans peu de cas seulement, et le principal est dans le cas commun, le cas d'adultère; mais il y a *duodecim impedimenta*, douze empêchements comme nous les appelons, lesquels peuvent non pas *dirimere contractum*, mais *irritum reddere matrimonium*, comme nous disons dans le droit canon, non point détruire le contrat, mais y introduire une nullité.

MOROSE.

Je vous comprenais avant, monsieur; veuillez m'épargner l'impertinence de vos traductions.

OTTER.

Il ne peut rendre cela trop clair, monsieur, pour votre bien.

MOROSE.

Encore!

TRUEWIT.

Oh! vous devez laisser le champ libre à ces savants

docteurs, monsieur. — Retournez à vos empêchements, maître docteur.

CUTBEARD.

Le premier est *impedimentum erroris*.

OTTER.

Duquel il y a différentes espèces.

CUTBEARD.

Oui ! comme *error personæ*.

OTTER.

Si vous contractez avec une personne en la croyant une autre.

CUTBEARD.

Ensuite, *error fortunæ*.

OTTER.

Si c'est une mendiante, lorsque vous la croyiez riche.

CUTBEARD.

Ensuite, *error qualitatis*.

OTTER.

Si celle que vous pensiez obéissante se trouve être opiniâtre et têtue.

MOROSE.

Comment? Est-ce là, messieurs, un empêchement légal? Répétez-moi cela, messieurs, s'il vous plaît.

OTTER.

Oui, *ante copulam*, mais non *post copulam*, monsieur.

CUTBEARD.

Monsieur le théologien dit vrai. *Nec post nuptiarum benedictionem*. Cela peut *irrita reddere sponsalia*, annuler le contrat; après le mariage, c'est sans effet.

MOROSE.

Hélas ! de quel espoir nous tombons.

CUTBEARD.

Ensuite, *conditio*, si vous la pensiez née libre, et qu'elle soit une esclave; il y a là empêchement de condition et d'état.

OTTER.

Oui! mais, maître docteur, ces servitudes sont *sublatæ* maintenant parmi nous autres chrétiens.

CUTBEARD.

Avec votre permission, monsieur le théologien...

OTTER.

Permettez, monsieur le docteur.

MOROSE.

Allons, messieurs, ne vous disputez pas sur ce point; il ne me concerne en aucune façon; passez au troisième.

CUTBEARD.

Eh bien donc! le troisième est *votum*, si l'une ou l'autre partie a fait vœu de chasteté. Mais cet usage, ainsi que l'a dit le docte théologien pour le cas précédent, est détruit parmi nous, grâce à la nouvelle discipline [1]. Le quatrième est *cognatio*, si les personnes sont parentes entre elles aux degrés défendus.

OTTER.

Oui, et savez-vous quels sont les degrés de parenté prohibés, monsieur ?

MOROSE.

Non, et je ne m'en soucie pas; ils ne m'offrent rien de consolant pour la question.

1. On appelait ainsi la réforme.

CUTBEARD.

Mais il y a une branche de ces empêchements qui est *cognatio spiritualis*; si vous étiez son parrain, monsieur, le mariage serait alors incestueux.

OTTER.

Ce commentaire est absurde et superstitieux, monsieur le docteur; je ne puis le laisser passer; ne sommes-nous pas tous frères et sœurs, et alors tous aussi près parents les uns des autres que les parrains et marraines?

MOROSE.

Hélas! mon Dieu; mais, pour finir la controverse, je ne fus jamais parrain, non, jamais parrain, de ma vie. Passez à l'empêchement suivant.

CUTBEARD.

Le cinquième est *crimen adulterii*, le cas connu. Le sixième *cultus disparitas*, différence de religion. Avez-vous connaissance de la religion qu'elle professe?

MOROSE.

Non; j'aimerais mieux qu'elle n'en eût aucune, pour ne pas me donner la peine de le lui demander.

OTTER.

Vous pourriez l'avoir fait pour votre avantage, monsieur.

MOROSE.

En aucune façon, monsieur; continuez. Arriverez-vous jamais au bout, hein?

TRUEWIT.

Il est à moitié chemin; laissez-le aller, soyez patient et attendez.

CUTBEARD.

Le septième est *vis*; si c'était par violence ou par force.

MOROSE.

Oh! non, ce ne fut que trop volontaire, trop volontaire, mon Dieu !

CUTBEARD.

Le huitième est *ordo;* si elle a jamais reçu les ordres sacrés.

OTTER.

Ceci aussi est superstitieux.

MOROSE.

N'importe, monsieur le théologien; puisse l'idée lui venir d'aller dans un couvent !

CUTBEARD.

Le neuvième est *ligamen;* si vous étiez, monsieur, lié à quelque autre femme auparavant.

MOROSE.

Je me suis trop vite jeté dans les fers de celle-ci.

CUTBEARD.

Le dixième est *publica honestas*, qui est *inchoata quædam affinitas.*

OTTER.

Oui, ou *affinitas orta ex sponsalibus;* mais ce n'est qu'un *leve impedimentum.*

MOROSE.

Je ne sens en tout cela pas le moindre souffle rafraîchissant.

CUTBEARD.

Le onzième est *affinitas ex fornicatione.*

OTTER.

Qui n'est pas moins *vera affinitas* que l'autre, monsieur le docteur.

CUTBEARD.

Oui; *quæ oritur ex legitimo matrimonio.*

OTTER.

Vous dites vrai, vénérable docteur; et *nascitur ex eo, quod per conjugium duæ personæ efficiuntur una caro.*

TRUEWIT.

A la bonne heure, voilà qu'ils s'y mettent.

CUTBEARD.

Je vous comprends, maître théologien; *ità per fornicationem æquè est verus pater qui sic generat.*

OTTER.

Et verè filius qui sic generatur.

MOROSE.

Qu'est-ce que tout cela me fait?

CLÉRIMONT.

Cela s'échauffe.

CUTBEARD.

Le douzième et dernier est : *Si fortè coire nequibis.*

OTTER.

Celui-ci est : *Gravissimum impedimentum*; il annule entièrement le contrat, et l'annihile. Si vous avez *manifestam frigiditatem,* votre affaire est bonne, monsieur.

TRUEWIT.

Ah! voilà enfin une consolation, monsieur; avouez que vous êtes un homme impuissant, et elle sera la première à demander le divorce.

OTTER.

Oui, et s'il y a *morbus perpetuus et insanabilis*, comme *paralysis, elephantiasis*, ou...

DAUPHIN.

Oh! mais *frigiditas* est le meilleur moyen, messieurs.

OTTER.

Vous dites la vérité, monsieur, et comme il est écrit dans le droit canon, docteur...

CUTBEARD.

Je vous comprends, monsieur.

CLÉRIMONT.

Avant qu'il n'ait parlé.

OTTER.

... Qu'un adulte ou un enfant en bas âge n'est pas apte au mariage, parce qu'il ne peut *reddere debitum*, de même vos *omnipotentes*...

TRUEWIT, à part à Otter.

Impotentes, vieux homard, fils de catin.

OTTER.

Vos *impotentes*, devais-je dire, sont *minimè apti ad contrahenda matrimonium*.

TRUEWIT, à part.

Matrimonium! Nous n'avons pas un latin matrimonial avec vous; dites *matrimonia*, ou bien pendez-vous.

DAUPHIN.

Vous les déconcertez, Truewit.

CUTBEARD.

Mais alors il peut s'élever un doute, monsieur le théologien, dans le cas actuel, *post matrimonium*, dans le cas où *frigiditate præditus*. — Me comprenez-vous, monsieur?

OTTER.

Parfaitement bien, monsieur.

CUTBEARD.

Celui qui ne peut pas *uti uxore pro uxore*, peut *habere eam pro sorore.*

OTTER.

Absurde, absurde, absurde, et simplement apostaticum.

CUTBEARD.

Pardonnez-moi, monsieur le pasteur, je puis le prouver.

OTTER.

Vous pouvez prouver que vous voulez prouver, monsieur le docteur, et vous ne prouverez rien autre chose. Le texte même de votre propre canon ne dit-il pas : *Hæc socianda vetant connubia, facta retractant* [1]?

CUTBEARD.

Je vous l'accorde ; mais comment font-ils pour *retractare*, monsieur le pasteur?

MOROSE.

Oh! voilà ce que je craignais.

OTTER.

In æternum, monsieur.

CUTBEARD.

C'est faux en théologie, avec votre permission.

---

1. Voici les vers auxquels l'auteur fait allusion :

       Error, conditio, votum, cognatio, crimen,
       Cultûs disparitas, vis, ordo, ligamen, honestas,
       Si sis affinis, si fortè coire nequibis ;
       Si parochi et duplicis desit præsentia testis,
       Raptave sit mulier, nec parti reddita tutæ ;
       Hæc facienda vetant connubia, facta retractant.

OTTER.

C'est faux en droit civil de le dire; n'est-il pas *prorsùs inutilis ad thorum?* peut-il *præstare fidem datam?* Je voudrais le savoir.

CUTBEARD.

Oui; s'il doit *convalere?*

OTTER.

Il ne peut pas *convalere;* c'est impossible.

TRUEWIT, à Morose.

Écoutez avec attention ces savants hommes, autrement ils croiraient que vous les dédaignez.

CUTBEARD.

Ou s'il se prend à *simulare* lui-même *frigidum odio uxoris,* ou pour une autre cause?

OTTER.

Je dis qu'il est alors *adulter manifestus.*

DAUPHIN.

En vérité, ils discutent d'une façon savante.

OTTER.

Et *prostitutor uxoris;* ceci est positif.

MOROSE, à Truewit.

Mon bon monsieur, laissez-moi me sauver.

TRUEWIT.

Vous ne me ferez pas cette injure, monsieur.

OTTER.

Et donc, s'il est *manifestè frigidus...*

CUTBEARD.

Oui, s'il est *manifestè frigidus,* je vous l'accorde.

OTTER.

Voici ma conclusion.

CUTBEARD.

Et la mienne aussi.

TRUEWIT, à Morose.

Écoutez la conclusion, monsieur.

OTTER.

Donc, *frigiditatis causâ*.

CUTBEARD.

Oui, *frigiditatis causâ*.

MOROSE.

Oh! mes oreilles!

OTTER.

Elle peut avoir *libellum divortii* contre vous.

CUTBEARD.

Oui, elle aura sûrement *divortii libellum*.

MOROSE.

Cher écho, taisez-vous.

OTTER.

Si vous l'avouez...

CUTBEARD.

Ce que je ferais à votre place...

MOROSE.

Je ferai tout.

OTTER.

Et si vous m'assurez *in foro conscientiæ*...

CUTBEARD.

Que vous manquez absolument...

MOROSE.

Encore!

OTTER.

Exercendi potestate.

(Épicène se précipite, suivie de lady Haughty, lady Centaure, mistress Mavis, mistress Otter, Daw et La-Foole.)

ÉPICÈNE.

Je ne supporterai pas ceci plus longtemps. Mesdames, venez à mon aide, je vous en supplie. Jamais pareille injure n'avait été faite à une fiancée; vit-on jamais, le jour même de son mariage, un époux conspirer contre sa femme, et lui amener un couple de compagnons mercenaires, afin de lui conseiller une séparation en de pareils termes! Si vous avez du sang dans les veines et un peu de vertu, messieurs, vous ne souffrirez pas de pareils perce-oreilles auprès d'un fiancé, et ne permettrez pas à des scorpions de se glisser entre le mari et la femme.

MOROSE.

Oh! quelle variété nouvelle de torture!

LADY HAUGHTY.

Fais-les fustiger par des valets et mettre dehors.

LADY CENTAURE.

Je te prêterai mon laquais.

MISTRESS MAVIS.

Nos gens les secoueront dans une couverture.

MISTRESS OTTER.

Comme on a fait une fois dans ma maison, pour un curieux qui regardait par le trou de la serrure.

DAW.

Bravo, bravo.

TRUEWIT.

Attendez, mesdames et messieurs; il faut s'entendre avant d'agir.

MISTRESS MAVIS.

Je vote pour que le fiancé soit berné aussi.

LADY CENTAURE.

Commencez par lui.

LADY HAUGHTY.

Oui, ma foi.

MOROSE.

Oh! race maudite!

DAUPHIN.

Mesdames, épargnez-le, si vous m'aimez.

LADY HAUGHTY.

Épargnons-le pour l'amour de sir Dauphin.

LADY CENTAURE.

Nous lui obéirons.

LA-FOOLE.

C'est un gentilhomme jusqu'au bout des ongles, madame, et nul dans la ville ne porte plus haut ses couleurs!

TRUEWIT, à Morose.

Soyez prompt, monsieur, avouez votre infirmité; votre fiancée jettera feu et flamme pour vous quitter, si elle en connaît la nature; vous la prieriez en vain de rester; elle vous fuira comme un homme qui porte les signes de la peste.

MOROSE.

Mesdames, je dois vous demander pardon...

TRUEWIT.

Silence, mesdames.

MOROSE.

Pour une injure que j'ai faite à tout votre sexe en épousant cette dame aussi belle que vertueuse...

CLÉRIMONT.

Écoutez, écoutez, mes nobles dames.

MOROSE.

Étant coupable d'une infirmité, laquelle, avant la conférence que j'ai eue avec ces savants personnages, je croyais pouvoir dissimuler.

TRUEWIT.

Mais étant actuellement mieux informé, et éclairé par sa conscience, il va la déclarer, et donner toute satisfaction en demandant grâce publiquement.

MOROSE.

Je ne suis pas un homme, mesdames.

TOUTES.

Comment?

MOROSE.

Incapable par nature, par frigidité, de remplir ni les devoirs ni le plus petit office d'un mari.

MISTRESS MAVIS.

Maudite soit cette créature prodigieuse!

LADY CENTAURE.

Un fiancé sans corps!

LADY HAUGHTY.

Et vous vous offriez à une femme bien née?

MISTRESS OTTER.

A une femme passionnée!

ÉPICÈNE.

Bah! une ruse, une ruse! Cela sent grossièrement la ruse. C'est un commentaire de sa façon, mesdames.

TRUEWIT.

Si vous le mettez en doute, ladies, vous pouvez le faire visiter.

DAW.

Oui, comme c'est la coutume, par un jury de médecins.

LA-FOOLE.

Oui, en vérité, il convient de le faire.

MOROSE.

Hélas! hélas! dois-je subir cela?

MISTRESS OTTER.

Non, les dames le visiteront; nous pouvons le visiter nous-mêmes.

MOROSE.

Hélas! hélas! c'est pire encore.

ÉPICÈNE.

Non, mesdames, vous n'aurez pas à prendre ce soin; je le prends avec tous ses défauts.

MOROSE.

Le pire de tout!

CLÉRIMONT.

Mais alors, docteur, il n'y aura point de divorce, si elle ne le demande pas.

CUTBEARD.

Non; si l'homme est *frigidus*, c'est, *de parte uxoris* que nous accordons *libellum divortii* selon la loi.

OTTER.

Et c'est la même chose en théologie.

MOROSE.

Pire, pire que le pire même.

TRUEWIT.

Allons, cher monsieur, ne perdez pas courage; tout prêt que soit votre espoir de s'évanouir, il vous reste encore une ressource. Clérimont, produisez votre couple de chevaliers. (A Otter.) Qu'est-ce que vous nous disiez tout à l'heure *in errore qualitatis?* — (A part, à Dauphin.) Dis tout bas à la mariée, de faire semblant de reconnaître sa culpabilité et de rougir de honte.

OTTER.

Monsieur, *in errore qualitatis :* le docteur a oublié de le dire, s'il est prouvé qu'elle soit *corrupta*, c'est-à-dire altérée, si la porte a été brisée, chez celle qui fut *pro virgine desponsa*, épousée comme vierge...

MOROSE.

Alors, monsieur?

OTTER.

Cela suffit pour *dirimere contractum* et *irritum reddere*.

TRUEWIT.

Si cela est vrai, notre chance redevient bonne, monsieur Morose. Voici un couple honorable de chevaliers qui vont affirmer le fait.

DAW.

Excusez-nous, mon bon monsieur Clérimont.

LA-FOOLE.

Monsieur Clérimont, vous devez nous excuser.

CLÉRIMONT.

Du tout; vous devez tout dire; il n'y a pas de remède. Je ne mangerai pas mes mots pour vous ni pour personne; vous savez ce que vous m'avez dit.

DAW.

Est-ce d'un gentilhomme, monsieur?

TRUEWIT, à Daw.

John Daw, ce Clérimont est pire que sir Amorous, et cent fois plus méchant. — (A La-Foole.) Sir Amorous, prenez garde, ce Clérimont vaut dix John Daw.

LA-FOOLE.

J'avouerai, monsieur.

DAW.

Quoi! vous avouerez, sir Amorous; consentirez-vous à perdre une réputation?

LA-FOOLE.

J'y suis résolu.

TRUEWIT.

Vous devez l'être aussi, John Daw; qui peut vous

retenir? Ce n'est qu'une femme, et une femme en disgrâce; d'ailleurs le mari en sera content.

DAW.

Sera-t-il content? Je croyais qu'il s'en fâcherait.

CLÉRIMONT.

Dépêchez-vous, messieurs; il faut que cela se fasse.

TRUEWIT.

Quand il le faut, il le faut. Ils ne peuvent reculer. (A part à Daw.) Ne le poussez pas à bout.

DAW.

Après tout, est-ce vrai?

LA-FOOLE.

Oui, je vous le garantis, monsieur.

MOROSE.

Qu'est-ce qui est vrai, messieurs, voyons? qu'est-ce que vous affirmez?

DAW.

Que nous avons connu votre fiancée, monsieur.

LA-FOOLE.

De la bonne manière, monsieur, elle a été notre maîtresse.

CLÉRIMONT.

Messieurs, vous devez être clairs dans vos expressions comme vous l'avez été devant moi.

OTTER.

Oui, la question est si vous l'avez eue *carnaliter* ou non.

LA-FOOLE.

Carnaliter. Y a-t-il quelque chose de plus à dire?

OTTER.

C'est assez : la nullité existe.

ÉPICÈNE.

Je suis perdue, je suis perdue.

MOROSE.

Oh! laissez-moi, messieurs, me prosterner devant vous pour vous adorer.

ÉPICÈNE, pleurant.

Je suis perdue.

MOROSE.

Oui, je remercie ces chevaliers, en leur offrant la main; et vous, monsieur le théologien, je vous remercie autrement. (Il lui donne de l'argent.)

LADY CENTAURE.

Mais ont-ils vraiment confessé?

MISTRESS MAVIS,

Honte sur eux, les vils délateurs!

TRUEWIT.

Vous voyez à quelles créatures vous accordez vos faveurs, mesdames.

LADY HAUGHTY, à Épicène.

Je les récuserais, ma fille, comme des chevaliers qui ont été battus, et qui, par conséquent, ne peuvent être reçus comme témoins devant la loi.

MISTRESS OTTER.

La pauvre dame, comme elle prend cela à cœur!

LADY HAUGHTY.

Console-toi, bonne Morose, je ne t'en aime que plus pour cela.

LADY CENTAURE.

Moi aussi; mais je proteste.

CUTBEARD, à Daw et à La-Foole.

Mais, messieurs, vous ne l'avez pas connue *post matrimonium?*

DAW.

Non, pas aujourd'hui, monsieur le docteur.

LA-FOOLE.

Non, monsieur, pas aujourd'hui.

CUTBEARD.

Je dis alors, que, malgré tout ce qui a pu le précéder, le *matrimonium* est bon et parfait, à moins que l'honorable fiancé ne lui ait demandé, en termes précis, et devant témoins, si elle était *virgo ante nuptias*.

ÉPICÈNE.

Je vous assure, monsieur le docteur, qu'il ne l'a pas fait.

CUTBEARD.

S'il ne peut pas prouver qu'il l'ait demandé, c'est un *ratum conjugium*, malgré les prémisses, et elles ne peuvent en aucune façon *impedire*; telle est la sentence que je prononce.

MISTRESS OTTER.

Je partage l'avis du docteur, monsieur, si vous n'avez pas adressé la question *ante nuptias*.

MOROSE.

Oh! mon cœur! te briseras-tu enfin? Vas-tu enfin te briser? Ceci est pire que tous les pires des pires que l'enfer ait pu inventer; épouser une catin et tant de bruit!

DAUPHIN.

Je vois clairement une entente criminelle entre ce docteur et le théologien pour abuser d'un gentilhomme. Vous spéculez sur son affliction. Allez-vous-en, je vous prie, compagnons; — et vous, messieurs, je commence à soupçonner que vous êtes leurs complices. (A Morose.) Monsieur, faites-moi le plaisir de m'écouter.

MOROSE.

Oh! ne me parle pas, mon neveu, ne m'ôte pas le plaisir de mourir en silence.

DAUPHIN.

Monsieur, il faut que je vous parle; j'ai été longtemps un parent dédaigné, et vous avez nourri contre moi bien des idées malveillantes; mais maintenant vous verrez si je vous aime, si je veux votre tranquillité, et si je la préfère au monde entier. Je ne veux pas vous parler longtemps, ni vous fatiguer; si je vous délivre absolument de ce malheureux mariage, et sur-le-champ, après tous ces ennuis et au moment où vous désespérez...

MOROSE.

Hélas! c'est impossible.

DAUPHIN.

Monsieur, si je parviens à ce que vous ne soyez plus exposé à entendre le moindre murmure, que dois-je mériter et espérer de vous?

MOROSE.

Oh! tout ce que tu voudras, mon neveu. Je suis tout entier à toi.

DAUPHIN.

Aurais-je désormais votre amitié et vos faveurs?

MOROSE.

Cela et le reste; fais toi-même les conditions; tous mes biens sont à toi; gouverne-les, je serai ton pupille.

DAUPHIN.

Oh! monsieur, je ne veux pas être aussi déraisonnable.

ÉPICÈNE.

Quoi! sir Dauphin aussi sera mon ennemi.

DAUPHIN.

Vous savez que j'ai longtemps sollicité de vous une allocation de cinq cents livres sur vos domaines qui vous rapportent quinze cents livres par an, et l'assurance du reste après ma mort. Je vous ai souvent, moi-même ou par mes amis, offert cet engagement à signer, et vous n'y avez jamais consenti; si aujourd'hui vous vouliez seulement...

MOROSE.

J'y consens, mon neveu, et àp lus encore.

DAUPHIN.

Si je ne vous débarrasse pas dès à présent et pour toujours de ce mariage, vous aurez immédiatement la faculté, devant ces témoins, de révoquer votre acte, et je serai l'esclave de qui vous voudrez, et pour toujours.

MOROSE.

Où est l'écrit? Je vais le signer, ou signer en blanc, et tu écriras tes propres conditions.

ÉPICÈNE.

Hélas! hélas! infortunée! ô femme misérable!

LADY HAUGHTY.

Sir Dauphin fera-t-il cela?

ÉPICÈNE.

Cher monsieur, ayez compassion de moi.

MOROSE.

Oh! mon neveu vous connaît. Retirez-vous, crocodile.

LADY CENTAURE, à lady Haughty.

Il faut qu'il ait de bonnes raisons pour le faire.

DAUPHIN offre à Morose un parchemin à signer.

Voici, monsieur.

MOROSE.

Allons, mon neveu, donne-moi la plume. Je souscris à tout; je signe tout ce que tu veux pour ma délivrance. Tu es mon sauveur. Voici l'acte; s'il y a un mot qui manque, s'il y a une faute d'orthographe, je jure devant Dieu que je n'en prendrai pas avantage. (Il rend l'écrit signé.)

DAUPHIN.

Alors voici votre élargissement. (Il ôte à Épicène sa perruque et ses attributs de femme.) Vous avez épousé un garçon, le fils d'un gentilhomme, que j'ai élevé à grands frais pour remplir le rôle de femme afin d'obtenir de vous ces arrangements.—Que dites-vous, monsieur le docteur? Est-ce là un *justum impedimentum, error personæ?*

OTTER.

Oui, monsieur, *in primo gradu.*

CUTBEARD.

In primo gradu.

DAUPHIN.

Je vous remercie, bon docteur Cutbeard, et vous aussi, théologien Otter. (Il leur ôte leurs fausses barbes et leurs robes.) Monsieur, vous devez leur être obligé de toutes les peines qu'ils ont prises pour vous, et remercier mon ami Truewit qui les avait dressés pour leurs rôles. Maintenant vous pouvez rentrer et vous reposer. Vivez aussi loin du bruit que vous le pourrez; je ne vous donnerai plus d'embarras jusqu'à ce que vous m'en donniez vous-même pour vos funérailles que vous m'avez mis à même de ne pas attendre impatiemment. (Morose sort.) — Cutbeard, je vous tiens quitte de tout payement de loyer pour votre maison. *Ne me remerciez qu'avec votre jambe, Cutbeard.* Vous, Tom Otter, je vous réconcilierai avec votre princesse. — Pourquoi, messieurs, me regardez-vous ainsi?

CLÉRIMONT.

C'était un garçon!

DAUPHIN.

Oui, madame Épicène est un garçon!

TRUEWIT.

Eh bien! Dauphin, tu as dérobé à tes amis la moitié de leurs lauriers en leur cachant cette partie du complot; mais tu en es récompensé comme tu le mérites, mon ami. Clérimont, vous avez une grande part d'honneur dans tout ceci pour avoir amené, de façon si inattendue, ces deux messieurs à faire leur étrange confession. — Sir Daw et sir La-Foole, voilà donc la femme qui vous a accordé ses faveurs. Nous vous sommes tous reconnaissants, et le sexe féminin doit aussi l'être, spécialement pour avoir menti si à propos, dans ce que vous désiriez mais ne pouviez pas obtenir. Et, si nous n'avions pas déjà anticipé sur le châtiment que vous méritez, cette amazone, le champion du beau sexe, vous rosserait généreusement pour les calomnies habituelles que les femmes subissent de coucous pareils à vous. Vous êtes de ceux qui, voyant que ni le mérite ni la fortune ne peuvent jamais leur donner le droit de les posséder, couchent avec leur réputation et les déshonorent par leur seul bavardage. Loin d'ici, teignes maudites, qui empoisonnez l'honneur des femmes! Allez faire ailleurs des révérences et des singeries, et revenez avec de nouveaux motifs pour être bafoués. Vous méritez de vivre dans un air aussi corrompu que celui où vous cherchez votre pâture. (Sir La-Foole et Jack Daw se retirent.) — Mesdames, vous êtes muettes à la vue de cette nouvelle métamorphose; sachez-lui gré d'avoir vengé vos réputations, et méfiez-vous désormais de ces vils insectes. Ne soyez pas inquiètes d'avoir découvert quelques-uns de vos mystères féminins à ce jeune gentilhomme. Il est presque d'âge, et, avant un an, il pourra compter parmi vos bons visiteurs. En attendant, nous garantissons la discrétion de celui qui a si bien usé déjà du silence. (Il s'avance sur le bord de la scène.) — Messieurs les spectateurs, si vous appréciez cette comédie, levez-vous avec transport; et puisque Morose est rentré, frappez bruyamment des mains; s'il vous entend, peut-être ce bruit le guérira-t-il, puisqu'il lui sera, à coup sûr, agréable. (Ils sortent.)

FIN D'ÉPICÈNE.

L'ALCHIMISTE

(THE ALCHEMIST)

Cette pièce fut jouée pour la première fois en 1610, et imprimée *in-quarto*, deux ans après, avec cette devise :

> Neque, me ut miretur turba, laboro,
> Contentus paucis laboribus.

En 1616, l'auteur l'inséra dans l'édition in-folio de ses œuvres, et comme la pièce d'*Albumazar ou l'Astrologue*, avait paru dans l'intervalle, il revendiqua son droit de priorité par cette citation :

> Petere indè coronam,
> Undè priùs nulli velarint tempora musæ.

La pièce d'*Albumazar*, de tous points inférieure à *l'Alchimiste*, fut jouée à Cambridge en 1614.

Ben Jonson cite les acteurs chargés des principaux rôles. Lowin jouait admirablement celui de Mammon; Taylor était célèbre dans celui de Face; Robert Armyn, fameux pour ses rôles de *clowns*, remplissait sans doute le personnage de Drugger; et enfin Cooke, qui était *la principale héroïne* de la scène d'alors, dut être une admirable *Dol Common*[1].

Malgré notre prédilection pour Volpone, nous comprenons que l'opinion balance entre ces deux très-remarquables comédies. Celle de *l'Alchimiste* a un mérite rare : c'est d'avoir contribué à corriger les abus que la science de l'alchimie avait fait naître à cette époque en Angleterre, plus peut-être qu'ailleurs. Le parlement avait fait un acte contre la transmutation des métaux, ce qui avait eu pour conséquence d'augmenter encore le nombre des imposteurs subalternes et celui des dupes, pour qui le mystère dont s'entouraient les fripons était un attrait de plus. Ben Jonson les dévoile, et bien que le dénoûment de sa pièce soit peu moral en apparence, il est constant qu'il ouvrit les yeux de beaucoup de pauvres diables, et les sauva de la ruine. C'est un résultat littéraire assez rare pour le constater. Gifford le compare à celui obtenu par Cervantès dans son *Don Quichotte*.

---

1. Il faut se rappeler que ce ne fut qu'assez longtemps après la Restauration que les femmes furent admises à jouer sur la scène.

PERSONNAGES.

SUBTIL, l'alchimiste.
FACE, concierge, intendant de la maison de Lovewit.
DOL COMMON, leur associée.
DAPPER, clerc d'avocat.
DRUGGER, marchand de tabac.
LOVEWIT, propriétaire.
SIR ÉPICURE MAMMON, un chevalier.
PERTINAX SURLY, un joueur.
TRIBULATION WHOLESOME, pasteur puritain d'Amsterdam.
ANANIAS, son diacre.
KASTRY, le jeune rageur.
DAME PLIANT, sa sœur, une veuve.
DES VOISINS.
OFFICIERS ET SUIVANTS.

La scène est à Londres.

L'ALCHIMISTE

(THE ALCHEMIST)

AU LECTEUR.

Si tu fais plus que lire, si tu composes, tu es un homme d'intelligence, et alors j'ai confiance en toi. Si tu n'es qu'un emprunteur de l'esprit des autres et un simple *prétendant*, prends garde de quelles mains tu recevras les marchandises que l'on te donnera comme argent comptant, car tu n'as jamais été si bellement en voie d'être dupé en fait de poésie, et surtout en fait de pièces de théâtre, que dans le siècle où nous sommes. Le goût effréné des danses et des bouffonneries règne au point qu'on s'effraye des choses naturelles et qu'on les repousse ; c'est aujourd'hui la seule branche de l'art qui chatouille la curiosité des spectateurs. Mais comment osé-je nommer l'art aussi mal à propos, lorsque ceux, qui en font profession, n'ayant pour lui qu'un dédain opiniâtre, présument assez de leurs propres facultés pour railler ceux dont il est le point de mire, et croient cacher spirituellement leur ignorance en se moquant naïvement de ce terme : l'art, auquel ils n'entendent absolument rien? D'ailleurs, ils n'en sont que plus estimés et reconnus estimables par le plus grand nombre, à cause du vice général de jugement : car on loue les écrivains comme on loue souvent les maîtres d'escrime et les lutteurs. Lorsque ceux-ci entrent bruyamment, le poing sur la hanche, et affectent des façons d'athlètes vigoureux, on les prend pour les plus braves. Il est vrai que souvent leur propre rodomontade est cause de leur disgrâce, et qu'un simple coup de leur adversaire met à bas toute cette fougue apparente. Je ne nie pas que ces gens, qui cherchent toujours à faire plus qu'assez, rencontrent quelquefois de bonnes choses et même de grandes ; mais très-rarement, et quand cela arrive, c'est loin de compenser ce qu'ils font de détestable. Cela fait beaucoup d'effet, peut-être, et brille d'autant plus que tout ce qui l'entoure est bas et sordide, de même que les lumières ont d'autant plus d'éclat que les ténèbres sont plus épaisses. Je ne dis pas tout cela avec l'espoir de faire du bien à qui que ce soit contre sa volonté ; car je sais que, si on met en parallèle leurs travaux et les miens, les leurs qui sont les pires auront le plus de suffrages, parce que la majorité favorise les erreurs communes ; mais je te donne cet avertissement : qu'il y a une grande différence entre ceux qui, pour caresser l'opinion de la foule, disent tout ce qui leur passe par la tête, sans discernement, et ceux qui font un choix sévère et réfléchi. En somme, la maladie des gens inhabiles consiste à croire les choses rudes plus grandes que les choses polies, et l'éparpillement des idées plus fécond que leur concentration [1].

---

[1]. Cette lettre en prose est en tête de la seule édition in-4° de 1612. On y voit nettement la position exceptionnelle que Ben Jonson avait prise parmi ses contemporains ; il luttait courageusement contre le goût détestable des imitateurs de Shakspeare, et peut-être contre celui de Shakspeare lui-même.

PROLOGUE.

O fortune, toi qui favorise les sots, fais passer rapidement ces deux courtes heures, pour nous, et pour les spectateurs, nos juges; nous demandons justice pour le poëte, et pour nous un peu de bienveillance. Notre scène est à Londres, parce que nous voulons que l'on sache qu'aucun pays ne vaut le nôtre pour la gaieté et la bonne humeur, et qu'aucun climat ne produit plus abondante matière, en fait de prostituées, d'entremetteurs, d'imposteurs, de courtisans et de beaucoup d'autres personnages dont les manières, que nous décorons aujourd'hui du nom d'*humeurs*, sont l'aliment du théâtre et ont toujours soulevé la rage ou la bile des écrivains comiques. Cependant, notre poëte n'eut jamais pour but de blesser, mais d'améliorer les hommes, bien que le siècle dans lequel il compose, supporte assez patiemment les vices publics pour les rendre incurables. Toutefois, lorsque les remèdes sont à la fois sains et sans amertume, et qu'ils ont pour effet plaisir et profit, il espère ne pas rencontrer d'esprit assez malade pour ne pas accueillir favorablement des correctifs aussi benins : car il ne doit pas craindre ici des applications mystérieuses. Si quelqu'un est assis assez près du torrent pour voir ce qu'il roule dans son sein, il y trouvera des choses dont il désirera la réforme; ce sont, en somme, des folies si naturelles et si habilement présentées, que les fous eux-mêmes pourront les reconnaître, mais ne s'y reconnaîtront pas.

ACTE PREMIER.

SCÈNE PREMIÈRE.

Une chambre dans la maison de Lovewit.

FACE, en uniforme de capitaine, et l'épée à la main, et SUBTIL portant une fiole, tous deux se disputant et suivis de DOL COMMON.

FACE.

Crois-le bien, je le ferai. (Il le menace de son épée.)

SUBTIL, montrant sa fiole.

Je t'en défie. Je te p... au nez.

DOL COMMON.

Avez-vous votre bon sens? Messieurs! messieurs! pour l'amour de Dieu...

FACE.

Maraud! je te mettrai tout nu.

SUBTIL.

Pour quoi faire? Pour lécher des figues à mon [1]...

---

1. Allusion au récit de Rabelais : « Les Milanais ayant l'impératrice
« sa femme chassée hors la ville, ignominieusement montée sur une
« vieille mule, à chevauchons de rebours... Frédéric Barberousse
« les ayant à son tour vaincus... par son ordonnance, le bourreau
« mist és membres honteux de la mule une figue, présents et voyants

FACE.

Canaille! canaille!... pour vous dépouiller de toutes vos ruses.

DOL COMMON.

Réfléchissez, mon général, mon roi; êtes-vous fous tous les deux?

SUBTIL.

Laisse faire ce mouton sauvage.—Si vous approchez, je gommerai toutes vos soieries avec cette eau forte.

DOL COMMON.

Voulez-vous que les voisins vous entendent? Voulez-vous tout trahir? Silence! j'entends quelqu'un.

FACE.

Maraud!

SUBTIL.

Si vous faites un pas, j'endommagerai l'œuvre de votre tailleur.

FACE.

Vous, roquet malfamé, insolent animal; oserez-vous le faire?

SUBTIL.

Oui, ma foi! oui, ma foi!

FACE.

Qui suis-je, moi, mulâtre? Qui suis-je?

SUBTIL.

Si vous ne le savez pas, je vais vous le dire.

FACE.

Parlez plus bas, canaille.

« les citadins captifs, puis cria de par l'empereur à son de trompe, que
« quiconque d'yceux vouldroit la mort évader, arrachast publique-
« ment la figue avec les dents, puis la remist en propre lieu sans aide
« des mains. »

Liv. IV, ch. XLV.

SUBTIL.

Vous étiez autrefois (il n'y a pas longtemps de cela) un honnête et simple laquais à la livrée de laine grossière, qui gardiez la maison de Sa Seigneurie, votre maître, dans ce quartier de Friars, pendant les vacances des tribunaux [1].

FACE.

Le voulez-vous crier comme un sourd?

SUBTIL.

Et depuis, grâce à moi, transformé en capitaine de faubourg...

FACE.

Grâce à vous, chien de docteur?

SUBTIL.

Ce que je dis est dans la mémoire de tout le monde.

FACE.

Allons donc! Ai-je été protégé par vous, ou vous par moi? Rappelez-vous, monsieur, où je vous rencontrai d'abord.

SUBTIL.

Je n'entends pas bien.

FACE.

Vous n'entendez pas de cette oreille-là? Non, je le crois; mais je vais vous le rappeler, monsieur. — C'était à Pie Corner; vous faisiez votre repas de la vapeur qui sort des cuisines, le long desquelles vous vous promeniez comme le père de la faim, piteusement constipé, avec votre nez en trompe et votre teint de marécage romain tout pointillé de vers mélancoliques et noirs, semblables aux grains de poudre de l'artillerie.

1. Époque à laquelle les riches habitants quittaient Londres.

SUBTIL.

Élevez donc un peu la voix pour que j'entende.

FACE.

Lorsque vous attachiez avec des épingles les divers haillons que vous aviez ramassés au crochet, dans les fumiers, avant le jour, les pieds dans des pantoufles éculées à cause de vos engelures, la tête sous un feutre à poil bourru, et le corps sous un manteau à poil si ras qu'il avait peine à couvrir vos maigres fesses.

SUBTIL.

Eh bien! monsieur.

FACE.

Lorsque toute votre alchimie, votre algèbre, vos minéraux, vos végétaux, vos animaux, votre science d'escamoteur et de faiseur de dupes, et vos métiers à la douzaine, ne suffisaient pas à fournir à votre corps un peu de vieux linge prêt à s'enflammer comme de l'amadou, rien qu'à voir le feu, je vous ai donné ma protection et mon crédit pour votre charbon, vos alambics, vos cornues et vos matières chimiques. Je vous ai construit un fourneau, je vous ai amené des clients et ai prôné toute votre science de magie noire; en outre, je vous ai prêté une maison pour la pratiquer.

SUBTIL.

Oui, la maison de votre maître.

FACE.

Où, depuis, vous avez tenu école du plus infâme commerce.

SUBTIL.

Oui, dans la maison de votre maître. Auparavant, vous et les rats en aviez seuls la possession. Ne faites pas l'étonné. Je sais que vous êtes un homme qui savez fermer à clef la porte des provisions, en mettre de côté les épluchures, vendre la bière destinée aux pauvres de la maison [1], réunir les étrennes du jeu de *post and pair* [2], le jour de Noël, au revenu des jetons [3] d'ivoire que vous fournissez aux joueurs, le tout pour vous faire un joli capital d'environ vingt marcs, ce qui vous donnait assez de crédit pour tenir salon avec les araignées de céans depuis que la mort de votre maîtresse a rendu cette maison solitaire.

FACE.

Vous pourriez parler moins haut, gredin que vous êtes.

SUBTIL.

Non, scarabée, je te foudroierai de ma parole. Je t'apprendrai à ne pas vouloir tenter une furie qui porte la tempête dans ses mains et dans sa voix.

FACE.

L'endroit vous rend vaillant.

SUBTIL.

Non, ce sont tes habits de capitaine. Misérable ver de terre, que j'ai retiré du fumier lorsque nul être vivant n'eût voulu te tenir compagnie, à l'exception des araignées ou de pires insectes. Je t'ai pris au milieu des balais, de la poussière et des cruches; je t'ai élevé, exalté et placé dans la troisième région, appelée notre état de grâce. Je t'ai transformé en esprit, en

---

1. L'usage, dans les bonnes maisons, était de faire, une fois par semaine ou tous les jours, une distribution de pain et de bière aux indigents du voisinage.

2. *Post and pair,* jeu de cartes.

3. La fourniture des jetons pour marquer le jeu valait une indemnité aux valets.

quintessence, avec plus de peine qu'il ne m'en eût fallu pour trouver deux fois la pierre philosophale. Je t'ai instruit du beau langage et de la mode, et t'ai rendu propre aux sociétés raffinées. Je t'ai enseigné les jurons élégants et la science du duel, les règles pour tricher dans les courses de chevaux, dans les combats de coq, dans les jeux de cartes, dans les dés et toutes sortes de galantes connaissances. J'ai fait de toi mon second dans mon grand art lui-même, et voilà les remercîments que je reçois ! — Ainsi, vous vous insurgez ; vous voulez reculer, et sauter en l'air au moment de la projection [1] ?

DOL COMMON.

Messieurs, messieurs, c'est le moyen de tout gâter ; y pensez-vous ?

SUBTIL.

Animal, tu n'aurais eu aucune célébrité…

DOL COMMON.

Voulez-vous donc périr par la guerre civile ?

SUBTIL.

Tu n'aurais jamais été connu si ce n'est dans les écuries, dans les trous à fumier, sous terre, dans les caves ou dans une brasserie plus noire que celle de John le Sourd ; sans moi, tu aurais été perdu pour le reste de l'humanité, à l'exception des blanchisseuses et des garçons de cabaret.

DOL COMMON, à Subtil.

Savez-vous qui peut vous entendre, ô mon roi ?

FACE.

Maraud.

---

1. La projection est le douzième progrès du grand œuvre.

DOL COMMON, à Face.

Allons! général, je vous aurais cru plus civil.

FACE.

Si vous faites tant de tapage, je me désespérerai.

SUBTIL.

Pendez-vous alors, je ne m'en soucierai guère.

FACE.

Pends-toi toi-même comme une enseigne, marchand de charbons, avec tes pots, tes poêlons. Je veux, puisque tu m'excites...

DOL COMMON.

Oh! ceci va tout ruiner.

FACE.

Oui, je veux t'inscrire comme un entremetteur sur les murs de Saint-Paul, écrire en lettres rouges tous tes tours : lorsque tu emploies les choux creux, la poussière, les raclures[1]; quand tu cherches les objets perdus au moyen d'un tamis et d'une paire de ciseaux; quand tu évoques des figures le long des corridors et fais apparaître des fantômes au moyen des miroirs, et je sculpterai ton profil, qui sera pire que celui de Gamaliel Ratsey[2].

DOL COMMON.

Êtes-vous sains d'esprit, mes maîtres. Avez-vous votre bon sens ?

---

1. On employait encore bien d'autres ingrédients. Les ongles de taupe, des plantes d'oseille, des champignons, la sueur du soleil, le crachat de la lune, les poils de chat, la crème de l'étain, les yeux de crapaud.

2. Gamaliel Ratsey, un voleur émérite du temps, qui courait les grandes routes, et portait un masque. On a écrit un livre de ses exploits, et on les a chantés en ballades.

FACE.

Je ferai un livre qui, en racontant seulement toutes tes impostures, sera pour l'imprimeur une véritable pierre philosophale.

SUBTIL.

Au diable, écornifleur !

FACE.

Au diable, sangsue, rebut de toutes les prisons...

DOL COMMON.

Voulez-vous être vos propres destructeurs ?

FACE, continuant.

Où l'on ne veut plus de toi parce que tu vides toutes les gamelles.

SUBTIL.

Escroc !

FACE.

Entremetteur !

SUBTIL.

Vacher !

FACE.

Escamoteur !

SUBTIL.

Coupeur de bourses !

FACE.

Sorcier !

DOL COMMON.

Hélas ! nous sommes perdus, nous sommes ruinés ! N'avez-vous donc aucun égard pour votre réputation ? Où est votre bon sens ? Par la lumière du ciel, ayez quelque souci de moi et de notre république.

FACE.

Va-t'en, chienne ! — Je te citerai, canaille, devant

le statut d'Henri VIII contre la sorcellerie, *tricesimo tertio*, et j'espère qu'on te serrera le cou dans un nœud coulant, pour avoir lavé de l'or et pour l'avoir rogné.

DOL COMMON, saisit l'épée de Face et l'en menace.

Voulez-vous que je vous taille une crête de coq dans la tête[1]? (A Subtil, lui arrachant la fiole et la cassant.) Et vous, avec votre fiole... Ramassez-en les morceaux! — Corbleu! abominable couple de puants animaux, laissez là vos aboiements, faites la paix, ou, par la lumière qui nous éclaire, je vous couperai la gorge. Je ne veux pas, moi, être, auprès de la justice, la victime des grognements de deux chiens comme vous. Avez-vous été d'accord, tous ces temps-ci, pour duper le monde entier, et sera-t-il dit que, maintenant, vous ferez assaut pour vous duper vous-mêmes? (A Face.) Vous voulez l'accuser? vous voulez le traduire devant le statut? Qui vous croira? fils de catin, parvenu, capitaine apocryphe, auquel un puritain de Blackfriars ne confierait pas une plume[2]. — (A Subtil.) Et vous aussi, en vérité, c'est votre faute : vous l'outragez, vous réclamez la primauté dans les partages, vous voulez être le chef? Comme si vous aviez seulement la poudre nécessaire pour les projections! et comme si notre œuvre n'avait pas commencé sur le pied de l'égalité : le gain divisé en trois, toutes choses en commun, sans priorité! — Corbleu! chiens que vous êtes, retournez à vos che-

---

1. C'est-à-dire que je vous fende la tête.
2. Les Puritains, tout en invectivant le luxe et les vanités du siècle, faisaient le commerce des objets les plus propres à l'entretenir, et vendaient les articles de toilette pour les femmes, entre autres les plumes. Ils habitaient le quartier de Blackfriars.

nils, dupez les autres gentiment, amoureusement, et, tous deux bien d'accord, comme vous le devez, ne perdez pas le commencement d'un terme[1], ou, je le jure, en levant la main, je deviendrai factieuse aussi, je prendrai ma part et vous quitterai.

FACE.

C'est sa faute! il murmure toujours : il objecte ses peines, et prétend que le poids est tout entier sur ses épaules.

SUBTIL.

Oui, et c'est la vérité.

DOL COMMON.

Comment cela? ne jouons-nous pas tous nos rôles?

SUBTIL.

Oui, mais ils ne sont pas égaux.

DOL COMMON.

Si le vôtre est plus lourd aujourd'hui, j'espère que demain le nôtre peut le valoir.

SUBTIL.

Oui, demain, comptons-y.

DOL COMMON.

Oui, mâtin hargneux, il peut le valoir et le vaudra. Mort de ma vie! Aidez-moi à l'étrangler. (Elle prend Subtil par la gorge.)

SUBTIL.

Dorothée, mistress Dorothée[2]! Ventrebleu, je ferai tout ce que vous voudrez ; à quoi pensez-vous?

---

1. Il y avait plus de mouvement et d'activité à ces rentrées de tribunaux que pendant les vacances, et par conséquent plus de chance de trouver des clients ou plutôt des dupes.

2. *Dol* est le diminutif du nom de *Dorothée*.

DOL COMMON, le tenant par le cou.

Oui, au nom de la fermentation et de la cibation[1].

SUBTIL.

Ce n'est pas moi, par le ciel.

DOL COMMON.

Au nom du soleil et de la lune[2]! (A Face.) Aidez-moi.

SUBTIL.

Je veux être pendu si jamais... Je me conformerai.

DOL COMMON.

Y consentez-vous enfin? Faites-le donc et promptement. Jurez.

SUBTIL.

Que dois-je jurer?

DOL COMMON.

De renoncer à vos rébellions et de travailler franchement à l'œuvre commune.

SUBTIL.

Ne me laissez plus un souffle si j'ai jamais eu une autre idée. Je ne me suis servi de ce langage que comme d'un éperon pour l'exciter.

DOL COMMON.

Je crois que nous n'avons pas besoin d'éperons, monsieur.

FACE.

Non, certes; luttons à qui escroquera le mieux aujourd'hui.

---

1. La fermentation était le sixième progrès en alchimie, et signifie l'arrivée d'une substance quelconque à son état de bouillon.

La cibation était le septième progrès, et consistait à alimenter la matière en préparation, au moyen de nouvelles substances qui suppléaient à l'évaporation des autres.

2. Le soleil était l'or; la lune, l'argent.

SUBTIL.

C'est convenu.

DOL COMMON.

Oui, et travaillons amicalement et sans bruit.

SUBTIL.

Sur l'honneur, le nœud qui nous unit n'en sera que plus solide pour avoir été un instant rompu. (Ils se serrent les mains.)

DOL COMMON.

Qu'il en soit donc ainsi, mes chers babouins! Devions-nous servir, aux dépens de nos folies, un festin de rires à ces vils bourgeois, nos sobres et scrupuleux voisins, qui ont à peine ri deux fois depuis que le roi est entré[1] : les coquins riraient à perdre haleine de me voir promenée sur une charrette[2], ou de vous voir au pilori, la tête dans un trou, payer la rente d'une oreille[3]. Non, non! soyons d'accord. Et puisse don Prévost aller en fête, dans son vieux pourpoint de velours et son écharpe pleine de taches, ô mon noble souverain! ô mon digne général! longtemps, avant que nous ne fournissions à Sa Seigneurie une nouvelle paire de jarretières en fine laine!

SUBTIL.

Royale Dol! c'est parler comme Claridiana[4] et comme toi-même.

---

1. Jacques avait succédé à Élisabeth en 1603. *L'Alchimiste* a été écrit en 1610.

2. Comme une entremetteuse.

3. Comme des malfaiteurs exposés au pilori et condamnés à avoir les oreilles coupées.

4. Claridiana, l'héroïne du roman : *Le Miroir de la chevalerie,* qui finit par épouser le chevalier du Soleil.

FACE.

Aussi, ce soir à souper, tu seras assise triomphalement; on ne t'appellera plus Dol commune, mais Dol particulière, Dol appartenant à un seul; celui qui aura la plus longue paille t'appellera sa Dol spéciale [1]. (On sonne.)

SUBTIL.

On sonne! qui sera-ce? Dol, va voir par la fenêtre. (Dol sort.) Plaise au ciel que le maître de la maison ne vienne pas nous inquiéter pendant ce trimestre.

FACE.

Oh! ne le craignez pas. Tant qu'il mourra quelqu'un de la peste, il est loin de songer à revenir à Londres. En outre, il est en ce moment occupé à ses champs de houblon; puis, j'aurais eu une lettre de lui. Quand il vient, il m'écrit pour aérer la maison, et l'on aurait parfaitement le temps de la quitter. Quand nous entamerions une quinzaine, cela ne fait rien. (Dol rentre.)

SUBTIL.

Qui est-ce, Dol?

DOL COMMON.

Un beau, jeune et joli clerc.

FACE.

Oh! c'est le clerc de mon homme de loi que je rencontrai hier soir dans *Holborn*, à l'auberge du Poignard. Je vous ai déjà parlé de lui; il voudrait avoir un démon familier qui l'aidât à gagner quelques coupes, dans les paris, aux courses de chevaux.

DOL COMMON.

Oh! laissez-le entrer.

---

[1]. Tirons au sort; c'est la justice :
Deux pailles en feront l'office. (LA FONTAINE.)

SUBTIL.

Attendez. Qui fera l'affaire?

FACE.

Allez mettre votre robe, je vais le rencontrer comme en sortant.

DOL COMMON.

Et moi, que ferai-je?

FACE.

Ne te montre pas. (Dol sort.) Faites le difficile.

SUBTIL.

C'est entendu. (Il sort.)

FACE, haut comme en se retirant.

Que Dieu soit avec vous, monsieur! Faites-lui connaître, je vous prie, que je suis venu; son nom est Dapper. J'aurais voulu rester, mais...

DAPPER, de dedans.

Capitaine, je suis ici.

FACE.

Qui est là? — Docteur, je pense que c'est lui. (Dapper entre.) En vérité, monsieur, je m'en allais.

DAPPER.

J'en suis bien fâché, capitaine.

FACE.

Mais j'étais presque sûr de vous rencontrer.

DAPPER.

Oui, et j'en suis bien content; j'avais un ou deux maudits actes à faire, et j'avais, hier soir, prêté ma montre à un individu qui dîne aujourd'hui chez le shérif, et de cette façon, j'ai entamé mon heure de loisir. (Subtil rentre vêtu de velours.) Est-ce là cet habile homme?

FACE.

C'est Sa Seigneurie.

DAPPER.

Est-il docteur ?

FACE.

Oui.

DAPPER.

Et vous avez pris congé de lui, capitaine?

FACE.

Oui.

DAPPER.

En quels termes?

FACE.

Ma foi, monsieur, il y met tant de façons que je ne sais qu'en dire.

DAPPER.

Ne dites pas cela, bon capitaine.

FACE.

Je voudrais ne plus m'en mêler, croyez-le bien.

DAPPER.

Oh! monsieur, vous me chagrinez; pourquoi cela? J'ose vous assurer que je ne serai pas ingrat.

FACE.

Je ne puis pas penser que vous le seriez, monsieur; mais la loi est si sévère. Le docteur dit, entre autres choses, que l'affaire de *Read* est trop récente[1].

DAPPER.

Read! c'était un âne, et il avait affaire à un sot.

---

1. *Simon Read,* condamné en 1608, pour avoir évoqué les mauvais esprits afin de découvrir le nom de la personne qui avait volé 37 livres 10 schellings à un nommé Tobias Mathieu.

FACE.

C'était un clerc, monsieur.

DAPPER.

Un clerc !

FACE.

D'ailleurs, monsieur, écoutez; vous connaissez la loi mieux que nous.

DAPPER.

Je dois la connaître, comme aussi le danger; vous savez que je vous ai montré le statut.

FACE.

C'est vrai.

DAPPER.

Et je ne garderais pas le secret ! Par cette main, puisse-t-elle ne plus écrire de la copie, si je divulgue rien ! Pensez-vous que je sois un *chiaus*[1] ?

FACE.

Qu'est-ce que c'est que cela ?

DAPPER.

Il s'agit de Turc. C'est comme si l'on disait : me prenez-vous pour un Turc ?

FACE.

Je dirai cela au docteur.

DAPPER.

Dites-le-lui, bon capitaine.

FACE.

Avancez, noble docteur; je vous prie de vous lais-

---

1. *Chiaus* était le nom donné aux envoyés de la Porte; car les Turcs n'avaient pas, à cette époque, d'ambassadeurs résidant en Europe. — Dapper se sert de cette expression comme synonyme d'escroc, à cause d'un vol récent commis par un de ces *chiaus*, aux dépens des marchands de Londres, qu'il avait dupés en quittant la ville sans les payer.

ser convaincre. Ce monsieur est un gentilhomme et n'est pas un *chiaus*.

SUBTIL.

Capitaine, je vous ai donné ma réponse; je voudrais, pour l'amour de vous, pouvoir le faire, mais je ne le veux ni ne le puis.

FACE.

Allons ! ne dites pas cela. Vous avez affaire, docteur, à un noble garçon qui vous remerciera richement, et il n'est pas un *chiaus;* que ceci, monsieur, vous décide.

SUBTIL.

Je vous en prie, cessez.

FACE.

Il y a là quatre *angels* [1].

SUBTIL.

Vous me faites injure, cher monsieur.

FACE.

En quoi, docteur? En vous tentant avec ces esprits?

SUBTIL.

En tentant mon art et mon amitié, monsieur, à mon propre péril. Par le ciel ! j'ai peine à vous regarder comme un ami, vous qui voulez m'entraîner à un danger réel.

FACE.

Moi ! vous entraîner ? Qu'un cheval vous entraîne! ou qu'une corde vous pende, vous et vos démons familiers !

---

1. *Angels,* ancienne monnaie, dont l'effigie était un ange, frappée en mémoire d'une observation du pape Grégoire, qui avait dit que les païens *Angli* étaient si beaux, que s'ils devenaient chrétiens, ils seraient de véritables *Angeli.* La valeur de cette monnaie était de 10 schellings.

DAPPER.

Allons, allons ! bon capitaine.

FACE.

Vous qui ne savez pas faire la différence d'un homme à un autre.

SUBTIL.

Parlez mieux, monsieur.

FACE.

Agissez mieux, dogue affamé! Par la lumière divine, je ne vous amène pas des *Clim o' the cloughs* ou des *Claribels* [1], faiseurs de dupes qui font de gros yeux comme s'ils avaient *cinquante-cinq et le flux* [2], qui se montent la tête et qui expectorent leurs secrets comme des darioles trop chaudes.

DAPPER.

Allons, bon capitaine.

FACE.

Je ne lui amène pas non plus un sous-sacristain mélancolique qui le dira au vicaire, mais un gentilhomme distingué, qui hérite, chaque année, de quarante marcs, qui fréquente les petits poëtes du temps, qui est la seule espérance de sa vieille grand-mère, qui connaît la loi, qui a six belles écritures sous la main, qui est un beau clerc, sachant chiffrer parfaitement, pouvant faire des jurons grecs, et les ayant dans sa poche en cas de besoin; un homme enfin qui peut courtiser sa maîtresse par des citations d'Ovide.

1. *Clim of cloughs, Claribels*, héros extravagants de ballades.
2. *Five and fifty and flush.* — Le plus haut chiffre du jeu de primero; quand on amenait cinquante-cinq et le flux, le coup était irrésistible, et s'étalait sur la table.

DAPPER.

Allons, cher capitaine.

FACE.

Ne me l'avez-vous pas dit?

DAPPER.

Oui! mais je voudrais vous voir traiter monsieur le docteur avec plus de respect.

FACE.

Qu'il se pende, le cerf orgueilleux, avec sa large coiffe de velours! Sans l'amour que je vous porte, j'aimerais mieux étouffer que d'échanger un souffle avec un pareil champignon. Allons-nous-en. (Il fait mine de partir.)

SUBTIL.

Permettez que je vous parle.

DAPPER.

Sa Seigneurie vous appelle, capitaine.

FACE.

Je suis fâché de m'être embarqué dans une pareille affaire.

DAPPER.

Allons, mon bon monsieur, il vous a rappelé.

FACE.

Eh bien, consent-il?

SUBTIL.

Écoutez-moi d'abord.

FACE.

Pas une syllabe, à moins que vous ne consentiez.

SUBTIL.

De grâce, monsieur.

FACE, montrant l'argent.

Point d'autre condition qu'un *assumpsit*.

SUBTIL.

Que votre volonté soit faite! (Il prend les quatre angels.)

FACE.

Eh bien, maintenant, monsieur, parlez. Je puis à présent vous écouter en toute conscience. Parlez donc. Ce gentleman peut parler aussi.

SUBTIL, à l'oreille de Face.

Eh bien, monsieur.

FACE.

Point d'aparté.

SUBTIL, à demi-voix.

Par le ciel, vous ne savez pas le tort que vous vous faites à vous-même dans cette circonstance.

FACE.

Quel tort? En quoi?

SUBTIL.

En m'importunant pour un étranger qui, lorsqu'il aura le secret, vous ruinera tous : il gagnera l'argent de toute la ville.

FACE.

Comment cela?

SUBTIL.

Oui, et il fera sauter en l'air les joueurs les uns après les autres comme des marionnettes. Si je lui donne un démon familier, vous n'aurez qu'à lui donner de suite tout l'argent que vous voudrez risquer au jeu. Ne vous mettez jamais contre lui, car il gagnera tout.

FACE.

Vous faites erreur, monsieur. Il ne vous demande qu'un familier qui lui fasse gagner des chevaux et des coupes, un lutin fripon, mais non pas un de vos démons supérieurs.

DAPPER.

Cependant, capitaine, j'en voudrais un pour toute sorte de jeux.

SUBTIL.

Ne vous le disais-je pas?

FACE, à part à Dapper.

Diantre, monsieur, ceci est une autre affaire; j'avais compris que vous vouliez avoir un talisman ordinaire pour filouter deux fois par mois, ou environ, les vendredis, quand vous quittez votre bureau, et gagner un bidet de quarante ou cinquante schellings.

DAPPER.

C'est vrai, monsieur, mais je pense à quitter l'étude de la loi, et je pourrais...

FACE.

Mais alors, ceci change tout à fait la face des choses; pensez-vous que je me risque à l'y encourager?

DAPPER.

Oui, s'il vous plaît, monsieur, je vois que c'est tout un pour lui.

FACE.

Quoi! pour l'argent que vous lui avez donné! Je ne le puis pas en conscience; et vous ne devriez pas en faire la demande, ce me semble.

DAPPER.

Mais, monsieur, je pense ajouter quelque chose.

FACE.

C'est bien, alors, monsieur, je vais essayer. (A Subtil.) Supposez, docteur, que ce soit pour tous les jeux.

SUBTIL.

Je dis qu'à cause de lui aucune bouche ne mangera plus dans les tables d'hôte, qu'à condition que ce soit à crédit; aucune bouche de joueur, comprenez-moi bien.

FACE.

En vérité?

SUBTIL.

Il engloutira tous les trésors du royaume, si on les met comme enjeu contre lui.

FACE.

Dites-vous cela, en vous fondant sur votre science?

SUBTIL.

Oui, sur ma science, et sur la raison, qui est le fondement de la science : il est de ceux qu'aime la reine des fées.

FACE.

Quoi! lui?

SUBTIL.

Silence! il vous entendrait. Monsieur, si la fée le voyait...

FACE.

Qu'arriverait-il?

SUBTIL.

Ne le lui dites pas.

FACE.

Gagnera-t-il aussi aux cartes?

SUBTIL.

Vous jureriez qu'il y a en lui tous les esprits de Jean-Isaac Hollandus[1] et du vivant Isaac; oh! il a une chance énergique à laquelle on ne saurait résister.

---

1. Jean Isaac Hollandus qui était mort, et Isaac qui vivait encore, tous deux alchimistes célèbres, qui ont écrit plusieurs traités sur l'alchimie.

Ciel de Dieu! il réduirait dix de vos galants à n'avoir plus que leur manteau à se mettre sur le corps.

FACE.

Il est étrange qu'un homme soit né sous une telle étoile.

SUBTIL.

Homme, il vous entend.

DAPPER.

Monsieur, je ne serai pas ingrat.

FACE.

En vérité, j'ai confiance dans sa bonne nature; vous l'entendez, il dit qu'il ne sera pas ingrat.

SUBTIL.

Allons! comme il vous plaira; mon risque suivra le vôtre.

FACE.

Faites-le donc, docteur; croyez qu'on peut se fier à lui et contentez-le; il peut nous faire riches tous deux en une heure, gagner peut-être cinq mille livres, et nous en envoyer deux.

DAPPER.

Croyez-moi, je le ferai.

FACE, le prenant à part.

Vous le devez, en vérité; vous avez donc tout entendu?

DAPPER.

Non, qu'a-t-il dit? Moi, monsieur, je n'ai rien entendu.

FACE.

Rien?

DAPPER.

Rien ou peu de chose, monsieur.

FACE.

Une étoile singulière brillait à votre naissance.

DAPPER.

A ma naissance, non...

FACE.

Le docteur jure que vous êtes...

SUBTIL.

Allons, vous allez tout lui dire maintenant.

FACE.

Allié à la reine des fées.

DAPPER.

Qui? moi? Croyez que cela n'est pas.

FACE.

Si fait, et que vous êtes né coiffé.

DAPPER.

Qui dit cela?

FACE.

Allons, vous le savez bien, quoique vous le dissimuliez.

DAPPER.

Ma foi! je ne dissimule pas, vous vous trompez.

FACE.

Comment! Jurer par votre foi sur une chose que le docteur doit savoir. Comment nous fierions-nous à vous sur autre chose? Pouvons-nous croire, à ce compte, que, si vous aviez gagné cinq à six mille livres, vous nous en enverriez notre part?

DAPPER.

Par Jupiter, monsieur, je gagnerais dix mille livres, que je vous en enverrais la moitié; *ma foi* n'est pas un serment.

SUBTIL.

Non, non, c'est une manière de parler.

FACE.

C'est au mieux. Allons, remerciez le docteur; il est bien votre ami pour le prendre ainsi.

DAPPER.

Je remercie Sa Seigneurie.

FACE.

Est-ce ainsi qu'on remercie? un autre Angel!

DAPPER.

Dois-je?

FACE.

Si vous devez... Ciel de Dieu, quelle autre façon y a-t-il de remercier? Voulez-vous être un homme vulgaire? (Dapper donne un angel.) — Docteur, quand doit-il revenir pour son démon familier?

DAPPER.

Ne l'emporterai-je pas avec moi?

SUBTIL.

Oh! mon cher monsieur; il y a une foule de cérémonies à faire; vous devez d'abord passer par les bains et les fumigations; en outre la reine des fées ne se lève pas avant midi.

FACE.

Surtout si elle a dansé la nuit.

SUBTIL.

Et elle doit bénir l'opération.

FACE.

N'avez-vous jamais vu sa royale personne?

DAPPER.

Qui?

FACE.

Votre tante, la reine !

SUBTIL.

Il ne l'a pas revue depuis qu'elle lui a donné un baiser dans son berceau, capitaine. Je puis vous l'affirmer.

FACE.

Eh bien, il vous faut la voir, quoi qu'il puisse vous en coûter, pour une raison que je connais; ce sera peut-être un moment difficile à passer; cependant voyez-la. Vous serez comblé, croyez-moi, si vous pouvez la voir. Sa Grâce est une femme qui vit seule, elle est très-riche; et s'il lui en prend la fantaisie, elle peut faire des choses extraordinaires; voyez-la, voyez-la, coûte que coûte. Elle peut, pardieu, elle peut vous laisser tout ce qu'elle possède. (Bas.) C'est une des craintes du docteur.

DAPPER.

Comment donc faire pour cela ?

FACE.

Laissez-m'en le soin, ne vous en préoccupez pas ; dites-moi seulement : Capitaine, je veux voir Sa Grâce.

DAPPER.

Capitaine, je veux voir Sa Grâce.

FACE.

Cela suffit. (On frappe à la porte.)

SUBTIL.

Qui est là ? Au revoir. — (A Face.) Conduisez-le par la porte de derrière. (A Dapper.) Monsieur, soyez prêt vers une heure; vous devez jeûner jusque-là; aspirez seulement trois gouttes de vinaigre par le nez, deux par la bouche, et une par chaque oreille; baignez-en l'extrémité de vos doigts, et lavez-en vos yeux. Le tout, afin d'aiguiser vos cinq sens; criez *hum* trois fois, et *buz* aussi souvent; ensuite vous viendrez. (Il sort.)

FACE.

Pourrez-vous vous rappeler cela?

DAPPER.

Je vous le garantis.

FACE.

Eh bien alors partez. Il ne vous restera plus qu'à distribuer une vingtaine de *nobles*[1] entre les serviteurs de Sa Grâce, et à mettre une chemise propre. Vous ne savez pas quelle faveur Sa Grâce peut vous faire lorsque vous aurez du linge blanc. (Face et Dapper sortent.)

SUBTIL, à la cantonnade.

Entrez, monsieur. — Bonnes femmes, je vous prie de ne pas m'arrêter plus longtemps; en vérité, je ne puis vous rendre service avant la soirée. (Il rentre suivi de Drugger.) Votre nom, dites-vous, est Abel Drugger?

DRUGGER.

Oui, monsieur.

SUBTIL.

Marchand de tabac?

DRUGGER.

Oui, monsieur.

SUBTIL.

Umph! De la corporation des épiciers?

DRUGGER.

Oui, monsieur, ne vous déplaise.

SUBTIL.

Bien! — Quelle est votre affaire, Abel?

---

1. Monnaie, valant six schellings et huit pences.

DRUGGER.

Je vais vous le dire; n'en déplaise à Votre Seigneurie; je suis un débutant. Je fonde une nouvelle boutique, n'en déplaise à Votre Seigneurie, juste au coin d'une rue. — Voici mon plan. — Je voudrais, monsieur, savoir de Votre Seigneurie, par l'art qu'elle possède dans la nécromancie, de quel côté je dois tourner la porte, où je dois placer mes tablettes, mes boîtes et mes pots. Je voudrais réussir, monsieur. J'ai été adressé à Votre Seigneurie par un gentleman, un capitaine Face, qui m'a dit que vous connaissiez les planètes qui président à la vie de chaque homme, ainsi que leurs bons ou mauvais anges.

SUBTIL.

C'est vrai, quand je les vois[1].

FACE, rentrant.

Quoi! c'est mon brave Abel. Vous êtes le bien rencontré ici.

DRUGGER.

Ma foi! monsieur, je parlais justement de Votre Seigneurie, quand Votre Seigneurie est entrée. Je vous supplie de me recommander à monsieur le docteur.

FACE.

Il fera tout pour moi. — Cher docteur, écoutez; c'est mon ami Abel, un honnête garçon; il me fournit d'excellent tabac, il ne le sophistique pas avec de l'huile ou avec de la lie de vin. Il ne le lave pas avec du muscat, ni avec de la drêche; il ne l'enterre pas sous le sol dans le gravier, enveloppé dans du cuir graisseux ou dans des torchons sales; mais il le renferme dans

---

1. Jeu de mot sur *angels*, à la fois *anges* et *pièces* de monnaie.

de beaux pots, blancs comme des lis, qui, une fois ouverts, exhalent un parfum pareil à celui des conserves de roses, ou de haricots verts. Il a son comptoir en érable; ses pinces sont en argent. Il tient les pipes de Winchester, et pour son feu il brûle du genévrier[1]; en un mot, c'est un honnête garçon, propre et pimpant, et pas un orfévre[2].

SUBTIL.

C'est un garçon heureusement doué, j'en suis sûr.

FACE.

Vous avez déjà vu cela, monsieur? — Voyez, Abel!

SUBTIL.

Et en bon chemin vers la fortune.

FACE.

Vraiment!

SUBTIL.

Cet été, il aura droit au costume de sa compagnie[3], et au printemps suivant, il sera appelé au privilége de l'écarlate[4]; qu'il dépense ce qu'il voudra!

FACE.

Quoi! et avec si peu de barbe!

SUBTIL.

Vous devez penser qu'il peut trouver une recette pour faire pousser les cheveux; mais il sera sage, con-

---

1. Ce mobilier de marchand de tabac était fort élégant. Comptoir en érable pour couper le tabac, pinces en argent pour tenir le charbon avec lequel on allumait la pipe, et pour charbon celui du genévrier qui, une fois allumé, s'éteint difficilement, et dure une éternité quand il est recouvert de ses propres cendres.

2. C'est-à-dire pas un usurier. — Les orfévres faisaient, la plupart du temps, la banque et l'usure.

3. La livrée de la société des épiciers.

4. On boira à sa santé comme shérif.

servera sa jeunesse et payera l'amende ¹. — La fortune l'attend par un autre chemin.

FACE.

En vérité, docteur, comment pouvez-vous savoir cela si tôt; vous me surprenez!

SUBTIL.

Par une règle de la métoposcopie, qui sert à mes observations. Il a au front une certaine étoile que vous ne voyez pas; ces figures olivâtres et couleur marron ne me trompent jamais. Cette longue oreille est pleine de promesses. Je l'ai su aussi, à certaines taches qu'il a sur les dents et à l'ongle de son doigt mercurial.

FACE.

Quel est ce doigt-là?

SUBTIL.

Son petit doigt. Voyez! — Vous êtes né un vendredi.

DRUGGER.

Oui, monsieur, c'est vrai.

SUBTIL.

Dans la chiromancie, nous donnons le pouce à Vénus, le doigt indicateur à Jupiter; celui du milieu à Saturne; l'annulaire au Soleil; le plus petit à Mercure, lequel Mercure fut donc, monsieur, le seigneur de son horoscope, sa maison de vie étant la *balance*; ce qui indiquait de prime-abord qu'il serait marchand, et se servirait de balances dans son commerce.

FACE.

Voilà qui est étrange, n'est-ce pas, honnête Nab?

---

1. A Londre, si la personne qu'on nomme aux fonctions de shérif n'accepte pas, il doit payer une amende de 500 livres.

SUBTIL.

Il y a maintenant un vaisseau qui vient d'Ormus qui lui apporte un magnifique assortiment de drogues.
— (Regardant le plan de la boutique.) Ceci est l'ouest, et ceci le sud?

DRUGGER.

Oui, monsieur.

SUBTIL.

Ce sont là les deux côtés?

DRUGGER.

Oui, monsieur.

SUBTIL.

Placez donc votre porte au sud; le côté le plus large à l'ouest; sur le côté *est* de votre boutique, écrivez en haut : *Mathlai*, *Tarmiel* et *Baraborat*; sur le côté *nord* écrivez : *Rael*, *Velel*, *Thiel*; ce sont les noms des esprits dévoués à Mercure, lesquels éloignent des boîtes les mouches, par la frayeur.

DRUGGER.

Je le ferai, monsieur.

SUBTIL.

Enterrez-moi sous le seuil une pierre d'aimant pour attirer les galants qui portent des éperons; le reste suivra.

FACE.

Voilà un secret, Nab.

SUBTIL.

Dans l'étalage, mettez une poupée, avec un ressort et du rouge, pour attirer les dames de la cité; vous ferez un grand commerce avec les minéraux.

DRUGGER.

Oh! j'ai déjà à la maison...

SUBTIL.

Oui, je sais que vous avez de l'arsenic, du vitriol, du sel de tartre, du tartre stibié, de l'alcali, du cinabre ; ce garçon, capitaine, est appelé à devenir, avec le temps, un grand distillateur, et dira son mot, je ne dis pas clairement lequel, mais son mot touchant la pierre philosophale.

FACE.

Quoi, vraiment ! Abel, est-ce vrai ?

DRUGGER, à Face,

Bon capitaine, que dois-je donner ?

FACE.

Je ne veux pas te conseiller, tu as entendu à quelle richesse tu peux atteindre. Qu'il dépense tant qu'il voudra, a-t-il dit.

DRUGGER.

Je lui donnerai une couronne [1].

FACE.

Une couronne ! et avec l'espoir d'une telle fortune ! Tu ferais mieux de lui donner ta boutique. N'as-tu pas d'or sur toi ?

DRUGGER.

Oui, j'ai *un portugais* que je garde depuis six mois.

FACE.

Fi, fi donc, Nab. Par Dieu ! c'était l'offre qu'il fallait faire. — Ton portugais, tu ne le garderas pas plus longtemps ; je vais le donner pour toi. — Docteur, Nab prie Votre Seigneurie de prendre ceci, et jure qu'il se montrera plus reconnaissant lorsque votre science aura élevé sa position dans le monde.

---

1. *La couronne* valait cinq schellings. — *Portugais*, pièce d'or.

DRUGGER.

Je voudrais demander une autre faveur à Votre Seigneurie.

FACE.

Qu'est-ce que c'est, Nab?

DRUGGER.

De jeter les yeux sur mon almanach et d'y marquer tous les mauvais jours, afin que je me garde de traiter d'affaires ces jours-là.

FACE.

Il fera cela, Nab. Sois tranquille, ce sera fait dans l'après-midi.

SUBTIL.

Ainsi que la direction des tablettes.

FACE.

Eh bien, Nab, es-tu content maintenant?

DRUGGER.

Merci, monsieur, merci à vos deux Seigneuries.
(Il sort.)

FACE.

Adieu! — Eh bien! ennemi acharné de la nature, vous voyez maintenant qu'il y a quelque chose à faire en outre de votre charbon de hêtre, de vos eaux corrosives, de vos creusets et de vos cornues? Il faut bien que l'on vous apporte de la matière sur laquelle vous puissiez travailler, et vous croyez pourtant que c'est sans dépense d'imagination et sans frais que je cherche ces veines, que je les suis et que je les éprouve. Je jure, devant Dieu, que mon intelligence me coûte plus d'argent que ne m'en rapporte ma part dans vos rares travaux.

SUBTIL.

Vous faites le plaisant, monsieur. (Dol Common rentre.) Eh bien, que dit notre gentille Dolkin?

DOL COMMON.

Cette marchande de poisson ne veut pas s'en aller, et il y a aussi, là, votre géante, la maquerelle de Lambeth.

SUBTIL.

Ma foi! je ne puis leur parler...

DOL COMMON.

Avant la nuit, c'est ce que je leur ai dit, en parlant à travers le tuyau comme un de vos familiers; mais je viens d'apercevoir sir Épicure Mammon.

SUBTIL.

Où?

DOL COMMON.

Venant le long des maisons au bout de la ruelle, lent dans sa marche, mais vif dans sa langue, car il s'entretenait avec une personne qui l'accompagne.

SUBTIL.

Face, allez-vous-en et changez de vêtement. (Face sort.) Dol, vous devez vous tenir prête aussi.

DOL COMMON.

Mon Dieu, de quoi s'agit-il?

SUBTIL.

Oh! je l'attendais avec le lever du soleil. Je m'étonne qu'il ait pu dormir, car c'est aujourd'hui que je dois lui compléter le magisterium, notre grandœuvre, la Pierre, et la lui livrer parfaite entre les mains. Depuis un mois il en parle comme s'il la tenait déjà, et maintenant il est occupé à en faire différents emplois. Il me semble que je le vois entrer dans les tables d'hôtes, distribuant des remèdes contre la peste, et dans les maisons pestiférées, apportant sa médecine; je le vois chercher les lépreux dans Moorfields, offrir aux dames de la Cité des bracelets de pâte odorante comme un préservatif fait du fameux élixir, et visiter les hôpitaux pour rajeunir les vieilles entremetteuses, ou les grands chemins pour enrichir les mendiants. Je ne prévois pas de terme à ses travaux. Il veut faire rougir la nature de sa longue inaction, en faisant avec la science, qui n'est qu'une marâtre, plus que l'autre n'a pu faire dans son amour maternel pour l'humanité. Si son rêve dure, il changera en or tout notre siècle. (Ils sortent.)

ACTE II.

SCÈNE PREMIÈRE.

Un vestibule dans la maison de Lovewit.

SIR ÉPICURE MAMMON et PERTINAX SURLY.

MAMMON.

Entrez, monsieur, maintenant vous mettez le pied sur le rivage de *novo orbe*; ici est le riche Pérou! et là dedans, monsieur, sont les mines d'or, l'ophir du grand Salomon! Il navigua trois ans pour l'atteindre, et nous l'aurons atteint en dix mois. Voici le jour où, à tous mes amis, je pourrai dire cette heureuse parole : Soyez riches! Aujourd'hui vous serez *spectatis-*

simi; vous n'aurez plus besoin d'employer des dés pipés et des cartes bizeautées; vous n'aurez plus à entretenir de riches courtisanes pour le jeune héritier réduit à signer des lettres de change, ni à le battre s'il refuse, ni à protéger contre ses coups l'usurier qui lui apporte des marchandises au lieu d'écus. Les fils du sabre ou du hasard [1] dévorés par la soif ardente des étoffes de satin et par la faim avide des pourpoints en velours, nécessaires pour parader dans les salons de madame Augusta [2], ne seront plus obligés, pour les obtenir, de s'agenouiller devant le veau d'or, ni de commettre pendant des nuits entières le péché d'idolâtrie, en buvant du vin au son des trompettes, ni de se rendre dans les festins au son du tambour, enseignes déployées. Plus rien de tout cela : vous vous redresserez tous comme de jeunes vice-rois, et vous aurez de folles maîtresses en foule, ô mon Surly; et c'est à toi le premier que je m'adresse : Sois riche ! — Où est-il mon Subtil ? Hé ! là dedans ! holà !

FACE, de dedans.

Monsieur, il va venir sur-le-champ.

MAMMON.

Celui qui vient de me répondre est son soufflet son poumon, son zéphyr, celui qui souffle ses charbons jusqu'à ce qu'il fasse sortir la nature de son propre centre. Vous n'êtes pas un croyant, monsieur; mais cette nuit, je vais changer en or tout ce qui est métal dans ma propre maison, et demain, de bonne heure, j'enverrai chez tous les marchands de plomb

---

1. Les soldats et les joueurs.
2. Sans doute la maîtresse d'une maison de prostitution.

et d'étain pour acheter leurs marchandises. J'enverrai à Lothbury pour acheter tout le cuivre.

SURLY.

Oh! et vous le changerez aussi en or?

MAMMON.

Oui. J'achèterai le Devonshire et la Cornouaille, et j'en ferai des Indes nouvelles! Vous êtes surpris maintenant?

SURLY.

Non, ma foi.

MAMMON.

Mais quand vous verrez les effets de la grande médecine[1], dont une parcelle, projetée sur cent parties de Mercure, ou de Vénus, ou de Lune, les transmuera en autant de parties de Soleil, que dis-je, en mille parties, et *ad infinitum*[2], vous me croirez alors.

SURLY.

Oui, je le croirai quand je le verrai; mais si mes yeux me trompent sans que j'en sois complice, je jure que je me les ferai arracher dès le lendemain par une fille de joie.

MAMMON.

Et pourquoi? — Croyez-vous que je vous dis des

---

1. Il faut savoir qu'on avait donné aux métaux les noms des sept planètes :

Jupiter, l'étain; Saturne, le plomb, la litharge, etc.; Mars, le fer, l'aimant, etc.; Mercure, le vif argent; Vénus, le cuivre; la Lune, l'argent; le soleil, l'or.

2. Roger Bâcon prétend qu'une partie du grand magister, change mille parties de métal impur en or. Isaac, le Hollandais, un million de parties.

Raymon Lulle un océan :

Mare tangerem si mercurius esset.

Salmon, l'infini.

fables? Je vous certifie que tout homme, une fois qu'il possède la fleur du Soleil, le parfait rubis[1], que nous appelons élixir, peut non-seulement faire ce que je viens de dire, mais encore, grâce à sa vertu, il peut conférer l'honneur, l'amour, la considération et une longue existence. Il peut donner la sécurité, la valeur et la victoire elle-même, à celui qu'il veut. En vingt-huit jours, je ferai d'un vieillard de quatre-vingts ans un enfant[2].

SURLY.

Je n'en doute pas; il l'est déjà.

MAMMON.

Ce n'est pas ma pensée; je lui rendrai ses années écoulées, je le renouvellerai comme un aigle à sa cinquième année; il pourra engendrer des fils et des filles, de jeunes géants. Comme nos philosophes l'ont dit des anciens patriarches d'avant le déluge, rien qu'en prenant une fois par semaine, sur la pointe d'un couteau, la quantité de cet élixir comparable à un grain de moutarde, les hommes deviendront des Mars robustes, et engendreront de jeunes Cupidons.

---

1. Le parfait rubis. Paracelse représente la pierre philosophale comme un corps solide d'une couleur de rubis foncé, transparent, flexible, et cependant cassant comme du verre.

2. C'est l'opinion de tous les alchimistes, — Denis, Zachaire, Isaac le Hollandais, Basile Valentin, etc.

Vincent de Beauvais prouve, dit-il, jusqu'à l'évidence, que si Noé eut des enfants à l'âge de cinq cents ans, c'est qu'il possédait la pierre philosophale.

Salmon et Flamel prétendent lui donner un effet moral. Celui qui la possède devient aussi sage qu'Aristote et Avicenne, dit le *Cosmopolite*.

Th. Norton, dit :

Elle dépouille l'homme de tous ses vices. Dieu placera auprès de ses saints les adeptes de notre art.

SURLY.

Les vestales avariées de *Pict-Hatch*, qui entretiennent là un feu toujours vivant, devront vous remercier.

MAMMON.

C'est là le secret de la nature, créé contre toutes les infections. Il guérit toutes les maladies, quelles que soient leurs causes; le chagrin d'un mois en un jour, celui d'un an en douze jours, et en un mois tous les autres, n'importe leur durée; bien supérieur, en cela, à toutes les potions de vos apothicaires et de vos médecins; je veux entreprendre de chasser, en trois mois, la peste hors du royaume.

SURLY.

Je m'engage alors à ce que tous les acteurs chantent vos louanges, même sans poëtes [1].

MAMMON.

Monsieur, c'est là ce que je ferai. En même temps je chargerai mon valet d'en faire, chaque semaine, des distributions dans la ville, et par ordre de quartier.

SURLY.

Comme celui qui a fait le château d'eau distribue sa marchandise [2].

MAMMON.

Vous êtes incrédule.

SURLY.

Ma foi, j'ai la fantaisie de ne vouloir pas me laisser

---

1. En temps de peste les théâtres étaient fermés.
2. Sir Hugh Middleton avait amené à Londre *the new river*, une nouvelle conduite d'eau, pour l'approvisionnement de la ville.

duper volontairement. Votre pierre philosophale ne me transmuera pas.

MAMMON.

Entêté! Enfin, mon Surly, en croirez-vous l'antiquité, ou la tradition? Je veux vous montrer un livre où Moïse, sa sœur et Salomon ensuite, ont écrit de cette science; bien plus, un traité de la main d'Adam[1].

SURLY.

Comment?

MAMMON.

Oui bien, un traité de la pierre philosophale, et en vieux allemand.

SURLY.

Monsieur, Adam l'écrivit-il en cette langue?

MAMMON.

Oui, monsieur, et c'est là ce qui prouve qu'elle est la langue primitive[2].

SURLY.

Et sur quelle sorte de papier?

MAMMON.

Sur une planche de cèdre.

SURLY.

Oh! on dit, en vérité, que ce bois est inattaquable par les vers.

MAMMON.

Et par les araignées, comme le bois d'Irlande.

---

1. Adam l'avait reçue des mains de Dieu lui-même, au dire de tous les alchimistes, et le grand roi Salomon était un adepte de l'art. On a cité souvent ce verset de l'Apocalypse : au vainqueur je donnerai une pierre blanche.

2. Johannes Goropius Becanus, un très-savant homme, l'a écrit gravement.

— J'ai aussi un morceau de la toison de Jason, qui n'était pas autre chose qu'un livre d'alchimie écrit sur une peau de brebis, comme sur du vélin. La cuisse de Pythagore, la boîte de Pandore et tout ce qu'on dit de Médée et de ses incantations, n'étaient pas autre chose que des formes de notre œuvre; les taureaux, qui soufflaient toujours le feu par les naseaux, étaient nos fourneaux toujours allumés, le dragon était notre vif-argent; les dents du dragon, notre mercure sublimé qui conserve la blancheur, la dureté et le mordant. Toutes ces choses étaient réunies dans le casque de Jason, qui est notre alambic, ensuite semées dans le champ de *Mars*, et de là si souvent volatilisées, qu'elles se fixent enfin. Ainsi donc, ce que je viens de dire, et le jardin des Hespérides, l'histoire de Cadmus, la pluie de Jupiter, le don de Midas, les yeux d'Argus, le Démogorgon de Boccace, et mille autres choses encore, sont des énigmes abstraites dont le mot est notre pierre philosophale [1]. (Entre Face vêtu en domestique.) Eh bien! l'ami, réussissons-nous? notre jour est-il arrivé? cela avance-t-il?

FACE.

Le soleil se couchera rouge sur vous, monsieur. Vous avez la couleur cramoisie [2]; le ferment rouge a fait son office. Préparez-vous à voir la projection dans trois heures.

MAMMON.

Eh bien! Pertinax, mon Surly, je te répète tout haut : Sois riche. Ce jour, tu auras des lingots, et de-

---

1. Ben Jonson n'est ici que l'écho des livres d'alchimie; tout ce qu'il dit en est tiré.
2. Excellents signes!

main tu pourras te mettre face à face avec les lords. — Ceci est-il vrai, mon Zéphyre, le matras rougit-il ?

FACE.

Comme une jeune fille enceinte, monsieur, au moment où son secret est découvert à son maître.

MAMMON.

O spirituel soufflet[1], mon seul souci est de trouver assez de matières à utiliser par la projection. Cette ville ne m'en fournira pas assez.

FACE.

Bah! monsieur, achetez les couvertures de toutes les églises.

MAMMON.

C'est une bonne idée.

FACE.

Oui ; laissez-les, têtes nues, comme leur auditoire, ou faites-les recouvrir avec du bardeau.

MAMMON.

Non, mais avec du bon chaume. La paille pèsera légèrement sur les solives, cher soufflet. Bientôt, je t'affranchirai de tes fourneaux ; je te rendrai, ô soufflet, le teint que tu as perdu dans les cendres chaudes, et je réparerai ta cervelle que la fumée des métaux a pu déranger.

FACE.

Oh! monsieur, j'ai rudement soufflé pour Votre Seigneurie. J'ai mis de côté bien des morceaux de charbon qui n'étaient pas de hêtre, je pesais tous ceux

---

1. *Lungs*, poumons, nom donné aux agents subalternes des alchimistes.

que j'employais pour que la chaleur fût égale; mes pauvres yeux troubles ont veillé pour lire vos différentes couleurs, monsieur, depuis le pâle citron, le lion vert, le coq, la queue de paon jusqu'au cygne aux plumes blanches [1].

MAMMON.

Et dernièrement tu as découvert la fleur, le sang d'agneau?

FACE.

Oui, monsieur.

MAMMON.

Où est le maître?

FACE.

A ses prières, le bonhomme. Il fait ses dévotions [2] pour le succès.

MAMMON.

Soufflet, je mettrai un terme à tes travaux : tu seras le maître de mon sérail.

---

1. Tous ces termes employés par les alchimistes expriment les différents degrés de leur œuvre, et la couleur obtenue suivant le degré de cuisson. Ainsi, quand la liqueur devenait noire, on l'appelait tête de corbeau; quand, après l'avoir fait bouillir de nouveau, elle passait à la couleur blanche, ce degré de l'œuvre s'appelait le cygne.

Le lion vert était un liquide épais qu'on nomme aussi l'azoth, qui fait sortir l'or caché dans les métaux; le lion rouge approchait de la conclusion, la couleur rouge étant le signe de la réussite de l'œuvre.

Le sang d'agneau, synonyme du lion rouge, était l'une des dernières transformations.

2. On ne peut, nous dit M. Figuier, dans son très-intéressant ouvrage sur *l'Alchimie et les alchimistes,* ouvrir un écrit de Basile Valentin, de Raymond Lulle, d'Albert le grand, d'Arnauld de Villeneuve et de tous les alchimistes du moyen âge, sans rencontrer une pieuse invocation. Nicolas Flamel commence ses descriptions par une magnifique prière qu'on peut lire dans l'ouvrage que nous citons.

Tous les charlatans ont depuis imité ces grands maîtres en prenant le masque de la foi pour en imposer à leurs dupes.

FACE.

J'y consens, monsieur.

MAMMON.

Mais comprends-moi bien ; je te ferai châtrer, mon bon.

FACE.

Oui, monsieur.

MAMMON.

Car j'ai la volonté d'avoir un nombre de femmes et de concubines égal à celui de Salomon, qui, comme moi, a eu la pierre philosophale en sa possession. Je me ferai, avec mon élixir, des reins aussi vigoureux que ceux d'Hercule, pour tenir tête à cinquante rencontres dans une seule nuit. — Tu es sûr que tu as vu le sang ?

FACE.

Le sang et l'esprit ; oui, monsieur.

MAMMON.

Je veux que mes matelas soient gonflés d'air : le duvet serait trop dur ; ma chambre ovale sera remplie de peintures pareilles à celles que Tibère enleva d'Éléphantine[1], et que le sot Arétin n'a que faiblement imitées. Mes miroirs seront à plusieurs angles, afin de multiplier les figures. Quand je me promènerai nu au milieu de mes *succubæ*, j'aurai des brouillards de parfum vaporisés autour de moi pour m'y perdre avec elles. J'aurai des bains dans lesquels nous nous précipiterons comme dans des abîmes, et nous en sortirons pour nous sécher dans les roses et les fils de la Vierge. — Est-on arrivé au rubis ? — Quand je verrai un bourgeois opulent ou un riche avocat qui auront une beauté

---

1. Éléphantine, ville de la haute Égypte, île du Nil. (SUÉTONE.)

quintessenciée pour femme, je leur enverrai mille livres pour les cocufier.

FACE.

C'est moi qui en serai le porteur.

MAMMON.

Non, je ne veux d'entremetteurs que les pères et les mères. Ils feront mieux, beaucoup mieux, que tous les autres. Pour flatteurs, je veux les plus purs et les plus graves ecclésiastiques, que mon argent entretiendra à mon service. Mes bouffons seront d'éloquents bourgeois, et j'aurai, pour mes poëtes, ceux qui ont déjà écrit de si belles choses sur l'art de p.... [1], et qui en écriront d'autres pour moi. Quant au petit nombre de ceux qui voudraient se donner pour des étalons de cour et de ville, et qui calomnient partout les ladies, reconnues pour les plus innocentes en ce qui les regarde, je leur proposerai d'être mes eunuques, et ils m'éventeront avec dix queues d'autruches dont les plumes rassembleront le vent. Nous serons des raffinés, mon soufflet, quand nous aurons la grande médecine. Les mets me seront servis dans des coquilles de l'Inde, dans des plats d'agate montés en or et semés d'émeraudes, de saphirs, d'hyacinthes et de rubis, et ces mets seront des langues de carpe, des marmottes, des talons de chameaux bouillis dans l'essence de soleil, et la perle dissoute, mets d'Apicius contre l'épilepsie. Je mangerai ces bouillons avec des cuillères d'ambre dont les manches seront enrichis de

1. Allusion à une ballade qui fut composée en 1607, sur un accident de ce genre bruyant arrivé à la Chambre des communes. Elle est composée de quarante stances; les membres du Parlement y sont mis en scène.

diamants et d'escarboucles. Mes valets de pied mangeront des faisans, des saumons, des francolins et des lamproies; moi-même je veux avoir des barbes de barbeaux en place de salade, des champignons à l'huile, et les mamelles onctueuses et gonflées d'une truie grasse qui vient d'enfanter, accompagnées d'une sauce exquise et piquante, et, pour cela, je dirai à mon cuisinier : Tiens, voilà de l'or, va-t'en : je t'arme chevalier [1].

FACE.

Monsieur, je vais rentrer pour voir si cela monte.

MAMMON.

Va donc. — Mes chemises seront de taffetas, douces et légères comme des toiles d'araignée. Et mes vêtements seront tels, qu'ils seraient enviés par le roi des Perses, s'il revenait enseigner au monde la science de la débauche; mes gants seront en peaux de poissons et d'oiseaux, parfumés avec les gommes du paradis terrestre, et l'air d'Orient.

SURLY.

Et pensez-vous, par ces moyens, obtenir la pierre philosophale?

MAMMON.

Mais non! C'est avec elle que j'obtiendrai tout cela.

SURLY.

Cependant j'ai entendu dire, que celui qui doit la trouver doit être *homo frugi*, un homme pieux, religieux, saint; un homme affranchi de tout péché mortel, et vierge, pour tout dire en un mot.

---

1. Ceci est une satire à l'adresse du roi Jacques qui, à son avènement, avait créé un grand nombre de chevaliers.

MAMMON.

Celui qui travaille là-haut, monsieur, est bien tout cela, moi je suis l'acquéreur. Mon bonheur est de l'avoir trouvé, lui, l'honnête et pauvre créature, une bonne âme, superstitieuse et morale. Il a usé ses genoux, il a rendu ses semelles chauves, à force de prières et de jeûnes; ma foi, monsieur, laissons-le travailler pour moi. Le voici! mais pas un mot profane, s'il vous plaît, devant lui. Ce serait tout gâter. (Subtil entre.) Bonjour, bon père.

SUBTIL.

Mon cher fils, bonjour; ainsi qu'à votre ami que voilà. — Quel est celui qui vous accompagne?

MAMMON.

Un hérétique que j'amène avec moi, dans l'espoir, monsieur, de le convertir.

SUBTIL.

Mon fils, je crains que vous ne soyez cupide, car vous arrivez bien juste à l'heure indiquée; ceci semble accuser un appétit charnel qui est à craindre. Prenez garde que votre hâte effrénée ne vous fasse perdre la récompense bénie. Je serais chagrin de voir mes travaux, arrivés maintenant à leur terme, grâce à ma longue patience et à mes longues veilles, ne pas réussir pour celui à qui mon zèle et mon amitié les avait consacrés, moi qui, j'en appelle à témoin le ciel et vous-même, n'ai jamais eu d'autre but que le bien public, les exercices pieux et la divine charité devenue si rare parmi les hommes. Hélas! mon fils, s'il vous arrivait maintenant de prévariquer, et d'employer à vos propres convoitises cette grande bénédiction catholique, soyez sûr qu'une malédiction tomberait sur vous et renverserait vos plus secrets et vos plus subtils projets.

MAMMON.

Je le sais, monsieur, ne craignez rien pour moi; je ne viens ici que pour vous prier de convertir ce gentilhomme...

SURLY.

Qui est, en effet, un peu rétif à croire à votre pierre philosophale; et qui ne voudrait pas être dupé.

SUBTIL.

Eh bien! mon fils, tout ce qui peut le mieux le convaincre, c'est ceci : L'œuvre est terminée; le soleil est dans sa robe; nous avons l'élixir de l'âme triple, l'esprit glorifié. Dieu soit loué, et nous en rende dignes! — Ulen spiegel. (Il appelle.)

FACE, de dedans.

Tout à l'heure, monsieur.

SUBTIL.

Regardez bien la plaque de fer [1]; laissez votre chaleur diminuer par degrés, pensez au *vitrum sublimatorium* [2].

FACE, de dedans.

Oui, monsieur.

SUBTIL.

Avez-vous observé le matras?

FACE, de dedans.

Lequel? Celui du D, monsieur?

---

1. *The register.* On appelle ainsi la plaque de fer qui, dans nos cheminées, active le feu, en accélérant le courant d'air.

2. *Vitrum sublimatorium*, c'est-à-dire le pot servant à volatiliser; ils étaient sans fond et s'emboîtaient les uns dans les autres à volonté.

SUBTIL.

Oui. Quelle est la teinte?

FACE, de dedans.

Blanchâtre.

SUBTIL.

Infusez du vinaigre pour retirer sa substance volatile, et sa teinture. Faites filtrer l'eau dans le verre E; mettez le tout dans l'œuf philosophique[1]; bouchez-le bien, et suspendez-le dans le bain[2].

FACE, de dedans.

Je vais exécuter tout cela, monsieur.

SURLY.

Quel beau langage! Il ressemble au chant nasillard des puritains.

SUBTIL.

J'ai un autre œuvre que vous n'avez jamais vu, mon fils, qui depuis trois jours subit la roue philosophale, à la lente chaleur d'Athanor[3], et est devenu le sulfure de nature.

MAMMON.

Mais est-ce pour moi?

SUBTIL.

A quoi bon? Vous en avez assez de ce qui est fait.

---

1. *Ovum philosophicum*, l'œuf philosophique : on appelait ainsi le vase dans lequel on plaçait les matières qui devaient servir à l'opération du grand œuvre.

2. *Balneo*. Lorsque la chaleur est communiquée au vase contenant l'objet que l'on veut distiller, soit par de l'eau chaude ou du sable bouillant; on appelait cela le bain d'eau, le bain de sable, simplement le bain, ou le bain-marie.

3. *Athanor* est furnus compositus arcano philosophorum lapidi elaborando calorem, ubi ignis ad vas non pertingit, convenientem tribuens.

LEXICON ALCHEMIÆ.

MAMMON.

Cependant...

SUBTIL.

Mais c'est de la cupidité!

MAMMON.

Non, je vous jure que c'est pour employer le tout à de pieux usages, à fonder des colléges et des écoles de grammaire, à marier de jeunes vierges, à bâtir des hôpitaux, et, de temps à autre, une église.

(Face rentre.)

SUBTIL.

Eh bien?

FACE.

Ne dois-je pas changer le filtre?

SUBTIL.

En effet, changez-le, et dites-moi quelle est la teinture du verre B. (Face sort.)

MAMMON.

Avez-vous donc autre chose?

SUBTIL.

Oui, mon fils. Si j'étais certain que votre piété fût ferme, nous ne manquerions pas de moyens de la glorifier; mais certain ou non, je me plais à le croire. — J'ai l'intention de teindre C à la chaleur du sable, demain, et de lui donner une imbibition [1].

MAMMON.

D'huile blanche?

SUBTIL.

Non, d'huile rouge. F est arrivé, Dieu soit loué, à

---

[1]. *Imbibitio* est ablutio, quando liquor corpori adjunctus elevatur, et exitum non inveniens in corpus recidit.

LEXICON ALCHEMIÆ.

la partie supérieure de la retorte [1] dans le bain-marie, et nous donne le *lac virginis* [2]. Le ciel en soit béni! Je vous ai envoyé une partie des sédiments calcinés ; et de ce calcaire, j'ai pu tirer le sel de mercure.

MAMMON.

En y versant votre eau rectifiée?

SUBTIL.

Oui, et le réverbérant dans Athanor [3]. (A Face qui rentre.) Eh bien! que dit la couleur?

FACE.

Le fond est noir.

MAMMON.

C'est votre tête de corbeau?

SURLY, à part.

Ou d'imbécile.

SUBTIL.

Non, ce n'est pas parfait. Je voudrais bien que ce fût le corbeau. Cette œuvre manque par quelque chose.

SURLY, à part.

Oh! j'attendais cela. — Les filets sont placés au trou du terrier.

SUBTIL.

Êtes-vous sûr d'avoir délayé les dissolvants dans leur propre menstrue [4].

---

1. *La retorte, le matras, le pélican;* formes diverses de vases à l'usage des alchimistes.

2. *Lac Virginis,* le lait de la Vierge : le blanc pur.

3. *Athanor,* ou maison *du poulet des sages,* vase principal. — *Le réverbérant dans Athanor,* c'est-à-dire, le mettant à un feu dont la flamme redescend de la voûte du vase sur le fond.

4. *Menstrue,* vase où l'on mettait les dissolvants dont la mission est d'extraire par infusion ou décoction les vertus des ingrédients employés, on appelait aussi les dissolvants, *menstrues.*

FACE.

Oui, monsieur, et là je les ai mariés, et les ai mis dans le matras, préparé pour la digestion, comme vous me l'avez ordonné lorsque je versai la liqueur de Mars à la même chaleur.

SUBTIL.

Le procédé était juste alors.

FACE.

Oui, mais monsieur, la retorte s'est brisée, et ce qu'on en a pu réserver a été mis dans le pélican, et sous le sceau d'Hermès [1].

SUBTIL.

Cela devait arriver; il nous faut un nouvel amalgame.

SURLY, à part.

Oh! le furet est dans le trou du lapin [2].

SUBTIL.

Mais je ne m'en inquiète pas; que le reste périsse; nous en avons assez en embryon. Il a sa robe blanche?

FACE.

Oui, monsieur, il est mûr pour l'incération [3]. Il se tient chaud dans sa cendre. Je ne voudrais pas vous voir laisser quoi que ce soit périr, si j'ose vous le conseiller, monsieur, pour l'heureuse réussite du reste; ce n'est pas de bon augure.

---

1. Sous le *sceau d'Hermès,* c'est-à-dire fermé *hermétiquement,* de façon qu'il ne puisse s'en échapper le moindre esprit subtil. On chauffait le cou du pélican, et on tordait le verre incandescent.

2. Surly appelle Face un furet; le pauvre lapin est Mammon.

3. Inceratio est mixtio humoris cum re sicca per combibitionem lentam ad consistentiam ceræ remollitæ.

LEXICON ALCHEMIÆ.

MAMMON.

Il a raison.

SURLY, à part.

Le voilà poussé dans le filet par le furet.

FACE.

Je le sais, quant à moi, j'ai connu la mauvaise fortune. Qu'est-ce que c'est que trois onces de nouveaux matériaux?

MAMMON.

N'en faut-il pas davantage?

FACE.

Non, monsieur, pas plus de trois onces d'or pour l'amalgamer avec six de mercure.

MAMMON.

Allons! voilà des pièces d'or. Combien en faut-il?

FACE.

Demandez-le lui, monsieur.

SUBTIL.

Donnez-lui neuf livres. Oh! vous pouvez lui en donner dix.

SURLY, à part.

Et même vingt pour ne les plus revoir.

MAMMON.

Les voici. (Il donne les pièces d'or.)

SUBTIL.

Ce n'était pas indispensable, mais vous l'avez voulu pour voir le tout accompli; car deux portions de nos travaux inférieurs en sont au fixé; une troisième est en ascension. — Allez à votre ouvrage. Avez-vous mis l'huile de lune *in kemia?*

FACE.

Oui, monsieur.

SURLY, à part.

Nous allons avoir une salade.

MAMMON.

Quand faites-vous la projection?

SUBTIL.

Mon fils, ne soyez pas si pressé; je quintessencie notre élixir en le suspendant *in balneo vaporoso*, et en le faisant *soluble*. Ensuite je le congèle, puis je le dissous encore pour le congéler de nouveau, car remarquez qu'autant de fois je réitère ces opérations, autant de vertus rares je lui ajoute. Ainsi, supposant qu'une once convertisse cent parties, après une deuxième opération, elle en convertira mille, et à la troisième, mille fois mille onces de n'importe quel métal imparfait, en un pur métal d'or ou d'argent aussi pur après tout examen que celui qui sort des mines naturelles. Apportez ce soir toutes vos matières, votre bronze, votre étain, vos chenets.

MAMMON.

Mais non pas les chenets en fer?

SUBTIL.

Vous pouvez les apporter aussi; nous transmuerons tous les métaux.

SURLY.

Est-ce que vous croyez cela?

MAMMON.

Je puis donc envoyer aussi les broches?

SUBTIL.

Et vos grilles.

SURLY.

Et ses lèchefrites, et ses crémaillères avec les crampons, n'est-il pas vrai?

SUBTIL.

Tout ce qu'il lui plaira.

SURLY.

Pour n'être ensuite qu'un âne.

SUBTIL.

Comment, monsieur ?

MAMMON.

Vous devez supporter patiemment ses paroles, monsieur ; je vous ai dit qu'il n'avait pas la foi.

SURLY.

Ni la foi, ni l'espérance, et encore moins la charité, ne voulant pas qu'on me dupe.

SUBTIL.

Que voyez-vous dans notre science qui vous semble impossible ?

SURLY.

Mais tout, rien de plus. Croirai-je que vous ferez éclore de l'or dans vos fourneaux comme on fait éclore des œufs en Égypte.

SUBTIL.

Croyez-vous, monsieur, que l'on réussisse à faire éclore des œufs ?

SURLY.

Si l'on m'y forçait.

SUBTIL.

Je crois que ce serait un miracle plus grand que le nôtre. Il n'y a pas d'œuf qui ne diffère plus d'un poulet qu'un métal ne diffère d'un autre métal.

SURLY.

Cela ne peut être ; l'œuf est destiné à cette fin par la nature. L'œuf est un poulet *in potentia*.

SUBTIL.

Nous prétendons la même chose de chaque métal vis-à-vis d'un autre, et tous seraient de l'or s'ils en avaient eu le temps.

MAMMON.

Et c'est là ce que notre science doit obtenir.

SUBTIL.

Oui, car il serait absurde de croire que la nature ait créé l'or parfait, instantanément; quelque chose l'a précédé; il y a eu une matière préexistante.

SURLY.

Et quelle est-elle?

MAMMON.

Oh! voilà que cela chauffe; tenez ferme, bon père, réduisez-le en poussière.

SUBTIL.

C'est, d'une part, une exhalation humide que nous appelons *materia liquida* ou l'eau onctueuse; d'autre part, une certaine crasse, une portion vicieuse de terre; lesquelles, étant toutes deux incorporées, forment la matière élémentaire de l'or. Elle n'est pas cependant encore *propria materia*, étant commune à tous les métaux; car, là où elle est abandonnée de cette humidité, elle s'affermit par la sécheresse et devient *pierre*; quand elle garde une plus grande portion de cette graisse humide, elle se change en sulfure ou en vif-argent, qui sont les parents de tous les autres métaux. Remarquez que cette matière première ne peut pas soudainement faire, d'un extrême à l'autre, de tels progrès qu'elle puisse franchir tous les intermédiaires et devenir de l'or. La nature commence par produire l'imparfait, et elle marche ensuite vers son perfectionnement. De cette eau pleine d'air et huileuse, s'engendre le mercure; de la partie grasse et terreuse, s'engendre le sulfure. Celui-ci suppléant le rôle de mâle, l'autre celui de femelle dans la création de tous les métaux. Il est quelques savants qui les croient hermaphrodites, et prétendent qu'ils opèrent alternativement. Quoi qu'il en soit, ces deux nouveaux venus rendent le reste ductile, malléable, extensible. Ils sont même dans l'or; car, au moyen du feu, nous retrouvons des parcelles dans les quelles il y a de l'or. C'est ce qui peut rendre par le même moyen chaque métal plus parfait que ne l'a créé la nature. D'ailleurs qui ne sait que, dans la pratique journalière, la science peut, d'un fumier ou d'une carcasse, engendrer des abeilles, des frelons, des escarbots, des guêpes; et même des scorpions, d'une herbe habilement traitée : ce sont là pourtant des créatures vivantes infiniment plus achevées que les métaux.

MAMMON.

Bien dit, mon père! — S'il vous prend une fois dans un argument, monsieur, il vous broiera comme dans un mortier.

SURLY.

Un instant, monsieur. Plutôt que d'être broyé, j'aime mieux croire que l'alchimie est une espèce de jeu charmant, comme sont les tours de cartes, pour subtiliser un homme.

SUBTIL.

Monsieur!

SURLY.

Qu'est-ce autre chose que tous vos termes sur les définitions desquels aucun de vos écrivains n'est d'accord ; votre élixir, votre *lac virginis,* votre pierre, votre grande médecine, votre chrysosperme, votre sel, votre sulfure, votre mercure, votre huile d'altitude, votre arbre de vie, votre sang, votre marcassite, votre calamine, votre magnésie, votre crapaud, votre coq, votre dragon et votre panthère, votre soleil, votre lune, votre firmament, votre adrop, votre azoch, votre lato, votre zernich, chibrit, heautarit [1], et ensuite votre homme rouge, et votre femme blanche, avec tous vos bouillons, vos menstrues, vos matières d'urine, de coquilles d'œufs, de règles de femmes, de sang d'homme, de cheveux, de torchons brûlés, de craie, d'excréments, d'argile, de poudre d'os, d'écailles de fer, de verre, et cette multitude d'autres ingrédients étranges qu'on ne pourrait nommer sans crever à la peine.

SUBTIL.

Tous ces termes, monsieur, ont leur but ; nos écrivains enveloppent leur science d'obscurité.

MAMMON.

C'est ce que je lui disais, afin qu'un simple idiot ne puisse pas l'apprendre et la rendre vulgaire.

SUBTIL.

Toutes les connaissances des savants égyptiens sont écrites en hiéroglyphes. Les livres saints ne parlent-ils pas souvent en paraboles? Les meilleures fables de nos poëtes, qui ont été les sources de la sagesse, ne sont-elles pas enveloppées d'allégories voilées?

MAMMON.

C'est ce que je disais ; Sisyphe ne fut condamné à

---

1. *Adrop*, lazulite ; *azoch*, safran ; *lato*, cuivre blanc ; *zernich*, orpiment ; *chibrit* et *heautarit*, variété de noms pour le mercure, etc.

rouler éternellement sa roche que parce qu'il avait voulu vulgariser la pierre philosophale. (Dol apparaît à la porte, vêtue en grande dame.) Que vois-je?

SUBTIL.

Sang précieux! (A Dol.) Que désirez-vous? Permettez-moi de vous prier d'entrer, madame. — (Il lui montre un appartement intérieur.) (Dol se retire.) — Où est ce valet?

FACE, rentrant.

Monsieur?

SUBTIL.

Est-ce ainsi que vous me servez, maraud?

FACE.

Qu'y a-t-il, monsieur?

SUBTIL.

Entrez là, et voyez vous-même, traître. Allez. (Face sort.)

MAMMON.

Qu'est-ce donc, monsieur?

SUBTIL.

Rien, monsieur, rien.

MAMMON.

Voyons, qu'y a-t-il? Je ne vous ai jamais vu aussi troublé; qu'y a-t-il?

SUBTIL, à Surly.

Toutes les sciences, monsieur, ont eu leurs adversaires, mais la nôtre a contre elle les plus ignorants. (Face rentre.) — Eh bien?

FACE.

Ce n'est pas ma faute, monsieur; elle voulait vous parler.

SUBTIL.

Elle veut me parler? Suis-moi. (Il sort.)

MAMMON, à Face.

Arrête, cher Soufflet.

FACE.

Je n'ose pas, monsieur.

MAMMON.

Je te le commande, arrête. Quelle est cette femme?

FACE.

La sœur d'un lord, monsieur.

MAMMON.

Explique-toi, je te prie.

FACE.

Elle est folle, monsieur, et son frère nous l'a envoyée ; il serait fou furieux aussi s'il savait...

MAMMON.

Je te protégerai contre lui. Pourquoi l'envoie-t-il ?

FACE.

Pour la faire guérir.

SUBTIL, de dedans.

Eh bien, maraud.

FACE.

Vous entendez ! — Me voici, monsieur.

MAMMON.

Pardieu, cette femme est belle ; c'est une véritable Rhadamanthe !

SURLY.

Pardieu ! cette maison est un bordel ! Je veux qu'on me brûle si cela n'est pas.

MAMMON.

Oh ! non, par la lumière qui nous éclaire ! ne l'injuriez pas. Il est trop scrupuleux de ce côté; c'est même un vice chez lui. Non, non, rendez-lui plus de justice; c'est un rare docteur, un excellent paracelsien, qui a fait des cures extraordinaires avec des médecines minérales; il a un commerce avec les esprits; Il ne veut entendre parler ni de Galien ni de ses odieuses recettes. (Face rentre.) Eh bien, Face?

FACE.

Parlez doucement, monsieur, parlez bas; je pensais avoir tout dit à Votre Seigneurie : ce gentilhomme ne doit pas nous écouter.

MAMMON.

Non; d'ailleurs il craint d'être dupé. Laissons-le tranquille.

FACE, bas à Mammon.

Vous avez bien raison, monsieur. — C'est une savante de l'espèce la plus rare, et elle est devenue folle en étudiant les ouvrages de Broughton[1]. Si vous lui dites un seul mot sur les Hébreux, elle tombe dans un accès, et raisonnera si savamment des généalogies que vous en deviendrez fou vous-même, en l'écoutant.

MAMMON.

Comment faire pour avoir une entrevue avec cette femme, Soufflet?

FACE.

Je ne sais pas; mais j'en connais qui sont sortis tout à fait insensés d'une conférence avec elle; j'ai été envoyé ici en toute hâte pour chercher une fiole.

SURLY.

Bon Mammon, ne vous laissez pas duper.

MAMMON.

En quoi? Prenez donc patience, je vous prie.

---

1. Voir la note précédente, page 53.

SURLY.

Oui, comme vous, n'est-ce pas? Il faut se fier à ces voleurs confédérés, à ces ruffians, à ces catins?

MAMMON.

Vous êtes trop grossier, vraiment. — Ulen, approche-toi, un mot.

FACE.

En vérité, je n'ose pas.

MAMMON.

Allons, reste maraud, je te l'ordonne.

FACE.

Le patron est furieux de ce que vous l'avez vue, monsieur.

MAMMON, lui donnant de l'argent.

Voici pour boire. Que devient-elle lorsqu'elle sort de ses accès?

FACE.

Oh! la créature la plus affable! si gaie! si plaisante! Elle vous fera monter comme du vif-argent et circuler comme de l'huile... la séve du printemps! Elle raisonne sur la politique ou sur les mathématiques, ou sur des choses obscènes s'il le faut, sur tout enfin.

MAMMON.

N'est-elle pas accessible par quelque côté? N'y a-t-il pas quelque moyen ou quelque ruse pour avoir un avant goût de son esprit et du reste.

SUBTIL, de dedans.

Ulen.

FACE.

Je retourne vers vous, monsieur. (Il sort.)

MAMMON.

Surly, je ne pensais pas qu'un homme de votre

éducation se permît de calomnier des personnes honorables.

SURLY.

Sir Épicure, mon amitié est à votre service; cependant elle persiste à ne vouloir pas être dupe; je n'aime pas vos maquerelles philosophes. Leur pierre philosophale a assez de pouvoir pour attirer de l'argent sans cette amorce nouvelle.

MAMMON.

En vérité, vous vous trompez; je connais la dame et ses parents, et l'origine du malheur qui lui est arrivé; son frère m'a tout raconté.

SURLY.

Et cependant vous ne l'aviez pas vue jusqu'à présent.

MAMMON.

Si fait, mais je l'avais oublié. J'ai, croyez-le, la mémoire la plus perfide qu'il y eut jamais au monde.

SURLY.

Comment appelez-vous son frère?

MAMMON.

Mylord... mais il ne veut pas qu'on sache son nom, maintenant je me le rappelle.

SURLY.

Oh! perfide mémoire!

MAMMON.

En vérité!

SURLY.

Enfin, si vous ne vous le rappelez pas, ce sera pour une autre fois quand nous nous reverrons.

MAMMON.

Je vous le jure; c'est un homme que j'honore et dont je respecte la famille.

SURLY.

Sur mon âme, comment peut-il se faire qu'un homme grave, riche, qui n'a pas de besoins, un homme sage autrefois, se fasse des raisonnements et des serments solennels pour se duper lui-même. Si c'est là votre élixir, votre *lapis mineralis*, votre *lunary*, je leur préfère une honnête tricherie au *primero* ou au brelan. Gardez votre *lutum sapientis*, votre *menstruum simplex*, j'aurai, moi, de l'or avant vous, moins le danger d'aspirer du vif-argent et du sulfure.

FACE, rentrant, à Surly.

Quelqu'un vous demande de la part du capitaine Face, monsieur. Il désire vous rencontrer à *Temple-Church* dans une demi-heure d'ici et pour une affaire sérieuse. — (Bas à Mammon.) Monsieur, s'il vous plaît de nous quitter et de revenir dans deux heures, vous verrez mon maître occupé à l'accomplissement de notre œuvre, et je vous introduirai là où vous pourrez converser avec milady. (A Surly.) Monsieur, puis-je répondre que vous vous rendrez à l'invitation de Sa Seigneurie, le capitaine ?

SURLY, en se retirant.

Oui. (A part.) Mais je me ferai représenter par un autre moi-même et dans un autre but. Maintenant je suis sûr que cette maison est une maison de prostitution ; je le jurerais, quand bien même le prévôt serait ici pour me remercier. Le nom de ce capitaine me le confirme bien. Don Face ! c'est le marchand le plus authentique de ces denrées, le superintendant de tous ces dignes trafiquants de Londres. C'est lui le rendeur de visites, le donneur de rendez-vous ; c'est lui qui décide avec qui l'on doit coucher, à quelle heure, à quel prix; quelle fraise, quelle robe on portera et quelle chemise. Je veux le mettre à l'épreuve par une tierce personne, afin de découvrir toutes les subtilités de ce noir labyrinthe. Si je réussis, cher monsieur Mammon, vous donnerez à votre pauvre ami, bien qu'il ne soit pas philosophe, la permission de rire; car c'est vous, je pense, qui devrez pleurer.

FACE.

Il vous prie de ne pas oublier...

SURLY.

Je n'aurai garde, monsieur. — Sir Épicure, il faut que je vous quitte. (Il sort.)

MAMMON.

Je vous suis à l'instant.

FACE.

Ne le faites, monsieur, que pour éviter tout soupçon. Ce gentilhomme a l'humeur dangereuse.

MAMMON.

Mais toi, Ulen, tiendras-tu ta promesse?

FACE.

Aussi sûr que j'existe.

MAMMON.

Sauras-tu insinuer mes qualités, faire mon éloge et dire que je suis un noble gentilhomme?

FACE.

Comment dire autrement? Et j'ajouterai que vous la ferez reine, au moyen de votre pierre philosophale, même impératrice, et vous, roi de Bentham.

MAMMON.

Lui diras-tu cela?

FACE.

Oui, monsieur.

MAMMON.

Soufflet, mon cher Soufflet, je t'aime.

FACE.

Envoyez votre mobilier, afin que mon maître puisse s'occuper de la transmutation.

MAMMON.

Oh! coquin, tu m'as ensorcelé. Tiens, prends. (Il lui donne de l'argent.)

FACE.

Vos tournebroches aussi; tout enfin, monsieur.

MAMMON.

Tu es un gredin. J'enverrai mon tournebroche et les poids aussi. Coquin, je te mordrais l'oreille. Va-t'en, tu n'as pas d'attention pour moi.

FACE.

Moi? monsieur.

MAMMON.

J'étais né, ma chère belette, pour te faire asseoir sur un fauteuil d'antichambre, avec une chaîne d'or autour du cou, et pour te faire aller de pair avec les laquais des lords les plus huppés.

FACE.

Partez, monsieur.

MAMMON.

Un comte, même un comte palatin...

FACE.

Cher monsieur, partez.

MAMMON.

Ne te ferait pas monter ni si haut ni si vite. (Il sort.)

(Subtil et Dol Common rentrent.)

SUBTIL.

A-t-il mordu à l'hameçon?

FACE.

Il l'a avalé aussi, mon cher Subtil. Je lui ai donné de la ficelle, et maintenant il joue avec elle.

SUBTIL.

Et nous finirons par le tirer à nous.

FACE.

Par les deux ouïes. Une fille est une rare amorce, qui n'est pas plutôt avalée que le poisson joue de la queue comme un insensé.

SUBTIL.

Dol, sœur de lord What'ts'hums, il faut maintenant vous comporter majestueusement.

DOL COMMON.

Laissez-moi faire. Je vous garantis que je n'oublierai pas ma race. Je tiendrai mon rang. Je rirai et parlerai haut; je saurai imiter toutes les finesses d'une lady orgueilleuse et pleine de malice, et je serai aussi grossière que sa femme de chambre.

FACE.

Bien dit, brave fille.

SUBTIL.

Mais enverra-t-il ses chenets?

FACE.

Oui, et sa broche aussi, et son chausse-pied en fer; c'est convenu; — mais je ne dois pas perdre de vue l'autre, notre rusé joueur.

SUBTIL.

Oh! monsieur Caution qui ne veut pas être dupe?

FACE.

Oui, lui-même. Si je peux lui faire avaler un bon hameçon à Temple-Church ; c'est là que j'ai jeté ma ligne. — Priez pour moi. J'y vais. (On frappe.)

SUBTIL.

Encore des goujons, Dol ; va à la découverte. (Dol s'approche de la fenêtre.) Attends ; Face, allez à la porte. Plaise à Dieu que ce soit mon anabaptiste ! — Qui est-ce, Dol ?

DOL COMMON.

Je ne le connais pas. Il a l'air d'un orfévre ambulant qui vend des bijoux d'or brisés.

SUBTIL.

Diantre, alors c'est lui ; l'autre m'a dit qu'il enverrait je ne sais qui, pour acheter la broche et les chenets de Mammon. Fais-le entrer. Attends, aide-moi à ôter ma robe. Va-t'en. (Face sort avec la robe.) — (A Dol.) Madame, retirez-vous dans votre chambre. (Dol sort.) Maintenant il me faut un nouveau ton, d'autres façons et le même langage.—Ce garçon m'est envoyé de la part d'un individu qui négocie avec moi à propos de la pierre philosophale pour les saints frères d'Amsterdam, les saints exilés ; ils espèrent relever leur secte, grâce à elle. Il faut que je le traite d'une manière extraordinaire pour qu'il me tienne en haute estime. (Haut.) Où est mon valet ?

(Ananias entre.)

FACE, rentrant.

Monsieur !

SUBTIL.

Emportez le récipient, purgez votre menstrue de ses flegmes ; ensuite répandez-la au soleil dans la cucurbite, et laissez le tout macérer ensemble.

FACE.

Oui, monsieur. Mettrai-je de côté la terre?

SUBTIL.

Non. *Terra damnata* ne doit pas e trer dans l'œuvre. — Qui êtes-vous?

ANANIAS.

Un fidèle frère, ne vous déplaise.

SUBTIL.

Qui êtes-vous? Un Lullianiste? un Ripley [1]? *Filius artis?* Savez-vous sublimer, édulcorer, calciner? connaissez-vous la saveur pontique, la saveur styptique, et distinguez-vous ce qui est homogène de ce qui est hétérogène.

ANANIAS.

Je n'entends aucun langage païen.

SUBTIL.

Païen! vous n'êtes qu'un Knipper-doling [2]. L'*ars sacra*, ou *chrysopeia*, ou *spagyrica*, ou la science *panphysique*, ou la science *panarchique*, est-ce là un langage païen?

ANANIAS.

Le grec est païen, je le maintiens.

SUBTIL.

Comment, le grec est païen?

ANANIAS.

Tout langage est païen, excepté l'hébreu.

---

1. A Lullianist, un élève de Raymond Lulle; George Ripley était chanoine de Bridlington dans le Yorkshire, et vivait dans le XVe siècle; il était adepte de l'art et a composé un poëme sur l'alchimie.

2. Knipper-doling était un fougueux anabaptiste de Munster, en Allemagne.

SUBTIL, à Face.

Maraud, avancez ici, et parlez-lui comme un philosophe. Répondez-lui dans le langage de la philosophie; nommez-lui les vexations, les martyrisations des métaux dans notre œuvre.

FACE.

Monsieur; putréfaction, solution, ablution, sublimation, cohobation, calcination, cération et fixation.

SUBTIL.

Est-ce là du grec païen? Et quand vient la vivification?

FACE.

Après la mortification.

SUBTIL.

Qu'est-ce que la cohobation?

FACE.

C'est l'action de verser l'*aqua regis*, et de l'attirer vers le cercle trinaire des sept sphères.

SUBTIL.

Quelle est la passion particulière des métaux?

FACE.

La malléation.

SUBTIL.

Qu'est-ce que votre *ultimum supplicium auri*?

FACE.

L'antimoine.

SUBTIL.

Dites-donc, vous, est-ce là du grec païen? — Qu'est-ce que c'est que le mercure?

FACE.

Un fugitif qui veut toujours partir, monsieur.

SUBTIL.

A quoi le reconnaissez-vous ?

FACE.

A sa viscosité, à son état huileux, à sa susceptibilité.

SUBTIL.

Comment le sublimez-vous ?

FACE.

Avec des coquilles d'œufs, du marbre blanc, du talc.

SUBTIL.

Et votre *magisterium* maintenant, qu'est-ce que c'est ?

FACE.

La métamorphose des éléments, le sec en froid, le froid en humide, l'humide en chaud, le chaud e sec.

SUBTIL.

Dites-donc, vous, est-ce là du grec païen ? — Enfin, qu'est-ce que la pierre philosophale ?

FACE.

C'est une pierre et ce n'est pas une pierre; un esprit, une âme et un corps; si vous le dissolvez, il est dissous; si vous le coagulez, il est coagulé; si vous le forcez à voler, il vole.

SUBTIL.

Assez. (Face sort.) Est-ce là du grec païen, monsieur ? Qui êtes-vous, monsieur ?

ANANIAS.

Ne vous déplaise, monsieur; je suis un serviteur des frères exilés; nous trafiquons des meubles appartenant aux veuves et aux orphelins, et nous en rendons un juste compte aux saints. Je suis un diacre.

SUBTIL.

Oh ! vous êtes l'envoyé de maître Wholesome, votre instructeur.

ANANIAS.

De Tribulation Wholesome, notre très-zélé pasteur.

SUBTIL.

C'est bon. J'attends justement le mobilier de quelques orphelins.

ANANIAS.

De quelle espèce est-il ?

SUBTIL.

C'est de l'étain et du cuivre, des chenets, des ustensiles de cuisine, des métaux sur lesquels nous devons faire l'épreuve de notre élixir. Mais, là dedans, les frères peuvent faire un choix contre de l'argent comptant.

ANANIAS.

Les parents de ces orphelins étaient-ils de sincères professeurs de la foi ?

SUBTIL.

Pourquoi demandez-vous cela ?

ANANIAS.

Parce que, dans ce cas, nous traiterions au plus juste et donnerions le prix le plus élevé.

SUBTIL.

Tandis qu'autrement, c'est-à-dire si les parents n'étaient pas de vos fidèles, vous les duperiez ; mais, maintenant que j'y pense, je ne me fierai pas à vous jusqu'à ce que j'aie parlé à votre pasteur. Avez-vous apporté de l'argent pour acheter plus de charbon ?

ANANIAS.

Non, certainement.

SUBTIL.

Non! et pourquoi?

ANANIAS.

Les frères m'ont commandé de vous dire, monsieur, qu'ils ne veulent plus aventurer d'argent jusqu'à ce qu'ils aient vu la *projection.*

SUBTIL.

Comment cela?

ANANIAS.

Vous avez eu pour les instruments, fourneaux, briques et vitres, déjà trente livres; et pour les matériaux, dit-on, encore quatre-vingt-dix; et ils ont entendu dire, depuis, qu'il y a un individu à Heidelberg, qui n'a eu besoin que d'un œuf, et plein un petit cornet de limaille d'épingles.

SUBTIL.

Quel est votre nom?

ANANIAS.

Mon nom est Ananias.

SUBTIL.

Hors d'ici, le maraud qui dupe les apôtres; hors d'ici, hors de devant moi, fuis, méchant! votre saint consistoire n'avait-il pas à m'adresser un nom qui résonnât autrement que celui d'Ananias? Envoyez vos anciens ici pour expier promptement le choix qu'on a fait de vous, et pour me donner satisfaction; ou bien je mets le feu aux poudres; alors adieu les alambics, le fourneau *piger henricus*, et le reste. Misérable! dites-leur que les teintures rouges, les teintures noires disparaîtront. Ils perdront tout espoir de déraciner les évêques, et l'hiérarchie antichrétienne, s'ils tardent de soixante minutes. Les matières aqueuses, terreuses et sulfureuses iront au diable; tout sera annulé, Ananias maudit! (Ananias sort.) Ceci va me les amener promptement, et ils se hâteront de se jeter dans la gueule du loup. Un homme doit agir comme une grossière nourrice et effrayer les enfants rétifs, pour les mettre en meilleur appétit.

(Face rentre en uniforme, suivi de Drugger.)

FACE.

Le voilà, il est occupé avec les esprits; mais nous l'interromprons.

SUBTIL.

Eh bien, qu'est-ce? Quels compagnons, quels Bayards[1] avons-nous ici?

FACE.

Je vous avais bien dit qu'il serait furieux. — Monsieur, voici Nab qui vous apporte une autre pièce d'or pour que vous fassiez attention à lui. — Il faut que nous l'apaisions, donnez-moi la pièce d'or, — et il vous prie de vouloir bien lui trouver... — Qu'est-ce que c'est, Nab?

DRUGGER.

Une enseigne, monsieur.

FACE.

Oui, et une heureuse enseigne, une enseigne de réussite, docteur.

SUBTIL.

J'étais en train d'y songer.

FACE.

Diable; mais ne parlez pas ainsi, il se repentirait de vous avoir donné davantage; — que dites-vous, docteur, de sa constellation, la balance?

1. Bayardo est le cheval de Roland, dans l'Arioste.

SUBTIL.

Non, ce titre est vulgaire, commun; un homme né sous le taureau prend le taureau ou la tête de bœuf pour enseigne; celui qui est né sous le bélier prend le bélier, mais ce sont de pauvres enseignes; non, je veux son nom transformé en caractères mystiques dont les rayons, venant frapper les regards des passants, enfantent, par une influence virtuelle, une puissante attraction, qui ait un résultat favorable pour le propriétaire dudit nom. Ainsi...

FACE.

Écoute, Nab.

SUBTIL.

Nous aurons A-bel, c'est-à-dire Abel; et un personnage se tenant à côté, dont le nom sera D, habillé de drap à poil *dru*, c'est-à-dire *drug*; et juste à côté de l'homme, un chien qui grogne en l'air, R. Nous aurons donc Abel Drugger. Voilà son enseigne, à la fois mystérieuse et hiéroglyphique.

FACE.

Abel, te voilà content!

DRUGGER.

Monsieur, je remercie Votre Seigneurie.

FACE.

Tu aurais six genoux pour t'agenouiller, qu'ils ne suffiraient pas, Nab. — Docteur, il vous a apporté une pipe de tabac.

DRUGGER.

Oui, monsieur. J'ai une autre chose encore à vous communiquer.

FACE.

Dis-la, Nab.

DRUGGER.

Monsieur. Auprès de moi est logée une veuve jeune et riche.

FACE.

Oh! oh! *bona roba?*

DRUGGER.

Dix-neuf ans au plus.

FACE.

C'est très-bien, Abel.

DRUGGER.

A la vérité, elle n'est pas encore mise à la mode. Elle porte bien une coiffe, mais qui se tient en cône sur sa tête.

FACE.

Il n'importe pas.

DRUGGER.

De temps en temps, je lui donne un pot de fard.

FACE.

Tu en fais donc commerce, Nab?

SUBTIL.

Je vous l'avais bien dit, capitaine.

DRUGGER.

Et des remèdes aussi quelquefois, monsieur. Pour cette raison, monsieur, elle a grande confiance en moi. Elle est venue ici pour apprendre la mode.

FACE.

Bien, et pour avoir un mari. — Continue, Nab.

DRUGGER.

Et elle désire extrêmement qu'on lui dise sa bonne fortune.

FACE.

Eh bien, Nab, envoie-la ici voir le docteur.

DRUGGER.

Oh! je lui ai déjà parlé de Sa Seigneurie; mais elle craint que cela ne se sache dans le monde, et ne l'empêche de se remarier.

FACE.

L'empêcher, allons donc; cela l'aidera au contraire. Elle n'en sera que plus désirée et plus recherchée. Nab, il faut le lui dire; on la connaîtra mieux; on en parlera davantage. Les veuves n'ont jamais de valeur que lorsqu'elles sont prônées; une foule de poursuivants, voilà leur gloire! Envoie-la, Nab; cela peut faire ton bonheur. Quoi donc! on ne sait pas...

DRUGGER.

Oh! non, monsieur. Elle n'épousera jamais qu'un chevalier pour le moins. Son frère a fait un vœu.

FACE.

Comment? Tu désespères, mon petit Nab; ne sais-tu pas ce que le docteur a prophétisé sur toi, et ne vois-tu pas tous les jours des gens de la Cité annoblis. Un verre de ton urine envoyée à certaine sorcière que je connais suffirait pour en faire autant de toi, Nab. — Qu'est-ce que c'est que son frère, un chevalier?

DRUGGER.

Non, monsieur. C'est un gentleman, tout chaud entré dans la possession de sa terre, tout frais encore dans ses vingt et un ans; il gouverne ici sa sœur. Il est lui-même un homme de trois mille livres par an, il est venu pour apprendre à se quereller, et à vivre aux frais de son esprit; puis il s'en retournera dans sa campagne et y mourra.

FACE.

Comment? pour apprendre à se quereller?

DRUGGER.

Oui, monsieur, pour entamer des querelles comme font les galants, et les conduire à bonne fin.

FACE.

Diable; mais alors, Nab, le docteur est le seul homme qui lui convienne. Il a fait une table de démonstrations mathématiques sur l'art des querelles. Allons, amène-les tous les deux, la sœur et le frère. Pour tes projets sur elle, le bon docteur peut t'aider. Va. — Tu donneras à Sa Seigneurie un habillement neuf en damas pour les préliminaires.

SUBTIL.

Oh! bon capitaine.

FACE.

Il le fera ; c'est le plus honnête garçon de la terre, docteur. (A Drugger.) N'attends pas, ne fais point de conditions préalables ; apporte l'étoffe, en amenant les deux parties.

DRUGGER.

Je ferai ce que je pourrai, monsieur.

FACE.

Tu n'as qu'à le vouloir, Nab.

SUBTIL.

Ma foi ! ce tabac est fort bon. Que coûte-t-il l'once?

FACE.

Il vous en enverra une livre, docteur.

SUBTIL.

Oh! non.

FACE.

Il le fera, vous dis-je ; c'est la meilleure âme. — Abel, à l'œuvre! tu en sauras davantage plus tard.

Allons, pars. (Abel sort.) Le pauvre diable vit de fromage, et il a des vers! C'était la véritable cause de son retour; il m'avait parlé en particulier pour obtenir un remède...

SUBTIL.

On le lui donnera, monsieur. — Cela marche.

FACE.

Une femme! une femme pour l'un de nous, mon cher Subtil. Nous la tirerons au sort; celui, qui ne l'aura pas, aura de plus en biens meubles ce que l'autre devra avoir en *bien-fonds*.

SUBTIL.

Il en aura peut-être d'autant moins, si l'*immeuble* est si léger qu'il ait besoin d'un contre-poids.

FACE.

Ou si lourd qu'il faille la totalité pour aider à le porter.

SUBTIL.

Enfin, voyons-la d'abord; nous déciderons ensuite.

FACE.

Parfait; mais n'en soufflons pas mot à Dol.

SUBTIL.

Silence. Allez trouver Surly; entortillez-le.

FACE.

Dieu veuille que je n'aie pas trop tardé.

SUBTIL.

Je le crains. (Ils sortent.)

ACTE III.

SCÈNE PREMIÈRE.

La ruelle devant la maison de Lovewit.

TRIBULATION WHOLESOME et ANANIAS.

TRIBULATION.

Ces accidents arrivent communément aux saints, et de pareilles rebuffades, nous autres *de la séparation,* nous devons les supporter volontairement sur nos humbles épaules, comme des épreuves envoyées pour tenter notre fragilité.

ANANIAS.

Je le déclare dans la sincérité de mon zèle, je n'aime pas cet homme; il est païen et parle, en vérité, le langage de Chanaan.

TRIBULATION.

Je le regarde aussi comme un profane.

ANANIAS.

Il porte sur le front les marques visibles de la bête, et quant à sa pierre, c'est une œuvre de ténèbres qui aveugle les yeux de l'homme au moyen de la philosophie.

TRIBULATION.

Mon bon frère, nous devons nous prêter à tous les moyens qui peuvent faire progresser la sainte cause.

ANANIAS.

Celui-ci ne peut être employé à ce but, la sainte cause ne doit admettre que des moyens sanctifiés.

TRIBULATION.

Ce n'est pas toujours nécessaire; les enfants de perdition deviennent souvent les instruments de grandes œuvres. En outre, nous devons pardonner quelque chose à la nature de l'individu, à la place où il vit, toujours au milieu du feu, et dans la fumée des métaux qui enivre le cerveau de l'homme et le rend prompt à la colère. Où trouvez-vous de plus grands athées que parmi les cuisiniers? des gens plus profanes et plus colères que les verriers, de plus antichrétiens que les fondeurs de cloches? Qu'est-ce qui rend, je vous le demande, Satan, notre ennemi commun, si diabolique, si ce n'est son éternelle occupation à tisonner le feu et à faire bouillir le soufre et l'arsenic? Nous devons, je vous le répète, considérer les causes qui excitent les humeurs dans le sang. Quand l'œuvre sera terminée, lorsque la pierre sera faite, il peut arriver que cette chaleur se change en zèle pieux et devienne, pour notre belle et sainte discipline, une arme contre les monstrueuses guenilles de Rome. Vous avez eu tort de lui jeter à la tête, comme un reproche, les efforts bénis des frères d'Heidelberg, et vous auriez dû réfléchir au besoin que nous avons de hâter le grand œuvre pour le rétablissement des saints interdits, lequel ne peut arriver que par la pierre philosophale : c'est ce que m'a assuré un savant, un de nos aînés, un Écossais. *Aurum potabile* est la seule *médecine* qui puisse incliner les magistrats civils en faveur de la bonne cause, et nous devons en faire un usage journalier dans les maladies.

ANANIAS.

Je ne fus jamais plus édifié, en vérité, depuis que

la lumière divine est descendue sur moi, et je suis fâché que mon zèle vous ait tellement offensé.

TRIBULATION.

Allons le trouver maintenant.

ANANIAS.

La motion est bonne et inspirée par l'esprit. Je vais d'abord frapper. (Il frappe.) La paix soit céans. (La porte s'ouvre, ils entrent.)

SCÈNE II.

Une chambre dans la maison de Lovewit.

SUBTIL, suivi de TRIBULATION WHOLESOME et ANANIAS.

SUBTIL.

Ah! vous voilà; il était temps. Vos soixante minutes étaient écoulées, vous le voyez, et déjà s'était écroulé *furnus acediæ turris circulatorius* [1]; alambic, matras, retorte, pélican, tout allait être brisé, réduit en cendres. — Rebelle Ananias, te voilà donc revenu? Pourtant j'étais décidé.

TRIBULATION.

Monsieur, calmez-vous; il vient s'humilier en esprit et demander votre pardon, si trop de zèle l'a fait dévier du droit chemin.

SUBTIL.

Ceci modifie les choses.

TRIBULATION.

Les frères n'ont aucun dessein, en vérité, de vous

---

1. Turris circulatorius est vas vitrum ubi infusus liquor ascendendo et descendendo quasi in circulo rotatur.

LEXICON ALCHEMIÆ.

faire le moindre ennui. Ils sont prêts à donner volontairement les mains à tout ce que leur ordonneront *l'esprit* et vous.

SUBTIL.

Ceci modifie plus encore les choses.

TRIBULATION.

Et quant au mobilier des orphelins, faites-les évaluer; calculez aussi tout ce qui peut être utile au grand œuvre. Les saints déposent par mes mains leur bourse à vos pieds.

SUBTIL.

Ceci achève de tout modifier. Vous comprenez maintenant que les choses devaient être ainsi. Vous avais-je assez répété mes raisonnements sur la pierre philosophale et sur l'utilité dont elle pouvait être pour votre cause? Outre la quantité de troupes mercenaires que tireront des Indes les Hollandais, vos amis, au moyen de leur flotte, ne vous ai-je pas dit que le seul usage médical de la pierre devait vous créer une faction et un parti dans ce royaume? Supposez, par exemple, que quelque grand homme d'État ait la goutte, vous lui envoyez seulement trois larmes de votre élixir; vous le guérissez, et vous vous faites un ami. Un autre est paralytique ou hydropique, il prend un ou deux grains de votre matière incombustible, le voilà redevenu jeune, et vous vous êtes fait un ami. Une lady, dont le corps est usé, mais dont l'imagination ne l'est pas, et dont la figure altérée met au défi l'art des peintres, vous la rajeunissez avec l'huile de talc, et vous gagnez son amitié, non pas la sienne seulement, mais celle de toutes ses amies. Voici un lord qui a la lèpre, un chevalier qui a des rhumatismes ou un écuyer qui a les deux à la fois, vous les rendez sains et assouplissez leur peau avec une simple friction de votre médecine, et vous augmentez le nombre de vos amis.

TRIBULATION.

C'est évident.

SUBTIL.

Et l'avocat, dont vous changez l'étain en argent, le jour de la messe de Noël.

ANANIAS.

Le jour de la solennité de Noël [1], je vous prie.

SUBTIL.

Encore, Ananias.

ANANIAS.

J'ai fini.

SUBTIL.

L'avocat dont vous changez la vaisselle de vermeil en or massif sera-t-il aussi de vos amis? Oh! vous n'en manquerez pas. De plus, pouvoir mettre une armée en campagne, acheter au roi de France ses royaumes, et à l'Espagne ses provinces de l'Inde! Que ne pourrez-vous pas faire contre les souverains spirituels ou temporels qui s'opposeront à vous?

TRIBULATION.

C'est vrai, c'est bien vrai; et nous pourrons nous-mêmes, si je comprends bien, devenir des princes temporels.

SUBTIL.

Vous pourrez être tout ce que vous voudrez, et

---

[1]. *Christmass*, dit Subtil, *christ-tide*, reprend Ananias. Les dissidents avaient changé l'ancien mot, parce qu'il renfermait le mot messe dans sa composition.

renoncer à vos exercices de longue haleine, à vos *hu*, à vos *hum*, et à vos psalmodies. Je ne nie pas que, pour ceux qui ne sont pas en faveur dans un état, il ne soit nécessaire, quand il y a diversité de religion, de chanter des psalmodies pour réunir le troupeau des fidèles; car, à dire vrai, les chants nasillards réussissent auprès des femmes et des gens phlegmatiques; c'est votre cloche, à vous autres.

ANANIAS.

Les cloches sont profanes. Les psalmodies peuvent être religieuses.

SUBTIL.

Les avertissements ne vous servent à rien ! Adieu ma patience; par le ciel, je jette tout à bas; je ne veux pas être ainsi torturé.

TRIBULATION.

Je vous en prie, monsieur.

SUBTIL.

Tout est fini, je l'ai dit.

TRIBULATION.

Laissez-moi trouver grâce à vos yeux. Le voilà corrigé; son zèle ne permet les psalmodies que dans les cas où vous les admettez vous-même; on n'en aura plus besoin lorsque la pierre triomphera.

SUBTIL.

Non ! vous n'en aurez plus besoin non plus que du saint masque sous lequel vous décidez les veuves à vous faire leurs héritiers, et les femmes mariées à voler leurs maris pour la cause commune. Il ne vous faudra plus déchirer les engagements dont la date est périmée d'un jour, en prétendant qu'ils sont confisqués au nom de la Providence. Vous ne sentirez plus la nécessité de faire, la nuit, de bons et substantiels repas, afin de mieux célébrer le jeûne du jour suivant, tandis que les frères et les sœurs, dans leur humilité, mortifient leur chair; ni de jeter à vos auditeurs affamés une foule de scrupules comme des os à ronger; par exemple si un chrétien peut chasser à courre ou avec des faucons, ou si les matrones de la sainte assemblée peuvent montrer leurs cheveux, ou porter tels vêtements, ou bien mettre de l'empois à leur linge.

ANANIAS.

L'empois est une idole!

TRIBULATION.

Ne faites pas attention à ce qu'il dit, monsieur. — Je te commande, esprit de zèle, de ne pas l'interrompre et d'être en paix avec lui. — Je vous prie, monsieur, de continuer.

SUBTIL.

Et vous n'aurez plus besoin d'écrire des libelles contre les prélats, en courant le risque d'y perdre les deux oreilles et de ne pouvoir plus entendre vos prières filandreuses. Vous ne ferez plus d'imprécation contre les pièces de théâtre, pour plaire à l'alderman dont vous dévorez journellement les petits gâteaux à la crème. Vous n'aurez plus à mentir avec un zèle d'enragé, au point de vous enrouer. Non, non, plus de ces singuliers artifices! Et vous ne vous donnerez plus désormais les surnoms de *Tribulation,* de *Persécution,* de *Contrainte,* de *Longue patience,* ou autres pareils, adoptés par toute votre famille, seulement par gloriole, et pour frapper l'oreille des disciples.

TRIBULATION.

En vérité, monsieur, ce fut une invention des saints

frères, pour la propagation de la cause glorieuse, une invention notable, et grâce à laquelle ils sont devenus promptement et profitablement fameux.

SUBTIL.

C'est possible! mais avec la pierre, plus rien de tout cela; c'est inutile, plus rien! Il ne vous faut plus que la science des anges, le divin secret qui flotte dans les nuages de l'est à l'ouest, et dont la tradition ne vient pas des hommes, mais des esprits.

ANANIAS.

Je hais les traditions; je n'y ai pas confiance.

TRIBULATION.

Paix!

ANANIAS.

Elles sont toutes papistes... Je ne veux point de la paix, je n'en veux pas.

TRIBULATION.

Ananias!

ANANIAS.

Que le profane, s'il lui plaît, attaque les saints; je ne puis pas le faire.

SUBTIL.

Eh bien, Ananias, tu l'emportes.

TRIBULATION.

C'est un zèle ignorant qui le hante, monsieur; mais, excepté cela, voyez en lui un frère fidèle, un *ravaudeur*, et un homme qui par révélation a une connaissance compétente de la vérité.

SUBTIL.

A-t-il aussi une somme compétente dans son sac, pour acheter nos ustensiles qui sont là? J'en ai été nommé le gardien, et je dois, par charité, et pour ma conscience, en obtenir le plus que je pourrai pour mes pauvres orphelins; bien que je désire aussi que les frères fassent un marché avantageux. Tout est là dedans. Voyez, achetez; faites votre inventaire. Tout est prêt pour la projection; il n'y a plus rien à faire, qu'à employer *la médecine*, et vous aurez autant d'argent que vous aurez d'étain, autant d'or que vous aurez de cuivre; je vous garantis poids pour poids.

TRIBULATION.

Mais combien de temps, monsieur, les saints auront-ils encore à attendre?

SUBTIL.

Laissez-moi voir! Où en sommes-nous de la lune? Dans huit, neuf, ou dix jours d'ici, nous arriverons à l'argent potable; ensuite, trois jours avant qu'il se citronise; dans environ quinze jours, le *magisterium* sera parfait.

ANANIAS.

Vers le deuxième jour de la troisième semaine, dans le neuvième mois?

SUBTIL.

Oui, mon bon Ananias.

TRIBULATION.

A combien pensez-vous que monte le mobilier des orphelins?

SUBTIL.

A environ cent marcs; ce qu'il y a en dépôt était contenu dans trois voitures; vous en ferez six millions. — Mais il me faut encore une provision de charbon.

TRIBULATION.

Comment?

SUBTIL.

Une autre charge encore, et nous aurons fini. Il

faut que nous augmentions notre feu jusqu'à l'*ignis ardens*; nous avons passé *fimus equinus, balnei, cineris,* et tous les feux plus lents. Si cette nouvelle saignée doit mettre la *sainte* bourse un peu à sec, et si les saints avaient besoin dès à présent d'une somme, j'ai un moyen de fondre l'étain que vous allez acheter, et d'en faire, avec une teinture, d'aussi bons dollars que les meilleurs de Hollande.

TRIBULATION.

Le pouvez-vous, vraiment?

SUBTIL.

Cela vous permettrait d'attendre la troisième épreuve.

ANANIAS.

Ce sera une bonne nouvelle pour nos frères.

SUBTIL.

Mais il faudra tenir la chose secrète.

TRIBULATION.

Oui; mais attendez donc! Cette action de battre monnaie est-elle légitime?

ANANIAS.

Légitime! Nous ne reconnaissons pas de magistrats, et quand bien même nous en reconnaîtrions, c'est une monnaie étrangère.

SUBTIL.

Ce n'est pas battre monnaie; il ne s'agit que de la fondre.

TRIBULATION.

Ah! vous faites une distinction excellente : fondre la monnaie peut être permis par la loi.

ANANIAS.

C'est évident.

TRIBULATION.

C'est ainsi que je le comprends.

SUBTIL.

Vous n'avez aucun scrupule à avoir, monsieur; croyez-en Ananias; il a fort étudié ces cas de conscience.

TRIBULATION.

Je consulterai les frères là-dessus.

ANANIAS.

Les frères l'approuveront comme légitime, n'en doutez pas. Quand ferez-vous cela? (On frappe.)

SUBTIL.

Nous en parlerons plus tard. Voici quelqu'un qui veut me parler. Entrez, je vous prie, allez voir la vaisselle; voici l'inventaire; j'irai vous retrouver. (Tribulation et Ananias sortent.) Qui est-ce? Face! entre. (Face entre en uniforme.) Eh bien! as-tu fait une bonne prise?

FACE.

Au diable! ce filou constipé n'est pas venu.

SUBTIL.

Comment donc?

FACE.

J'ai fait sentinelle, et je n'ai vu personne.

SUBTIL.

Et l'en tiens-tu quitte?

FACE.

Si je l'en tiens quitte! Il serait heureux que le diable l'en tînt quitte comme moi. Par le ciel! voulez-vous que je me promène, comme l'âne du moulin, à la recherche d'un individu qui ne veut pas nous donner de grains? Je le connais de vieille date.

SUBTIL.

Cependant le duper eût été un chef-d'œuvre.

FACE.

Laisse-le aller, cher homme! Viens ici que je te donne une nouvelle toute fraîche. Un noble comte, oui, mon cher et charmant compère, oui, mon camarade pourvoyeur de bordel, un noble comte, un *Don* d'Espagne, est venu ici, mystérieusement, comme un corsaire[1]; il apporte des munitions, six grandes poches plus larges que trois vaisseaux hollandais, outre les chausses, garnies de pistoles et de pièces de huit; il sera bientôt ici, ma bonne canaille, sous le prétexte de prendre un bain dans ton établissement, pour dresser ses batteries contre notre Dorothée, qui est notre château fort, notre port, notre quai de Douvres, notre tout ce que tu voudras. Où est-elle? Il faut qu'elle prépare des parfums, du linge délicat, le bain première qualité, un banquet et son esprit, car elle doit traire cette vache à lait. — Où est la donzelle?

SUBTIL.

Je vais te l'envoyer; je cours me débarrasser de mon couple de *John Leydens,* et je reviens vers toi.

FACE.

Sont-ils donc là?

SUBTIL.

Occupés à compter l'argent.

FACE.

Combien?

---

1. Toute la phrase est à double sens : *private* et *privateer,* particulier et corsaire; *sloops* et *slopes,* sorte de navires et poches de culottes; *pistolets,* pistolets et pistoles; *pieces of eight,* pièces de huit, et doublons *de ocho,* monnaie d'or espagnole. Il continue la plaisanterie en faisant de Dol une forteresse que le corsaire vient bombarder.

SUBTIL.

Cent marcs, mon garçon. (Il sort.)

FACE.

Voici un heureux jour! Dix livres de Mammon! trois de mon clerc! un *portugais* de mon épicier, et ce que nous donnent les frères, sans compter les espérances, et ce qui doit nous revenir de la veuve et de mon comte! Je ne vendrais pas ma part d'aujourd'hui moins de quarante...

DOL COMMON, entrant.

Qu'y a-t-il?

FACE.

Livres... Bijou de Dorothée, étais-tu si près de moi?

DOL COMMON.

Oui, eh bien! lord général, où en est notre camp?

FACE.

Un petit nombre de soldats s'y est retranché et tient bon, grâce à la discipline, contre le monde entier; à l'abri derrière ses remparts, ce petit nombre rit et s'engraisse à l'idée seule du butin que lui rapportent, chaque jour, chère Dol, les petits engagements du dehors. Tout à l'heure, un vaillant Espagnol sera prisonnier de ma Dorothée, et tu pourras en tirer la rançon que tu voudras, ma douce et belle[1], on te l'amènera ici enchaîné d'avance par tes doux regards; un lit de plume sera son noir donjon, où tu le tiendras éveillé avec ton tambour. Oui, Dol, avec ton tambour, jusqu'à ce qu'il soit apprivoisé comme le sont les pauvres merles par les grands froids, et les abeilles par le bruit d'une casserole; tu le tiendras dans sa couverture en peau

---

1. *Ma Dousabel*, dit le texte, douce et belle; comme *Bonibel*, que l'on trouve plus loin, signifie bonne et belle.

de cygne et dans ses draps en batiste, comme dans une ruche, jusqu'à ce qu'il nous donne de la cire ou du miel, mon petit présent de Dieu[1].

DOL COMMON.

Qu'est-ce qu'il est cet homme-là, mon général?

FACE.

Un *adelantado*[2], un grand d'Espagne, ma fille. Dapper n'est pas encore venu?

DOL COMMON.

Non.

FACE.

Ni mon Drugger?

DOL COMMON.

Non plus.

FACE.

La peste soit d'eux! Ils sont si lambins! On ne devrait pas s'occuper de pareils gredins dans ces jours solennels. (Subtil rentre.) Eh bien! avez-vous fini?

SUBTIL.

C'est fait. La somme est en caisse, mon Face. Je voudrais avoir un autre marchand pour me racheter tout cela pour de bon.

FACE.

Pardieu! Nab le fera lorsqu'il aura épousé la veuve, il faudra bien qu'il meuble son ménage.

SUBTIL.

Excellent et bien pensé. Dieu veuille qu'il vienne!

FACE.

Je voudrais qu'il ne vînt que lorsque notre nouvelle affaire sera terminée.

---

1. Allusion à son nom de Dorothée et à sa signification grecque.
2. Gouverneur de province.

SUBTIL.

Mais, Face, comment as-tu fait la connaisance de ce mystérieux Espagnol?

FACE.

Un esprit me l'a recommandé par ce billet que j'ai reçu, quand je faisais ma *conjuration* pour attirer Surly. J'ai mes espions dehors. Votre établissement de bains est fameux, Subtil, grâce à moi. — Chère Dorothée, il te faut accorder ton *virginal* [1]; ne perds pas de temps; que tes baisers soient serrés comme des coquilles; flatte-le par ta maîtresse langue. Sa Grandeur ne connaît pas un mot de notre anglais, il n'en sera que plus aisé à duper, ma Dolly; il va venir ici mystérieusement dans une voiture de louage, avec notre propre cocher pour guide, personne autre. (On frappe.) Qui est-ce? (Dorothée sort.)

SUBTIL.

C'est lui peut-être?

FACE.

Non, ce n'est pas encore l'heure. (Dorothée rentre.)

SUBTIL.

Qui est-ce?

DOL COMMON.

Dapper, votre clerc.

FACE.

Alors, *présent de Dieu*, reine des fées, allez revêtir votre attirail. (Dol sort.) Et vous, docteur, à vos robes. Dépêchons la besogne, je vous prie.

---

[1]. Espèce d'instrument ainsi nommé parce qu'il était principalement joué par les jeunes filles. Son nom s'emploie souvent à double entente dans les vieux auteurs.

SUBTIL.

Ce sera long.

FACE.

Je vous garantis que si vous jouez votre rôle comme je l'ai tracé, vous aurez bientôt fini. (Il va à la fenêtre.) Diable! encore du monde! C'est Abel, je crois, et l'héritier, l'enfant rageur[1] qui cherche les querelles.

SUBTIL.

Et la veuve?

FACE.

Non, autant que je puis voir; allez-vous-en. (Subtil sort, Dapper entre.) Oh! monsieur, vous êtes le bienvenu; le docteur est là dedans, occupé à votre affaire; j'ai eu la plus grande peine à le décider. — Il jure que vous allez être le favori des dés, il n'a jamais vu Son Altesse la reine aussi éprise; votre tante vous envoie les plus gracieux compliments du monde.

DAPPER.

Verrai-je Sa Grâce?

FACE.

Vous la verrez et l'embrasserez aussi.

(Abel entre suivi de Kastril.)

Eh bien, honnête Nab, as-tu apporté le damas?

ABEL.

Non, monsieur; mais voici le tabac.

FACE.

C'est bien, Nab; mais tu apporteras aussi le damas?

---

1. On appelait également *angry boys* et *terrible boys* les jeunes tapageurs du temps.

DRUGGER.

Oui. Capitaine, voici le gentilhomme, monsieur Kastril. Je l'ai amené pour qu'il vît le docteur.

FACE.

Oh! est-ce pour cela? A la bonne heure. Vous vous appelez Kastril, monsieur?

KASTRIL.

Oui, et le meilleur des Kastril, je serais fâché qu'il en fût autrement; j'ai quinze cents livres de revenu. Où est le docteur? Ce fou de marchand de tabac me parle de lui comme sachant beaucoup de choses. A-t-il quelque habileté?

FACE.

A quoi, monsieur?

KASTRIL.

A engager une affaire d'honneur, à conduire une querelle de la bonne manière.

FACE.

Il faut, monsieur, que vous soyez bien jeune et bien récemment arrivé dans cette ville, pour me faire une pareille question.

KASTRIL.

Pas assez jeune, monsieur, pour n'avoir pas entendu parler des enfants rageurs, et pour ne pas les avoir déjà vus fumer leur tabac, même dans la boutique de Nab [1]. Et moi aussi je fume; mais je voudrais

---

1. Nous verrons, dans la pièce de *Every one out of his humour*, un de ces marchands de tabac, le cav. Shift, professer l'art de fumer avec tous ses mystères. Leurs boutiques étaient le rendez-vous des *terrible boys*, apprentis ou adeptes. Le tabac était récemment importé. La science de fumer s'est tellement vulgarisée, que nos marchands actuels ont perdu cette branche de leur industrie.

achever mon éducation, faire aussi bien que le meilleur d'entre eux, pour aller pratiquer à la campagne.

FACE.

Monsieur, pour ce qui concerne le *duello*, je vous certifie que le docteur vous apprendra tout jusqu'à l'épaisseur d'un cheveu ; il vous montrera un instrument de son invention avec lequel vous n'aurez pas plutôt fait mention d'une querelle, qu'il en prendra immédiatement la hauteur, et vous dira le degré de sécurité ou le degré de mortalité qui peuvent se trouver en elle, et la manière dont on devra la conduire, soit dans la ligne droite, soit dans le demi-cercle, et comment elle peut se dessiner en angle obtus et en angle aigu. Il démontrera tout cela, comme aussi les règles pour donner ou recevoir les démentis.

KASTRIL.

Comment, pour recevoir les démentis ?

FACE.

Oui, la façon oblique ou demi-circulaire, mais jamais par diamètre[1]. Toute la ville étudie ses théorèmes et les commente dans les académies où l'on mange.

KASTRIL.

Mais apprend-il aussi à vivre de son esprit ?

FACE.

Cela et tout le reste. Vous ne pouvez penser à une subtilité, qu'il ne la connaisse. Il m'a fait capitaine ;

---

1. Diamètre, c'est-à-dire le mensonge direct, les autres sont accidentels. Shakspeare, dans sa comédie d'*As you like it*, emploie les mêmes termes. Fletcher aussi se moque comme ces deux poëtes, des étranges conversations des duellistes. Le premier cite un traité qui est de Vincentio Saviolo, sur l'honneur et sur les affaires d'honneur.

je n'étais qu'un gueux robuste, à peu près dans votre position, avant que je ne l'eusse rencontré, il y a environ deux mois. Je vais vous dire sa méthode. D'abord il vous fera entrer dans une pension.

KASTRIL.

Quant à moi, je n'y entrerai pas, pardonnez-moi.

FACE.

Pourquoi, monsieur ?

KASTRIL.

On y joue et on y triche.

FACE.

Quoi donc ! Voudriez-vous devenir un galant et ne pas jouer ?

KASTRIL.

Cela ruine un homme.

FACE.

Vous ruiner ? C'est le jeu qui rétablira votre fortune quand vous serez ruiné; ce sont là les talents qui font vivre un homme, quand même il aurait dissipé six fois ce que vous avez.

KASTRIL.

Quoi ! trois mille livres par an ?

FACE.

Oui, même quarante mille.

KASTRIL.

Y en a-t-il qui arrivent là ?

FACE.

Oui, monsieur, et ce sont les plus galants. Ce gentilhomme, que voici (désignant Dapper.), est né avec moins que rien, quarante marcs par an, ce que j'appelle rien; il va être initié et obtiendra du docteur un démon familier. Eh bien ! il vous gagnera par une chance irrésistible, et en quinze jours, de quoi acheter une baronnie. Les jours de Noël, on le mettra à la meilleure place, près des porteurs, et, dans tout le reste de l'année, à quelque représentation que ce soit, on lui présentera le fauteuil d'honneur, le meilleur service, la meilleure boisson ; quelquefois deux verres de Canarie, et sans rien payer ; le linge le plus blanc, le couteau le mieux aiguisé, toujours une perdrix devant son assiette, et quelque part, en secret, un lit moelleux avec un autre genre de friandise. Vous verrez toutes les tables d'hôte se le disputer comme les théâtres se disputent un poëte, et le maître du lieu lui demander tout haut, en l'appelant par son nom, quel est le plat qu'il préfère, lequel sera sans doute des crevettes au beurre ; enfin ceux qui ne boivent à la santé de personne boiront à la sienne, en le reconnaissant comme l'honorable président de la table.

KASTRIL.

Vous ne vous moquez pas de moi ?

FACE.

Sur ma vie, pouvez-vous le croire ? Un pauvre capitaine à la retraite, qui a tout juste assez de crédit pour avoir d'un gantier et d'un éperonnier des éperons et des gants, n'a qu'à traiter avec le docteur, et il arrivera, comme en poste, aux moyens de s'entretenir lui, sa maîtresse et son laquais sans livrée, dans la fashion la plus étourdissante, à l'admiration de tous.

KASTRIL.

Ce docteur enseigne-t-il tout cela ?

FACE.

Il fera plus, monsieur. Un jour viendra où vos domaines se seront envolés, car les gens d'esprit haïssent de garder longtemps la terre qu'ils possèdent; alors, pendant les vacances [1], lorsqu'il y a peu d'argent en circulation et que les *tables d'hôte* sont suspendues jusqu'à la réouverture des tribunaux, il vous montrera en perspective, d'un côté les personnes des jeunes héritiers dont les billets circulent contre des marchandises, d'un autre côté les marchands ou autres individus qui, sans le secours d'un second brocanteur qui voudrait une part du bénéfice, se chargent à eux seuls de la négociation; en troisième lieu, la rue elle-même où sont logées les denrées qui attendent qu'on les livre, telles que du poivre, du savon, du houblon, du tabac, de la farine d'avoine, du pastel ou des fromages, toutes marchandises dont vous pouvez traiter, dont vous pouvez vous servir à votre usage, sans en avoir d'obligation à personne [2].

KASTRIL.

En vérité, est-ce un homme aussi capable?

FACE.

Parbleu! Nab, ici, le connaît. De plus, pour procurer des maris aux veuves riches, aux jeunes bourgeoises ou aux héritières, c'est l'homme du monde le mieux doué. On vient le chercher de loin ou de près, de tous les coins de l'Angleterre, pour avoir ses conseils et savoir sa bonne aventure.

1. On appelait *vacation* les époques où les tribunaux n'étaient pas ouverts et *terms* le temps de leur durée; il y avait quatre *terms* : *hilary term*, le premier, du 23 janvier au 25 février; le deuxième, *easter term*, commençait dix-huit jours après Pâques et finissait le lundi après l'Ascension; le troisième, *trinity term*, commençait le vendredi après la Trinité et durait quinze jours; le quatrième, *Michaelmas term*, commençait le 6 novembre jusqu'au 28.

2. On voit que la méthode des usuriers est une vieille tradition.

KASTRIL.

Par la volonté de Dieu, ma sœur le verra.

FACE.

Je vais vous dire, monsieur, ce qu'il m'a dit de Nab; c'est une chose extraordinaire. — (S'interrompant.) Je vous le dirai en passant, Nab, vous ne devez pas manger de fromage; le fromage engendre la mélancolie, et la mélancolie engendre les vers; mais laissons cela. — Il m'a dit que l'honnête Nab n'était allé à la taverne qu'une seule fois dans sa vie.

DRUGGER.

C'est la vérité.

FACE.

Et, ce jour-là, il fut si malade...

DRUGGER.

Comment, il vous l'a dit aussi?

FACE.

Comment le saurais-je sans cela?

DRUGGER.

C'est la vérité; nous avions été tirer de l'arc, et nous eûmes, à souper, un plat de mouton, qui pesa si lourdement sur mon estomac...

FACE.

De plus, il n'a pas une tête à supporter le vin; joignez à cela le bruit des violons, et l'inquiétude de sa boutique; car il n'ose pas avoir de serviteur pour la garder en son absence.

DRUGGER.

Ma tête me faisait si mal!

FACE.

Le docteur me dit qu'il fallut l'emporter chez lui; et alors une bonne vieille femme...

DRUGGER.

Oui, c'est vrai; elle demeure dans la ruelle de *Sea-Coal*; elle me soigna avec de la bière bouillie, et de la pariétaire; cela ne me coûta que deux pences. J'ai encore eu une autre maladie plus grave que celle-là.

FACE.

Oui, ce fut d'avoir été taxé à dix-huit pences pour l'aqueduc[1].

DRUGGER.

En vérité, je fus malade à en perdre la vie.

FACE.

Tu en perdis les cheveux.

DRUGGER.

Oui, monsieur; ce fut fait par malice.

FACE.

C'est ce que dit aussi le docteur.

KASTRIL.

Je t'en prie, marchand de tabac; va chercher ma sœur; je veux voir ce savant homme avant de m'en aller, et elle le verra aussi.

FACE.

Monsieur, le docteur est occupé maintenant; mais si vous avez une sœur à faire venir ici, peut-être gagneriez-vous du temps en l'amenant vous-même, et d'ici à votre retour, le docteur sera libre.

KASTRIL.

J'y vais. (Il sort.)

FACE.

Drugger, elle est à toi; va chercher le damas; (Abel

---

1. Un nouvel aqueduc venait d'être construit pour l'approvisionnement de Londres, et avait donné lieu à une taxe.

sort.) (A part.) Subtil et moi, nous nous la disputerons. (Haut.) — Allons, monsieur Dapper, vous voyez comme j'expédie mes clients à cause de vous; avez-vous accompli toutes les cérémonies que je vous ai prescrites?

DAPPER.

Oui, monsieur. Le vinaigre, et la chemise blanche.

FACE.

C'est bien! cette chemise vous fera plus d'honneur que vous ne pensez. Votre tante, bien qu'elle ne veuille pas le dire, brûle de vous voir. Avez-vous pensé aux serviteurs de Sa Grâce?

DAPPER.

Oui, voici cent vingt shellings d'Édouard.

FACE.

Bien.

DAPPER.

Et un souverain du vieil Henry.

FACE.

Très-bien.

DAPPER.

Et trois shellings de Jacques, et quatre pences d'Élisabeth; en tout vingt *nobles*[1].

FACE.

Oh! Vous comptez trop juste; vous auriez dû ajouter un autre *noble*, en pièces du temps de Marie.

---

1. Le noble valait six shellings et huit pences chaque, et vingt nobles équivalaient à six livres sterling treize shellings et quatre pences, juste le montant des diverses pièces dont il a donné les noms. Comme elles portaient les noms d'Henri VIII, d'Édouard, d'Élisabeth et de Jacques, il avait oublié le règne de *Marie* qui n'était pas représenté par une pièce de monnaie; c'est ce que lui dit Face, à la ligne suivante.

DAPPER.

J'ai bien encore quelques pièces de Philippe et de Marie.

FACE.

Ce sont les meilleures de toutes; où sont-elles? Mais écoutez, voici le docteur.

(Subtil entre, déguisé en prêtre des fées, avec une bande de toile.)

SUBTIL, contrefaisant sa voix.

Le neveu de Sa Grâce est-il arrivé?

FACE.

Il est ici.

SUBTIL.

Est-il à jeun?

FACE.

Oui.

SUBTIL.

A-t-il crié *hum?*

FACE, à Dapper.

Vous devez répondre : trois fois.

DAPPER.

Trois fois.

SUBTIL.

Et aussi souvent *buz?*

FACE, à Dapper.

Si vous l'avez fait, dites-le.

DAPPER.

Je l'ai fait.

SUBTIL.

Alors il est en règle; sa noble tante, la reine des fées, dans l'espoir qu'il a vinaigré ses sens, comme on le lui a ordonné, lui donne, par mes mains, cette robe, la jupe de la fortune! Elle exige qu'il la mette immédiatement. La reine ajoute que si sa jupe touche à la fortune, sa propre chemise en est plus près encore. Aussi lui envoie-t-elle un morceau qui en fut déchiré jadis pour l'emmaillotter, lorsqu'il était enfant; elle le prie maintenant de le porter comme un bandeau sur ses yeux, et de le recevoir avec autant d'amour qu'elle en a eu à le déchirer pour lui. (On lui bande les yeux.) Pour prouver qu'il sent tout son bonheur, et qu'il a pleine confiance dans l'intention qu'elle a de l'enrichir, il doit jeter toutes les richesses mondaines qu'il peut avoir sur lui. Elle ne doute pas qu'il exécute sa volonté.

FACE.

Oh! elle ne doit pas en douter, monsieur. — Hélas! il n'a rien dont il ne sera ravi de se débarrasser, sur l'ordre de Sa Grâce. (A Dapper.) — Jetez votre bourse, comme elle le demande, votre mouchoir aussi; tout. (Dapper fait ce qu'on lui ordonne.) Elle n'a qu'à commander pour qu'il obéisse. — (A Dapper.) Si vous avez une bague, jetez-la; si vous avez un cachet en argent suspendu à votre poignet, jetez-le. Sa Grâce va envoyer ses fées pour vous fouiller; agissez donc sincèrement vis-à-vis de Son Altesse. Si elles trouvent que vous ayez caché la moindre chose, c'est fait de vous.

DAPPER.

J'ai vraiment tout jeté.

FACE

Qu'avez-vous jeté?

DAPPER.

Mon argent.

FACE.

Ne gardez rien sur vous qui ait de la valeur? (A part,

à Subtil.) Ordonne à Dol de faire de la musique. (Dol joue du sistre dans l'intérieur.) Écoutez, voici les fées qui viennent vous pincer; si vous ne dites pas la vérité, prenez garde. (Subtil et Face le pincent alternativement.)

DAPPER.

Oh! j'ai dans un papier une pièce d'or d'Édouard IV.

FACE.

Ti, ti. — Elles disent qu'elles le savaient bien.

SUBTIL, le fouillant.

Ti, ti, ti, ti. — Il y a autre chose.

FACE.

Ti, ti, ti, ti. (A Subtil.) Dans l'autre poche.

SUBTIL.

Ti, ti, ti, ti, ti. — Elles disent qu'elles vont le pincer encore, sans quoi il n'avouera pas.

DAPPER.

Oh! oh!

FACE.

Arrêtez-vous, je vous prie; c'est le neveu de Sa Grâce. — *Ti, ti, ti?* — Que voulez-vous donc? Croyez à sa bonne foi. (A Dapper.) Soyez franc, monsieur; faites honte aux fées; prouvez-leur que vous êtes innocent.

DAPPER.

Par la lumière du ciel, je n'ai plus rien!

SUBTIL.

Ti, tido, ti, tido, tida. — Il équivoque, il jure par la lumière, et il n'y voit goutte.

DAPPER.

Par l'obscurité qui nous entoure, je n'ai rien qu'une demi-couronne dans ma ceinture, laquelle me fut donnée par ma maîtresse; et un cœur en plomb, que je porte depuis qu'elle m'a trahi.

FACE.

Je croyais que c'était quelque chose qui en valait la peine. Voulez-vous encourir le déplaisir de votre tante pour de pareilles misères? Il faudrait jeter vingt demi-couronnes plutôt qu'une ; — donnez celle-ci, et gardez le cœur de plomb.

(Dol entre précipitamment.)

SUBTIL.

Eh bien! qu'y a-t-il?

DOL COMMON, bas à Subtil et à Face.

Voici votre chevalier, sir Mammon.

FACE.

Diantre! nous n'y pensions plus; où est-il?

DOL COMMON.

Là, tout près ; à la porte.

SUBTIL.

Et vous n'êtes pas encore prêts; Dol, préparez à Face ses habits de valet; (Dol sort) il ne faut pas renvoyer Mammon.

FACE.

Oh! sous aucun prétexte ; mais qu'allons-nous faire de cet oison-ci, maintenant qu'il est à la broche ?

SUBTIL.

Inventons quelque ruse pour le mettre un moment de côté! (Dol rentre.) *Ti, ti, ti, ti, ti...* — est-ce que Sa Grâce voudrait me parler? — A notre aide, Dol. (On frappe.)

FACE, à travers le trou de la serrure.

Qui est-là? Ah! Monsieur Épicure, mon maître est sur notre chemin ; ayez l'obligeance de faire deux ou trois tours, jusqu'à ce qu'il ait le dos tourné; alors je serai à vous. — Dépêche-toi, Dol.

SUBTIL.

Monsieur Dapper, Sa Grâce se recommande tout particulièrement à vous, et vous fait ses adieux.

DAPPER.

Je désire voir Sa Grâce.

SUBTIL.

Elle est maintenant à dîner dans son lit et elle vous a envoyé de sa propre table une souris grillée, et un morceau de pain d'épice, pour vous rendre joyeux, et pour faire prendre patience à votre estomac, de peur que le jeûne ne vous fasse du mal; cependant si vous pouvez tenir jusqu'à ce qu'elle vous voie, il n'en serait que mieux pour vous.

FACE.

Monsieur, il tiendra, il résistera, quand ce serait encore pendant deux heures, pour l'amour de Son Altesse. Je vous garantis cela. Nous ne voulons pas perdre le fruit de tout ce que nous avons fait.

SUBTIL.

Il ne verra personne, il ne parlera à qui que ce soit, d'ici-là.

FACE.

Pour nous en assurer, nous allons lui mettre un bâillon.

SUBTIL.

Lequel?

FACE.

Un morceau de pain d'épice; mesurez-le à sa bouche; celui qui a été si loin dans les bonnes grâces de Son Altesse ne peut pas reculer pour si peu. (On lui met du pain d'épice dans la bouche.)

SUBTIL.

Et maintenant où allons-nous l'enfermer?

DOL COMMON.

Dans les privés.

SUBTIL.

Venez avec moi, monsieur, je vais maintenant vous montrer les appartements secrets de la fortune.

FACE.

Sont-ils parfumés? son bain est-il prêt?

SUBTIL.

Oui, seulement les émanations sont un peu fortes.

FACE, parlant à travers le trou de la serrure.

Sir Épicure, je suis à vous dans un instant. (Ils sortent avec Dapper.)

ACTE IV.

SCÈNE PREMIÈRE.

Une chambre dans la maison de Lovewit.

FACE et SIR ÉPICURE MAMMON.

FACE.

Oh! monsieur, vous venez on ne peut plus à propos.

MAMMON.

Où est le maître?

FACE.

Préparant tout pour la projection; dans un bref délai, tous vos ustensiles se métamorphoseront.

MAMMON.

En or?

FACE.

En or et en argent, monsieur.

MAMMON.

Je me soucie peu de l'argent.

FACE.

Oh! si, monsieur..., pour donner aux mendiants.

MAMMON.

Où est la dame?

FACE.

Tout près. Je lui ai dit mille bonnes choses de vous, de votre bonté et de votre noble esprit.

MAMMON.

Vraiment?

FACE.

Le désir qu'elle a de vous voir lui donne la fièvre; mais, monsieur, qu'il ne soit pas question de la théologie dans votre conversation, sous peine de la jeter dans un accès!

MAMMON.

Je te le garantis.

FACE.

Six hommes, monsieur, n'en viendraient pas à bout; alors le vieux vous entendrait et n'aurait qu'à vous voir...

MAMMON.

Ne crains rien.

FACE.

La maison elle-même en deviendrait enragée. Vous savez comme il est rempli de scrupules[1], comme il est violent à propos de la moindre apparence de péché.

1. Voir la note précédente, page 420.

Elle supporte, comme je vous l'ai dit, qu'on lui parle de physique, de mathématiques, de poésie, de politique et même de choses gaillardes; elle ne s'en émouvra pas; mais pas un mot de controverse.

MAMMON.

Je suis stylé, bon Ulen...

FACE.

Vous devez louer sa famille, rappelez-vous-le, et la noblesse de sa race.

MAMMON.

Fie-t'en à moi; ni antiquaire, ni héraut d'armes n'en savent à cet égard plus long que moi. Va.

FACE, à part.

Ce m'est encore une sorte de bonheur imprévu, de voir Dol Common prise pour une grande lady. (Il sort.)

MAMMON.

Maintenant, Épicure, relève la tête, parle lui un langage d'or, fais en pleuvoir sur elle autant d'ondées que Jupiter sur sa Danaé; prouve que le dieu de l'Olympe n'était qu'un avare en comparaison de Mammon. Bah! la pierre philosophale fera ce miracle. Elle sentira de l'or, goûtera de l'or, entendra de l'or, dormira dans l'or, nous devrons *concumbere* dans l'or; je serai puissant et omnipotent dans mon langage avec elle. (Face rentre avec Dorothée richement vêtue.) Mais la voici.

FACE, à Dol.

A l'œuvre, et trais-le. (Haut.) Voici le noble chevalier dont j'ai parlé à Votre Seigneurie.

MAMMON.

Avec votre permission, madame, je baiserai le bas de votre robe.

DOL COMMON.

Je serais incivile de le permettre ; voici mes lèvres, monsieur.

MAMMON.

J'espère que mylord votre frère est en bonne santé, lady.

DOL COMMON.

Mon frère est un lord, monsieur, mais je ne suis pas une lady.

FACE, à part.

Bien trouvé, mon bel oiseau de Guinée.

MAMMON.

Très-noble dame.

FACE, à part.

Oh ! nous allons voir une idolâtrie sans exemple.

MAMMON.

C'est une prérogative qui vous revient de droit.

DOL COMMON.

C'est votre courtoisie qui parle.

MAMMON.

Si vos vertus ne parlaient pas assez haut, vos seules réponses trahiraient votre éducation et votre sang.

DOL COMMON.

Je n'ai point à m'enorgueillir de mon sang, monsieur, moi, la fille d'un pauvre baron.

MAMMON.

Pauvre ! et il vous a engendrée ? Ah ! point de profanation ! Si votre père, après cet acte, se fût endormi pour le reste de ses jours, il en eût fait assez pour rendre noble, lui-même, sa fille et sa postérité.

DOL COMMON.

Monsieur, bien qu'on puisse dire que nous n'avons

ni les bijoux d'or ni les riches atours qui composent d'ordinaire la garde-robe de l'honneur, nous nous efforçons d'en conserver, dans nos cœurs, la semence et la matière.

MAMMON.

Je vois que cet antique ingrédient, la vertu, ne perd rien chez vous à n'être pas mélangé avec la drogue de l'or. J'aperçois une singulière noblesse dans votre œil, dans votre menton, dans votre lèvre! Vous ressemblez aux princes de l'Autriche.

FACE, à part.

Cela doit être! son père était un marchand de pommes irlandais.

MAMMON.

La maison de Valois avait le même nez, et les Médicis de Florence se vantent d'un front pareil.

DOL COMMON.

Il est vrai que l'on m'a quelquefois comparée à ces princes.

FACE.

Et moi aussi je l'ai entendu dire.

MAMMON.

Je ne sais comment cela se fait! Vous n'êtes aucun de ces princes en totalité, mais vous avez fait un choix dans leurs traits.

FACE, à part.

Je m'en vais pour rire à mon aise. (Il sort.)

MAMMON.

Il y a là une touche, un air, une flamme qui annoncent une divinité plutôt qu'une beauté de ce monde.

DOL COMMON.

Oh! vous parlez en courtisan.

MAMMON.

Chère lady, permettez à votre admirateur...

DOL COMMON.

De se moquer de moi? Je ne puis vous le permettre.

MAMMON.

Permettez-moi de me brûler à cette douce flamme; le phénix ne connut jamais une plus noble mort.

DOL COMMON.

Vos compliments de cour renversent l'édifice de votre bon vouloir. Cet artifice de paroles met en question votre sincérité.

MAMMON.

Par mon âme!

DOL COMMON.

Les serments sont faits de l'air du ciel, monsieur.

MAMMON.

Jamais la nature n'a donné à une mortelle des traits plus harmonieux et plus irréprochables; pour toutes les autres femmes elle n'a été qu'une marâtre. Douce madame, laissez-moi vous demander en particulier...

DOL COMMON.

En particulier? Monsieur, je vous prie de garder votre distance.

MAMMON.

Ne le prenez pas dans le mauvais sens, douce lady. Je veux seulement vous demander comment vos grâces surhumaines passent les heures de l'existence. Je vous vois dans la maison d'un homme rare, d'un excellent artiste; mais qu'est-ce que cela pour vous?

DOL COMMON.

Je vis ici, c'est vrai; mais j'étudie l'astrologie et la chimie.

MAMMON.

Ah! je vous demande pardon. Cet homme est un divin maître. Il peut, par son art, extraire l'âme de toute chose, évoquer dans son modeste fourneau les vertus et les miracles du soleil, enseigner à la nature stupide les forces qu'elle renferme en elle-même. C'est un homme que l'empereur a recherché plus que Kelly[1]; il lui a envoyé des médailles et des chaînes pour l'inviter à sa cour.

DOL COMMON.

Et quant à son art pour la médecine, monsieur...

MAMMON.

Il dépasse celui d'Esculape, qui s'attira l'envie de Jupiter Tonnant! Je sais tout cela, et plus encore.

DOL COMMON.

Eh bien! monsieur, ce sont ces études contemplatives de la nature qui m'enchaînent.

MAMMON.

C'est une noble occupation; mais ce beau corps n'a pas été créé pour un but si obscur. Si vous étiez nouée, laide, ou sortie d'un moule grossier, un cloître aurait pu vous convenir; mais avec de pareils traits, qui feraient la gloire d'un royaume, vivre en recluse! c'est un vrai solécisme, même quand ce serait dans un couvent! Cela ne doit pas être. Je m'étonne que mylord, votre frère, le permette. Si j'étais lui, vous auriez au-

---

1. Édouard Kelly, connu aussi sous le nom de Talbot, né à Worcester, dans le milieu du XVIe siècle, se vanta audacieusement d'avoir la pierre philosophale. Il voyagea avec Dee dans toute l'Allemagne, et fut retenu par l'empereur Rodolphe II à Prague, pour lui apprendre le secret de faire de l'or : sa fraude découverte, il fut jeté en prison et mourut en voulant s'échapper.

paravant dépensé la moitié de ma fortune. (Il lui montre sa bague.) Ce diamant ne figure-t-il pas mieux à ce doigt que dans la carrière?

DOL COMMON.

Oui.

MAMMON.

Eh bien! vous lui ressemblez. Vous avez été créée, lady, pour la lumière. Prenez cette bague. (Offrant sa bague.), portez-la, acceptez-la comme un gage de la vérité de ce que je vous dis, et pour vous lier à ma parole.

DOL COMMON.

Par une chaîne de diamants?

MAMMON.

Oui, la plus forte des chaînes. Apprenez aussi ce secret: vous avez en ce moment près de vous l'homme le plus fortuné de la terre.

DOL COMMON.

Vous avez donc l'objet de vos désirs, monsieur?

MAMMON.

Oui, je serai pour les rois un objet d'envie, et de crainte pour les empires.

DOL COMMON.

Dites-vous la vérité, sir Épicure?

MAMMON.

Oui, et tu en auras la preuve, ma glorieuse enfant. J'ai jeté mes yeux sur ta beauté, et cette beauté, je l'exalterai au-dessus de toutes choses.

DOL COMMON.

Vous ne voulez pas me tromper, monsieur?

MAMMON.

Non, loin de toi ce soupçon. Je suis le lord de la pierre philosophale, et tu en es la lady.

DOL COMMON.

Quoi? monsieur, la possédez-vous?

MAMMON.

Je suis maître du grand *magisterium*. Aujourd'hui le bon vieillard de cette maison a fait pour moi le grand œuvre; il en est à la projection. Songe donc au premier vœu que tu as à faire; exprime-le, et tu verras tomber dans ton giron, non pas une pluie, non pas des torrents, mais des cataractes, un déluge d'or.

DOL COMMON.

Vous vous plaisez, monsieur, à spéculer sur l'ambition de notre sexe.

MAMMON.

Je désire que, vous, la gloire de la terre, vous sachiez que ce coin obscur de Blackfriars n'est pas le climat sous lequel vous devez vivre, dans l'étude de la chimie et de la médecine, pour soigner la femme d'un constable dans le comté d'Essex. Il faut que vous sortiez, que vous respiriez l'air des palais, que vous buviez et que vous mangiez le fruit que les empiriques ont conquis par leur art : la teinture de perle, d'or, de corail et d'ambre! Il faut que l'on vous voie dans les fêtes et les triomphes. Il faut qu'on se demande, en vous voyant : Quelle est cette merveille? Il faut que tous les regards de la cour, concentrés comme en un miroir brûlant, se réduisent en cendres, quand les joyaux de vingt royaumes orneront votre personne, quand vous aurez reçu votre splendeur du sein des étoiles! Il faut que les reines pâlissent, lorsque votre nom sera prononcé, et qu'à la vue de notre amour on oublie la Poppée de Néron! Voilà ce que je veux et ce que nous obtiendrons.

DOL COMMON.

J'y consentirais volontiers, monsieur; mais comment cela peut-il se faire dans une monarchie? Le souverain en aura bientôt connaissance; il vous saisira, vous et votre *Pierre :* une pareille richesse convenant peu à un simple sujet.

MAMMON.

Peut-être, s'il la connaissait.

DOL COMMON.

Mais vous vous en vantez vous-même, monsieur.

MAMMON.

A toi seule, ma vie.

DOL COMMON.

Oh! prenez garde, monsieur! Il pourrait arriver, si vous en parliez, que l'on vous mît dans une affreuse prison pour le restant de vos jours.

MAMMON.

Ce n'est pas en effet une crainte chimérique. Nous nous en irons donc, ma fille, vivre dans un état libre où nous pourrons manger nos mulets arrosés des vins les meilleurs, et nos œufs de faisans, et nos coquillages bouillis dans des coquilles d'argent, et nos crevettes qui nageront, comme si elles vivaient, dans le beurre admirable fait avec le lait des dauphins, aux couleurs de l'opale; ces mets délicats nous disposeront aux voluptés, et quand nos corps seront fatigués, une goutte de notre élixir nous rendra notre jeunesse et notre force, et nous assurera une éternité de vie et de plaisirs. Ta garde-robe sera plus riche que celle de la nature, et dans ton orgueil tu te transformeras plus souvent qu'elle-même, et plus souvent que l'art son rival et son serviteur.

(Face rentre.)

FACE.

Monsieur, vous parlez trop haut; j'entends dans le laboratoire toutes vos paroles; cherchez une place plus favorable, le jardin ou la grande chambre du premier étage. — Comment la trouvez-vous?

MAMMON.

Oh! parfaite, mon Soufflet. — Tiens! (Il lui donne de l'argent.)

FACE.

Mais entendez-moi bien, cher monsieur. Pas un mot des rabbins.

MAMMON.

Nous n'y pensons pas.

FACE.

Alors, c'est bien, monsieur. (Mammon et Dol sortent. — Subtil entre.) Subtil, est-ce que tu ne ris pas?

SUBTIL.

Si fait; sont-ils partis?

FACE.

La place est claire.

SUBTIL.

La veuve est arrivée.

FACE.

Avec votre disciple en l'art des querelles?

SUBTIL.

Oui.

FACE.

Je vais reprendre mon rôle de capitaine.

SUBTIL.

Attends! Commence par les introduire ici.

FACE.

J'y pensais bien. Comment est-elle? — Belle et bonne?

SUBTIL.

Je ne sais pas.

FACE.

Nous la tirerons au sort; vous êtes bien d'accord là-dessus?

SUBTIL.

Comment faire autrement?

FACE.

Oh! que n'ai-je mon habit de capitaine, pour apparaître devant elle, tout à coup, dans ma splendeur, comme en tirant le rideau!

SUBTIL.

Allez à la porte.

FACE.

Vous aurez son premier baiser, parce que je ne suis pas prêt. (Il sort.)

SUBTIL.

Oui; et peut-être deux à votre barbe.

FACE, dehors.

Avec qui voulez-vous parler?

KASTRIL, dehors.

Où est le capitaine?

FACE, dehors.

Sorti pour une affaire.

KASTRIL, dehors.

Sorti?

FACE, dehors.

Il va rentrer; mais son lieutenant le docteur est ici. (Kastril entre, suivi de dame Pliant.)

SUBTIL.

Approchez, mon honorable adolescent, mon *terræ fili*, c'est-à-dire mon fils sur la terre; faites votre entrée; soyez le bienvenu. Je connais vos passions et vos désirs, je veux les servir et les satisfaire. Allons, commencez; attaquez-moi de ce côté, de l'autre, ou dans cette ligne; voici mon centre; entamez votre querelle.

KASTRIL.

Vous mentez.

SUBTIL.

Comment, enfant terrible; le démenti pour débuter? Pourquoi, jeune rageur?

KASTRIL.

Eh bien! Cela vous regarde. Je prends l'avance.

SUBTIL.

Oh! ce n'est pas là la vraie grammaire; c'est faux en logique. Vous devez développer les causes, les intentions de première et de seconde espèce, connaître vos règles, vos divisions, vos degrés, vos nuances, vos catégories, la substance, l'accident, l'enchaînement intérieur et extérieur, avec les causes efficientes, matérielles, formelles, finales. Il faut la réunion de tous ces éléments.

KASTRIL, à part.

Qu'est-ce que tout cela? Sans doute, c'est le langage des *enfants terribles*.

SUBTIL.

Ce faux précepte de prendre brusquement les devants en a séduit et trompé un grand nombre, et leur a fait souvent entamer des querelles avant qu'ils ne s'en doutent, et contre leur volonté.

KASTRIL.

Comment faut-il faire, monsieur?

SUBTIL.

Je demande pardon à cette lady; j'aurais dû d'abord la saluer. (Il l'embrasse.) Je vous donne le titre de lady, parce que vous en serez une avant peu de temps, ô ma douce et charmante veuve!

KASTRIL.

Dites-vous vrai, monsieur?

SUBTIL.

Oui, ou bien mon art est un imposteur.

KASTRIL.

Comment le savez-vous?

SUBTIL.

Par l'inspection de son front, et de sa lèvre, que je dois goûter encore, et souvent, afin d'assurer mon jugement. (Il l'embrasse une seconde fois.) Par le ciel, sa lèvre fond comme la confiture de myrobolan [1]. — Voici une ligne *in rivo frontis* qui m'apprend qu'il n'est pas chevalier.

DAME PLIANT.

Qu'est-il donc, monsieur?

SUBTIL.

Laissez-moi voir votre main; oh! rien n'est plus clair, d'après la *linea fortunæ*, et cette étoile *in monte Veneris*, mais, surtout, par la *junctura annularis*; c'est un soldat, lady, ou un savant auquel de grands honneurs arriveront sous peu de temps.

(Face rentre en uniforme.)

KASTRIL, à sa sœur qui veut répondre.

Taisez-vous; voici l'autre homme merveilleux. — Dieu vous garde, capitaine!

---

1. Confiture faite avec des fruits du Levant, fort estimée à Londres.

FACE.

Mon bon monsieur Kastril, est-ce là votre sœur?

KASTRIL.

Oui, monsieur; qu'il vous plaise de l'embrasser, et soyez fier de faire sa connaissance.

FACE.

Je suis glorieux de vous connaître, lady.

DAME PLIANT.

Mon frère, il m'appelle aussi lady.

KASTRIL.

Taisez-vous, je l'ai entendu. (Il s'éloigne avec elle.)

FACE à Subtil.

Le comte est arrivé.

SUBTIL.

Où est-il?

FACE.

A la porte.

SUBTIL.

Eh bien! allez le recevoir.

FACE.

Que ferez-vous pendant ce temps-là avec ceux-ci?

SUBTIL.

Eh bien! je les ferai monter, et leur montrerai quelques livres mystérieux, ou le miroir noir.

FACE.

Elle est parbleu charmante, une délicieuse petite poule! Je veux l'avoir.

SUBTIL.

Oh! vous le voulez? Vous l'aurez si la chance décide en votre faveur. — Venez, monsieur. Le capitaine reviendra dans un moment; je vais vous conduire dans ma chambre de démonstration, où je vous montrerai la vraie logique et la grammaire, ainsi que la rhétorique de l'art des querelles; toute ma méthode dessinée sur des tableaux, et mon instrument où sont marqués tous les degrés d'après lesquels vous apprendrez, jusqu'à l'épaisseur d'une paille, l'art de vous quereller au clair de la lune. — Vous, lady, je vous ferai regarder dans un miroir pendant une demi-heure, seulement pour vous éclaircir la vue en attendant que vous y puissiez voir votre bonne aventure, qui sera, croyez-le bien, meilleure que je ne l'ai pu juger du premier coup d'œil. (Il sort, suivi de Kastril et de dame Pliant.)

FACE, rentrant.

Où êtes-vous, docteur?

SUBTIL, de dedans.

Je reviens à l'instant.

FACE.

Maintenant que j'ai vu cette veuve, je veux à tout prix l'avoir.

SUBTIL, rentrant.

Que dites-vous?

FACE.

Les avez-vous congédiés?

SUBTIL.

Je les ai fait monter là-haut.

FACE.

Subtil, en vérité, il faut absolument que j'aie cette veuve.

SUBTIL.

Est-ce là ce dont il est question?

FACE.

Oui, écoutez-moi bien.

SUBTIL.

Corbleu! si vous vous révoltez encore une fois, Dorothée saura tout; tenez-vous donc tranquille, et rapportez-vous-en au hasard.

FACE.

Allons, te voilà violent comme toujours. — Comprends donc que tu es vieux et que tu ne peux...

SUBTIL.

Qu'est-ce que je ne peux pas? Par le ciel, je vous vaux bien!

FACE.

Mais entends donc; j'entre en composition.

SUBTIL.

Je ne veux pas traiter avec vous. Quoi! vendre ma chance? Je la préfère à mon droit d'aînesse. Ne murmurez pas; gagnez-la et prenez-la. Si vous grognez, Dorothée saura tout immédiatement.

FACE.

Eh bien! je me tais. Voulez-vous m'aider à recevoir le seigneur espagnol en grande cérémonie?

SUBTIL.

Je vous suis, monsieur. (A part.) Il faut tenir ce Face en bride, ou bien il ferait le despote avec nous. (Face rentre en introduisant Surly déguisé en Espagnol.) Cervelle de tailleur! qui vient là? Don Juan[1]?

SURLY.

Señores, beso las manos à vuestras mercedes.

SUBTIL.

Que ne vous baissez-vous un peu, pour baiser *podicem meum?*

---

1. Allusion à Don Juan d'Autriche, qu'on représentait d'une grandeur formidable dans les gravures du temps.

####### FACE.

Silence, Subtil.

####### SUBTIL.

Poignarde-moi, je n'y puis tenir. Il ressemble, avec son petit manteau et sa large fraise, à une tête dans un plat à barbe, portée sur deux tréteaux.

####### FACE.

Ou bien à un collet de porc dans la saumure et tailladée avec un couteau.

####### SUBTIL.

Diantre! il me paraît trop gras pour un Espagnol.

####### FACE.

Sans doute quelque Flamand ou quelque Hollandais l'engendra, au temps du duc d'Albe; peut-être est-ce un bâtard du comte d'Egmont?

####### SUBTIL.

Don ***, votre face jaune de Madrid est la bienvenue ici.

####### SURLY.

Gratia.

####### SUBTIL.

Sa voix semble sortir d'une forteresse. J'espère qu'il ne cache pas des feux de serpenteaux dans la profondeur de ces plis.

####### SURLY.

Por Dios, señores, muy linda casa!

####### SUBTIL.

Que dit-il?

####### FACE.

Il fait l'éloge de la maison, à ce que je crois. Je ne juge que d'après ses gestes.

####### SUBTIL.

Oui, la *casa*, mon précieux Diégo, est assez belle

pour qu'on vous y dupe. Et, l'on vous y dupera, Diégo.
FACE.
Oui, l'on vous y dupera, mon digne Dominus.
SURLY.
Entiendo.
SUBTIL.
En avez-vous l'intention? nous l'avons aussi, cher don. Avez-vous apporté des pistoles et des portugais, mon solennel don? (Face tâte ses poches.) Sens-tu quelque chose?
FACE.
Les poches sont pleines.
SUBTIL.
On vous les videra, on vous les pompera, on vous les desséchera, mon bon.
FACE.
Aimable don, on va les traire.
SUBTIL.
Voyez ce prodige, voyez ce grand lion [1] !
SURLY.
Con licencia, se puede ver a esta señora?
SUBTIL.
Que dit-il là?
FACE.
Il parle de la señora.
SUBTIL.
Cher don *trois Étoiles!* c'est une lionne que vous verrez aussi, mon hidalgo.
FACE.
Diable, Subtil, comment allons-nous faire?

---

1. *Lion* et *lionne* : ces termes, on le voit, ne sont pas d'invention moderne.

SUBTIL.

Pourquoi cette question?

FACE.

Vous savez que Dorothée est occupée.

SUBTIL.

C'est vrai. Par le ciel, je ne sais qu'y faire! Il attendra, voilà tout.

FACE.

Attendre? Non pas; il ne faut pas qu'il attende.

SUBTIL.

Pourquoi?

FACE.

Cela peut tout gâter. Par le ciel, il aurait des soupçons et il ne payerait pas la moitié aussi bien! C'est un maître expérimenté, et il doit savoir, comme voyageur, ce que signifient certains délais. Il m'a l'air d'un notable gredin, et paraît déjà se rebiffer.

SUBTIL.

Corbleu! mais on ne peut déranger Mammon.

FACE.

Mammon? en aucun cas.

SUBTIL.

Que ferons-nous donc?

FACE.

Pensez-y. Il faut se décider promptement.

SURLY.

Entiendo que la señora es tan hermosa que codicio tan verla, como la bien aventuranza de mi vida.

FACE.

Mi vida! Diable! il m'a remis la veuve dans la mémoire. Que dirais-tu si nous la lui amenions, en disant à celle-ci que c'est là l'époux annoncé? Ce n'est jamais qu'un homme de plus pour celui de nous deux qui aura la chance de l'avoir; nous n'avons pas à risquer une virginité. Qu'en penses-tu, Subtil?

SUBTIL.

Qui? moi?

FACE.

L'honneur de notre maison y est engagé.

SUBTIL.

Vous m'avez fait tout à l'heure une offre pour ma part de chance; eh bien! que voulez-vous me donner? voyons!

FACE.

Oh! par le ciel! je n'achète rien à présent. Vous savez ce dont vous m'avez menacé; prenez votre numéro, courez votre chance; gagnez-la, monsieur, et usez-en.

SUBTIL.

Diable! mais alors je ne veux pas qu'on l'amène.

FACE.

C'est pour la cause commune; réfléchissez. Dol le saura, comme vous m'en menaciez tout à l'heure.

SUBTIL.

Je ne m'en inquiète pas.

SURLY.

Señores, porque se tarda tanto?

SUBTIL.

C'est qu'en effet je suis vieux, et je ne conviens guère.

FACE.

Il n'y a donc plus de motifs pour vous opposer.

SURLY.

Puede ser de hacer burla de mi amor?

FACE.

Vous entendez l'hidalgo. Ma foi, je vais appeler et tout dire. — Dol!

SUBTIL.

Peste d'enfer!

FACE.

Voulez-vous consentir?

SUBTIL.

Vous êtes une terrible canaille: j'y penserai. Vous voulez donc, monsieur, appeler la veuve?

FACE.

Oui, et je la prendrai avec toutes les charges, maintenant que j'y réfléchis plus sérieusement.

SUBTIL.

De tout mon cœur, monsieur. Je suis donc débarrassé du tirage au sort?

FACE.

Si cela vous plaît.

SUBTIL.

Donnez les mains. (Ils se serrent les mains.)

FACE.

Souvenez-vous maintenant, quoi qu'il arrive, que vous n'avez plus aucun droit sur elle.

SUBTIL.

Je vous souhaite, monsieur, beaucoup de joie et de *santé* avec elle. Épouser une catin! Par le sort, j'aimerais mieux épouser une sorcière!

SURLY.

Por estas honradas barbas!

SUBTIL.

Il jure par sa barbe. Dépêchez-vous; appelez aussi le frère. (Face sort.)

SURLY.

Tengo duda, señores que no me hagan alguna traycion.

SUBTIL.

Quoi?... Oui, *præsto, señor*. Qu'il vous plaise *enthrata la chambratha*, honorable don, dans laquelle, s'il plaît à vos destinées, vous aurez votre *bathada*, et vous serez trempé, savonné, lessivé, frotté, massé et dupé, mon cher don, avant que vous n'en sortiez. Oui, c'est la vérité, mon don Saligot, mon petit babouin; on vous étrillera, on vous bouchonnera, on vous tannera, on vous passera en mégie. Je n'y vais que plus gaiement à présent, et je me hâte de faire une catin de cette veuve pour me venger de ce fougueux animal de Face : le plus vite sera le mieux. (Subtil et Surly sortent.)

SCÈNE II.

Une autre chambre dans la même maison.

FACE, KASTRIL, DAME PLIANT.

FACE.

Venez, lady. — (A Kastril.) Je savais que le docteur ne cesserait de chercher que lorsqu'il aurait trouvé le vrai joint pour son bonheur.

KASTRIL.

Elle serait comtesse, dites-vous; une comtesse espagnole!

DAME PLIANT.

Quoi donc? est-ce mieux qu'une comtesse anglaise?

FACE.

Mieux! Par le ciel, me faites-vous cette question, lady?

KASTRIL.

Elle est sotte, capitaine; pardonnez-lui.

FACE.

Demandez aux courtisans, aux jurisconsultes, à votre simple marchande de modes; ils vous diront tous que le genet d'Espagne est le meilleur cheval qui existe; que les étoffes d'Espagne sont les meilleures. Les barbes espagnoles ont la meilleure coupe; les fraises espagnoles ont le meilleur genre; la pavane espagnole est la plus belle des danses; le gant espagnol est le mieux parfumé; et quant à la lance espagnole, et la lame espagnole, permettez à votre pauvre capitaine d'en parler[1]...

(Subtil entre avec un papier à la main.)

SUBTIL.

Très-honorable lady, car c'est avec ce titre maintenant que je dois m'adresser à vous, ayant trouvé, par mon art, que vous devez sous très-peu de temps être en possession d'une honorable fortune. Que diriez-vous si...

FACE.

Je lui ai tout dit, monsieur, ainsi qu'à son très-honorable frère. Elle sait qu'elle sera comtesse, et comtesse espagnole; ne retardez pas leur bonheur.

SUBTIL.

Toujours le même, mon soi-disant honorable capitaine, vous ne savez garder aucun secret; enfin, madame, puisqu'il vous l'a dit, si vous lui pardonnez, je lui pardonne.

---

1. Ben Jonson se moque de l'engouement qu'on avait pour les modes espagnoles, au commencement du règne de Jacque.

KASTRIL.

Oh! elle lui pardonnera; j'en fais mon affaire.

SUBTIL.

Alors, c'est au mieux. Il ne lui reste plus qu'à mesurer son amour à sa fortune.

DAME PLIANT.

En vérité, je ne puis souffrir les Espagnols.

SUBTIL.

Non?

DAME PLIANT.

Depuis 88[1], je les ai en horreur, et c'est deux ou trois ans avant que je ne sois née.

SUBTIL.

Vous devez aimer celui-ci, madame, sous peine d'être malheureuse; choisissez comme vous le voudrez.

FACE, à Kastril.

Par ce jonc qui est sous vos pieds[2], monsieur, persuadez-la, sans quoi elle sera réduite à vendre des groseilles avant un an.

SUBTIL.

Dites plutôt des aloses et des maquereaux, ce qui est pis.

FACE.

C'est la vérité, monsieur.

KASTRIL, à sa sœur.

Par le ciel, vous l'aimerez, ou je vous donnerai des coups de pied!

DAME PLIANT.

Alors je ferai comme vous voudrez, mon frère.

---

1. 1588, l'année de l'invincible Armada.
2. On tapissait de joncs les appartements.

KASTRIL.

Faites-le, ou, par cette main ! je vous rudoie.

FACE.

Allons, allons, mon bon monsieur, ne soyez pas si courroucé.

SUBTIL.

Non, non, mon petit rageur ; elle se laissera gouverner, et lorsqu'elle goûtera les plaisirs d'une comtesse, quand elle sera courtisée...

FACE.

Embrassée, et chiffonnée...

SUBTIL.

Oui, derrière les tapisseries.

FACE.

Et ensuite emmenée avec cérémonie...

SUBTIL.

Et qu'elle connaîtra sa haute position.

FACE.

Quand tous les courtisans des salons se tiendront devant elle, la tête nue, comme pour leurs prières.

SUBTIL.

Quand on la servira à genoux.

FACE.

Et qu'elle aura ses pages, ses écuyers, ses laquais, et des carrosses...

SUBTIL.

Attelés de six juments...

FACE.

Non, huit.

SUBTIL.

Pour la conduire grand train à travers Londres, aux boutiques de la Bourse, à Bedlam, aux magasins de porcelaine...

FACE.

Et que tous les gens de la Cité la regarderont, la bouche ouverte, et admireront sa toilette, et tous les grands laquais de milord qui l'accompagneront.

KASTRIL.

Ce sera magnifique. Par ma main, vous n'êtes pas ma sœur, si vous refusez!

DAME PLIANT.

Je ne refuserai pas, mon frère.

SURLY, entrant.

Que es esto, señores, que no venga? esta tardanza me mata.

FACE.

C'est le comte qui arrive. Le docteur par la science avait bien deviné qu'il viendrait ici.

SUBTIL, à Surly.

En gallanta madama, don! gallantissima.

SURLY.

Por todos los dioses! la mas acabada hermosura, que he visto en mi vida.

FACE.

N'est-ce pas là une belle langue qu'ils parlent?

KASTRIL.

Une admirable langue! n'est-ce pas français?

FACE.

Non, monsieur, c'est espagnol.

KASTRIL.

Cela ressemble au français *légal,* et qui, dit-on, est la plus courtoise des langues.

FACE.

Écoutez, écoutez.

SURLY.

El sol ha perdido su lumbre, con el esplendor que trae esta dama! Valgame dios!

FACE, à Kastril.

Il admire votre sœur.

KASTRIL.

Ne doit-elle pas lui faire la révérence?

SUBTIL.

Parbleu! il faut qu'elle s'approche, et qu'elle l'embrasse. C'est la mode en Espagne, la femme fait les avances.

FACE.

Il vous dit la vérité, monsieur. — La science devine tout.

SURLY.

Porque no se acude?

KASTRIL.

Il lui parle, je crois.

FACE.

Oui, oui.

SURLY.

Por el amor de dios, que es esto que se tarda?

KASTRIL.

Voyez; elle ne le comprendra pas; sotte, pécore!

DAME PLIANT.

Que dites-vous, mon frère?

KASTRIL.

Niaise! allez l'embrasser, comme le dit cet habile homme; allez, ou je vous enfonce une épingle dans les jupes.

FACE.

Oh! monsieur, non.

SURLY.

Señora mia, mi persona esta muy indigna de allegar a tanta hermosura.

FACE.

Ne se conduit-il pas admirablement avec elle?

KASTRIL.

Admirablement, en effet.

FACE.

Oh! il se conduira mieux encore.

KASTRIL.

Le croyez-vous?

SURLY.

Señora, si sera servida, entremonos. (Surly sort avec dame Pliant.)

KASTRIL.

Où la mène-t-il?

FACE.

Dans le jardin, monsieur. N'ayez pas de souci; je lui servirai d'interprète.

SUBTIL, à part à Face qui sort.

Avertis Dol. — (A Kastril.) Allons, mon bouillant jeune homme, approchez; nous allons reprendre notre leçon de *querelles*.

KASTRIL.

Je le veux bien; j'aime de tout mon cœur les Espagnols.

SUBTIL.

De cette façon, monsieur, vous serez le frère d'un grand comte.

KASTRIL.

Vous ne m'apprenez rien; ce mariage avancera la maison des Kastril.

SUBTIL.

Plaise à Dieu que votre sœur soit *pliante!*

KASTRIL.

Mais, c'est là le nom qu'elle reçut de son premier mari.

SUBTIL.

Comment?

KASTRIL.

Elle est la veuve Pliant; ne le saviez-vous pas?

SUBTIL.

Non, ma foi, monsieur. Cependant par la disposition de sa figure, je m'en doutais; allons à nos exercices.

KASTRIL.

Pensez-vous, docteur, que je réussisse à être un véritable enfant terrible?

SUBTIL.

Je vous le garantis. — (Ils sortent.)

SCÈNE III.

Une autre chambre dans la même maison.

DOL COMMON entre, dans un accès de délire, suivie de Mammon.

DOL COMMON.

Car après la mort d'Alexandre...

MAMMON.

Chère dame.

DOL COMMON.

Lorsque Perdiccas et Ptolémée furent tués...

MAMMON.

Madame.

DOL COMMON.

Et que restèrent Seleucus et Ptolémée, seuls debout sur leurs jambes, et la quatrième bête qui était Gog-Nord et Sud-Égypte; qui depuis furent appelés Gog, la Jambe de fer, et Sud, la Jambe de fer...

MAMMON.

Lady.

DOL COMMON.

Ensuite Gog-Cornu, et l'Égypte aussi; ensuite Égypte, la Jambe d'argile, et Gog, la Jambe d'argile...

MAMMON.

Chère madame.

DOL COMMON.

Et enfin, Gog, poussière, et Égypte, poussière, qui nous amènent au dernier anneau de la quatrième chaîne. Et ce sont là des étoiles, que personne ne voit, que nul être ne regarde.

MAMMON.

Que dois-je faire?

DOL COMMON.

Car, comme dit l'autre, à moins que nous n'appelions les rabbins et les Grecs païens...

MAMMON.

Chère lady.

DOL COMMON.

De Salem et d'Athènes pour enseigner au peuple de la Grande-Bretagne...

(Face en habit de valet entre précipitamment.)

FACE.

Qu'est-ce qu'il y a, monsieur?

DOL COMMON.

A parler la langue d'Eber et de Javan...

MAMMON.

Hélas! elle est dans son accès.

DOL COMMON.

Nous ne saurons rien...

FACE.

Mort de ma vie, monsieur, nous sommes perdus!

DOL COMMON.

A moins d'un savant linguiste qui sache voir l'antique communion des voyelles et des consonnes...

FACE.

Mon maître va entendre.

DOL COMMON.

Science profonde que Pythagore tenait en haute estime...

MAMMON.

Honorable lady.

DOL COMMON.

Et qui réunit tous les sons de la voix dans un petit nombre de lettres.

FACE.

Vous ne devez plus espérer de la calmer maintenant.

(Ils parlent tous ensemble.)

DOL COMMON.

Alors nous pourrions arriver, par la science du Talmud et par le grec profane, à élever l'édifice de la maison d'Hélène contre l'Ismaélite, roi de Thogarma, et contre ses haubergeons sulfureux, bleus et féroces, et l'armée du roi Abaddon, et la bête de Cittim que le rabin David Kimchi, Onchelos et Aben Ezra interprètent Rome.

FACE.

Comment l'avez-vous amenée à cet accès de délire?

MAMMON.

Hélas! je lui parlais d'une cinquième monarchie que je voulais créer au moyen de la pierre philosophale; alors la chance a voulu qu'elle tombât sur les quatre autres.

FACE.

C'est du Broughton pur. Je vous l'avais bien dit; diantre, mais empêchez-la de parler, bouchez-lui la bouche.

MAMMON.

Est-ce le mieux qu'il y ait à faire?

FACE.

Autrement elle n'en finira pas. Si le vieux l'entend, nous sommes réduits en morceaux, en poudre.

SUBTIL, du dedans.

Qu'est-ce que c'est?

FACE.

Oh! nous sommes perdus! Maintenant qu'elle l'entend, elle restera tranquille.

(Subtil entre, tous parcourent la scène en différents sens.)

MAMMON.

Où me cacher? (Il se cache.)

SUBTIL.

Qu'est-ce que je vois? des œuvres de ténèbres qui veulent se dérober au jour? Amenez cet homme; qui est-il? — Quoi! mon fils! Oh! j'ai trop vécu.

MAMMON.

Mon bon père; je n'ai pas péché contre la chasteté.

SUBTIL.

Non! et vous me fuyez quand j'arrive!

MAMMON.

Ce fut une erreur.

SUBTIL.

Une erreur? une conscience coupable, donnez-lui son vrai nom. Je ne m'étonne plus des obstacles que je trouvais à l'accomplissement de notre grand œuvre là-bas, lorsqu'ici il se passait de telles choses.

MAMMON.

Vous trouviez des obstacles?

SUBTIL.

Rien n'avançait depuis une demi-heure, et nos moindres travaux allaient à reculons: où est le misérable instrument de ce crime, cet odieux, cet infidèle serviteur?

MAMMON.

Hélas! cher monsieur, ne le blâmez pas; ce fut, croyez-le, contre sa volonté et sans qu'il le sût; je la rencontrai par hasard.

SUBTIL.

Voulez-vous aggraver votre péché, en excusant un valet?...

MAMMON.

Par mes espérances, c'est la vérité, monsieur.

SUBTIL.

Alors je m'étonne moins que vous, pour lequel s'apprêtait la bénédiction, vous ayez tenté Dieu, au risque de perdre votre fortune.

MAMMON.

Pourquoi, monsieur?

SUBTIL.

Ceci retardera notre œuvre au moins d'un mois.

MAMMON.

Si cela doit être, quel remède y aurait-il? Mais ne le croyez pas, bon père, nos pensées étaient honnêtes.

SUBTIL.

Que Dieu les récompense comme elles le méritent! (On entend au dehors une forte explosion.) Qu'est-ce? Malheur à moi! Que Dieu et tous les saints nous protégent! (A Face qui rentre.) Qu'y a-t-il?

FACE.

Oh! monsieur, nous sommes ruinés! Tous vos travaux se sont envolés *in fumo,* tous les verres sont brisés; les fourneaux se sont écroulés, c'est comme si la foudre avait traversé la maison de part en part, les retortes, les pélicans, les récipients, les matras sont en mille morceaux. (Subtil tombe à terre comme évanoui.) A mon secours, cher monsieur. Hélas! un froid mortel envahit ses membres. Oh! cher monsieur Mammon, remplissez les devoirs d'un honnête homme; mais vous restez debout, et semblez plus près de mourir que lui-même. (On frappe.) Qui est-là? (Il regarde.) C'est milord, son frère, son frère!

MAMMON.

Ah! Soufflet!

FACE.

Sa voiture est à la porte; évitez sa présence, car il est aussi colère que sa sœur est folle.

MAMMON.

Hélas!

FACE.

Ma cervelle est tout à fait troublée par la fumée,

je n'espère plus jamais me remettre d'une pareille secousse.

MAMMON.

Tout est-il perdu, Soufflet? Ne pourra-t-on rien sauver de nos dépenses?

FACE.

Ma foi! très-peu, monsieur, un quart de boisseau de charbon tout au plus. C'est une piètre consolation, monsieur.

MAMMON.

O mon amour des voluptés! Je suis justement puni!

FACE.

Et moi aussi, monsieur.

MAMMON.

Ruiné dans toutes mes espérances...

FACE.

Dites des certitudes, monsieur.

MAMMON.

A cause de mes viles passions!

SUBTIL, il semble revenir à lui-même.

Oh! maudits soient les fruits du vice et de la débauche!

MAMMON.

Bon père, c'est moi qui ai péché. Pardonnez-moi.

SUBTIL.

Le toit de ma maison est-il encore debout, et ne va-t-il pas s'écrouler sur nos têtes, ô justice, à cause de ce pécheur?

FACE, à Mammon.

Voyez, monsieur, vous ne faites que redoubler son chagrin en restant devant lui! et puis, cher monsieur, milord va venir; il vous surprendra, et cela peut engendrer une tragédie !

MAMMON.

Je m'en vais.

FACE.

Oui, et repentez-vous dans votre maison. Il est possible qu'avec une forte expiation tout puisse se racheter; cent livres dans le trésor de Bedlam...

MAMMON.

Oui.

FACE.

Pour la guérison de ceux qui ont perdu l'esprit.

MAMMON.

Je le ferai.

FACE.

J'enverrai quelqu'un pour les recevoir.

MAMMON.

Envoie. Il n'y a rien de reste de la projection?

FACE,

Tout s'est enfui ou sent mauvais, monsieur.

MAMMON.

Rien n'a-t-il été sauvé de ce qui concerne la grande médecine, penses-tu?

FACE.

Je ne puis vous le dire, monsieur. On trouvera peut-être, en grattant les tessons, quelque chose pour guérir la gale; (A part.) mais non pas celle de votre esprit, monsieur. Je vous le réserverai et vous l'enverrai. Cher monsieur, prenez par ici dans la crainte que milord ne vous rencontre. (Mammon sort.)

SUBTIL, levant la tête.

Face !

FACE.

Eh bien!

SUBTIL.

Est-il parti?

FACE.

Oui. Il marche aussi pesamment que s'il avait, au lieu de sang dans les veines, tout l'or qu'il espérait. N'en soyons pas moins légers.

SUBTIL, sautant pour se remettre sur ses jambes.

Oui, comme des balles, bondissons, et, de joie, frappons nos têtes contre les plafonds. Voilà donc enfin un de nos soucis disparu.

FACE.

Maintenant à notre Espagnol.

SUBTIL.

Oui, en ce moment il a fait une comtesse de votre jeune veuve. Elle est à l'œuvre pour vous donner un héritier, Face.

FACE.

C'est bon, c'est bon, monsieur.

SUBTIL.

Otez votre déguisement; allez la saluer tendrement comme le ferait un fiancé, après tous ces hasards.

FACE.

Très-bien, monsieur. Voulez-vous, pendant que je m'habille, aller enlever don Diégo?

SUBTIL.

L'arracher même, si vous le désirez. Je voudrais que Dol fût à ma place pour lui vider les poches.

FACE.

Bah! vous le ferez bien vous-même et tout aussi

bien, si vous voulez vous en mêler. Essayez donc vos talents.

SUBTIL.

Pour vous obéir, monsieur. (Ils sortent.)

SCÈNE IV.

Une autre chambre dans la même maison.

SURLY et DAME PLIANT.

SURLY.

Lady, vous voyez dans quelles mains vous êtes tombée; c'est un vrai nid de misérables. Certes, votre honneur, grâce à votre crédulité, n'eût pas manqué d'être pris au filet si j'avais été aussi effronté que permettaient de l'être le lieu, l'occasion et toutes les autres circonstances, car vous êtes belle; mais je voudrais que vous fussiez aussi sage que belle. Je suis un gentilhomme, et je suis venu ici, sous ce déguisement, afin de découvrir les infamies de cette forteresse. En récompense du respect que j'ai eu pour votre honneur, lorsque je pouvais l'outrager, je réclame de votre amour un peu de reconnaissance. Vous êtes, m'a-t-on dit, veuve et riche; je suis garçon et je n'ai rien. Votre fortune peut faire de moi un homme riche et heureux, comme j'ai fait de vous une femme honnête. Pensez-y, et considérez si je le mérite ou non.

DAME PLIANT.

J'y réfléchirai, monsieur.

SURLY.

Quant aux bandits de cette maison, laissez-moi me démêler avec eux.

(Subtil entre.)

SUBTIL.

Comment se portent mon noble Diégo et notre chère comtesse? Le comte a-t-il été courtois, lady, libéral et expansif? Cher don, vous me paraissez mélancolique, après cette entrevue, et morose. Vraiment, je n'aime pas le sombre éclat de vos regards; votre œil est pesant comme si vous aviez bu de la bière hollandaise, et vous dénonce comme un grossier athlète. Allégez votre esprit, moi je vais alléger vos poches.
(Il veut mettre la main dans les poches de Surly.)

SURLY jette son manteau.

Voulez-vous me voler, vil ruffian, misérable escroc! (Il le frappe.) Quoi donc? vous chancelez! Relevez-vous donc, et, puisque vous trouvez mon regard pesant, je vous montrerai que ma main est plus pesante encore.

SUBTIL.

A l'aide! au meurtre!

SURLY.

Non, monsieur, je n'ai pas l'intention de vous tuer : une bonne charrette et un fouet vous guériront de vos terreurs. Je suis l'Espagnol *que,* disiez-vous, *vous duperiez, qu'il fallait absolument duper.* Où est votre capitaine Face, votre associé, demi-usurier, complet entremetteur, et canaille parfaite?

(Face entre vêtu de son uniforme.)

FACE.

Quoi! Surly?

SURLY.

Approchez, bon capitaine. J'ai découvert d'où vous tiriez vos anneaux et vos cuillers de cuivre, au moyen

desquels vous faisiez des dupes dans les tavernes.
C'est ici que vous appreniez à couvrir vos bottes avec
du soufre, à frotter sur elles l'or des autres comme sur
une pierre de touche, à déclarer qu'il ne valait rien
lorsque vous en aviez changé la couleur, et à le confisquer à votre profit. Et ce docteur, votre compère à la
barbe noire de suie et de fumée, il sait prendre notre
or, le mettre en apparence dans un vase, et, par un
tour d'adresse, lui substituer une autre matière avec
du mercure sublimé, qui s'évapore à la chaleur et s'envole en fumée! Alors Mammon pleure et Sa Seigneurie
s'évanouit. (Face s'échappe sans être vu.) Ou bien encore, il
joue le personnage de Faust, il évoque les ombres et
fait des conjurations, guérit la peste, les flux de sang
et la petite vérole par les éphémérides; il est en correspondance avec toutes les entremetteuses et les sages-
femmes des trois comtés. Alors arrivent... — Capitaine?
— Quoi! il est parti? — les demoiselles enceintes,
les femmes stériles et les femmes de chambre qui ont
les pâles couleurs. (Il saisit Subtil qui veut se retirer.) Eh!
monsieur, il vous faut rester, bien que l'autre se soit
échappé. Vos oreilles répondront de tout.

(Face rentre avec Kastril.)

FACE, à Kastril.

Le moment est venu d'avoir une vraie querelle,
une querelle soignée, comme on dit, et de vous montrer un garçon bien né. Le docteur et votre sœur viennent d'être gravement outragés.

KASTRIL.

Où est-il? qui est-ce? Quel qu'il soit, c'est une canaille et le fils d'une catin. — Est-ce vous, monsieur?
Je voudrais bien le savoir.

SURLY.

Je serais fâché d'en convenir, monsieur.

KASTRIL.

Alors vous mentez par la gorge.

SURLY.

Comment?

FACE, à Kastril.

Un misérable vagabond, monsieur, et un imposteur, envoyé ici par un autre magicien ennemi du docteur, et qui voudrait le contrecarrer, s'il le pouvait.

SURLY, à Kastril.

Monsieur, l'on vous trompe.

KASTRIL.

Vous mentez, il ne s'agit pas de cela.

FACE.

Bien dit, monsieur. C'est le plus impudent coquin.

SURLY.

Parlez de vous-même. — (A Kastril.) Voulez-vous m'entendre, monsieur?

FACE.

Ne l'écoutez pas; ordonnez-lui de s'en aller.

KASTRIL.

Allez-vous-en promptement, monsieur.

SURLY.

Voilà qui est étrange assurément. — Lady, informez votre frère.

FACE.

Il n'y a pas dans la ville un pareil faiseur de dupes. Le docteur vient de le démasquer, il savait que le comte espagnol allait venir ici. — (A Subtil.) Courage donc, Subtil.

SUBTIL.

Oui, monsieur; le comte va apparaître.

FACE.

Et cependant ce coquin est venu sous son déguisement, par la tentation d'un autre esprit, qui veut mettre des entraves à notre art qu'il ne peut renverser.

KASTRIL.

Oh! oui, je comprends. — (A sa sœur qui lui a parlé bas à l'oreille.) Vous parlez comme une niaise.

SURLY.

Monsieur, tout ce qu'elle dit est vrai.

FACE.

Ne le croyez pas, monsieur. Il ment comme le plus vil des balayeurs. Allez votre train, monsieur.

SURLY.

Vous êtes vaillant en compagnie.

KASTRIL.

Oui, monsieur. Comment donc?

(Drugger entre avec une pièce de damas.)

FACE.

Tenez! voici un honnête garçon qui, lui aussi, le connaît et connaît tous ses tours. — (A part à Drugger.) Confirmez tout ce que je dis, Abel. — Cet imposteur voulait vous duper ainsi que la veuve. — (Haut.) Il doit à cet honnête Drugger que voici, sept livres, prêtées sou par sou pour des cornets de tabac.

DRUGGER.

Oui, monsieur. Il s'est damné lui-même pendant trois termes, par de vaines promesses de me payer.

FACE.

Et que vous doit-il pour les lotions?

DRUGGER.

Trente shellings, ainsi que pour des lavements.

SURLY.

Hydre de gueux!

FACE, à Kastril.

Allons, monsieur, il faut le quereller jusqu'à ce qu'il déguerpisse.

KASTRIL.

Je n'y veux pas manquer. (A Surly.) Monsieur, si vous ne décampez pas, vous mentez, et vous êtes un ruffian!

SURLY.

Ceci, monsieur, est de la folie, et non de la valeur. Je dois en rire.

KASTRIL.

C'est ma manière; vous êtes un ruffian et un imposteur, un Amadis de Gaule et un Don Quichotte!

DRUGGER.

En tout cas, un chevalier de mauvaise figure.

(Ananias entre.)

ANANIAS.

La paix soit dans cette maison!

KASTRIL.

Je ne veux de la paix à aucun prix.

ANANIAS, à Subtil.

La fonte des dollars est légitime; on l'a décidé.

KASTRIL, à Face.

Est-ce un constable?

SUBTIL.

Paix, Ananias!

FACE, à Kastril.

Non, monsieur.

KASTRIL, à Surly.

Vous êtes une loutre, une alose, un iota, un rien du tout!

SURLY.

Mais écoutez-moi donc, monsieur.

KASTRIL.

Je ne veux pas.

ANANIAS.

Quel est le motif de la querelle?

SUBTIL.

Un zèle religieux de ce jeune gentilhomme contre les culottes espagnoles.

ANANIAS.

Ce sont des culottes profanes, corrompues, superstitieuses et idolâtres!

SURLY.

Canaille d'un nouveau genre!

KASTRIL.

Voulez-vous déguerpir, monsieur?

ANANIAS.

Hors d'ici, Satan! Tu n'es point de la Lumière! Cette fraise de vanité, que tu portes autour du cou, te rahit; car c'est la même que portaient tous ces oiseaux de proie que nous avons vus, *en soixante dix-sept,* s'abattre sur diverses côtes; avec ton chapeau dissolu, tu ressembles à l'Antechrist.

SURLY.

Il faut leur céder la place.

KASTRIL.

Allez-vous-en, monsieur!

SURLY.

Mais je m'y prendrai d'autre façon avec vous.

ANANIAS.

Pars, démon espagnol!

SURLY.

Capitaine et docteur, à revoir.

ANANIAS.

Enfant de perdition!

KASTRIL.

Hors d'ici, monsieur. (Surly sort.) N'ai-je pas mené bravement la querelle?

FACE.

En vérité, oui, monsieur.

KASTRIL.

Si je veux m'y mettre, je vois bien que j'en viendrai à bout.

FACE.

Oh! il faut le suivre, monsieur, et le rendre humble par vos menaces; sans quoi il reviendra.

KASTRIL.

Je vais le retrouver. (Il sort.)

(Subtil prend Ananias à part.)

FACE.

Drugger, cette canaille nous a devancés; nous avions décidé que tu prendrais un habillement espagnol, et que tu aurais eu la veuve de cette façon; mais lui, le vil esclave, se l'était mis sur le dos. As-tu apporté le damas?

DRUGGER.

Oui, monsieur.

FACE.

Il faut que tu empruntes un vêtement espagnol; n'as-tu pas quelque crédit auprès des comédiens?

DRUGGER.

Si, monsieur; ne m'avez-vous jamais vu jouer le *niais?*

FACE.

Je ne crois pas, Abel. (A part.) Tu le joueras, si je puis. Le vieux manteau de *Hyeronimo*, sa fraise et son chapeau feront l'affaire ; je t'en dirai davantage lorsque tu les rapporteras. (Drugger sort.)

ANANIAS, à Subtil.

Je sais que les Espagnols haïssent les frères, et font surveiller leurs actions ; celui-ci était un espion, je n'en fais pas un doute. — Mais le saint synode s'est mis en méditation et en prière, et il lui a été révélé, à lui comme à moi, que la fonte de l'argent est des plus légitimes.

SUBTIL.

C'est vrai ; mais je ne puis la faire ici ; si cette maison dévenait par hasard suspecte, tout se découvrirait, et nous serions à jamais renfermés à la Tour, pour y faire de l'or au compte de l'État ; nous ne sortirions plus, et vous seriez ruiné.

ANANIAS.

Je le dirai aux frères, aux anciens comme aux novices, afin que toute la société des frères de la Séparation se réunisse dans de nouvelles prières...

SUBTIL.

Et dans un jeûne général...

ANANIAS.

Pour obtenir une place plus sûre. La paix de l'âme descende sur ces murailles ! (Il sort.)

SUBTIL.

Merci, gentil Ananias.

FACE.

Pourquoi venait-il ?

SUBTIL.

Pour la question des dollars; je l'ai écartée pour le moment. Je lui ai dit qu'un ministre espagnol était venu espionner les fidèles...

FACE.

Je te comprends. Viens, Subtil, tu es abattu par le moindre désastre. Où en serais-tu, si je n'étais pas venu à ton secours?

SUBTIL.

Je te remercie, Face, pour nous avoir amené l'enfant terrible.

FACE.

Qui se serait douté que ce fût ce gredin de Surly? Il s'était teint la barbe et la peau. Tenez! voici le damas arrivé pour vous faire une robe.

SUBTIL.

Où est Drugger?

FACE.

Il est allé emprunter un costume espagnol. Je ferai le rôle du comte maintenant.

SUBTIL.

Mais où est la veuve?

FACE.

Là dedans, avec la sœur de mylord; madame Dol lui tient compagnie.

SUBTIL.

Avec votre permission, Face, maintenant qu'elle est honnête femme, je me remets sur les rangs.

FACE.

Ce n'est pas votre intention?

SUBTIL.

Pourquoi pas?

FACE.

Gardez votre parole, ou bien... — Mais voici Dol; elle sait...

SUBTIL.

Vous êtes toujours despote.

(Dol entre précipitamment.)

FACE.

Oui, pour conserver mon droit. — Eh bien! Dol, lui as-tu dit que le comte espagnol allait venir?

DOL COMMON.

Oui, mais un autre arrive, sur lequel vous ne comptiez pas.

FACE.

Qui donc?

DOL COMMON.

Votre maître! le maître de la maison!

SUBTIL.

Serait-ce vrai, Dol?

FACE.

Elle ment; c'est une ruse. Viens ici, laisse là tes plaisanteries, Dorothée.

DOL COMMON.

Regardez et voyez. *(Face va à la fenêtre.)*

SUBTIL.

Parles-tu sérieusement?

DOL COMMON.

Par le ciel, il est entouré de quarante voisins qui parlent avec lui.

FACE, regardant par la fenêtre.

Diantre! c'est bien lui.

DOL COMMON.

Ce jour sera un mauvais jour pour quelques uns d'entre nous.

FACE.

Nous sommes pris, nous sommes perdus.

DOL COMMON.

Oui, perdus ; j'en ai peur.

SUBTIL.

Vous nous disiez qu'il ne viendrait pas tant qu'il mourrait quelqu'un de la peste dans les faubourgs.

FACE.

Non ; je voulais dire dans l'intérieur de la ville.

SUBTIL.

C'est différent ; je croyais que c'était dans les faubourgs. — Qu'allons-nous faire maintenant, Face ?

FACE.

Soyez silencieux ; pas un mot, s'il appelle ou s'il frappe. Je vais, pour l'aborder, rentrer dans mon ancienne forme de Jérémie le sommelier. Pendant ce temps-là, faites ensemble des paquets de tout notre butin, afin que nous puissions l'emporter dans les deux caisses. Ce soir je vous embarquerai tous les deux pour Ratcliff, où nous nous rencontrerons demain et où nous ferons le partage. Laissons dans la cave le cuivre et l'étain de Mammon, nous nous en occuperons une autre fois ; mais, Dol, fais-moi vite, je t'en prie, chauffer un peu d'eau : Subtil va me raser. Il faut que ma longue barbe de capitaine fasse place au menton poli de Jérémie, — car vous me raserez, n'est-ce pas ?

SUBTIL.

Je vous raserai aussi bien que je le pourrai.

FACE.

Ne me coupez pas la gorge, mais rasez-moi.

SUBTIL.

Vous le verrez bien. (Ils sortent.)

ACTE V.

SCÈNE PREMIERE.

Devant la porte de Lovewit.

LOVEWIT avec QUELQUES VOISINS.

LOVEWIT.

Y a-t-il eu réellement un tel concours de monde?

LE PREMIER VOISIN.

Tous les jours.

LE DEUXIÈME VOISIN.

Et toutes les nuits.

LE TROISIÈME VOISIN.

Il y avait des gens aussi bien mis que des lords.

LE QUATRIÈME VOISIN.

Des ladies et des bourgeoises.

LE CINQUIÈME VOISIN.

Des femmes de la Cité...

LE PREMIER VOISIN.

Et des chevaliers...

LE SIXIÈME VOISIN.

En carrosse.

LE DEUXIÈME VOISIN.

Oui, et des marchandes d'huîtres.

LE PREMIER VOISIN.

Sans compter d'autres galants.

LE TROISIÈME VOISIN.

Des femmes de tailleurs.

LE QUATRIÈME VOISIN.

Des marchands de tabac.

LE CINQUIÈME VOISIN.

Un vrai Pimlico[1].

LOVEWIT.

Qu'a donc inventé mon maraud pour attirer tout ce monde? N'avait-il pas suspendu des bannières sur lesquelles était peint quelque veau à cinq pattes, ou une écrevisse de mer, géante, à six pinces?

LE DEUXIÈME VOISIN.

Il n'y a rien eu de tout cela, monsieur.

LE TROISIÈME VOISIN.

Sans cela nous y serions entrés.

LOVEWIT.

Je ne lui connais pourtant pas le talent de nasiller des sermons. — Vous n'avez pas vu d'affiche où l'on promettait la guérison de la fièvre et du mal de dents?

LE DEUXIÈME VOISIN.

Rien de pareil, monsieur.

LOVEWIT.

Ni entendu annoncer au son du tambour la présence de singes savants ou de marionnettes?

LE CINQUIÈME VOISIN.

Non plus, monsieur.

LOVEWIT.

Quelle invention peut-il donc avoir eue? J'aime un esprit fertile en expédients comme j'aime l'existence. Plaise à Dieu qu'il n'ait pas tenu ma maison ouverte

---

1. Quartier de Londres, près de Hogsden, où l'on vendait des gâteaux et de la bière, chez un certain Pimlico fort en vogue et dont la maison prit le nom.

et vendu mes portières, mes tapisseries et les matelas de mon lit, car je ne lui ai laissé rien autre chose! S'il les a mangés, la peste soit de la vermine! Sans doute il aura réuni des tableaux licencieux pour attirer toute cette clientèle, comme *le Moine et la nonne*, ou la nouvelle marionnette qui représente *le Coursier du chevalier monté sur la jument du pasteur*, ou *l'Enfant âgé de six ans avec un gros fusil*; peut-être avait-il dressé des puces à s'escrimer dans un tournoi, sur une table, ou appris à danser à quelque chien? Quand l'avez-vous vu?

LE PREMIER VOISIN.

Qui? monsieur Jérémie?

LE DEUXIÈME VOISIN.

Jérémie le sommelier? De tout le mois nous ne l'avons vu.

LOVEWIT.

Quoi! vraiment?

LE QUATRIÈME VOISIN.

Depuis au moins cinq semaines, monsieur.

LE SIXIÈME VOISIN.

Même six.

LOVEWIT.

Vous me surprenez, mes chers voisins.

LE CINQUIÈME VOISIN.

Si Votre Seigneurie ne sait pas où il est, il est sûr qu'il a disparu.

LE SIXIÈME VOISIN.

Plaise à Dieu qu'on ne l'ait pas fait disparaître!

LOVEWIT.

Mais alors il ne s'agit plus de s'amuser à faire des questions. (Il frappe à la porte.)

LE SIXIÈME VOISIN.

Il y a environ trois semaines, j'ai entendu un cri plaintif, comme j'étais assis à raccommoder l'un des bas de ma femme.

LOVEWIT.

Il est étrange que personne ne réponde. Vous avez entendu crier, dites-vous?

LE SIXIÈME VOISIN.

Oui, monsieur; c'est comme si un homme eût été étranglé depuis une heure et qu'il ne lui fût plus possible de parler.

LE DEUXIÈME VOISIN.

J'ai aussi entendu un cri, il y a juste aujourd'hui trois semaines, à deux heures après midi.

LOVEWIT.

Ce sont là des prodiges! Un homme étranglé depuis une heure, qui ne pouvait parler, et que, tous deux, vous avez entendu crier.

LE TROISIÈME VOISIN.

Oui, monsieur; c'était dans le bas de la maison.

LOVEWIT.

Tu es un sage garçon. Donne-moi ta main, je t'en prie. Quel métier fais-tu?

LE TROISIÈME VOISIN.

Je suis serrurier, ne vous déplaise.

LOVEWIT.

Serrurier! Prête-moi ton aide alors pour ouvrir cette porte.

LE TROISIÈME VOISIN.

Je le veux bien. Je vais aller chercher mes outils.

(Il sort.)

LE PREMIER VOISIN.

Monsieur, il vaut mieux frapper encore une fois à la porte avant de la briser.

LOVEWIT, frappant.

C'est ce que je fais.

(Face entre rasé et vêtu de sa livrée de sommelier.)

FACE.

Que voulez-vous, messieurs?

LE PREMIER, LE DEUXIÈME, LE TROISIÈME VOISIN.

Tiens, c'est Jérémie.

FACE, à son maître.

Cher monsieur, éloignez-vous de la porte[1].

LOVEWIT.

Pourquoi? Qu'y a-t-il?

FACE.

Encore plus loin, vous êtes encore trop près.

LOVEWIT.

Au nom du ciel, à quoi pense le maraud?

FACE.

La maison, monsieur, a été *visitée*.

LOVEWIT.

Quoi! par la peste? Mais alors mets-toi plus loin.

FACE.

Monsieur, moi, je ne l'ai pas eue.

LOVEWIT.

Qui donc en a été pris; je n'ai laissé que toi dans la maison?

FACE.

Monsieur, mon seul compagnon, le chat qui habite

---

1. Face éloigne le plus qu'il peut son maître de la porte, pour qu'il n'entende pas le bruit qui pourrait se faire dans sa maison.

la chambre aux provisions a eu la peste pendant une semaine, sans que je m'en fusse douté; mais je l'ai fait emporter au milieu de la nuit; alors j'ai fermé la maison pendant un mois...

LOVEWIT.

Comment?

FACE.

Me proposant, monsieur, d'y brûler du vinaigre rose, de la thériaque et du goudron, pour l'assainir et la parfumer, de façon que vous ne vous aperceviez pas de ce qui s'est passé; car je savais que cette nouvelle vous aurait affligé.

LOVEWIT.

Respire moins fort et de plus loin. Eh bien! voilà qui est encore plus étrange; les voisins me disent tous que les portes de la maison ont toujours été ouvertes.

FACE.

Comment cela, monsieur?

LOVEWIT.

Et qu'ils ont vu des galants, hommes et femmes, et de tout genre, jusqu'à de la canaille, s'abattre comme des essaims sur cette maison, pendant les dix dernières semaines, comme s'il se fût agi d'une foire d'Hogsden, aux jours de Pimlico et d'Eyebright.

FACE.

Monsieur, nos sages voisins ne peuvent dire cela.

LOVEWIT.

Aujourd'hui même ils parlent de carrosses et de galants; l'un avec un chapeau à la française, disent-ils, un autre en robe de velours qui se mettait à la fenêtre; et d'autres qui entraient et sortaient.

FACE.

Alors ils seront passé à travers le panneau de la porte ou au travers des murailles, je le certifie, malgré les yeux de nos voisins et même leurs lunettes; car voici, monsieur, les clefs, et elles sont là dans ma poche depuis plus de vingt jours; quant aux jours précédents, j'étais dans la forteresse, mais seul. Si nous n'étions pas encore en pleine après-midi, je croirais que nos bons voisins ont vu double pour avoir bu trop d'ale, et se sont créé des apparitions; car en vérité je le jure à Votre Seigneurie, depuis plus de trois semaines la porte n'a pas été ouverte.

LOVEWIT.

C'est étrange.

LE PREMIER VOISIN.

Je croyais avoir vu un carrosse.

LE DEUXIÈME VOISIN.

Moi aussi, je l'aurais presque juré.

LOVEWIT.

Ne faites-vous plus maintenant que le croire? Et il n'y avait plus qu'un seul carrosse?

LE QUATRIÈME VOISIN.

Nous ne pouvons le dire; monsieur, Jérémie est un très-honnête garçon.

FACE.

Et moi, m'avez-vous vu?

LE PREMIER VOISIN.

Non; cela, nous en sommes sûrs.

LE DEUXIÈME VOISIN.

Cela, je le jurerais.

LOVEWIT.

Vous êtes de jolis marauds pour rendre témoignage de ce que vous avez vu.

(Le troisième voisin entre avec ses outils.)

LE TROISIÈME VOISIN.

Tiens! voilà Jérémie!

LE PREMIER VOISIN.

Oui; vous pouvez laisser là vos outils; il dit que nous nous sommes trompés.

LE DEUXIÈME VOISIN.

Il avait les clefs, et la porte est restée fermée depuis les trois dernières semaines.

LE TROISIÈME VOISIN.

C'est assez probable.

LOVEWIT.

Silence! éloignez-vous, girouettes.

(Surly et Mammon entrent.)

FACE, à part.

Voici Surly, et Mammon désabusé par lui; ils vont tout dire; comment les mettre dehors? Que faire? Rien n'est pire qu'une mauvaise conscience.

SURLY, causant avec Mammon.

Non! monsieur, c'était un grand magicien; sa maison n'était pas une maison de filles, mais un vrai sanctuaire. Vous connaissiez si bien milord et sa sœur!

MAMMON.

Allons, mon bon Surly.

SURLY.

Cette heureuse parole : *Sois riche...*

MAMMON.

N'abuse pas de mon erreur.

SURLY.

Cette douce parole, je la dirai aujourd'hui à tous mes amis. Eh bien! où sont maintenant vos chenets?

et votre vaisselle de cuivre, que vous vouliez métamorphoser en flacons d'or, en énormes lingots?

MAMMON.

Laissez-moi respirer. — Tiens! ils ont fermé leur porte, ce me semble.

SURLY.

Oui, c'est jour de fête aujourd'hui chez eux.

MAMMON, frappant à la porte.

Coquins, faiseurs de dupes, imposteurs, ruffians!

FACE, qu'ils ne reconnaissent pas.

Que voulez-vous, monsieur?

MAMMON.

Entrer, si nous pouvons.

FACE.

Dans la maison d'un étranger? Voici le propriétaire, monsieur, adressez-vous à lui, dites-lui ce que vous voulez.

MAMMON, à Lovewit.

Êtes-vous, monsieur, le propriétaire?

LOVEWIT.

Oui, monsieur.

MAMMON.

Et les gredins qui habitent votre maison sont-ils vos employés?

LOVEWIT.

Quels gredins? quels employés?

MAMMON.

Subtil et son Soufflet.

FACE, à son maître.

Ce gentleman a perdu la raison, monsieur; on n'a vu ici ni soufflet, ni feu depuis trois semaines, sur ma parole!

SURLY.

Sur votre parole, insolent laquais?

FACE.

Oui, monsieur, sur ma parole! Je suis l'intendant de la maison, et je sais que les clefs ne sont pas sorties de ma poche.

SURLY.

C'est un nouveau Face.

FACE.

Vous vous trompez de maison, monsieur; quelle marque distinctive y avait-il à la vôtre?

SURLY.

Chenapan, vous êtes de la même ligue! (A Mammon.) Venez, allons chercher les sergents, et chargeons-les de forcer la maison.

LOVEWIT.

Je vous prie d'attendre, messieurs.

SURLY.

Non, monsieur, nous reviendrons avec un mandat.

MAMMON.

Oui, et nous ferons ouvrir cette porte.

(Mammon et Surly sortent.)

LOVEWIT.

Que signifie tout cela?

FACE.

Je n'en sais, ma foi, rien.

LE PREMIER VOISIN.

Ce sont là deux des galants que nous croyions avoir vus.

FACE.

Deux imbéciles! Vous êtes aussi niais qu'eux. — En vérité, monsieur, je crois que la lune leur a troublé la cervelle. (Kastril entre.) (A part.) Voici maintenant l'enfant terrible! Il va faire du bruit, et ne s'en ira pas qu'il ne nous ait tous trahis.

KASTRIL, frappant à la porte.

Holà! canailles, entremetteurs, bandits, allez-vous bientôt ouvrir la porte? Catin, vipère, ma sœur! Par la lumière du ciel, je vais aller chercher le prévôt. Vous êtes une éhontée de rester dans ce château...

FACE.

A qui voulez-vous parler, monsieur?

KASTRIL.

A ce gueux de docteur, à ce filou de capitaine, à cette petite chatte de sœur.

LOVEWIT.

Il y a quelque chose là-dessous, certainement.

FACE.

Sur ma foi, les portes n'ont jamais été ouvertes, monsieur!

KASTRIL.

Le gros chevalier et le gentilhomme maigre viennent de me raconter les stratagèmes de ces fripons.

LOVEWIT.

En voici encore d'autres.

(Ananias et Tribulation entrent.)

FACE.

Ananias aussi, avec son pasteur!

TRIBULATION, frappant à la porte.

Les portes sont fermées devant nous.

ANANIAS.

Apparaissez, semence de soufre, fils d'enfer; votre puante odeur vous dénonce; l'abomination est dans cette maison.

KASTRIL.

Oui, ma sœur est là.

ANANIAS.

Cette maison est devenue une cage d'oiseaux immondes.

KASTRIL.

Moi, je vais chercher un boueur, et le constable.

TRIBULATION.

Vous ferez bien.

ANANIAS.

Nous nous joindrons à vous pour balayer ces ordures.

KASTRIL, appelant.

Eh, ma sœur! eh! carogne, vous ne voulez donc pas sortir?

ANANIAS.

Ne l'appelez pas une *sœur*; ce n'est qu'une fille de joie, en vérité.

KASTRIL.

Je vais soulever la rue.

LOVEWIT.

Bon gentilhomme, un mot!

ANANIAS.

Arrière, Satan; ne vous opposez pas au zèle qui nous enflamme. (Ananias, Tribulation et Kastril sortent.)

LOVEWIT.

Le monde devient un Bedlam.

FACE.

Tous ces gens-là sont des échappés de l'hospice de Sainte-Catherine, où l'on a l'habitude de garder ces sortes de fous furieux.

LE PREMIER VOISIN.

Nous avons vu souvent les mêmes personnes entrer et sortir.

LE DEUXIÈME VOISIN.

C'est bien la vérité, monsieur.

LE TROISIÈME VOISIN.

Je les reconnais aussi.

FACE.

Taisez-vous, ivrognes! Monsieur, je trouve tout cela fort extraordinaire; permettez-moi de toucher la porte, je veux voir si la serrure a été changée.

LOVEWIT.

J'en reste abasourdi.

FACE, vers la porte.

Ma foi, je crois que c'est bien la même. C'est une *deceptio visus* assurément. — (A part.) Je voudrais l'entraîner loin d'ici.

DAPPER, de dedans.

Monsieur le capitaine! monsieur le docteur!

LOVEWIT.

Qu'est-ce que j'entends?

FACE, à part.

C'est notre petit clerc, que j'avais oublié. (A son maître.) Je ne sais ce que c'est, monsieur.

DAPPER, de dedans.

Pour l'amour de Dieu, dites-moi quand Sa Grâce, ma tante, viendra-t-elle me visiter?

FACE.

Sans doute des illusions, quelque esprit dans l'air! (A part.) — Le pain d'épice qui lui servait de bâillon se sera fondu dans sa bouche; maintenant il soulage son gosier.

ACTE CINQUIÈME.

DAPPER, de dedans.

Je suis presque étouffé.

FACE, à part.

Que ne l'est-il tout à fait?

LOVEWIT.

C'est bien dans la maison, écoutez.

FACE.

Croyez bien, monsieur, que c'est dans l'air.

LOVEWIT.

Taisez-vous!

DAPPER, de dedans.

Ma noble tante ne se conduit pas bien à mon égard.

SUBTIL, de dedans.

Taisez-vous, imbécile; vous gâtez tout.

FACE parle à travers le trou de la serrure, pendant que Lovewit s'approche de la porte sans que Face s'en doute.

Et vous aussi, vous gâtez tout.

LOVEWIT, près de Face.

Ah! ah! est-ce ainsi? Vous conversez donc avec les esprits? — Allons! maraud, laissez là vos ruses, bon Jérémie. La vérité est le plus court chemin.

FACE.

Congédiez cette populace, monsieur. (A part.) — Que dois-je faire? je suis pris.

LOVEWIT.

Mes bons voisins, je vous remercie tous. Vous pouvez partir. (Les voisins sortent.) (A Face.) Venez, maraud! Vous savez que je suis un maître indulgent, ne me cachez donc rien. Quelle a été votre *médecine*[1] pour attirer cette volée d'oiseaux sauvages?

---

1. Terme d'alchimie.

FACE.

Monsieur, vous avez toujours aimé l'esprit et la gaieté. — Mais la rue n'est pas une place convenable pour une pareille conversation. Permettez-moi de tirer le meilleur parti possible de la situation, et pardonnez-moi seulement d'avoir abusé de votre maison, c'est tout ce que je demande; en récompense, je vous ferai voir certaine veuve; vous m'en saurez gré, car elle vous rendra de sept ans plus jeune, et elle est riche. Il ne s'agira que de revêtir un costume espagnol. Elle est ici dans la maison, ne craignez pas d'y rentrer; je vous jure qu'elle n'a pas été visitée par la peste.

LOVEWIT.

Si elle ne l'a pas été par la peste, elle l'est par moi, qui suis arrivé plus tôt que je n'étais attendu.

FACE.

C'est vrai, monsieur; je vous en prie, pardonnez-moi.

LOVEWIT.

Bien, bien! Allons voir votre veuve. (Ils sortent.)

SCÈNE II.

Une chambre dans la maison de Lovewit.

SUBTIL conduisant DAPPER, dont les yeux sont bandés.

SUBTIL.

Quoi! avez-vous mangé votre bâillon?

DAPPER.

Mon Dieu, oui! Il est tombé en morceaux dans ma bouche.

SUBTIL.

Alors vous avez tout perdu

DAPPER.

Oh! non. J'espère que ma tante, la fée, me pardonnera.

SUBTIL.

Votre tante est une gracieuse dame ; mais, en vérité, vous avez des reproches à vous faire.

DAPPER.

La fumée m'avait incommodé, et je mangeais le pain d'épice pour apaiser mon estomac. Je vous prie de m'excuser auprès de Sa Grâce. (Face entre en uniforme.) Voici le capitaine.

FACE.

Comment, comment! Sa bouche est libre?

SUBTIL.

Oui, il a parlé.

FACE.

Malepeste, je l'ai bien entendu ainsi que vous ; — alors c'est fait de lui. J'ai été obligé de dire que la maison était hantée par les esprits, pour faire déguerpir les gens d'alentour.

SUBTIL.

Et vous avez réussi?

FACE.

Oui, pour ce soir.

SUBTIL.

Alors triomphons, et chantons les louanges du célèbre Face, le précieux roi des expédients!

FACE.

N'avez-vous pas entendu le bruit qu'on faisait auprès de la porte?

SUBTIL.

Oui, et j'en tremblais.

FACE.

Montrez-lui sa tante, et congédiez-le vite. Je vais vous l'envoyer. (Face sort.)

SUBTIL.

Eh bien, monsieur! Sa Grâce, votre tante, va vous donner audience, sur ma prière, et sur l'assurance du capitaine que vous n'avez pas mangé votre bâillon, en signe de mépris pour Son Altesse. (Il lui ôte son bandeau.)

DAPPER.

Il peut bien le jurer.

(Dol entre vêtue en reine des fées.)

SUBTIL.

La voici; mettez-vous à genoux, et marchez ainsi jusque vers elle. Elle a une démarche majestueuse! (Dapper s'agenouille, et se traîne à genoux vers elle.) Bien, approchez encore; dites-lui : *Dieu vous garde!*

DAPPER.

Madame...

SUBTIL.

Ajoutez : ma tante.

DAPPER.

Ma très-gracieuse tante, Dieu vous garde!

DOL COMMON.

Mon neveu, nous voulions être courroucée contre vous; mais votre douce figure a changé le courant de ma colère; aux flots de mon amitié se joignent les flots de la joie que j'ai à vous voir. Levez-vous, et touchez notre robe de velours.

SUBTIL.

Embrassez-en les bords. Bien.

DOL COMMON.

Laissez-moi maintenant caresser votre tête : *Mon*

neveu, vous gagnerez beaucoup, vous dépenserez beaucoup, vous donnerez beaucoup, vous prêterez beaucoup!

SUBTIL, à part.

Excellents conseils! — (Haut.) Pourquoi ne remerciez-vous pas Sa Grâce?

DAPPER.

La joie m'empêche de parler.

SUBTIL.

Voyez le pauvre enfant, c'est le vrai neveu de Votre Grâce.

DOL COMMON.

Donnez-moi le démon familier. Le voici dans une bourse autour de votre cou, mon cousin. Portez-le, nourrissez-le, pendant quinze jours, aux dépens de votre poignet droit.

SUBTIL.

Pour cela vous vous ouvrirez la veine avec une épingle; l'esprit ne sucera du sang qu'une fois par semaine, vous n'avez pas à y regarder.

DOL COMMON.

Non; et, mon cousin, comportez-vous bien, et montrez-vous digne du sang dont vous sortez.

SUBTIL.

Sa Grâce exige que vous ne mangiez plus désormais de pâtés de Woolsack, ni de bouillie de Dagger [1].

DOL COMMON.

Et que vous ne déjeuniez plus aux cabarets du Ciel et de l'Enfer [2].

---

1. Noms de mauvaises tables d'hôte.
2. Deux tavernes mal famées confinant à Westminster-Hall; il y en avait une troisième un peu plus loin qui s'appelait le *Purgatoire*.

SUBTIL.

Vous voyez qu'elle vous suit partout. — Ne jouez plus avec les marchands de pommes au jeu de *mumchance*, de *tray-trip* et de *Dieu vous fasse riche* (puisque votre tante a déjà exaucé ce vœu); mais fréquentez la bonne compagnie, les galants, et ne jouez qu'aux jeux les plus nobles...

DAPPER.

Oui, monsieur.

SUBTIL.

Au brelan et au primero; et, quand vous gagnerez, soyez-nous fidèle.

DAPPER.

Par cette main, je jure que je le serai.

SUBTIL.

Vous pouvez nous apporter mille livres avant demain soir, si vous en gagnez seulement trois mille.

DAPPER.

Je jure que je le ferai.

SUBTIL.

Votre familier vous apprendra tous les jeux.

FACE, dedans.

Avez-vous fini?

SUBTIL.

Votre Grâce n'a-t-elle plus d'autres recommandations à lui faire?

DOL COMMON.

Non; mais venez me voir souvent. — Je puis peut-être lui laisser, un jour, trois ou quatre coffres remplis de trésors et environ douze mille acres dans le pays des fées, s'il joue bien honnêtement avec d'estimables joueurs.

SUBTIL.

Voilà une bonne tante! Baisez la queue de sa robe. — Vous savez qu'il vous faut vendre votre rente de quarante marcs par an?

DAPPER.

Oui, monsieur, j'en ai l'intention.

SUBTIL.

Ou bien la donner à quelqu'un? La peste soit de cette petite somme!

DAPPER.

Je la donnerai à ma tante. Je vais aller chercher les titres.

SUBTIL.

C'est bien. (Dapper sort.)

(Face rentre.)

FACE.

Où est Subtil?

SUBTIL.

Ici. Quelle nouvelle?

FACE.

Drugger est à la porte. Recevez de lui le costume espagnol; dites-lui d'aller chercher un pasteur; ajoutez qu'il doit épouser la veuve. Ce service équivaut à cent livres. (Subtil sort.) Eh bien! reine Dorothée, avez-vous tout empaqueté?

DOL COMMON.

Oui.

FACE.

Et comment trouvez-vous lady Pliant?

DOL COMMON.

Une niaise, une innocente.

(Subtil rentre.)

SUBTIL.

Voici votre chapeau et votre manteau espagnol.

FACE.

Donnez-les moi.

SUBTIL.

Et la fraise aussi.

FACE.

Bien; je reviens bientôt vous trouver. (Il sort.)

SUBTIL.

Le voilà parti pour mettre à exécution le projet dont je vous ai parlé, Dol, et qu'il a formé à l'égard de la veuve.

DOL COMMON.

C'est directement contre nos conventions.

SUBTIL.

Nous le payerons en même monnaie, ma fille. As-tu escroqué à l'autre ses bijoux et ses bracelets?

DOL COMMON.

Pas encore, mais je le ferai.

SUBTIL.

Le plutôt possible; dès ce soir, ma Dolly. Quand nous serons embarqués et que nous aurons à bord toutes nos denrées, la barque tournée à l'est vers Ratcliff, si tu m'en crois, nous virerons de bord, nous voguerons vers l'ouest pour gagner Brentford, et nous prendrons congé de cet orgueilleux coquin, de ce pédant de Face.

DOL COMMON.

J'y consens, je suis lasse de le voir.

SUBTIL.

Tu as bien raison. A-t-on vu ce maraud qui court après le mariage, Dol, contre le traité qui a été fait entre nous!

DOL COMMON.

J'enlèverai à son bel oiseau toutes ses plumes, si je peux.

SUBTIL.

Oui. Dis-lui qu'elle doit de toute façon faire quelque beau présent à un habile homme comme moi, lui donner un dédommagement pour l'outrage fait à sa science par un injuste soupçon; lui envoyer enfin une bague, un collier de perles; sans quoi, elle sera torturée pendant son sommeil, et verra lui apparaître des formes étranges. — Le feras-tu?

DOL COMMON.

Oui.

SUBTIL.

Oh! ma charmante chauve-souris! mon bel oiseau de nuit! nous nous réjouirons aux Trois-Pigeons[1], quand nous aurons tout, quand nous pourrons ouvrir les coffres et que nous dirons : Ceci est à moi, cela est à toi; à toi, à moi! (Ils s'embrassent.)

(Face rentre.)

FACE.

Eh bien! on se becquète?

SUBTIL.

Oui, nous nous sommes exaltés en faisant l'inventaire de nos richesses.

FACE.

Drugger a amené son pasteur. Faites-le entrer, Subtil, et envoyez Drugger se laver la figure.

SUBTIL.

Et se raser? (Il sort.)

---

1. Auberge à Brentford.

FACE.

Si vous pouvez l'y décider.

DOL COMMON.

Vous suivez chaudement cette affaire, quelle qu'elle soit?

FACE.

Un stratagème qui donnera à Dol dix livres de plus à dépenser par mois! (Subtil rentre.) Est-il parti?

SUBTIL.

Le chapelain vous attend dans la salle, monsieur.

FACE.

Je vais lui donner de quoi s'occuper. (Il sort.)

DOL COMMON.

Il va épouser la veuve à l'instant.

SUBTIL.

Il ne le peut pas encore; il n'est pas prêt. Chère Dorothée, prends-lui, filoute-lui tout ce que tu pourras. Le tromper n'est pas tromperie, c'est justice, puisqu'il veut rompre la chaîne inviolable qui nous unissait tous les trois.

DOL COMMON.

Compte sur moi pour l'arranger comme il le mérite.

(Face rentre.)

FACE.

Eh bien! mes chers aventuriers, avez-vous bien tout empaqueté? Où sont les coffres? Montrez-les.

SUBTIL.

Les voici.

FACE.

Visitons-les. Où est l'argent?

SUBTIL.

Le voici; là, dans ce coffre.

FACE.

Les dix livres de Mammon, les cent soixante autres, l'argent des frères ici, celui de Drugger et de Dapper. Qu'est-ce que c'est que ce papier?

DOL COMMON.

Le joyau que cette femme de chambre vola à sa noble maîtresse pour savoir...

FACE.

... Si elle aurait le pas sur elle?

DOL COMMON.

Oui.

FACE.

Qu'y a-t-il dans cette boîte?

SUBTIL.

Les anneaux des marchandes de poisson et la petite monnaie des marchandes de bière. N'est-ce pas, Dol?

DOL COMMON.

Oui, et le sifflet que vous apporta la femme du matelot pour savoir si son mari était encore avec Ward[1].

FACE.

Nous nous en servirons demain. Voici nos tasses d'argent et nos coupes de taverne. Où sont les jupes françaises, les ceintures et les glands?

SUBTIL.

Ici, dans la caisse, avec les pièces d'étoffe.

FACE.

Le damas de Drucker est bien là aussi, avec son tabac?

---

1. Ward, un fameux pirate du temps, chanté dans un grand nombre de ballades.

SUBTIL.

Oui.

FACE.

Donnez-moi les clefs!

DOL COMMON.

Les clefs à vous? Pourquoi?

SUBTIL.

Qu'importe, Dol? puisque nous ne voulons pas ouvrir les caisses avant qu'il ne soit arrivé.

FACE.

Vous ne devez pas les ouvrir, c'est vrai, ni les emporter avec vous non plus, voyez-vous. Vous ne les emporterez pas, Dol.

DOL COMMON

Non?

FACE.

Non, ma petite chemise de femme! La vérité est que mon maître sait tout, qu'il m'a pardonné et qu'il veut tout garder. Docteur, c'est très-vrai; vous avez beau me regarder, ébahi, et avec toutes sortes de grimaces cabalistiques; c'est moi-même qui l'avais envoyé chercher. C'est pourquoi, mes bons associés, soyez résignés tous les deux, car ici se termine la société de Subtil, Dol et Face. Tout ce que je puis faire est de vous aider à passer par-dessus le mur, dans l'arrière-cour, et de te prêter, Dol, un drap pour envelopper ta robe de velours; car les officiers de police vont arriver ici dans un instant. Pensez-donc à une fuite immédiate pour éviter un appartement à Bridewell[1], où, sans cela, vous ne manqueriez pas d'aller. (On frappe violemment.) Entendez-vous ce tonnerre?

1. Prison.

SUBTIL.

Vous êtes une infernale canaille!

LES OFFICIERS, de dehors.

Ouvrez la porte.

FACE.

Dol, j'en suis fâché pour toi, mais écoute; ce sera peut-être difficile, cependant je te trouverai une place quelque part; je te donnerai une lettre de recommandation pour madame Amo...

DOL COMMON, l'interrompant.

Va te faire pendre!

FACE.

Ou bien pour madame Césarine[1].

DOL COMMON.

La peste t'étouffe! Je voudrais avoir assez de temps pour te battre.

FACE.

Subtil, faites-nous connaître où vous planterez votre tente désormais. Je vous enverrai, de temps à autre, quelque client, en souvenir de notre vieille connaissance. Quelle direction allez-vous suivre?

SUBTIL.

Chenapan! je vais me pendre, pour devenir un diable plus puissant que toi et te hanter, comme un spectre, dans ta chambre aux provisions et dans ton lit. (Ils sortent.)

1. Deux noms de femmes connues pour tenir des maisons de prostitution.

SCÈNE III.

Une antichambre de la même maison.

LOVEWIT entre, habillé en Espagnol, avec LE PASTEUR.
— On entend frapper fortement à la porte.

LOVEWIT, à la cantonnade.

Que voulez-vous, messieurs?

MAMMON, de dehors.

Ouvrez votre porte, fripons, entremetteurs, sorciers...

UN OFFICIER, de dehors.

Ou nous la brisons.

LOVEWIT.

Quel mandat avez-vous?

L'OFFICIER.

Un suffisant, n'en doutez pas, pour peu que vous ne vouliez pas ouvrir.

LOVEWIT.

Y a-t-il là un officier?

L'OFFICIER.

Oui; un, deux, même trois, s'il en est besoin.

LOVEWIT.

Ayez un peu de patience, je vais ouvrir à l'instant.

(Face entre vêtu en sommelier.)

FACE.

Monsieur, avez-vous fini? Est-ce un mariage conclu?

LOVEWIT.

Oui, bonne cervelle.

FACE.

Débarrassez-vous alors de votre fraise et de votre manteau. Redevenez vous-même, monsieur.

SURLY, de dehors,

A bas la porte!

KASTRIL, de dehors.

Morbleu! brisez-la donc.

LOVEWIT, dans son premier costume.

Arrêtez, messieurs, arrêtez. Que signifie cette violence? (Il ouvre la porte.)

(Mammon, Surly, Kastril, Ananias, Tribulation et les officiers se précipitent sur la scène.)

MAMMON.

Où est le marchand de charbon?

SURLY.

Où est mon capitaine Face?

MAMMON.

Ces hiboux de jour...

SURLY.

Qui font leur nid dans la bourse des gens?

MAMMON.

Et cette grande dame supposée?

KASTRIL.

Et ma catin de sœur?

ANANIAS.

Sauterelles de l'abîme infernal!

TRIBULATION.

Aussi profanes que Bel et le Dragon!

ANANIAS.

Pires que les sauterelles et les poux d'Égypte!

LOVEWIT, aux sergents.

Mes bons messieurs, écoutez-moi. Êtes-vous officiers de police, et ne pouvez-vous arrêter ces violences?

LE PREMIER OFFICIER.

La paix, gentlemen, la paix!

####### LOVEWIT.

Qu'est-ce que c'est? que cherchez-vous?

####### MAMMON.

Ce fourbe d'alchimiste.

####### SURLY.

Et ce ruffian de capitaine.

####### KASTRIL.

Et la nonne, ma sœur.

####### MAMMON.

Et madame Rabbin.

####### ANANIAS.

Des scorpions et des chenilles!

####### LOVEWIT.

Ne parlez pas tous à la fois, je vous prie.

####### LE DEUXIÈME OFFICIER.

Parlez l'un après l'autre, gentlemen, je vous le commande, au nom de mon bâton.

####### ANANIAS.

Ce sont des vases d'orgueil et de luxure!

####### LOVEWIT.

Frère zélé, prenez un peu patience.

####### TRIBULATION.

Silence, diacre Ananias.

####### LOVEWIT.

Cette maison m'appartient, et la porte en est ouverte; s'il y a ici quelqu'un que vous cherchiez, usez de votre autorité et faites vos perquisitions; je ne fais que d'arriver en ville tout récemment; quand j'ai entendu tout ce tumulte à la porte, j'ai été, je vous l'avoue, fort étonné, jusqu'à ce que mon serviteur que voici, craignant ma colère, m'avouât qu'il avait eu l'impertinence de louer ma maison, se fondant sans doute sur l'aversion que j'ai de l'habiter en ces temps de peste, à un docteur et à un capitaine; qui sont-ils? où sont-ils? Il n'en sait rien.

MAMMON.

Sont-ils partis?

LOVEWIT.

Entrez et cherchez, monsieur.

(Mammon, Ananias et Tribulation entrent dans l'intérieur de la maison.)

LOVEWIT.

J'ai trouvé ici les murs vides en pire état que je ne les avais laissés, de plus, fort enfumés, quelques pots cassés, des verres et un fourneau. Les plafonds étaient couverts d'arabesques faites avec la chandelle, et de singulières stances *à madame* écrites sur les murs. Je ne rencontrai ici qu'une seule femme, elle y est encore, qui me dit qu'elle était veuve.

KASTRIL.

Oui, c'est ma sœur, je cours la rosser. (Il entre dans la maison.)

LOVEWIT, continuant.

Elle devait se marier avec un comte espagnol; mais ce comte, lorsqu'il vint, la négligea si grossièrement que moi, veuf aussi, je lui ai passé par-dessus les épaules, pour l'épouser moi-même.

SURLY.

Comment! je l'ai perdue?

LOVEWIT.

Étiez-vous l'Espagnol, monsieur? Eh bien! elle vous blâme extrêmement, et me dit qu'après lui avoir juré que vous aviez pris la peine de teindre votre barbe, de brunir votre visage, d'emprunter un costume et une fraise, tout cela par amour d'elle, vous en êtes cependant resté là. Quelle inadvertance avez-vous eue, monsieur! quel manque d'initiative! Honneur à moi, vieil arquebusier, qui ai su amorcer, faire feu et toucher le but en un clin d'œil!

MAMMON, rentrant.

Les oiseaux sont dénichés.

LOVEWIT.

De quelle espèce étaient ces oiseaux?

MAMMON.

Des choucas, monsieur, des geais voleurs qui ont filouté ma bourse de cent soixante-dix livres en cinq semaines, sans compter les premières matières, et mes ustensiles qui sont restés dans la cave, où je suis bien aise qu'on les ait laissés pour que je puisse en regarnir ma maison.

LOVEWIT.

Vous croyez, monsieur?

MAMMON.

Mais oui.

LOVEWIT.

Par décision de justice, monsieur, pas autrement.

MAMMON.

Comment! ma propriété?

LOVEWIT.

Monsieur, comment aurai-je connaissance que ces objets vous appartiennent, à moins d'employer la publicité? Si vous pouvez apporter un certificat qui atteste qu'on vous les a volés, ou quelque autorisation formelle de la justice, je ne les retiendrai pas.

MAMMON.

J'aime mieux les perdre.

LOVEWIT.

Vous ne les perdrez pas, monsieur, par ma faute; vous savez les conditions auxquelles je vous les rendrai. Est-ce que tout cela devait être, monsieur, changé en or?

MAMMON.

Je ne puis l'assurer. — Il est possible que cela fût arrivé. — Pourquoi?...

LOVEWIT.

Quelle ruine dans vos espérances!

MAMMON.

Ce n'est pas moi seul qui perds, c'est tout l'État.

FACE.

Il aurait voulu construire *la cité nouvelle*, et l'entourer d'un fossé dont les bords en argent auraient contenu la crème d'Hogsden, pour que, chaque dimanche, à Moorfields, il fût permis aux apprentis, aux gamins et aux coureuses de rue d'en puiser et de s'en nourrir gratis.

MAMMON.

Je veux monter sur une charrette de navets et prêcher la fin du monde d'ici à deux mois. — Surly, quoi donc? vous rêvez?

SURLY.

Faut-il donc que je me sois dupé moi-même avec cette folle sottise qu'on appelle honnêteté! Allons chercher, et tâchons de trouver ces gredins; je réclame pour moi ce Face, si jamais on le rencontre.

FACE.

Si j'entends parler de lui, monsieur, je vous le ferai dire à votre logement; ces gens-là étaient des étrangers pour moi, et je les croyais honnêtes comme moi-même. (Mammon et Surly sortent.)

(Ananias et Tribulation rentrent.)

TRIBULATION.

C'est bien, les saints ne perdront pas encore tout. Allez-moi chercher des charrettes.

LOVEWIT.

Pourquoi faire, mes zélés amis?

ANANIAS.

Pour emporter la part des justes hors de cette caverne de voleurs.

LOVEWIT.

Mais quelle part?

ANANIAS.

Les ustensiles qui ont appartenu aux orphelins et que les frères ont achetés, argent comptant.

LOVEWIT.

Ceux qui sont dans le cellier, que le chevalier sir Mammon réclame aussi?

ANANIAS.

O profane, je défie cet impie Mammon, et tous nos frères le défient. As-tu bien la conscience de nous opposer cette idole à nous qui avons le sceau sacré? Nos shellings n'ont-ils pas été comptés un à un pour faire des livres? Les livres, à leur tour, n'ont-elles pas été comptées, le second jour de la quatrième semaine, dans le huitième mois, sur la table dormante, l'année de la dernière souffrance des saints, six cent dix?

LOVEWIT.

Mon véhément ravaudeur de prières, mon fougueux diacre, je ne puis pas discuter avec vous; mais si vous ne déguerpissez pas au plus vite, je vous réfuterai à coups de fouet.

ANANIAS.

Monsieur!

TRIBULATION.

Soyez patient, Ananias.

ANANIAS.

Je suis fort, et je me tiendrai debout; je me ceindrai les reins contre toute armée qui menacera Gad[1] en exil.

LOVEWIT.

Je vous enverrai à Amsterdam dans votre cave.

ANANIAS.

J'y prierai contre ta maison; puissent les chiens souiller tes murailles! Puissent les guêpes et les frelons multiplier sous ton toit! Périsse cette demeure du mensonge, cette caverne d'imposture! (Ananias et Tribulation sortent, Drugger entre.)

LOVEWIT.

Encore un autre!

DRUGGER.

Non, monsieur, je ne suis pas un frère.

LOVEWIT, le bat.

Allez-vous-en, Henry Nicholas[2]; osez-vous parler? (Drugger se sauve.)

FACE.

Ce n'était qu'Abel Drugger. (S'adressant au vicaire.) Cher monsieur, allez le trouver, de grâce; dites-lui que tout est fini, et qu'il est resté trop longtemps à se laver la figure : quant au docteur, il entendra parler de lui à West-Chester, et du capitaine à Yarmouth ou dans

---

1. Tribu d'Israël.
2. Ce Nicholas, natif de Leyden, fondateur d'une secte turbulente (the family of love), fanatique et auteur de diverses traductions.

quelque bon port de mer où il attend le vent. (Le vicaire sort.) Si maintenant, monsieur, vous venez à bout du bel enfant terrible...

(Kastril entraînant sa sœur.)

KASTRIL.

Arrivez, brebis; voilà un beau mariage en vérité, n'est-ce pas? Ne vous avais-je pas dit que je ne voulais vous voir accouplée qu'à un gaillard anobli qui vous fît grande dame. Par le ciel, vous n'êtes qu'une poupée! Oh! je vous mettrai en pièces! Mort de ma vie! deviez-vous épouser un infirme?

LOVEWIT.

Tu en as menti, l'ami; je suis aussi sain que toi; tu en as menti! tu vois que j'ai pris les devants cette fois.

KASTRIL, étonné.

Tiens!

LOVEWIT.

Allons, voulez-vous une querelle? Je vais vous donner une leçon, l'ami. Pourquoi ne préparez-vous pas vos outils? (Il se met en position de se battre.)

KASTRIL.

Lumière du ciel, c'est le plus aimable vieux bonhomme que j'aie jamais vu.

LOVEWIT.

Quoi! changez-vous de rôle maintenant? Avancez. (Prenant sa femme.) Voici ma colombe; fonds dessus, si tu l'oses, jeune faucon.

KASTRIL.

Lumière du ciel! il faut le vouloir; je ne puis choisir en vérité, quand même on me pendrait. Ma sœur, j'approuve ce mariage.

LOVEWIT.

Oh! vous l'approuvez donc?

KASTRIL.

Oui, et si tu sais fumer et boire, mon vieux bonhomme, je lui donnerai en mariage cinq cents livres de plus qu'elle ne t'apporte en dot.

LOVEWIT.

Bourre une pipe, Jérémie.

FACE.

Oui, mais entrez, monsieur.

KASTRIL.

Lumière du ciel! tu n'es pas un avare, tu es un joyeux viveur. Entrons, je te prie, et prenons nos pipes.

LOVEWIT.

Entrez d'abord avec votre sœur, jeune beau-frère. (Kastril et dame Pliant sortent.) Un maître qui reçoit de la main de son serviteur une si belle veuve, et une si belle fortune, serait bien ingrat s'il ne se montrait pas un peu indulgent pour l'esprit dont il a fait preuve, et s'il ne l'aidait à faire fortune, tout en donnant une légère entorse à sa propre réputation. (S'avançant sur le devant de la scène.) C'est pourquoi, messieurs, et aimables spectateurs, si j'ai fait plus que ne le permettent la gravité des années et les strictes convenances, songez qu'une jeune femme et un valet spirituel ont le privilége de rendre élastiques les ressorts de l'âge, et de les tendre jusqu'à les briser quelquefois. Parle pour toi-même, à présent, maraud!

FACE, s'adressant aux spectateurs.

Messieurs, mon rôle est un peu déchu dans cette dernière scène, mais j'ai dû respecter les convenances;

et, bien que je me sois tiré d'affaire en me débarrassant de Subtil, de Surly, de Mammon, de Dol, du bouillant Ananias, de Dapper, de Drugger, et de tous ceux auxquels j'ai eu affaire, cependant je me livre à vous qui êtes mes juges ; si vous justifiez la richesse que j'ai acquise, il me reste à vous régaler souvent, et à inviter de nouveaux convives. (Ils sortent.)

FIN DE L'ALCHIMISTE.

TABLE

	Pages.
Notice sur la vie et les œuvres de Ben Jonson	III
Volpone ou le Renard (Volpone or the Fox), comédie	1
Épicène ou la femme silencieuse (Epicœne or the Silent woman), comédie	183
L'Alchimiste (the Alchemist), comédie	374

www.ingramcontent.com/pod-product-compliance
Lightning Source LLC
Chambersburg PA
CBHW060305230426
43663CB00009B/1587